KB234382

창업과 비즈니스

START-UP AND BUSINESS

창업과 비즈니스

김흥수 지음

서문

창업은 이제 우리나라 국민경제 생활 속에 아주 중요한 부분이 되었다. 특히 정부는 민간 중심의 창업과 일자리 창출 지원을 목표로 창의적 인재 양성에 초점을 두고 있다. 벤처·창업기업의 자금조달 구조를 융자에서 투자 중심으로 변경하고 엔젤투자 활성화, 크라우드 펀딩 제도화, 5,000억 원 규모의 미래창조펀드 조성 등을 통해 벤처생태계 선순환을 지원한다는 방침이다. 아울러 창업 플랫폼 다양화와 멘토링 강화, 창업 실패 이후 재도전 환경 개선 등의 벤처생태계 인프라도 확충할 계획이다. 창의적 아이디어의 특허 확보를 위한 시스템 구축과 특허 투자펀드 조성 등을 통한 금융지원뿐만 아니라 초등학생부터 대학생에게는 융합형 교육을, 취업준비생에게는 스펙이 아닌 창의적 역량 개발을 위한 '스펙초월 채용시스템'과 '스펙초월 멘토스쿨' 등을 제공해 창의적 융합형 인재 양성에도 힘을 쏟는다. 또 창업동아리 지원, 벤처인-청소년 멘토링 활성화 등으로 창업붐을 일으키고, 각종 프로그램을 통해 우리나라 청년들은 해외에서 실무경험과 글로벌 감각을 쌓고 우수한 외국인들은 국내에서 원활히 창업할 수 있도록 지원한다는 계획이며, 이를 통해 2017년까지 고용률 70% 달성을 목표로 하고 있다. 이러한 시점에 창업비즈니스에 대한 본 저서가 출간됨으로써 우리나라 창업분야에 대해 미력하나마 도움이 되었으면 하는 바람이다.

본서의 체제는 총 4부로 구성되어 있는데 제1부는 창업 이해, 제2부는 창업 준비, 제3부 창업 운영, 제4부는 창업 환경으로 구성되어 있다.

제1부 창업 이해 부분에서는 창업 일반, 우리나라의 창업 환경, 창업자(기업가정신)로 나누었다. 창업 일반 부분에서는 창업의 정의, 창업의 요소, 창업의 범위 및 유형 등에 관해 자세히 살펴보았다.

제2부 창업 준비 부분에서는 트렌드분석과 창업아이템 선정, 사업타당성분석 및 사업계획서, 업종별 창업으로 구성되어 있다. 트렌드분석에 대한 이론적 내용과 최신 발전동향 등에 관해 설명하였으며 특히 트렌드분석의 사례분석을 통해 학습자의 이해를 돕고, 창업아이디어의 개발, 창업아이템 선정에 관해 설명하였으며, 사업타당성분석과 사업계획수립에 대한 이론 제시는 물론 실무에도 활용 가능한 사례들을 제시하고 있다.

제3부 창업 운영 부분에서는 창업자금의 이론 설명과 더불어 창업자금계획의 수립과 자금조달방법 등에 관한 이론과 실무사례를 제시하고 있다. 이와 더불어 상권분석 부분에서는 상권분석에 관한 이론과 상권영향요인 및 소점포창업에 관한 상권분석과 입지선정에 관한 내용도 소개하고 있다. 그리고 창업 환경을 보다 체계적으로 이해하여 고객에게 보다 효과적으로 신제품을 마케팅할 수 있는 전

략을 제시하는 창업과 마케팅 부분을 설명하였다. 또한 창업세무, 창업회계, 창업기업의 재무계획으로 구성되어 있다. 창업기업의 경영활동은 경영목표를 달성하기 위하여 기업이 이용 가능한 모든 자원을 어떻게 활용하는 것이 살아남을 수 있는 방법인가에 대한 전략을 세워 이를 실행에 옮기는 연속적인 작업이라고 할 수 있다. 따라서 새로운 사업을 시작함에 있어 당면하는 여러 가지 상황과 도전들이 기업의 세무, 회계, 재무계획과 어떻게 연관되는지를 설명하였다.

제4부 창업환경 부분에서는 정부의 창업지원제도와 창업의 새로운 형태로 구성되어 있다. 정부의 창업지원정책과 중소기업진흥공단, 기술보증기금, 신용보증기금, 신용보증재단 등의 창업지원에 대한 역할을 소개하고 있다. 창업의 새로운 형태에서는 최근 새롭게 펼쳐지고 있는 1인 창조기업, 기업의 분할과 분사, 사내벤처, 아웃소싱, M&A, 사회적 기업 등에 관해 설명하였다.

창업에 관한 사회적 관심과 국가적 지원이 한층 강화되고 있는 시점에 창업이론과 실제에 적용할 수 있는 본 저서를 만들고자 노력하였지만 미흡한 점이 많을 것으로 생각된다. 앞으로 독자들의 지적과 조언을 받아 계속적으로 보완함으로써 보다 완성도가 높은 저서로 발전될 수 있도록 개선해 나갈 것이다. 본 저서가 창업을 학문적으로 접근하는 분들은 물론 창업을 앞두거나, 실제 현장에서 창업경영에 몰두하는 모든 분들에게도 창업에 대한 유익한 정보제공과 지식전달에 도움이 됨과 동시에 창업에 대한 전반적이고 체계적인 역할을 충실히 해주기를 바랄 뿐이다.

본 저서는 창업학 과목을 강의하면서 선학들의 연구와 창업관련 기관의 자료들을 정리한 부분이 있다. 그러다 보니 미처 출처를 밝

히지 못한 부분들도 상당히 있다. 또한 많은 부분이 인용되어 정리되었으나 제대로 확인하지 못한 부분도 있다. 본서에서 발견할 수 있는 모든 오류에 대한 책임은 저자에게 있으며, 본서에 인용된 내용의 저자들에게 고마움을 표하며, 한편 양해를 구하는 바이다.

끝으로 바쁜 중에도 교재제작을 위해 애써주신 ㈜한국학술정보의 무한한 발전을 기원하며 직원분들에게 감사의 말씀을 드린다.

2013년 9월

김흥수

Contents

제 1 부

창업 이해

제1장
창업일반

제1절 창업의 정의

    창업이란 사업의 기초를 세워 회사를 설립하는 일로써 SOHO(Small Office Home Office: 조그만 사무실이나 작업장에서 혼자 일하는 1인 기업)나 벤처기업(Venture Business)의 설립뿐만 아니라 새로운 기업을 조직하고 설립하는 일체의 행위를 일컫는다. 학문적인 의미로써의 창업은 '개인이나 법인이 금전획득을 목적으로 하는 기업을 새로이 만드는 일'이고 '창업자가 사업아이디어를 가지고 자원을 결합하여 시장에 판매하는 사업활동을 시작하는 일'이다. 즉, 인적·물적 자원을 적절히 결합하여 미리 설정된 기업목표를 달성하기 위하여 상품이나 서비스를 생산, 조달, 판매하거나 그에 부수된 활동을 수행하는 것이다. 따라서 취급하는 상품이나 서비스 유형 또는 자금의 크기에 관계없이 기존 사업체를 인수하든 완전히 새로운 사업을 시작하는 것이든 모두 창업이라 할 수 있다.

    창업의 정의는 학자에 따라 다소 차이는 있으나 근본적으로는 동일한 개념으로 설명되고 있다. Schumpeter는 창업을 새로운 상품,

새로운 서비스, 새로운 자원, 새로운 생산방법, 새로운 시장, 새로운 조직으로 회사형태의 조직을 탄생시키는 것이라고 설명하고 있으며, Vesper는 자원, 노동, 재료 그리고 자산을 결합시켜 이전보다 가치 있는 조직을 변화시키는 것이 창업이며, 변화와 혁신, 새로운 질서를 수반한다고 하였고, Ronstadt는 창업이란 부가적 부를 창출하는 역동적 과정으로 자산, 시간, 작업에 대한 헌신 등의 위험을 감수하는 개인에 의해서만 부의 창출이 가능하다고 주장하였다.

결국 창업이란 제품 또는 용역을 생산하거나 판매하는 사업을 시작하기 위해 이제까지 존재하지 않았던 새로운 기업조직을 설립하는 행위라고 할 수 있으며, 창업가의 능력을 갖춘 개인 또는 단체가 기존의 사업체를 인수하거나 사업 아이디어를 지니고 사업 목표를 수립하여 적절한 시기에 자본, 인원, 설비, 원자재 등 경영자원을 확보하고 결합하여 제품 혹은 서비스 생산과 용역을 제공하는 기업을 새로이 설립하는 것이라고 할 수 있다.

또한 창업은 경영철학과 신념을 바탕으로 이루어져야 하는 것으로, 단지 돈벌이만을 위해 창업을 하는 것은 단순히 일하는 것에 지나지 않는다. 그러므로 창업은 개인에게는 자아실현의 기회가 되고 국가와 지역사회에 공헌하는 등의 참다운 의미가 있어야 되기 때문에 명확한 기업이념과 투철한 기업가정신, 확고한 기업윤리를 기반으로 이루어져야 한다.

제2절 창업의 요소

창업을 하는 데는 많은 요소들의 투입을 필요로 한다. 멋진 건축물의 신축, 빛나는 예술품의 창작과 마찬가지로 훌륭한 기업의 탄생은 우수한 투입요소들의 합리적이고 효율적인 결합에 의해서 가능하게 된다. 따라서 창업을 하는 데는 많은 우수한 인적·물적 자원의 투입과 배치가 필요하게 된다. 일반적으로 창업의 요소로는 창업자, 사업아이디어, 자본 그리고 사업장의 4가지로 설명할 수 있으며, 이 중 창업자, 사업아이디어, 자본을 창업의 기본적 3요소로 설명하기도 한다. 결국 이러한 핵심요소들은 성공적인 창업의 기본요건으로 이들 중 하나에 심각한 결함이나 취약점이 있는 경우 성공적인 창업은 불가능하게 된다.

2.1 창업자

신규 창업자가 사업을 구상하는 경우 요구되는 핵심적인 요소는 인적요소, 즉 창업자 혹은 기업가 본인이라고 할 수 있다. 그러나 인적요소인 창업자는 창업의 주체인 창업자를 위시하여 생산, 판매, 일반관리업무 등 조직의 각 기능을 담당할 인적자원을 총칭하는 넓은 의미로 이해되기도 한다. 즉, 창업을 하는 데 있어 모든 재정적 부담과 위험을 책임지는 순수한 개념의 창업자와 더불어 창업자를 도와서 제품이나 서비스를 생산하고 판매하며 일상 업무를 담당하는 종업원도 창업자의 범주에 볼 수 있다. 창업자는 창업의 주도자로서 창업 아이디어의 확보, 사업성 분석, 사업계획 수립, 계획의 실행 등을 주도하고 책임진다. 마치 야구경기의 노련한 투수 혹은 감독, 거대한 우주선이나 배의 선장, 함장에 비유할 수도 있다. 그렇기 때문에 창업의 성공과 실패는 창업자의 사업가로서의 자질, 사업계획 수행능력에 의해 결정된다고 할 수 있다. 성공적 창업을 위해서는 창업자 본인의 경험이나 지식, 성공에 대한 열정과 집념, 리더십, 의지력, 성격, 체력 등이 뒷받침되어야 하기 때문이다. 아무리 좋은 사업 아이디어일지라도 그 기회가 사업능력과 경영기술을 갖춘 탁월한 사람에 의해 발전되지 않는 한 그 사업은 성공하기 힘들다. 따라서 창업자는 창업분야에 대한 자신의 지식 및 정보, 장·단점 등을 스스로 체크하고 평가하여 자신의 능력에 맞는 창업을 해야 할 것이다.

이와 함께 창업자는 기업설립에 필요한 유형·무형의 자원을 동원하고 적절히 결합하여 기업이라는 시스템을 만들고, 설립된 기업이 의도한 대로 기능을 발휘할 수 있도록 관리하는 역할을 수행해야 한다. 그러므로 성공적인 창업을 위해서는 이러한 역할을 수행할 수 있도록 창업자 본인이 유능한 창업자가 되려는 노력을 지속적으로 해야 하며, 사회적 또는 국가적으로 그러한 창업자의 양성을 위한 배려와 지원 노력도 필요하다고 할 수 있다.

2.2 사업 아이디어

사업 아이디어란 설립되는 기업이 무엇을 생산할 것인가 또는 어떤 서비스를 제공할 것인가를 의미하는 것이다. 따라서 생산품은 구체적인 형태를 가진 재화일 수도 있고, 형태의 정의가 어려운 무형의 서비스일 수도 있다. 사업 아이디어의 원천은 창업자 자신일 수도 있고, 창업팀의 구성원으로부터 얻어지거나, 전혀 다른 제3자로부터 얻어진 것일 수도 있다. 이러한 사업 아이디어는 사업기회 포착의 첫 단계이며 창업자가 사업을 추진하기 위해 필요로 하는 기본 도구이다. 하지만 아이디어 자체만으로는 실질적인 창업을 수행하기가 어렵다. 좋은 아이디어가 반드시 좋은 사업기회를 의미하는 것은 아니기 때문이다. 아이디어가 좋은 사업기회가 되기 위해서는 사업상 매력도가 높아야 하며, 지속적인 수익성을 보장할 수 있어야 한다. 무엇보다도 중요한 것은 고객에게 새로운 가치를 창출할 수 있는 제품이나 서비스를 제공하는 것이다.

사업 아이디어와 관련하여 티먼스(J. A. Timmons) 교수는 '사업기회'라는 개념을 중요시한다. 그는 사업아이디어만으로는 기업이 성립될 수 없고, 이익을 창출할 수 있는 환경과 여건이 만족되어야 기업이 성립될 수 있다고 말한다. 그가 말하는 사업기회라는 것은 기업이 설립될 수 있는 여건이나 환경, 시점이라고 할 수 있다. 이러한 사업기회는 단순히 사업 아이디어를 의미하는 것은 아니다. 아이디어와 창의력, 그리고 창업자의 상황이 결합될 때 비로소 기회가 될 수 있다.

한편 타이밍은 사업아이디어를 선택할 때 중요한 요소라고 할 수 있다. 아무리 사업 아이디어나 기회가 좋다 하더라도 그 기회가 일시적 유행성이거나 지속적으로 좋은 결과를 보장하지 못한다면, 그 아이디어로 성공하기는 힘들 것이다.

사업아이디어가 돈이 되게 하기 위해서는 많은 중간 과정이 필요하다. 이러한 중간 과정에 해당하는 활농 중 선행되어야 할 것은 사업아이디어의 사업적 타당성 분석이다. 즉, 구상 중인 사업아이디어를 기반으로 사업을 진행할 때 이윤 창출이라는 사업 목표를 달성할 수 있을지를 조사하여야 한다. 이 사업성 분석의 결과가 효과적이고 긍정적이라고 판단되면 비로소 사업을 추진할 수 있다.

이병철에 의하면, 사장(또는 기업경영자)이 되는 조건에는 네 가지가 있다.
첫째, 치밀한 계획 능력이 있을 것
둘째, 통솔력이 있을 것
셋째, 판단력이 있을 것
넷째, 구상능력이 있을 것

다음은1) 『이병철의 기업가정신』에 나오는 내용을 요약한 것이다.
기업이 사회에 봉사할 수 있는 첫 번째 방법은 많은 사람들에게 취업의 기회를 주는 것이다. 이 책임을 다하기 위해 기업을 건전하게 운영해야 한다. 개인적으로든, 기업으로서든 인재의 혜택을 받지 못하면 그보다 불행한 일은 없다. 국가는 국민을 위해 존재한다. 국가에 도움이 되는 사업을 벌인다는 것은 국민을 위한 사업을 벌인다는 의미다.
경제는 1차 산업에서 2차 산업으로, 경공업 부문에서 중화학공업 부문으로 점차 생산구조가 전환되어 간다. 이것은 경제사가 보여주는 결과이며, 생산성 향상을 추구하기 위해 변화할 수밖에 없는 산업 활동의 당연한 귀결이기도 하다. 그는 사람과 자본, 시기라는 3가지 요소가 적합하게 결합되었을 때에 신규사업에 착수했다. 정치적

---

1) 『이병철의 기업가정신』, 야지마 긴지 저, 이정환 역, W미디어, 2010.

안정이 없이는 경제 발전도 있을 수 없다.

사람을 채용할 때 의심스러운 사람은 채용하지 말라. 이미 채용했다면 의심하지 말라. 일단 사람을 받아들였다면 모든 것을 맡겨라. 그는 어떤 사업을 일으키는 경우에도 미리 철저한 조사를 하고 의문의 여지가 한 점도 없다는 확신이 선 뒤에야 비로소 착수하는 방식을 취했다.

저렴한 가격에 매입하고 비싼 가격에 판다. 이것이 미두 거래의 철칙이다. 시세가 올랐다가 내려갈 기미가 보일 때 팔고, 시세가 떨어졌다가 올라갈 기미가 보일 때 매입한다. 이것이 이상적인 거래 방식이다.

경영에 가장 필요한 것은 사전조사와 계획이다.

중국의 상인들이 신용을 천금처럼 귀하게 여기는 사람들이다.

"지리적 이점은 일종의 무형자본으로, 사업을 하는 데에 있어서 재력이나 수완에 뒤지지 않을 만큼 중요한 것이다."

'삼성(三星)'이라는 상호는 이병철 자신이 생각해낸 것으로 '삼(三)'은 한국인이 가장 좋아하는 숫자라는 데서 착안을 했고, '성(星)'은 밝고 높고 영원하다는 의미와 통한다는 상징이다.

"이익을 올려주는 친구는 세 종류가 있다. 솔직함, 정직함, 많은 정보. 이 세 가지를 친구로 삼으면 이익은 저절로 올라간다."

국가가 있어야 기업이 존재하며, 사회질서가 안정되어야 비로소 국민이 안심하고 생업에 종사할 수 있다. 국가가 있어야 사업도 존재하는 것이며, 국가가 있어야 가정도 존재하는 것이다. 아무리 능력이 있는 사람이라고 해도 여건을 잘못 판단하거나 기회를 얻지 못한다면 그 능력은 아무런 도움이 되지 않는다.

조사 자료의 수치만으로는 옳고 그른 결론을 내기 어려운 경우도 많다. 그럴 때에는 경영자의 직관력이 승패를 좌우한다. 물론 그 직관력은 평소의 치밀한 경영과 풍부한 경험, 그리고 철저한 조사에 바탕을 둔 것이다. 그리고 경영자에게는 이런 직관력만이 중요한 것은 아니다. 직관에 의한 통찰과 실행에 옮기는 결단력도 필요하다. 이병철은 메모광으로, 자동차 안에서는 물론이고 자택의 서재에서도 무슨 생각이 떠오르면 즉시 메모를 해둔다.

우리나라에 없는 우수한 기술은 거액의 자금을 투입해서라도 과감하게 도입하고 흡수하여 개량할 점은 개량하고 향상시켜서 창조적인 자주개발 단계로까지 수준을 끌어올려야 한다. 경제발전을 저해하는 요인이 있다면 그것을 제거하기 위해 전력을 기울인다. 이병철의 이러한 신념은 그 후에 더 일관적으로 이어졌으며, 결코 변하지 않았다.

자본주의가 발달한 국가에서는 배후에 금융기관을 소유하지 않은 대기업은 성립될 수 없다. 외국의 예를 보아도 재벌이 은행을 가지고 있지 않은 경우는 없다.

1년 앞을 본다면 꽃을 심고 10년 앞을 본다면 나무를 심고 100년 앞을 본다면 사람을 육성하라.

"아무리 유능한 사원을 채용했다고 해도 입사 후에 지도가 제대로 이루어지지 않으면 그는 인재로 육성되지 않는다. 그가 가지고 있는 능력에 맞는 일터에서 일할 수 있는 기회를 주지 않으면 얼마 지나지 않아 진취적인 성품을 상실하고 무능한 사원으로 전락해버린다. 반대로 입사할 당시에는 그다지 재능이 없는 것처럼 보인 사람도 적절한 지도와 적절한 일터를 제공해주면 우수한 인재로 육성되는 경우가 많다."

"가격이 낮은 비료를 생산하려면 가장 우수한 기계를 가장 좋은 조건으로 구입해서 가장 우수한 기술로 건설해야 한다." 이것이 이병철의 변하지 않는 사업 방침이었다.

세상의 영욕은 뜬구름과 같아 어떤 일에 있어서도 반드시 영욕이 따라붙는다는 것을 이해하면서도 막상 그런 상황이 벌어지자 담담하게 받아들이기 어렵다는 사실을 통감해야 한다.

삼성이 창업된 이후 임원으로 일하다가 퇴임한 사람은 약 80여 명에 이른다. 창업동지들 대부분이 삼성을 떠났다. 때로는 이병철의 신임이 두터운 사람이 떠나는 경우도 있었고, 삼성의 분열 위기를 초래한 사람도 있었다. 이병철은 이 사건을 통하여, 또 자기 자신의 그동안의 행적을 돌이켜 보면서 '사람'을 다루는 일이 얼마나 어려운 것인지 새삼 통감했다. 사람과 사람 사이에 오가는 인정이나 신의가 상실되면 그 앞날은 어두울 수밖에 없다.

정치와 사회가 안정되려면 어두운 면이 아니라 밝은 면, 명랑한 화제들이 날아다니는 언론기관이 필요하다. 창간호부터 20만 부를 발행하여 이것을 40일 동안 무료로 배달하고 11월 말까지 70%를 유가지(有價紙)로 만들기로 했다. 결과는 그중 17만 5,000부가 유료 독자와 연결되었다. 이병철은 신문도 상품인 이상 좋은 상품을 만들어 다량 판매하는 것이 바람직하다고 생각하였다.

용인자연농원(현 에버랜드)은 서울에서 남쪽으로 35km 떨어진 경기도 용인시 포곡면에 있다. 면적 1,500ha(450만 평), 해발 100m에서 450m까지의 불모지대가 100억 원의 자금과 5년의 세월에 이르는 개발과 이병철의 꿈과의 연출합작으로 훌륭한 낙원으로 바뀌었다. 1971년에 착공하여 1976년에 완공되었다. 생산이 없는 경제가 얼마나 나약한 것인지, 금전대차를 통하여 인간의 추악함을 인식하였다. 이병철은 금전을 빌려주는 것보다는 스스로의 노력을 통해서 자신의 문제를 해결할 수 있도록 돈이 아닌 일자리를 주었다. 사람은 절대 만능일 수 없으며 자신의 성격에 맞는 일에만 몰두하는 것이 개인을 위해서든 사회를 위해서든 유익하다.

완물상지(玩物喪志)라는 말, 물건에 얽매여 뜻을 잃지 말라는 가르침이다.

기술수준이 낮아 수입대체가 필요할 때에는 단순한 수입대체산업, 경제가 점차 발전하고 확대됨에 따라 그 단계에 적합한 수출산업, 중화학, 정밀공업으로의 단계적인 발전이 요청된다. 삼성이 제당사업에서 모직사업으로, 모직사업에서 비료사업으로, 비료사업에서 석유화학, 기계, 정밀공업, 항공 부문 등으로 점차 고도화된 업종으로 확대된 것도 이 원리에 따른 것이다.

2.3 자본(창업자금)

자본이란 창업에 필요한 금전적 자원뿐만 아니라 자본을 이용하여 동원할 수 있는 토지, 기계, 원재료, 기술자 등을 포괄적으로 의미한다. 이때 자본은 창업자 자신이 출자한 것일 수도 있고, 창업팀에 속한 여러 구성원이 제공한 것일 수도 있다. 또 자본은 창업과 경영에 직접 참여하지 않는 제3자로부터 조달될 수도 있다.

창업을 하기 위해서는 사업규모에 맞는 자금이 필요하며, 대개의 경우 실제 많은 창업자들이 창업과정에서 자금문제로 애로를 겪게 된다. 초기 창업자금은 본인의 능력에 맞게 최소화하는 것이 필요하다. 필요자금의 산정도 개업 준비자금, 운영자금, 시설자금 등으로 구분하여 계획하는 것이 좋다. 왜냐하면 시설자금과 같이 장기적으로 투자할 필요가 있는 자금은 자기자본이나 장기차입금으로 충당하여야만 일시적 유동성 부족으로 인한 자금곤란 현상을 방지할 수 있기 때문이다.

창업을 위한 자금공급은 개인적인 차원뿐만 아니라 공익적인 차원에서도 중요하다. 이러한 이유로 원활한 창업 자금공급을 위해 여러 가지 제도가 운영되고 있다. 예를 들면 창업자금 제공을 주 업무로 하는 기업인 벤처캐피털 회사가 있다. 물론 창업자금 제공회사로부터 자금을 지원받기 위해서는 까다로운 심사과정을 거쳐야 한다. 하지만 과거 어려웠던 국가경제 시절에 그러한 창업자금마저 없어서 모든 것을 개인적인 노력과 역량에만 의지하던 때와 비교하면 창업환경은 매우 개선되었다고 할 수 있다. 창업자금의 조달은 여전히 쉽지 않지만 창업자의 유능함과 경쟁력 있는 사업아이디어를 확신시킬 수 있다면 창업자금을 지원받기 훨씬 수월할 것이다. 또한 안정적인 창업자본의 조달과 이용을 위한 정부나 관계기관의 지원제도 등도 성공적인 창업을 위해 중요하다고 할 수 있다.

대표적인 예로 '청년창업펀드'가 있는데, 운영자금 조달이 어려운 청년 창업기업 전용 '청년창업펀드'가 400~1,000억 원 규모로 조성돼 운용된다. 중소기업청은 올해 모태펀드에 4,680억 원을 출자해 1조 원 규모의 중소·벤처펀드를 조성하는 내용의 '2013년도 모태펀드 운용계획'을 14일 밝혔다. 계획에 따르면, 중기청은 올해 280억 원을 출자해 청년창업펀드를 새로 조성한다. 여기에 대기업, 정책금융공사, 연기금 등을 끌어들여 400억 원 이상 최대 1,000억 원 규모의 펀드를 운용할 계획이다. 우수한 아이디어를 가진 39세 이하 청년층의 창업 및 성장을 중점 지원하게 된다. 특히 일반인의 소액자금을 모집해 운영하는 '크라우드펀딩' 방식도 도입하기로 했다. 또 '중소−중견−대기업의 성장사다리' 구축을 통해 창조적인 중소기업을 중견·대기업으로 육성하기 위한 '성장사다리 펀드'도 새롭게 마련한다. 여기에는 정부가 200억 원을 출자하고 민간 투자를 유치해 500억 원 이상 규모로 운영된다. 펀드는 창업기업에 40%, 중견기업에 20~60%가 투자된다. 이 밖에 엔젤투자매칭펀드(운용규모 550억원), 창업초기전용펀드(운용규모 1,000억 원) 등도 새로 만들어진다.

또한 국민연금 등 기관투자가들이 벤처기업에 올해 약 2조 5,000억 원을 투자한다. 박근혜 정부가 주창한 창조경제의 '엔진' 역할을 하게 될 젊은 벤처기업에 사상 최대 금액을 투입하는 것이다. 21일 각 기관 및 벤처캐피탈협회에 따르면 중소기업청 산하 한국벤처투자와 정책금융공사, 국민연금은 올해 벤처펀드에 총 9,000억 원을 투자한다고 한다. 벤처캐피탈은 이 돈에 다른 기관투자가의 출자를 받아 2조 1,000억 원의 벤처펀드를 결성할 계획이다. 한국IT펀드, 농업정책관리단 등 정부 기관과 다른 연기금, 공제회들도 출자를 검토하고 있어 벤처펀드 규모는 2조 5,000억 원을 웃돌 것으로 추산된다. 이는 사상 최대 규모다.

한국벤처투자는 모태펀드를 통해 역대 최대 규모인 4,000억 원을 출자, 1조 원대 펀드를 만들기로 했다. 정책금융공사도 작년(500억원)보다 6배 늘어난 3,000억 원을 출자할 계획이다. 최종 결성될 펀드 규모는 7,000억 원으로 예상된다. 국민연금도 2009년 이후 4년 만에 2,000억 원을 출자하기로 했다. 이를 통해 4,000억 원 규모의 벤처펀드를 만든다.

대기업들도 벤처 투자를 검토하는 등 올해 벤처펀드에 들어 올 자금은 2조 5,000억 원을 웃돌아 역대 최대에 달할 것이라는 전망이다. 연간 벤처투자 금액은 2006년까지 1조 원을 밑돌다가 2011년 2조 2,841억 원까지 증가했으나 작년엔 다시 7,477억 원으로 줄었다.

기관투자가들은 창조경제 취지에 맞춰 창업 초기 기업에 자금이 집중적으로 흘러갈 수 있도록 여러 장치를 마련하기로 했다. 수익률을 우선시하는 국민연금의 경우 종전 6~8년인 펀드 운용 기간을 10년으로 늘리기로 했다. '루키 리그'도 신설해 '프런티어 정신'으로 무장한 신생 벤처캐피털에 자금을 공급하기로 했다. 전문가들은 2조원이 넘는 자금이 창업 초기 기업에 투입되면 초기 자금 부족 문제가 해결될 가능성이 높아지고 일자리 창출에도 기여할 것으로 예상했다.

연도별 벤처투자금액 (단위: 억 원)

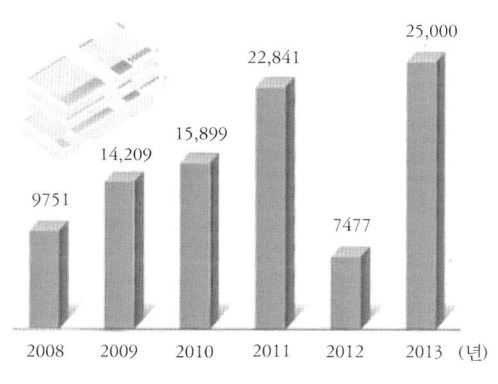

*2013년은 예상   자료:한국벤처캐피탈협회

2.4 사업장

사업장은 창업자의 주력 상품이나 서비스를 판매하기 쉬운 장소일수록 좋다. 즉, 업종과 점포의 위치가 조화를 이룰 때 성공할 수 있는 것이다. 따라서 준비단계에서 정확하게 상권을 분석하고 입지선정을 해야 실패의 확률을 줄일 수 있다.

특히 소자본 창업의 경우 점포의 입지가 사업의 성공과 실패에 중요한 요인으로 작용할 수 있기 때문에 사업장 선정은 매우 중요하다. 제조업의 경우 제품의 특성이 매출에 많은 영향을 미치는 반면, 소점포 사업에서는 상품성보다 상권이나 입지가 더 중요하다고 할 수 있다.

창업의 4요소
- 창업자: 건강, 성격, 전문성, 기술, 자격증, 경험, 취미, 적성, 가족관계
- 사업아이디어: 창업자금 고려, 상권입지 고려, 업종 사이클 고려, 창업자와의 조화 고려
- 자본: 창업자금의 최소화, 자기자본의 확대, 사업운영비 확보, 창업자금 지원제도 활용
- 사업장: 입지 및 상권분석, 권리금 분석, 점포 분석, 점포 임대차 계약

위대한 창업의 산실: 차고(garage)

어떠한 위대한 창업도 그 시작은 미미하였다. 사업장이 어디인가는
그다지 중요하지 않다. 다만 뛰어난 사업아이디어와 강인한
사업실행력이 더욱 중요할 뿐이다.

HP
1939년 스탠퍼드 공대 동창생 빌 휴렛, 데이비드 팩커드가 자본금
538달러로 실리콘밸리의 작은 차고에서 사업을 시작

Micro Soft
빌 게이츠는 모텔에서 마이크로 소프트를 창업

Apple
1976년 스티브 워즈니악과 스티브잡스 두 젊은이가 차고에서 개인용 pc개발

You Tube
2005년 3명이 모여 창업, 실리콘 밸리의 허름한 창고방에서 유튜브를 시작

Dell
1984년 마이클 델이 학교 기숙사에서 사업을 시작

Amazon
1994년에 제프리 베조스가 자신의 차고에서 창업

Yahoo
제리앙과 데이비드 필로는 트레일러 하우스에서 사업을 시작

제3절 창업의 중요성

신규 기업의 창업을 개인적 관점에서는 부의 축적, 일터의 창출을
위한 창조적 활동이라 할 수 있겠지만, 이는 창업자 개인적 창업 행

위 이상으로 그가 속한 국가조직 및 사회적으로도 다양하고 커다란 중요성을 지니고 있다. 신규기업의 창업으로부터 발생되는 중요성은 대략 다음과 같이 설명할 수 있다.

3.1 경제적 부의 창출

창업의 일차적인 목표는 경제적 부(wealth)를 창출하는 것이다. 창업은 개인에게 경제적 부와 물질적 혜택을 제공하며 창업에서 창출되는 부는 개인만의 풍요로움뿐만 아니라 사회적, 국가적으로도 유용하게 활용되고 있다. 보다 많은 사람들이 물질적 풍요로움의 혜택을 받기 위해서는 먼저 국가나 사회 전체적인 부의 크기가 증가되어야 하는데, 창업은 이러한 부의 창출을 위한 필수적인 활동인 것이다.

3.2 신규 고용 인원의 창출

신규 기업의 창업은 국가적으로는 신규 고용 인원의 증대와 같은 일자리 창출에 커다란 기여를 한다. 이와 같은 일자리의 창출은 개인에게는 생계의 수단을 보장하는 일이며, 국가적으로는 경제활동인구를 늘리고, 실업문제를 해결하는 데 있어서 가장 근본적인 방안인 것이다. 최근 급속한 기계화의 진전과 자본금융 산업의 발달로 고용 없는 성장이 이루어지는 현실에 비추어 볼 때, 국가 경제적으로 창업의 중요성은 더욱 커졌다고 할 수 있다.

3.3 건전한 기업 경쟁환경 조성

창업을 통한 기업들의 신규 시장진입은 건전한 기업 경쟁환경 조성을 통한 경제 전체의 성숙과 규모의 확대를 이루는 가장 중요한 요소로 분석된다. 이는 기존 사업영위 기업들에 대하여 생산성 향상이나 기술혁신을 통한 경쟁력 향상을 요구하는 촉진제로 작용하기 때문이다. 시장은 이러한 경쟁을 통한 효율적 자원배분과정을 거쳐 자체적으로 경쟁력이 낮은 기업들을 퇴출시키는 작용을 하여 시장 전체가 성숙되는 선순환구조를 갖는다.

3.4 자원의 활용

신규 창업은 자원을 활용하여 가치가 좀 더 큰 새로운 재화를 생산하게 된다. 신규 기업이 산업에서 창출되지 못한다면 인적요소, 천연자원 등 산업에 필수요소가 풍부하게 존재하더라도 이를 활용한 부의 창출은 이루어지지 못하거나 저조할 수밖에 없을 것이다.

3.5 삶의 영역을 창조

현대사회에서 기업에 소속되어 근무한다는 것은 생계에 필요한 금전의 획득뿐이라는 차원을 넘어서 소속감을 가질 수 있으며, 일을 할 수 있는 능력을 남들에게 보이는 등, 삶 그 자체의 매우 중요한 일부분을 구성하고 있다. 그러므로 기업에서 근무하는 동안의 삶의 질은 종업원들의 삶의 질을 결정하는 중요한 요소가 되는 것이다.

따라서 창업은 창업자 본인은 물론 소속된 종업원에게도 중요한 삶의 공간과 영역을 창출하는 행위인 것이다.

3.6 국제수지의 개선

우리나라 경제체제에서 창업활동은 외화획득과 국제수지개선에 크게 기여한다고 할 수 있다. 한국은 수출의존도가 높기 때문에 국제통상이 국가경제에서 차지하는 비중이 크다. 그만큼 창업의 여러 가지 기능 중 특별히 국제수지 개선에도 많은 영향을 미칠 수 있는 경제활동이 될 수 있다.

3.7 과학기술의 발달촉진

기업의 창업은 새로운 기술을 활용하게 되는 경우가 많으며, 이러한 기업활동은 결국 새로운 기술의 발달을 촉진하게 된다. 그러므로 기업의 창업은 결과적으로 끊임없이 새로운 과학과 기술의 발달을 촉진하는 역할을 하게 된다.

3.8 환경에 대한 영향

기업을 창업하여 생산활동이 본격적으로 이루어지면 그 과정에서 발생되는 폐기물은 자연환경에 직·간접적으로 영향을 미칠 수 있다. 즉, 자연 환경에 대한 오염을 끼칠 수도 있으며, 반대로 기업의 클린에너지의 개발은 환경과 자연보호에도 기여할 수도 있다. 예를 들면, 석탄연료를 사용하는 생산 시설을 청정에너지로 대체하여 생산하는 시스템으로 바꾼다거나, 오염물질을 많이 배출한 낡은 생산 시스템을 대체하는 더 효율적인 새로운 기업의 창업은 오염을 감소시키는 결과를 가져오기도 한다.

제2장
우리나라의
창업 환경

제1절 창업의 환경과 배경

1.1 창업의 내부환경

창업에 영향을 미치는 내부환경 요인으로는 기업의 조직구조와 창업자, 그리고 기업의 전략을 들 수 있으며, 이 요인들은 기업의 경영성과에 영향을 미치게 된다.

(1) 조직구조

조직구조란 조직구성원의 '유형화된 교호작용(patterned interaction)'의 구조를 말한다. 조직구성원들은 조직 목표를 달성하기 위해 서로 협동하면서 끊임없이 상호작용을 계속하는바, 이러한 계속적인 교호작용 속에서 조직구성원들의 행위의 유형이 형성된다.

조직 내의 수평적 분화 및 수직적 계층에 따라 다양한 형태를 띤 대표적인 조직구조는 베버(M. Weber)가 제시한 관료제 조직으로 분업화와 집권화 및 공식화 정도가 높은 조직 형태다. 그 밖의 조직구조로는 애드호크라시(adhocracy) · 사업부제 조직 · 직능조직 · 행렬조직 등이 있으며, 기계적 조직과 유기체적 조직으로 나눌 수 있다.

즉, 조직구조란 경영자로부터 종업원에 이르기까지 일련의 의사소통과정이라 할 수 있다. 벤처기업들은 대기업에 비해 상대적으로 작은 계층구조와 분권화된 의사결정구조를 가짐으로써 신속한 의사결정을 할 수 있다. 구성원의 잠재적인 창의성과 자발성이 중요한 업종에서는 자율적인 직무수행을 위한 조직구조의 편성이 매우 중요한 요소가 될 수 있다.

(2) 창업자

창업자란 어떤 목적을 가진 사업을 영위하기 위하여 구체적인 수단을 실제적으로 형성할 수 있는 사람을 뜻한다. 여기에서 사업이란 이윤을 창출해 가는 종합적인 프로세스라고 할 수 있다. 창업자의 특성은 창업의 계획과 사업 운영에 많은 영향을 미치며, 이는 창업의 동기, 역량, 행동을 통해 파악할 수 있다. 창업자의 신뢰성 있는 행동과 네트워킹 활동은 사업운영에 중요한 정보의 수집과 창업자본의 조달에 있어 매우 중요하게 영향을 미친다.

(3) 전략

기업전략이란 여러 산업에 진출한 사업을 어떻게 구성할 것인가와 구성한 사업부를 어떻게 조정할 것인가 하는 것에 대한 실체적인 실행계획이며, 이의 궁극적인 목표는 가치의 창출이다. 기업의 전략은 기업 내부의 모든 부문에서 행하는 의사결정에 영향을 미치게 된다. 예를 들면 우수한 제품공급과 마케팅 혁신에 의한 차별화 전략,

원가우위 전략, 외부자원을 적극적으로 활용하여 외부와 긴밀한 협력적 관계를 유지하기 위한 외부자원 활용 전략 등이 있다.

<표 2-1> 기업전략 모델

사업부 간에 특별한 관련성이 없는 경우	포트폴리오 관리	시장성장률과 상대적 시장점유율을 기준으로 사업부의 역할을 구분하고 각각의 역할에 따라 자금배분을 달리하는 모델
	구조조정	구조조정 기법 등을 사용하여 부실 사업부에 경영자가 직접 참여하여 수익창출을 도모하는 모델
사업부 간에 관련성이 높은 경우	핵심역량의 이전	특정 사업부의 핵심 역량인 기술이나 지식을 이전시키거나 공유시키는 모델
	핵심활동의 공유	사업부의 특정 활동 자체를 공유하는 모델로 실질적으로 특정 활동을 중심으로 각 사업부가 유기적으로 연결되어 시너지를 창출하는 모델

1.2 창업의 외부환경

(1) 경제적 환경

경제적 환경에는 경제체제, 산업구조, 정부의 재정 및 금융정책, 경기흐름, 시장구조, 소비성향 등이 있다. 성공적인 창업을 위해 경제적 환경을 분석하고 각종 창업 관련 정책을 적극 활용할 수 있다. 창업관련기관 중 하나인 중소기업청에서는 각종 금융 및 세제지원 등을 확대하고 중소벤처기업 창업 자금지원, 중소기업 경영안전자금 지원, 중소기업 개발기술사업화, 소상공인 창업 및 경영개선 자금 지원, 협동화사업 자금지원 등을 적극적으로 추진하고 있다.

(2) 정치·사회적 환경

정치·사회적 환경 변화로는 첫째, 경제의 고도화와 복잡화라고 할 수 있다. 이로 인해 기업은 자체의 인력을 통한 정보획득이나 전략적 제휴, 아웃소싱 등을 통하여 효율적인 정보수집 활동을 할 수 있게 되었다. 둘째, 금융자율화 및 자본자유화와 함께 공기업의 민영화가 이루어지고 있다. 또한 규제 완화, 지방자치제 실시 등으로 정부가 실행 가능한 정책수단의 폭을 좁히고 있다. 따라서 앞으로는 시장원리가 적용되는 범위와 정도가 높아질 것으로 예상된다.

(3) 시장환경

급속한 시장환경의 변화로는 가격경쟁력에 기초한 제품시장에서 품질이나 기술경쟁력에 기초한 제품시장으로의 변화를 말할 수 있다. 이러한 변화의 배경은 임금의 대폭상승 및 후발개도국의 추격, 다국적 기업의 세계화, 시장개방 압력이라고 볼 수 있다. 생산방식의 측면에서 보면 다품종소량생산 방식, 혹은 변종변량생산방식의 확립이 경쟁력 확보의 전제조건으로 요청되고 있다.

(4) 기술적 환경

기술적 환경은 재화 및 서비스의 생산과 관련되는 지식의 상태를 나타낸다. 즉, 어떤 일을 하는 방법에 관한 숙련된 지식인 노하우에 관련된 환경을 의미한다. 특히 벤처기업의 경우, 기술혁신에 의한 기술경쟁력은 기업의 경쟁력을 결정하는 요인 중의 하나이다.

이러한 기술적 환경은 정보기술, 생명공학, 공장자동화, 컴퓨터지원 설계 및 생산시스템 등이 포함되며 최근에 로봇기술, 생명공학,

유전공학, 정밀화학, 멀티미디어공학 등에 의한 새로운 제품 및 서비스의 창출이 확산되고 있다. 또한 인터넷에 의한 기업환경 변화는 정보파괴, 시장파괴를 초래하고 공간적·시간적 제한이 없는 쌍방향 커뮤니케이션을 가능하게 하였다.

1.3 최근의 창업 배경

(1) 생계형 소자본창업의 증가

생계형 소자본창업의 증가는 최근 창업의 가장 큰 특징이라 볼 수 있다. 소자본창업 시장은 진입장벽이 거의 없는 완전경쟁시장의 특성을 갖고 있으며, 창업자의 경험이나 기술에 크게 구애받지 않고 일정 자금만 준비가 된다면 누구나 쉽게 진입할 수 있다는 특성을 갖고 있다. 이러한 생계형 소자본창업은 전체 창업에서 상당한 비중을 차지하고 있다. 정부에서는 이러한 창업열기에 부응하기 위해 전국에 여러 곳의 소상공인지원센터를 두고 예비창업자들을 위한 자문과 애로사항을 해결하기 위한 활발한 지원을 하고 있다.

(2) 직업관의 변화

사회가 변화하면서 선호하는 직업도 많이 변화하고 있다. 현재의 사회에서는 평생직장이 아닌 평생직업이란 표현이 적절하다고 할 수 있다. 근대화 이전에는 농업이 국내산업의 중심이었고, 1960년대에 들어서면서 정체된 사회의 급격한 산업화로 많은 이들이 불시에 섬유, 합판, 신발생산 기능공으로 직업이 변모하게 되었다. 산업화가 가속화되는 1970년대에는 이농현상으로 도시의 급격한 팽창과 은행과 공무원으로 대표되는 화이트 컬러 직종이 직업선택에 있어 선호되었다. 1980년대에는 증권투자자와, 부동산투자자, 웹디자이너, 반도체 기술자와 같은 직업이 선호되었으며, 1990년대 후반 들어 외환위기와 IMF의 금융 지원 체제는 '좋은 직장에서의 취직이 평생보험'이란 기존의 직업관을 변화시키는 계기가 되었다. 안정된 직장보다는 능력을 갖춤으로 대기업보다는 창업을 고려하기 시작하였으며, 외환 딜러, 펀드매니저와 같은 분야별 전문가에 중점을 둔 직업관이 형성되기 시작하였다. 21세기에 들어서는 독특한 아이디어의 신지식인이 각광받고 있으며 직업관 역시 방향을 선회하고 있다.

직업관이란 사회 전반적인 가치관에 기인한다. 산업구조의 변화는 직업구조의 변화, 취업구조의 변화를 유발시켰으며, 이는 직업환경의 변화가 직업관의 변화를 갖고 온다는 것을 보여 준다. 개인의 가치관, 직업관의 변화는 금전적 소득보다는 개개인의 행복과 만족을 추구하는 경향을 심화시켰으며 이는 창업을 다양한 방법으로 더욱 활성화시키게 되었다.

<표 2-2> 직업관의 변화

과거 직업관	현재 직업관
사회적으로 알려진 회사로의 취업을 원함 타인에게 보이는 자신의 모습을 중요시함	자기가 좋아하고 그것으로 스스로의 일에 만족하는 일을 하고 싶어 함

(3) 청년창업, 대학생 창업의 증가

최근 수년간 경제는 성장하나 고용이 창출되는 않는 이른바 고용 없는 성장 속에 대학졸업생은 지속적으로 증가해 이제 청년취업 문제는 국가적인 중차대한 문제로 대두되고 있다. 이처럼 취업시장의 변화는 과거 몇 년간의 일시적인 현상이라기보다는 신규취업자 중심에서 경력자 중심으로 재편되는 산업 구조적인 변화라고 볼 수 있다. 앞으로 이러한 경력직 시장이 더욱 활성화되면서 취업자의 자격기준을 평가할 때 우리 사회의 병폐로 지적되는 학벌중시 경향도 경력중시 경향으로 자연스럽게 바뀌는 사회 공감대가 만들어질 것으로 기대되고 있다. 이렇게 취업시장이 경력직 시장 중심으로 재편되는 상황에서는 신규 대졸자 청년들의 사고는 처음부터 대기업과 같은 좋은 조건의 기업에 입사하기보다는 지속적인 경력개발을 통해 본인이 원하는 바를 성취하겠다는 방향으로 변화하고 있다. 경력개발에 대한 중요성과 더불어 취업시장의 변화에 대응하는 보다 적극적인 방법이 청년창업이다. 취업관문이 좁아지면서 높은 스펙을 맞추기 위해 스트레스를 받기보다는 노력한 만큼 수익을 올리는 창업으로 눈을 돌리고 있다.

대학생 및 청년창업자의 경우 부양해야 하는 가족에 대한 의무나 돈벌이에 대한 제약도 없으며, 창의력도 중장년에 비해 뛰어나며, 청년들의 융합기술, 스마트 혁신의 시대를 주도하는 디지털세대로서 무궁무진한 신사업기회 속에 둘러싸여 있다. 따라서 오늘날만큼 청년에게 창업에 좋은 조건을 가진 시기도 없으며, 각 대학의 창업강좌와 중소기업청에서 실시하는 창업세미나에는 많은 대학생들이 참여하고 있다. 창업연령도 갈수록 낮아지고 있는 추세이며 대학생 창업자도 늘어나고 있다. 정부에서도 활동이 우수한 창업동아리를 신규 발굴하고 학생 창업활동을 장려하고 있으며, 창의적이고 도전정신을 갖춘 학생들에게 기업가정신 배양 및 창업관련 활동을 지원한다는 취지에서 매년 여러 대학 및 고등학교 소속의 창업동아리에 시설품 구입비 및 운영비를 지원하고 있다. 이들 창업동아리 중 활동이 우수한 선도 동아리를 발굴하여 지속적 아이템 개발 촉진 및 사업화 유도와 창업동아리 활동의 내실화를 도모할 목적으로 아이템 개발비 및 개발운영비를 지원하고 있다.

(4) 여성창업의 증가

전 세계적으로 고령화, 저출산 등으로 인한 국가 발전의 신동력을 찾기 위해 잠재 역량이 높은 여성 인력에 대한 관심이 고조됨에 따라 산업 전반에 여성들의 적극적인 경제활동이 이루어지고 있다. 국내의 경우 1997년 IMF 이후 기업의 구조 조정으로 인해 평생직장에서 많이 밀려나게 되면서 여성창업에 대한 관심이 크게 증가하였으며, 남성에 비해 여성의 창업은 빠른 속도로 증가하고 있는 추세이다. 통계청의 '2011년 전국사업체조사'에 따르면 작년 말 기준 전국 사업체 수는 346만 9,000개로 전년보다 3.4%(11만 4,027개) 증가하였고 종사자 수는 1,821만 명으로 전년보다 3.2%(56만 4,166명) 늘었다. 이는 10년 전인 지난 2001년과 비교하면 사업체 수와 종사자 수가 각각 13.9%, 29.1% 늘어난 것으로, 10년 동안 사업체 수 증가세는 지속됐다. 여성 대표자 비중은 숙박 및 음식점(-0.5%)을 제외한 전 산업에서 증가추세며 전년보다 0.3% 늘었다. 숙박 및 음식점업의 경우, 여성 사장의 비중은 지난 2007년 66.6%, 2008년 66.2%, 2009년 65.8%, 2010년 65.1%, 2011년 64.6%로 꾸준히 감소했다. 여성 대표자의 비중이 큰 업종은 숙박 및 음식점업이 64.6%를 차지해 1위를 기록했고, 주로 기관 구내식당·찻집·분식 및 김밥전문점 등에서 많이 종사했다. 이어 교육서비스업(53.7%), 보건업 및 사회복지 서비스업(43.0%) 순으로 나타났다. 성별로 종사자 수를 살펴보면 여성 종사자는 755만 4,000명으로 전년보다 4.2% 증가했고, 남성 종사자는 1,065만 7,000명으로 전년보다 2.5% 증가했다. 남성 종사자 비중은 전년보다 0.4% 감소한 반면, 여성 종사자는 0.4% 높아져 여성들의 사회참여가 늘고 있는 것으로 나타났다.

(5) 정부의 창업지원 정책

최근 정부의 정책은 창업을 촉진하고 중소기업을 육성하는 데 초점을 맞추고 있다. 정부의 창업초기기업의 육성시책 또한 중소기업의 역할에 대한 정책적인 변화를 반영한다. 정부는 미래창조과학부, 중소기업청을 통하여 중소기업 특히 기술혁신기업에 많은 투자를 하고 있다. 정부의 지원제도는 자금, 입지, 기술, 인력, 세제 등 매우 다양하다. 이 같은 창업지원정책으로 창업 애로요인이 해소되어 창업 열기가 고조되고 있다.

제2절 우리나라 창업환경의 특성

2.1 우리나라 창업시장의 변화

우리나라의 창업시장은 1990년대 들어 본격적으로 활성화되기 시작하여, 개략 4년을 주기로 등락을 반복하고 있다. 특히 IMF 관리체제를 겪으면서 창업시장은 큰 폭의 변화와 커다란 전기를 맞이하였다. 대기업의 구조조정과정에서 수많은 실업자가 양산되었고, 이들이 생계형 창업으로 내몰리면서 창업시장은 활기를 찾는 듯했으나 이내 경험과 자금의 부족 그리고 창업시장의 불투명성 등으로 인해 폐업과 부도가 속출하는 등 또 다른 사회적 실업자를 양산하는 것은 물론 중산층의 붕괴라는 사상 초유의 사태를 맞이하게 되기도 하였다. 이후 창업시장이 위축과 성장이 반복되었고 2003년도부터는 가격파괴와 웰빙이라는 소비트렌드로 인한 시장의 양극화 현상을 창업시장에서도 반영되게 되었으며, 주5일 근무제도의 확산과 프랜차이즈의 활성화 등을 거쳐 현재에 이르기까지 계속적으로 침체와 성장의 답보상태를 벗어나지 못하고 있는 상태이다. 그러나 2009년 글로벌 금융위기를 계기로 하여 생계형창업의 증가와 고용 없는 경제성장에 따른 실업문제의 해결책으로써 정부의 창업정책의 활성화와 지원에 힘입어 다시 증가추세를 나타내고 있다.

(1) IMF 이전의 창업시장

IMF 이전의 창업시장은 제조업, 유통업을 중심으로 한 중소기업의 창업이 주류를 이루었다. 대기업에 부품을 납품하거나, 2차·3차 협력업체로서의 창업이 활발하였으며, 유통업 창업의 경우에도 제조업과 소비자 사이를 원활하게 하는 도매상으로서 유통경로의 한 축을 담당하거나, 가전제품이나 자동차정비 등과 같은 AS 내지 서비스 확충의 역할을 하는 창업이 대부분이었다.

특히 제품의 경우에 있어서도 과거 제품아이템은 라이프사이클이 비교적 길어서 창업시장의 변화가 그다지 심하지 않았던 데 비해, 1994년부터는 시장의 급속한 변화와 기술발전 등으로 인해 수많은 아이템들이 생겨나고 또 없어지곤 했다. 당시 유망 아이템이라 할지라도 입지여하에 따라 차이가 있어서 입지가 불리한 곳에 위치한 점 포들은 곧바로 경쟁력을 잃고 무너지기도 하였다.

한편으로는 프랜차이즈 사업이 서서히 활기를 띠면서 창업시장에 긍정적인 영향을 미치기 시작했으나 동시에 그 이면에 도사리고 있는 부정적인 측면도 부각되기 시작했다. 즉, 프랜차이즈 산업의 활성화에 편성한 각종 부실기업들이 등장하기 시작했고 결국은 경쟁력이 없으면 살아남기 힘든 경쟁 시대가 본격적으로 시작되었다.

(2) IMF 이후의 창업시장

IMF 직후인 1998년에는 모든 업종에 걸쳐 제품 라이프사이클의 급격한 단축, 업종 간 부침의 심화, 동일 업종 간 및 브랜드 간 경쟁 심화와 각종 마케팅 전략, 특히 가격경쟁의 심화로 자영업자들의 성장과 쇠퇴가 극심했다. 결국은 동종 업종 간 및 브랜드 간의 경쟁이 부실 프랜차이즈를 양산하고, 부실 프랜차이즈는 유명무실한 유행업종을 양산하고, 유행업종이 수많은 선량한 창업자를 힘들게 하였다. 또한 창업 수요 증가로 창업시장의 왜곡현상이 수반되기도 했다. 특히 1990년대 후반에 접어들어서 이루어진 대기업의 구조조정 과정에서 국내 실업자가 한때 200만 명을 넘어서서 커다란 사회적 문제로 대두하게 되었는데, 이렇게 갑작스럽게 회사를 퇴직한 실업자 내지 퇴직자들이 한꺼번에 소자본 창업으로 몰리면서 창업시장의 왜곡현상이 심화되었다. 이에 따라 이러한 창업수요를 노리는 부실·사기 프랜차이즈 본사도 성행하였다. 그 결과 일시적인 유행업종이 양산되고 그로 인해 많은 선량한 창업자가 실패하기도 하였다. 2002년도 이후에는 임대료의 폭등과 불경기 심화 및 내수소비 둔화로 자영업자들이 몰락한 이후 2006년 6월에는 소상공인진흥원이 설립되면서 자영업시장에 대한 본격적인 지원체계가 정립되게 되었으며 2009년을 기점으로 다시 창업시장이 정부의 강력한 지원정책과 글로벌 금융위기의 영향을 받아 활성화되기 시작하여 현재에 이르고 있다.

2.2 창업시장의 전망

창업시장은 어느 부문보다도 다이내믹한 활력을 보이고 있다. 최근 정부가 경제를 활성화하기 위해 주도하고 있는 창업정책 및 사회적 창업분위기와 맞물려 창업시장은 역동적으로 성장할 것으로 전망된다. 특히 고용 없는 성장으로 인한 실업의 증가와 그 중에서도 청년실업의 증가는 심각한 사회 불안 요소가 되고 있으며, 세계적으로도 급속히 진전되고 있는 저출산 현상과 인구고령화 현상은 생산과 소비 등 모든 경제요소에 치명적 약점으로 작용하고 있다. 즉, 실업에 따른 소득 및 가처분소득의 감소와 가계부채의 증가로 인한 소비력 감소, 기업과 국가경쟁력 감소 등은 결국 국가경제의 악순환 구조로 이어지기 때문이다. 이런 경제적 위협과 난관을 극복하기 위하여 정부는 창업시장의 활성화를 통한 경제활력을 꾀하기 위하여 창업에 대한 투자와 지원을 강화할 것으로 전망되어 향후 창업시장은 그 어느 때보다도 활기를 보일 것으로 전망된다.

먼저 벤처기업의 창업이 재전성기를 맞을 것으로 보인다. 기존 벤처기업의 형태보다는 스마트 시대를 맞이한 스마트벤처 열풍이 거세게 불 것으로 보인다. 1990년대 말부터 2000년대 초에 걸쳐 전국을 휩쓸었던 닷컴열풍으로 온라인시대에 걸맞은 벤처시대가 개막되었고 이때 창업된 다음, NHN, 한메일 등은 성숙한 모습의 기업으로 자리 잡고 있지만 일장춘몽으로 끝난 벤처기업들도 부지기수에 달한다. 향후에는 온라인을 바탕으로 한 모바일기술이 융합된 스마트시대가 활성화될 것으로 전망되고 있다. 구글이나 페이스북의 등장 이후 소셜커머스, 앱마케팅 등을 활용한 새로운 벤처사업은 창업시장의 밝은 미래를 가능케 할 것으로 여겨진다.

둘째는 트렌드창업이 활성화될 것으로 전망된다.

정부가 창업에 관심과 투자를 강화하는 것은 일자리창출이라는 국가적 과제를 극복하기 위해서이다. 따라서 일자리가 필요한 계층과 지역에 자금, 인력 등 투자를 집중해 오고 있다. 고령화시대에 따른 실버창업, 대학생의 취업난을 해소하기 위한 청년창업, 우수한 인력의 활용을 위한 여성창업은 물론 복지국가를 지향하는 장애인 창업, 글로벌시대에 부합되는 외국인 창업, 복지국가지향을 위한 저소득계층의 창업 등은 물론 시대적 상황에 맞는 1인지식창조기업의 육성 등 다양한 트렌드창업을 적극지원, 육성하고 있으며 이러한 경향은 향후 더욱 강화될 것으로 보인다.

셋째, 프랜차이즈 창업이 대세를 이어갈 것으로 예상된다. 이제 프랜차이즈산업은 국가경제의 주요 축을 형성하는 기간산업의 한 형태로 자리 잡고 있다. 따라서 생계형창업의 단순한 개념을 극복하고 주요 경제주체로서의 역할도 기대되기 때문에 프랜차이즈 창업은 안정적 창업의 한 형태가 될 것이다.

물론 모든 프랜차이즈업종이 성공하는 것은 아니어서 창업 시 업종선택에 있어서 사양업종이나 일시적 유행업종이 아닌 장기적이고 안정적인 유망업종을 선택하는 것은 매우 중요하다. 더불어 한정된 매장의 효율을 극대화하기 위해 단위 시간당 회전율을 높이거나 테이크아웃 등을 병행하거나, 매장에서 두 가지 콘셉트를 복합적으로 운영하는 멀티형 등 하이브리드 업종으로 지속적인 업그레이드를 통해 경쟁력을 갖추어야만 하는 것도 중요하다. 결국 경기흐름에 편승한 일시적 유행업종보다 '안정'과 '실속'을 갖춘 업종이면서, '웰빙', '여성', '신세대·유아', '오락·레저' 등 시대상황과 경제여건에 부합되는 유망업종을 선택하는 것이 현명한 창업전략이라 할 것이다.

한편 가맹사업진흥에 관한 법률과 가맹사업거래의 공정화에 관한 법률 등의 개정으로 인해 그간 창업시장의 왜곡현상과 부실 프랜차이즈 난립 등으로 인한 선량한 창업자들의 피해는 상당히 개선될 것으로 보이는 등 창업시장은 안정 속에서 활기를 찾을 것으로 보인다.

넷째, 사회적 기업의 창업 등 새로운 개념의 창업시장이 더욱 확대될 것이다. 기업의 사회적 책임(CSR)이 어느 한 국가의 개념이 아닌 범세계적 규약으로 진전됨에 따라 기업의 사회적 책임경영은 글로벌 스탠더드로 자리 잡게 되었다. 특히 2010년 11월부터 발효된 ISO26000은 환경 및 인권 등 사회적 책임을 구체적으로 명기한 국제표준으로 향후 기업의 사회적 책임은 지속가능경영의 차원에서도 중요한 역할을 하게 될 것이며 사회적 기업의 창업 및 육성 또한 주요 이슈로 자리 잡게 될 것이다.

제3절 중소기업과 창업

3.1 중소기업의 정의

중소기업(Small and Medium-sized Enterprise)의 개념을 정의할 경우 그 기준은 국가마다 업종마다 그리고 시대상황에 따라 각기 다르다. 따라서 중소기업은 절대적인 개념이 아니라 대기업에 비교한 상대적 개념으로 이해된다. 즉, 일반적으로 중소기업이란 대기업과 비교하여 상대적으로 작은 규모의 기업을 말한다. 자본적으로도 규모가 작을 뿐만 아니라 중소기업은 대기업에 비하여 사업 업종의 다양성과 지역적인 분포 면에서 제약을 가지고 있다. 또한 중소기업은 수적으로 많은 기업 수와 고용인력 측면을 지니고 있어 학문적 연구나 정부 정책의 실효성을 확보하기 위해서도 그 범위를 지정할 필요가 있다. 중소기업을 정의할 때 국가별, 시대상황별로 변화를 보이고 있는데, 이러한 것은 중소기업의 개념 자체가 고정적·불변적 개념이 아니라 가변적 특성을 지니고 있기 때문이다. 특히 각종 언론매체에서 다루어지는 중소기업이라는 용어는 매우 다양한 형태로 사용되고 있다. 최근 2013년 중소기업청의 업무계획에는 중소기업기본법에 정해져 있는 중소기업의 범위가 12년 만에 조정된다. 또올 하반기부터 일반 국민들로부터 소액자금을 모집해 창업기업에 투자하는 '크라우드 펀딩제'와 벤처기업에 벤처캐피털과 정부가 매칭형태로 자금을 지원하는 '이스라엘식 벤처투자제'가 도입된다. 중기청은 중소기업과 중견기업 지원의 효율과 실효성 강화를 위해 2001년 개정된 「중소기업법」상 중소기업의 범위를 조정키로 했다.

지금은 제조업, 광업·건설·운송업, 도·소매업 등 6개 산업군으로 대분류돼 있는 중소기업 범위(제조업의 경우 상시근로자 300명 미만 또는 자본금 80억 원 이하 기업) 중 근로자 수나 자본금 규모를 현실에 맞게 업종별로 세분화한다는 것이다.

중기청은 또 중소·중견기업의 가업상속세를 완화하고, 중소기업의 중견기업 진입 뒤 3년 동안 받게 돼 있는 세제·금융 혜택을 일정기간(예컨대 10년간) 단계적으로 줄여 받도록 고치기로 했다.

3.2 중소기업의 범위

(1) 국내 중소기업의 범위

중소기업기본법 제2조 1항에는 중소기업의 범위를 명시하고 있다. 이에 따르면 중소기업 육성시책의 대상이 되는 중소기업자는 업종의 특성과 상시 근로자 수, 자산규모, 매출액 등을 참작하여 그 규모가 일정기준에 적합한 기업이라고 할 수 있다. 즉, 상시근로자 수, 자본금, 또는 매출액의 규모가 기준 중 어느 한 기준에만 충족하면 중소기업에 해당하는 것으로 규정하고 있다. 이것은 종전에 종업원 수 기준과 자산총액 기준을 동시에 충족하여야 하는 양적 기준을 대폭 완화한 것이다. 한편으로 특수한 경우에 대한 예외규정을 두고 있는 바, 중소기업시책별 특성에 따라 필요하다고 인정할 때에는 중소기업협동조합법 기타 법률이 정하는 바에 따라 중소기업협동조합 기타 법인이나 단체 등을 중소기업자로 인정할 수 있다고 규정하고 있다.

또한 적용에 대한 유예규정으로는 중소기업이 그 규모의 확대 등으로 중소기업에 해당되지 아니하게 된 경우 사유발생연도의 다음

연도부터 3년간 중소기업으로 인정해 주고 있으며 다만 중소기업 이외의 기업과 합병함으로써 중소기업에 해당되지 아니한 경우에는 제외하고 있다. 한편 중소기업 중에서도 그 규모가 일정수준 이하인 기업을 소기업과 소상공인으로 분류하여 지원 정책 등에서 별도의 우대정책을 실시하고 있다. 소기업과 소상공인은 중소기업기본시행령과 소기업 및 소상공인 지원을 위한 특별조치법의 적용을 받는데, 소기업은 상시근로자 수가 제조, 광업, 건설업, 운수업은 50인 미만, 그 밖의 사업은 10인 미만이다. 소상공인의 범위 역시 상시근로자 기준으로 정의되어 광업, 제조업, 운수업, 건설업은 10인 미만, 전기·가스 및 수도업, 도소매 및 기타 서비스업은 5인 미만이다.

<표 2-3> 국내 중소기업의 업종별 상시근로자 수,
자본금 또는 매출액의 규모기준(양적 기준)

해당업종	분류부호	규모기준
제조업	C	상시 근로자 수 300명 미만 또는 자본금 80억 원 이하
광업	B	상시 근로자 수 300명 미만 또는 자본금 30억 원 이하
건설업	F	
운송업	H	
출판, 영상, 방송통신 및 정보서비스	J	상시 근로자수 300명 미만 또는 매출액 300억 원 이하
사업시설관리 및 사업지원 서비스업	N	
보건 및 사회복지사업 Q	Q	
농업, 임업 및 어업 A	A	상시 근로자수 200명 미만 또는 매출액 200억 원 이하
전기, 가스, 증기 및 수도사업	O	
도매 및 상품중개업	G	
숙박 및 음식점업	I	
금융 및 보험업	K	
전문, 과학 및 기술 서비스업	M	
예술, 스포츠 및 여가관련 산업	R	

하수처리, 폐기물 처리 및 환경 복원업	E	상시 근로자수 100명 미만 또는 매출액 100억 원 이하
교육 서비스업	P	
수리 및 기타서비스업	S	
부동산업 및 임대업	L	상시 근로자수 50명 미만 또는 매출액 50억 원 이하

<표 2-4> 중소기업 소유 및 경영의 실질적인 독립성 기준(질적 기준)

- 「독점규제 및 공정거래에 관한 법률」에 의해 상호출자제한 기업집단 소속회사로 지정된 기업은 중소기업에서 제외
- 자산총액 5천억 원 이상인 법인이 의결권 있는 발행주식 총수의 100분의 30 이상 을 직접 또는 간접 소유하고 있는 기업은 중소기업에서 제외(단, 간접소유의 경우 '11. 12. 31까지 중소기업 지위 인정)
- 지배종속관계가 성립하는 관계회사에 대해 지분비율에 해당하는 상시근로자 수, 자 본금, 매출액, 자산총액, 자기자본을 합산한 결과 업종별 규모기준과 중소기업 상한 기준을 초과하는 기업은 중소기업에서 제외

※ 관계회사 방식 적용으로 중소기업에서 제외되는 기업은 '외감법인의 중소기업 확 인 시스템'을 통해 공시할 예정 ('11년 이후)

<표 2-5> 소기업과 소상공인의 범위(일반적 기준)

업종	상시근로자 수	
	소기업	소상공인
제조업	50인 미만	10인 미만
광업, 건설업, 운송업	50인 미만	10인 미만
대형종합소매업, 호텔업, 휴양콘도운영업, 통신업, 정보처리 및 기타 컴퓨터운영 관련업, 엔지니어링 서비스업, 병원, 방송업	10인 미만	5인 미만
종자 및 묘목생산업, 어업, 전기·가스 및 수도사업, 의약품 및 정형외과용품 도매업, 연료 및 관련제품도매업, 통신판매업, 방문판매업, 여행알선·창고 및 운송관련서비스업, 전문·과학 및 기술서비스업, 사업지원서비스업, 영화산업, 유원지 및 테마파크 운영업 등	10인 미만	5인 미만
도매 및 상품중개업, 산업용 기계장비 임대업, 자연과학연구개발업, 공연산업, 뉴스제공업, 식물·동물원 및 자연공원, 하수처리·폐기물 처리 및 청소관련 서비스업	10인 미만	5인 미만
그 밖의 모든 업종	10인 미만	5인 미만

우리나라 중소기업의 범위는 중소기업기본법 제정 이후 수차례의 개정을 거쳐 국가의 경제상황과 경제규모 그리고 산업발전에 발맞추어 조정·변경되어 오늘에 이르고 있다. 중소기업 범위 변천과정의 주요특징을 살펴보면 첫째, 산업발전에 따른 중소기업 업종의 다양한 변화를 반영하고, 둘째, 경제 규모 확대에 따른 중소기업 범위의 현실에 맞도록 동반하여 대하고, 셋째, 노동집약적 기업에 대한 인원확대와 자동화 설비투자 등이 필요한 자본집약적 기업에 대한 배려차원에서의 자산총액의 확대를 반영하고 있으며, 넷째, 소유와 경영의 독립성 기준 등 질적 기준을 강화하고 있다.

한편 우리나라는 경제발전으로 기업의 규모가 확대되어 왔고, 새로운 기업의 출현으로 중소기업의 저변도 확대되었다. 그런데 대기업에 비해 상대적으로 적은 중견기업은 스스로 중소기업이라 주장하고 새로 창업하는 중소기업의 입장에서는 그러한 중견기업은 상대적으로 큰 규모의 기업이 된다. 중견기업은 중소기업의 지위를 유지하여 여러 가지 혜택을 향유할 수 있어서 중소기업 범위 안에 머무르려고 하는 유인을 가진다(정연승 외, 2008). 또한 우리나라는 경제발전을 추진하면서 중화학공업 육성과 보호에 많은 노력을 기울여왔고 이에 따라 대기업에 대한 혜택이 어느 나라보다도 많았다. 이러한 대기업에 대한 편중성과 특혜에 따른 부작용을 해소하기 위하여 중소기업에 대한 많은 지원책을 마련하고 있으나 그 성과는 미흡한 실정이다. 이러한 상황에서 적정한 중소기업 범위의 설정은 국민 경제와 고용 및 소득에 미치는 영향을 종합적으로 파악하여 결정하여야 한다.

최근 들어 정부에서는 중소기업의 강제졸업제도를 강화하여 시행하기로 하고 2012년부터 시행되도록 관련법규를 개정하였다. 이에 따르면 3년간 연평균 매출액이 1,500억 원을 넘거나 자기자본이 500억 원을 넘으면 중소기업 자격을 박탈하는 '중소기업 강제졸업제'를 시행하여 일정규모 이상 커져 버린 중소기업의 혜택을 중단하고 그 재원을 새로운 중소기업에 지원하여 한정된 중소기업지원자금을 효율적으로 사용함으로써 중소기업 지원정책의 실효성을 펼칠 수 있도록 하였다.

(2) 세계 주요국의 중소기업 범위

외국의 중소기업 정의는 나라별로 차이를 보이고 있다. 중소기업의 정의를 법력으로 규정하거나 단순히 정부시책으로 규정하거나 아예 정의를 행하지 않고 있는 나라 등으로 구분된다. 이중 법령으로 규정하고 있는 나라는 우리나라를 비롯하여 미국, 영국, 대만, 일본 등이 있다. 각국의 중소기업 정의를 살펴보면 다음과 같다.

미국은 중소기업법(The Small Business Act of 1958)에서 중소기업을 독립적으로 소유되고 경영되는 기업으로써, 해당 사업분야에서 지배적이 아닌 것으로 간주될 수 있는 기업을 말한다. 즉, 미국은 중소기업법 제3조(a)의 제1항에서 중소기업의 정의를, 제2항에서 중소기업의 규모 기준을 정의하고 있고 제3항에서는 중소기업 규모기준의 승인에 대하여 규정하고 있다. 제2항은 중소기업청장은 중소기업법 또는 기타 법의 목적상 중소기업의 구체적인 정의 또는 기준을 규정할 수 있다고 정의하고 제1항에 명시된 기준에 종업원 수, 매출액, 순자산, 순이익 그리고 이들의 조합 또는 기타 적절한 요소가 활용될 수 있다고 규정하고 있다. 제3항은 중소기업 규모기준을 정하거나 승인함에 있어서 중소기업 청장은 산업 간의 다양한 특징을 반영하여 산업별로 기준을 차등화하고 관련된 타 요소를 감안하여야 한다고 규정하고 있다.

일본은 「중소기업법」 제2조에서 중소기업자의 범위를 규정하고 있는데, 구각시책의 대상이 되는 중소기업자는 시책별로 정한다고 되어 있어 일본은 중소기업을 기술하여 정의하지 않고 범위로써 중소기업을 정의하고 있다.

영국의 경우 볼튼위원회 보고서에 따르면, 시장점유율이 상대적으로 낮고, 소유주 또는 일부의 소유권을 갖고 있는 소유주에 의하여 개인적이고 사적인 방법으로 운영되며, 대기업의 일부를 구성하는 계열회사가 아니며, 소유경영자는 기업의 중요 의사결정을 외부 통제를 받지 않고 독립적으로 하는 기업을 칭한다.

3.3 중소기업의 특성

중소기업은 국민경제적·기업경영적·생산기술적 특성을 지니고 있다. 첫째, 국민경제적 특성으로는 우선 광범위한 사업분야를 가지고 있다. 제조업과 서비스업 등 국민경제의 다양한 사업분야에서 매우 높은 비중을 차지하고 있으며 대기업과 나름대로의 역할을 분담하고 있다. 아울러 대부분의 중소기업은 대기업에 대한 종속성을 지녀 외형적으로는 독립성을 유지하는 듯 보이나 모기업과 자회사 또는 모기업과 하청계열관계를 형성하는 등 실질적 종속관계를 나타내고 있다. 대기업에 의존 또는 계열화되어 있는 중소기업과 전문화되고 대기업으로부터 독립된 중소기업은 경영상에 있어서도 커다란

차이를 보이고 있다.

또한 중소기업은 경기변동의 영향을 크게 받는 특성을 지니고 있다. 대기업에 비해 상대적으로 규모가 작고 경기의 영향을 크게 받아 개업 및 폐업률이 상당히 높아 경영의 불안정이 매우 높다. 아울러 중소기업은 지역사회와의 깊은 연관성을 지니고 있다. 우선 활동영역이 지역사회와 밀접한 관련이 있으며 전국적으로 분포하고 있다. 따라서 중소기업은 지역사회의 균형적 발전과 지역주민의 고용창출에도 많은 기여를 하고 있다. 둘째, 기업 경영적 특성으로는 급격하게 변하는 시장의 환경변화에 대한 민첩성을 발휘할 수 있다. 국내외 기업환경이 시시각각으로 돌변하고 있는 소비시장의 수요 변화와 경기변동 등에 신속하게 대응할 수 있고 생산·판매하는 제품의 유연성을 갖추고 있다. 그러한 이유로 수요의 유동적 흐름에 능동적으로 대처할 수 있는 역량이 있으며, 한편으로는 자본의 영세성으로 인해 자본집약적이기보다는 노동집약적 업종이 주류를 이루는 중소기업의 특성상 기계화·자동화에 한계를 보이고 있다. 그래서 시장수요가 지속적이지 못하고 산발적인 경우가 많으며, 수요의 계절적 변동이 많아 안정적이고 지속적 경영에 한계를 보이는 특성이 있다.

이와 함께 중소기업은 인력수급의 어려움으로 인해 경영조직의 간소화·통합화·슬림화가 대세를 이루며, 상대적으로 대기업에 비하여 경쟁력이 열위에 있고, 자본조달에 있어서도 어려움에 처해 상시 자금부족사태에 있는 경우가 대부분이다. 특히 경영자 1인에 대한 의존도가 심화되어 있으며, 장기적 발전을 위한 연구개발투자도 미흡한 실정이다. 특히 대기업과의 임금격차와 작업환경의 악화 등에 따라 인력수급의 애로가 있으며 이로 인해 유능한 인재의 발굴도 어려운 상황이다. 셋째, 생산 기술적 특성은 중소기업은 소량다품종 생산에 의존하고 있으며, 중소기업 제품은 부품 및 소재, 중간 제품이 많으며, 이를 활용하여 대기업은 조립 및 완제품 형태의 제품을 생산하고 있다. 한편 중소기업은 자본의 영세성으로 인하여 경공업 분야에 집중되어 있고 노동집약적 산업이 많다. 중소기업의 기술력은 대기업에 비해 열세이지만 기술개발의 가능성은 매우 높다.

3.4 중소기업의 유형

중소기업의 유형은 입지기준과 기업의 독립성 그리고 생산제품의 특성을 기준으로 하여 나누어 볼 수 있다. 첫째, 입지를 기준으로 살펴보면 먼저 지역주민의 국지적 수요를 시장으로 하고, 소매업 중심의 지역산업과 밀접한 관계를 지닌 수요지향형 중소기업과 생산요소의 조달과 관련하여 밀접한 관계가 있거나 지역특산품 산업, 대기업에 대한 하청기업을 중심으로 하는 공급지향형 중소기업으로 나눌 수 있다. 둘째, 기업의 독립성을 기준으로 하여서는 가격이나 품질 등에 있어 경쟁요소가 대기업과 대등한 위치에서 시장수요를 확보한 독립형(전문, 독립) 중소기업이 있으며 반대로 대기업과의 관계에 있어서 수직적·종속적·시장수요구조를 지닌 종속형(의존, 계열) 중소기업으로 구분할 수 있다.

셋째, 생산제품의 특성기준을 기준으로 하여 구분하면 자기상표와 주문자 부착상표 그리고 기술개발력을 중시하는 자가제품형 중소기업과 모기업에 대한 납품과 원가를 중시하는 부품생산형 중소기업으로 구분할 수 있다.

구분	주요역할	대표적 경영형태	경영의 초점
의존·계열 중소기업	- 주문품의 적기공급 - 국내외 시장 개척 - 수입품 대체	- 의존체제가 형성 - 생산성 능률향상에 주력 - 제품기술의 모방과 도입	- 모기업과의 유대강화 - 합리화 방안 강구 - 품질향상
전문·독립형 중소기업	- 국내외 시장 창조 - 신제품 및 기술의 개발 - 인력 규합과 육성	- 동업체제의 구축 - 전문화의 추진 - 기술에 과감한 투자	- 경쟁우위의 확보 - 정보망의 구축 - 협력체제의 구축

3.5 중소기업의 이론

중소기업 이론(특히 존립이론)에 관한 경제학자들의 연구는 다양하게 진행되어 왔다. 대기업과 대자본이 규모의 경제측면에서 항상 바람직한 것은 아니며, 수요와 공급측면 그리고 기술적인 면에 있어서도 중소규모가 더욱 효율적일 수 있어 중소기업의 존립의 타당성에 대한 뒷받침이 되어 주고 있다.

A. Marshall의 중소기업론

규모의 경제를 내부경제(Internal Economy)와 외부경제(External Economy)로 구분하고 두 가지 경계에서 발생되는 여러 가지 경제상 한계와 제약으로 중소기업의 존립영역이 형성

J. Robinson의 불완전 경쟁이론

상품의 차별화(Differentiating of Product)에 의해 시장의 불완전성이 생기게 되어 기업규모를 제한하고 따라서 독점적 대기업만으로 활동하기 어려운 영역이 발생하게 되어 중소기업의 존립타당성 반영

J. Steindle의 중소기업론

성장단층론에서 시장의 불완전성은 소기업의 시장을 보호함으로 써 소기업 존립의 중요한 요인

E. A. G. Robinson의 적정규모론적 중소기업론

대규모 경제의 비경제가능성으로 인해 적정규모기업(Optimum Firm) 은 대기업이 아닌 중소기업

Maurice Dobb & S. Aaronovitch의 독점지배론

독점적 대경영 또는 독점자본에 복종하는 한 중소기업의 존립이 허용 중소기업이 독점기업과 공존할 수 있는 것은 독점기업에 이익이 주어지고 중소기업의 존립이 의식적으로 허용되기 때문이라고 주장

3.6 중소기업 관련법규

우리나라는 중소기업의 보호와 육성에 관한 사항을 헌법에 정의하고 있다. 헌법 제123조는 농어촌조합개발과 중소기업 보호·육성에 관한 사항으로 제3항은 "국가는 중소기업을 보호·육성하여야 한다"와 제5항은 "국가는 농·어민과 중소기업의 자조조직을 육성하여야 하며 그 자율적 활동을 보장한다"고 규정하고 있다. 이 밖에도 중소기업 관련 법률은 다음과 같다.

중소기업협동조합법(1961)

중소기업자가 서로 힘을 합하여 협동사업을 추진하는 협동조직의

설립·운영 및 육성에 관한 사항을 정하여 중소기업자의 경제적인 기회균등을 기하고 자주적인 경제활동을 북돋우어 중소기업자의 경제적 지위의 향상과 국민경제의 균형 있는 발전을 꾀함을 목적으로 제정

중소기업기본법(1966)

중소기업이 나아갈 방향과 중소기업을 육성하기 위한 시책의 기본적인 사항을 규정하여 창의적이고 자주적인 중소기업의 성장을 지원하고 나아가 산업구조를 고도화하고 국민경제를 균형 있게 발전시키는 것을 목적으로 제정

기술신용보증기금법(1989)

기술보증기금을 설립하여 기술신용보증제도를 정착·발전시킴으로써 신기술사업에 대한 자금의 공급을 원활하게 하고 나아가 국민경제의 발전에 이바지하게 함을 목적으로 제정

중소기업창업 지원법(1986)

중소기업의 설립을 촉진하고 성장기반을 조성하여 중소기업의 건전한 발전을 통한 견실한 산업구조의 구축에 기여함을 목적으로 제정

중소기업진흥 및 제품구매촉진에 관한 법률(1991)

중소기업의 구조고도화를 통하여 중소기업의 경쟁력을 강화하고 중소기업 제품의 구매촉진 및 판로 확대와 중소기업의 경영기반을 확충하여 국민경제의 균형 있는 발전에 기여함을 목적으로 제정

기업활동 규제완화에 관한 특별조치법(1993)

기업활동에 관한 행정규제의 완화 및 특례에 관한 사항을 규정하여 원활한 기업활동을 도모하고 국민경제의 건전한 발전에 기여함을 목적으로 제정

소기업 및 소상공인 지원을 위한 특별조치법(1997)

소기업 및 소상공인의 자유로운 기업활동을 촉진하고 구조개선 및 경영안정을 도모하여 균형 있는 국민경제의 발전에 기여함을 목적으로 제정

벤처기업육성에 관한 특별조치법(1997)

기존 기업의 벤처기업으로의 전환과 벤처기업의 창업을 촉진하여 우리 산업의 구조조정을 원활히 하고 경쟁력을 높이는 데에 기여하는 것을 목적으로 제정

유통산업발전법(1997)

유통산업의 효율적인 진흥과 균형 있는 발전을 꾀하고, 건전한 상거래질서를 세움으로써 소비자를 보호하고 국민경제의 발전에 이바지함을 목적으로 제정

지역균형개발 및 지방중소기업 육성에 관한 법률(1999)

국토를 합리적으로 이용·개발·보전하기 위하여 지방의 발전잠재력을 개발하고 민간부문의 자율적인 참여를 유도하여 지역개발사업이 효율적으로 시행될 수 있도록 함과 아울러 지방중소기업을 적

극적으로 육성함으로써 인구의 지방정착을 유도하고 지역경제를 활성화시켜 국토의 균형 있는 발전에 기여함을 목적으로 제정

여성기업지원에 관한 법률(1999)

여성기업의 활동과 여성의 창업을 적극적으로 지원함으로써 경제영역에 있어 남녀의 실질적인 평등을 도모하고 여성의 경제활동과 여성경제인의 지위향상을 제고함으로써 국민경제 발전에 이바지함을 목적으로 제정

중소기업 기술혁신 촉진법(2001)

중소기업의 기술혁신을 촉진하기 위한 기반을 확충하고 관련 시책을 수립·추진함으로써 중소기업의 기술경쟁력 강화를 통하여 국가경제발전에 이바지함을 목적으로 제정

중소기업 인력지원 특별법(2003)

중소기업의 인력수급 원활화 및 인력구조 고도화를 지원하여 중소기업의 경쟁력을 제고하고 고용을 촉진함으로써 국민경제와 사회의 균형 있는 발전에 이바지함을 목적으로 제정

재래시장 및 상점가 육성을 위한 특별법(2004)

재래시장과 상점가의 시설 및 경영현대화와 시장정비를 촉진하여 지역상권의 활성화와 유통산업의 균형 있는 성장을 도모함으로써 국민경제의 발전에 이바지함을 목적으로 제정

대·중소기업 상생협력 촉진에 관한 법률(2006)

대기업과 중소기업 간 상생의 협력관계를 공고히 하여 대기업과 중소기업의 경쟁력을 제고하고, 대기업과 중소기업의 양극화 해소를 통한 동반성장을 달성함으로써 국민경제의 지속성장의 기반을 마련함을 목적으로 제정

중소기업사업전환에 관한 특별조치법(2006)

경제환경의 변화로 인하여 어려움을 겪고 있는 중소기업의 사업전환을 촉진하여 중소기업의 경쟁력을 강화하고 산업구조의 고도화를 달성함으로써 국민경제의 건전한 발전에 기여함을 목적으로 제정

사회적 기업 육성법(2007)

사회적 기업의 설립·운영을 지원하고 사회적 기업을 육성하여 우리 사회에서 충분하게 공급되지 못하는 사회서비스를 확충하고 새로운 일자리를 창출함으로써 사회통합과 국민의 삶의 질 향상에 이바지함을 목적으로 제정

협동조합 기본법(2012)

협동조합의 설립·운영 등에 관한 기본적인 사항을 규정함으로써 자주적·자립적·자치적인 협동조합 활동을 촉진하고, 사회통합과 국민경제의 균형 있는 발전에 기여함을 목적으로 제정

제3장
창업자
(기업가정신)

제1절 창업자의 특성

불확실성이 매우 크다고 할 수 있는 창업기업은 특성상 기업의 성공과 실패의 관건이 되는 창업자의 특성, 경영특성 및 경쟁력요인의 차원에서 여러 방면으로 규명하는 것이 중요하다. 이 중에서 창업기업의 경쟁력에 직간접적으로 영향을 미치는 가장 중요한 요인으로 인식되고 있는 것은 창업자의 특성이다. 창업자의 특성에 따라 경영특성의 차이를 분석할 수 있으며, 창업기업의 경영특성은 창업기업의 경쟁력에 영향을 미치게 된다. 박근혜정부에서 주창하는 창조경제의 핵심은 바로 기업가정신이다. 창조경제론이 성과를 거두려면 '혁신하려는 의욕', '경제하려는 의욕'이 넘쳐나야 하고, 또한 도전하는 기업가정신 필요하다. 박근혜 대통령은 취임사에서 '과학기술과 산업이 융합하고 문화와 산업이 융합하고 산업 간 벽을 허문 경계선에 창조의 꽃을 피우는 것'으로 창조경제를 정의하고, 창조경제의 목표는 '융합의 터전 위에 새로운 시장, 새로운 일자리를 만드는 것'이라 했다. 박근혜정부의 최종 목표는 중산층 70%를 재건하여 국민행복시대를 여는 것이다. 이 두 가지를 결합해 보면, 최근 계속해서 침체에 빠져 있는 한국경제의 성장엔진을 재점화시켜 고용을 창출하고 소득분배를 개선하기 위하여 창조경제를 국정운영의 핵심과제로 정하지 않았을까 추측된다.

창조경제론이 소기의 성과를 거두어 경제 재도약, 일자리 창출, 소득분배 개선의 목표가 모두 이루어지기를 바란다. 그러자면 모든 부문에서 국민과 기업의 '혁신하려는 의욕', '경제하려는 의욕'이 넘쳐나야 한다. 정부는 창조산업을 점지해서 육성하려 하기에 앞서 창의와 혁신에 기초한 경제활동이 자생적으로 일어나도록 환경을 만드는 일을 우선해야 한다. 정부가 융합에 기초한 신산업 또는 신기술을 직접 육성하려는 것은 과거 정부의 신성장동력 육성정책과 별반 차이가 없고 성공을 기대하기 어렵다. 지금의 경제환경은 과거의 추격, 모방시대와 다르고 정부의 선택이 시장의 선택으로 이어지지 않을 위험이 오히려 크다. 융합이든 또는 현 단계에서 우리가 알지 못하는 또 다른 무지의 영역에서든 민간 부문에서 자발적 창의와 혁신에 기초한 신시장 개척활동이 왕성하게 일어나야 비로소 창조경제의 모습이 구현될 것이다.

창조경제의 성패는 기업가정신의 진흥 여부에 달려 있다. 우리나라가 부존자원, 기술과 자본, 경험도 없이 경제개발에 착수한 지 50년 만에 1인당 국민소득이 100달러에서 시작해서 2만 달러를 넘는 선진국의 문턱에 오르게 된 것은 온 국민의 '잘살아 보자'와 '하면 된다'는 긍정 의지, 그리고 이를 뒷받침해주는 정부의 역할이 있었기 때문에 가능했다. 기업가정신이야말로 부존자원에 의해 설정된 성장한계를 뛰어넘어 개인과 국민경제의 생산가능영역을 확장시키는 요인이며, 진정한 의미에서의 경제발전 원동력인 셈이다. 우리의 경험이 그러했다. 그러나 지금은 예전과 달리 기업가정신이 쇠퇴했다는 지적이 많다. '청년 NEET족이 100만 명을 넘는다', '생계형 창업은 많아도 혁신형 창업은 드물다', '중소기업이 중견·대기업으로 성장한 사례를 찾아보기 어렵다', '대기업의 사내 기업가정신도 예전만 못하다'는 등 기업가정신의 실종을 걱정하는 이야기마저 넘치고 있다.

상황이 이런데도 정부 차원에서 문제를 진단하고 대책을 마련하는 노력은 미흡했던 게 작금의 실정이다. 이명박 정부에 와서야 매년 11월에 기업가정신주간 행사를 갖기 시작했으나 행사는 형식에 그쳤고 실질적인 성과를 거두지도 못했다. 우리 정부의 이러한 어물정한 태도는 다른 선진국의 대응자세와 사뭇 다르다. 예를 들어 EU에서는 '리스본 유럽 위원회'를 통해 일찍부터 EU 회원국의 '기업가정신의 고양(高揚)'을 핵심 의제로 채택하고 정기적으로 회원국의 기업가정신 실태조사보고서를 작성하는 등 오랫동안 대책 마련에 부심해왔다. '신규 창업은 적고 기존 기업의 성장 사례는 드물다'는 것이 EU 회원국의 공통적인 고민이라는데, 이는 우리의 문제와도 다르지 않다. 우리도 더 늦기 전에 기업가정신의 회복과 확산을 위해 정부 차원에서 종합적이고 효과적인 정책대안을 강구해야 한다.

기업가정신이 중요하고, 지금은 우려할 만한 상황임에도 불구하고 정부 차원의 관심이 미흡했던 까닭은 아마도 기업가정신을 개인의 기질과 역량으로만 치부했기 때문이 아닌가 싶다. 즉, 개인의 도전과 모험정신, 융합지식과 혁신역량을 기업가정신의 핵심요소로 본 것이다. 틀린 관점은 아니다. 그러나 보통의 기업가정신은 사람의 문제가 아니라 정부가 통제하는 제도와 정책에 더 많이 영향을 받는다. 예를 들어 한 번의 실패가 자산이 아니라 패망이 되는 사회, 융복합화 기술이나 상품을 개발해도 칸막이 규제 법령에 막혀 좌절하는 사회, 애써 만든 창조적 아이디어나 비즈니스 모델이 손쉽게 남의 손에 넘어가는 사회, 성공해도 사회적 인정이 아니라 질시와 비판이 가해지는 사회, 이러한 제도적 환경에서는 창의와 혁신의 도전적 기업가정신이 발현되기 어렵고 따라서 창조경제의 구현도 요원할 것이다.

새 정부가 창조경제를 국정의 핵심과제로 삼은 만큼 앞으로 다양한 정책 메뉴가 넘쳐날 것이다. 그러나 기업가정신의 회복과 확산이 뒷받침되지 않으면 그 어떤 정책도 사상누각(砂上樓閣)이 되기 십상이다. 창조경제의 근간은 기업가정신이며, 기업가정신은 단지 '정신'의 문제가 아니라 '제도와 정책'의 함수이다. 이 점을 감안하여 새 정부에서는 창의와 혁신에 기초한 기업가적 발견과정이 자유롭고 충분하게 넘치는 창조경제 환경을 조성하는 일에 더 많은 관심을 갖고 제도와 정책을 정비하는 일부터 시작해야 한다.

1.1 창업자의 특성

(1) 개인적 특성

창업자의 개인적 특성에 관한 연구는 1970년대 후반부터 많은 연구자들에 의해 진행되어 왔다. 창업자의 개인적 특성은 특히 규모가 작은 소상공인의 창업에서 소유주인 동시에 경영자인 창업자의 역할이 사업체의 창업을 준비하는 과정에서부터 그 사업체의 운영에 이르기까지 매우 중요한 영향을 미친다는 것을 의미한다. 이러한 맥락에서 많은 연구들은 성공적인 창업자에게서 보이는 공통적인 개인적 특징으로서 배경적 특성과 심리적 특성을 다루어 왔다. 이들 연구자들은 이러한 특성들이 사업을 시작하는 과정에서 그리고 그 사업을 운영해나가는 과정에서 중요한 요인으로 작용한다는 것을 가리키고 있다.

(2) 심리적 특성

창업자의 심리적 특성은 창업자와 비창업자를 구별하는 특징으로서뿐만 아니라 성과에 영향을 미치는 개인특성으로 주목을 받아왔다. 성취욕구는 가장 빈번하게 언급되는 창업자의 특성이다. 성취욕구의 현대적 의미는 어떤 것들을 신속하고 가능한 잘 이해하려는 바람, 또는 경향으로 정의된다. 성취욕구는 기업가에게 있어서 중요한 동기요소일 뿐만 아니라 사회의 경제발전 수준을 결정하게 된다. 즉, 성취욕구가 높은 사람은 문제해결을 위해 주도적으로 나서려 하고 목표를 제시하며 그 목표의 달성을 위하여 열정적으로 노력하는 성향이 있다. 성취욕구가 높은 창업자들은 스스로 도전적인 목표를 수립하고 그 성과를 향상시키기 위해 노력한다.

(3) 행동적 특성

창업자의 행동적 특성으로는 위험감수적 성향을 들 수 있다. 여기에서 위험감수 성향이란 의사결정에서 기회를 획득하기 위해 위험을 감수하려는 의지와 행동의 개념을 말한다. 높은 위험감수 성향을 가진 사람들은 신속한 의사결정을 하며, 기꺼이 기회를 잡으려는 행동적 특성이 있는 반면, 위험을 기피하는 사람들은 보다 조심스럽고 주의 깊게 의사결정을 내리며 위험을 최소화시키려 노력한다. 어떤 창업 및 경영과정에서 최소한 어느 정도의 위험이 피할 수 없는 것이라면 창업자가 이러한 위험을 얼마나 적극적으로 대처하고, 이를 얼마나 잘 조직화하여 관리할 수 있는지는 그 개인의 심리적 안정뿐만 아니라 성공적인 창업 및 운영의 기본요소가 된다.

1.2 창업기업의 경영특성

창업자의 특성에 따라 창업기업의 경영특성은 차이를 나타낸다. 창업기업의 경영특성은 경영전략, 환경적응, 조직관리, 혁신성으로 구분 지을 수 있다.

(1) 경영전략

경영전략이란 창업자의 경영 목표를 달성하기 위한 의사결정, 또는 지침을 의미하며 각종 의사결정은 기회주의적 요인에 의한 수단 선택의 성격을 갖는다. 경영전략의 유형은 사업의 다각화, 수직적 통합, 전략적 제휴, 인수합병과 같은 기업전략과 주어진 사업영역 내에서의 경쟁력 확보의 사업전략, 그리고 전사적 경영전략의 하위 개념인 기능별 전략을 들 수 있다.

(2) 환경적응

환경적응이란 기업운영에 있어서 경영환경의 중요성을 인정하고, 이에 적응하기 위한 포괄적이며 거시적인 경영을 의미한다. 오늘날은 기업을 둘러싼 외부환경이 급변하여 기업의 경영전략이나 생존 자체에 지대한 영향을 미치기 때문에 경영환경의 철저한 분석과 이에 대한 대비책 마련이 시급한 문제라 할 수 있다. 특히 국내외 경제의 침체, 소비자 기호의 변화, 정부기관의 규제강화, 에너지나 원자재 및 노임의 상승 등은 기업과 경영자에게 직접적인 영향을 줄 수 있다. 그러므로 이러한 외부의 경영환경에 어떻게 신속하게 대처하느냐는 결국 기업의 존립과 직결되어 있다고 할 수 있다.

(3) 조직관리

조직관리란 기업의 생산성을 제고하기 위하여 구조를 재설계하고 조직원들이 더욱 열심히 봉사하게 하며, 또 업무처리 과정을 개선하는 과정이다. 기업 환경, 행위자, 영역, 기술 등은 지속적으로 변하고 복잡한 관계로 얽혀 있기 때문에 환경이 바뀌면서 조직을 관리하는 관리 양식도 바뀌어야 한다. 이에 따라 조직관리 방식도 구조적인 접근방법과 과정적인 접근방법, 인간관계론적 접근방법으로 나누어 볼 수 있다.

(4) 혁신성

혁신성이란 신시장이나 신제품의 개발, 신자원의 획득, 생산조직의 개선 또는 신제도의 도입 등도 포함하는 넓은 개념으로 창업자가 기업가정신을 발휘하는 특유 수단을 의미한다. 즉, 혁신성은 실용적이고 실천적이며 실질적이고 현실적인 개념으로 기업가가 자원에 대한 부를 만들어내고 새로운 능력을 부여해주는 활동을 말한다.

1.3 창업기업의 경쟁력

(1) 재무적 경쟁력

국내외의 경영환경이 어려워지면서 기업들은 경쟁력의 원천으로서 재무관리 능력에 대한 인식을 새로이 하고 있는 듯하다. 재무적 경쟁력이란 자금의 통제를 통한 경영관리 경쟁력을 의미한다. 자금은 때로 통제를 수행하는 유일한 도구라고 가정한다. 통제는 계획수립과 관련하여 예산과 상관관계를 가지며 어떤 비용, 수익, 또는 물질적인 투입과 산출이 포함되는가를 명확하게 알도록 일정의 일목요연함을 갖추도록 강요된다. 대부분 창업사업체는 활용할 수 있는 자금이 매우 제한되어 있기 때문에 자금을 얼마나 적절하게 활용하는가는 그 사업체의 성공에 큰 영향을 미치게 된다. 따라서 창업자가 자금통제를 소홀히 하거나 올바른 지식을 가지고 있지 않음은 효율적인 자금통제를 저해하고, 사업체 운영과정에서 다양한 문제를 일으키는 원인이 될 수 있다.

(2) 비재무적 경쟁력

비재무적 경쟁력이란 전통적인 기업 경쟁력 요소를 의미하며, 이는 품질경쟁력과 가격경쟁력, 서비스 경쟁력에 의해 결정된다. 품질경쟁력이란 문자 그대로 상품의 품질수준 또는 고품질을 말하는 것으로 이에 의한 경쟁력을 의미한다. 가격경쟁력이란 기업의 상품이 소비자에게 있어 유리한 가격을 의미한다. 여기서 소비자에게 유리한 가격이란 품질은 높으면서 저렴한 가격을 말하며, 이는 능률성과 생산성에 의한 원가절감을 의미한다. 서비스 경쟁력이란 고객만족을 위한 품질과 가격을 포함한 봉사를 의미한다. 다음은 한국거래소의 '히든챔피언에게 길을 묻다'에서 제시한 창업자가 가져야 할 5가지 원칙이다.

1. 꿈을 가질 것

창업을 희망하는 사람들은 모두 꿈을 가지고 있으며 그 꿈을 어떻게 달성할 것인가를 구체화하는 과정이 창업이다.

2. 자신이 하고자 한 일에 미칠 만큼 집중할 것

성공한 창업가는 지지치 않는 열정과 불굴의 집념으로 자기의 일에 모든 것을 걸고 미치도록 일하는 힘을 발휘한다.

3. 목표는 야심차고 원대하게 가질 것

헤르만 지몬의 '히든챔피언'도 짐 콜린스의 '위대한 기업'도 모두 창업초기부터 야심찬 목표를 가지고, 혹은 위험하지만 대담한 목표를 가지고 기업경영을 하여 성공을 이루었다.

4. 무모한 도전이 아닌 준비된 도전을 할 것

처음부터 모든 것을 완벽하게 준비할 수는 없지만 철저한 사전준비와 지속적인 창업자의 추진 열정과 의지와 기술적 능력이 갖추어 있다면 준비는 이루어진 것이다.

5. 시장에서 필요한 제품을 공급할 것

연구실에서만 가치 있는 제품이 아니라 시장에서 요구하는 혁신적인 신제품을 만들어내는 것이 창업자의 성공요소이다.

1.4 창업자의 유형

창업자는 크게 기술창업자, 일반창업자, 그리고 사내창업자로 구분할 수 있다.

(1) 기술창업자(technical entrepreneur)

기술창업자는 기술적 경험과 아이디어를 중심으로 사업을 시작하는 창업자이다. 기술창업자는 보통 관리적인 임무를 수행하기보다는 기술적인 일을 선호하며, 위험을 회피하는 경향이 있고 다양한 투자자와 파트너를 선호하지 않는다. 또한 변화를 수용하지 않으려는 성향을 가지고 있다. 따라서 기술창업자에 의한 기술창업은 말 그대로 숙련된 기술자 중심의 창업이며, 기회창업과는 대조적으로 더 전문적인 방식으로 사업을 시도하고 비기술적 문제에 대해서는 특정교육을 통하여 보완하려는 경향이 있는 창업이라고 볼 수 있다.

(2) 일반/기회창업자(general/opportunistic entrepreneur)

일반창업자는 기술 중심의 창업보다는 사업의 관리능력 위주의 창업자를 말하며, 기회창업자라 불리기도 한다. 이들은 폭넓은 경험과 고학력의 특성을 가지고 있으며, 미래지향적이고 관리적·도전적인 성향으로 설명될 수 있다. 따라서 그들은 환경에 대해 적응능력에 자신감을 가지고 있으며 변화를 기꺼이 수용한다. 그들의 조직은 급속히 성장하며 다양하고 혁신적인 전략을 추구하고 외부 자금 조달에 적극적이다. 일반/기회창업자들의 동기는 재무적 이득과 성공적인 조직을 구축하기 위한 기회에 의해 유발된다고 할 수 있다.

(3) 사내창업자(intrapreneur)

사내창업자는 조직 내의 실험실, 컴퓨터 기자재 등의 확보된 제반 자원을 활용하여 조직 내에서 혁신을 창출하는 창업자를 말한다. 즉, 기업조직 내에서 아이디어를 수익성 있는 사업으로 구체화하는 데 실천적 역할을 수행함으로써 기업의 성장을 주도하는 사람이라 할 수 있다.

제2절 창업자의 경영마인드

창업은 한 개인이 지금까지 해오던 일이나 업종의 범위를 벗어나 새로운 사업이나 업종을 선택하여 회사를 구성하고 운영하는 것이다. 따라서 창업자의 계획적이고 의도적인 행동이 필요하므로 창업자의 경영마인드는 창업에 있어서 아주 중요하다. 성공적 창업을 위해 지녀야 할 창업자의 경영 마인드로써, 가장 중요한 요소는 기업가정신이라 할 수 있다.

2.1 기업가정신의 의의

기업가정신이란 기업의 본질인 이윤 추구와 사회적 책임의 수행을 위해 기업가가 마땅히 갖추어야 할 자세나 정신이다. 기업가정신은 기업이 처해 있는 국가의 상황이나 시대에 따라 바뀌어 왔다. 그러나 어떤 상황에서든 기업가가 갖추어야 할 본질적 정신은 같다고 할 수 있다. 기업가정신은 기업가의 경영철학이나 경영신조에 그대로 반영되어 경영활동의 전반에 영향을 미치게 되는 것이다.

기업은 이윤의 획득을 목적으로 운용하는 자본의 조직단위이기 때문에 생존을 위해서는 먼저 이윤을 창출해야 한다. 동시에 기업은 이윤을 사회에 환원한다는 점에서 사회적 책임도 가지고 있다. 따라서 기업을 이끌어가는 기업가는 이윤을 창출하면서도 사회적 책임을 소홀히 하지 않는 정신을 지녀야 한다. 올바른 기업가정신을 갖기 위해서는 이윤창출과 사회적 책임이 전제되어야 한다.

기업가정신과 관련된 대표적 학자로는 미국의 경제학자 슘페터(Joseph A. Schumpeter)가 있다. 그는 새로운 생산방법과 새로운 상품개발을 기술혁신으로 규정하고, 기술혁신을 통해 창조적 파괴(creative destruction)에 앞장서는 기업가를 혁신자로 보았다. 즉, 창조적 파괴과정에서 리더로서의 공헌자를 기업가로 정의하였는데, 기업가에 의해서 주도된 "새로운 결합이라는 불연속성이 출현될 때" 경제발전이 이루어진다고 주장하였다. 이와 함께 혁신자가 갖추어야 할 요소로 ① 신제품 개발, ② 새로운 생산방법의 도입, ③ 신시장 개척, ④ 새로운 원료나 부품의 공급, ⑤ 새로운 조직의 형성 등을 꼽았다. 이러한 슘페터의 정의는 기업가정신의 전통적 개념과 유사하다. 전통적인 의미의 기업가정신이란 미래를 예측할 수 있는 통찰력과 새로운 것에 과감히 도전하는 혁신적이고 창의적인 정신으로 정의할 수 있다. 현대에는 이러한 전통적 의미의 기업가정신에 ① 고객제일주의, ② 산업보국, ③ 인재양성, ④ 공정한 경쟁, ⑤ 근로자 후생복지, ⑥ 사회적 책임의식까지 겸비한 기업가를 진정한 기업가로 보는 견해가 지배적이다.

오늘날 기업가는 변혁을 일으키고 끊임없이 새로운 가치를 창조하지 않으면 안 되기 때문에 언제나 변화를 탐구하고, 변화에 대응하며, 도전하고 또한 변화를 기회로 이용할 수 있어야 한다. 따라서 기업가정신은 종합적인 경영의 실천이라 할 수 있다. 기업가정신의 실천 속에 기업이익, 사회적 책임, 노사의 화합, 기업성장도 이루어지게 된다. 따라서 오늘날에는 기업가정신을 전문 경영자의 능력과 총체적 리더의 기준으로 논의되고 있으며, 이러한 기업가정신은 세계화의 진전과 무한경쟁이라는 기업환경 속에서 보다 효율적인 경쟁을 위해 모든 조직에 필요하다 할 수 있다.

Entrepreneurship이라는 용어로 통용되고 있는 기업가정신을 보다 상세하게 고찰해 보면 그것이 기업가의 기능을 나타내는 것인지, 기업가의 행위를 표출하고 있는지, 기업가의 성격을 나타내고 있는지, 또는 기업가의 능력을 표출하고 있는지 각 학자들마다 이에 대한 내용과 정의가 약간씩 다름을 발견할 수 있다. 학자 Cole(1979)은 Entreprenuership을 기업가의 행위라고 정의하고 있다. 즉, 기업가정신은 불확실성에 의하여 특징지어지는 세계 속에서 개인 또는 하나의 사업경영에 종사하는 집단에 의해여 행해지는 통합된 일련의 행위이고, 그 행위는 현재의 경제적, 사회적 힘에 의하여 수정된다고 말하면서 불확실성의 환경 속에서 행위자체를 Entrepreneurship이라 주장하였다. 또한 기업을 둘러싼 환경으로써 지역사회에 대한 경영자의 책임의식도 기업가정신에 포함되어야 함을 주장하였다.

여러 관점에서 볼 때에 기업가정신은 결국 창업자가 자신의 사업경영에서만이 아니라 그가 살아가고 있는 동시대의 지역사회 구성원들 속에서 그의 사업비전과 인생의 가치를 함께 구현한다는 점으로 진정한 기업가정신을 논할 수 있다.

2.2 기업가정신의 역할

기업가정신은 신속한 환경 대응과 혁신적 행동의 원동력이기 때문에 그 중요성은 더욱 증대하고 있다. 이러한 기업가정신의 역할을 살펴보면 다음과 같다.

첫째, 기업 환경을 냉철하게 분석하는 능력을 겸비하게 하며, 미래를 예측하는 힘을 준다.

둘째, 위험을 무릅쓰고 과감한 투자를 행하는 도전의식을 키워준다. 도전적인 창업가는 경쟁에서 이기기 위해 보다 혁신적인 신제품을 개발하며, 소비자의 까다로운 욕구를 충족시키는 고객 지향적인 제품을 생산하여 기업경쟁력을 높일 수 있다.

셋째, 기업가정신의 혁신력은 기업의 위험요소를 발전기회로 전환시키는 능력을 준다. 기업을 둘러싸고 있는 여러 가지 환경요소 중 특히 위협적인 요소들을 적극적으로 이용하여 오히려 발전의 기회로 삼는 능력은 아주 중요하다 할 수 있다.

넷째, 기업가정신은 단기적인 창업의 성공을 추구하는 것이 아니라 미래지향적인 관점에서 비전을 제시하여 투자자와 종업원들의 공감대를 형성하게 하는 역할을 한다.

2.3 기업가정신의 핵심 개념

(1) 혁신성

기업가정신의 가장 핵심적인 요소는 바로 혁신성이며 기업가는 혁신가이기도 하다. 혁신성은 기업가정신의 핵심 개념으로 슘페터

(Schumpeter, 1950)가 제기한 이후 여러 연구자들이 기업 환경 내에서 혁신의 중요성을 규명하고 있다.

혁신은 창업 시뿐만 아니라 기존 기업조직구조에도 적용되며 창조적 파괴를 통하여 지속적으로 조직발전에 기여할 수 있다. 혁신성은 기업성장과 전략적 위치를 강화하기 위한 중요한 수단으로 제품생산의 새로운 기술 혁신과 새롭게 적극적으로 시도하는 경영관리활동을 의미하고 새로운 아이디어, 제품과 서비스 그리고 프로세스 개발을 목표로 한 실험과 창조적 프로세스를 통해 새로운 것을 기꺼이 도입하는 기업의 성향을 말한다.

이처럼 혁신은 새로운 기회와 새로운 해결을 찾아내는 회사의 노력에서 많이 보이며, 기업가적 전략에 주요한 구성요소 중 하나이다. 그리고 혁신은 기업의 현재 수준을 넘어 기존의 기술과 프로세스를 바꿀 수 있는 것으로 급속한 변화가 요구되는 오늘날 경쟁적 우위를 유지하기 위한 중요한 수단일 수 있다.

혁신은 많은 형태로 나타난다. 먼저 기술적 혁신은 주로 새로운 제품과 프로세스 개발을 위하여 연구자와 엔지니어의 노력에 의해 완성된다. 또한 제품시장 혁신은 시장조사, 제품설계와 혁신적 광고와 촉진 활동을 통해 완성되며, 경영 혁신은 경영시스템 및 통제기술, 조직설계를 새롭게 함으로써 완성되어진다.

혁신성은 새로운 기회와 새로운 해결책을 찾고자 하는 기업의 노력, 즉 대담하고 광범위한 행동으로 당면한 문제해결을 하고자 하는 기업의 욕구로써 표현할 수 있다. 또한 혁신성은 기업가들이 기업의 성장을 위해 만드는 기회의 과정으로 볼 수 있다. 혁신성은 조직이 기술혁신을 강조하거나 제품 및 시장혁신을 통하여 기업이 생존하는 것 또는 공정혁신, 관리 관행 기법을 적극적으로 도입하려는 일련의 경영 관리활동으로 말할 수 있다.

(2) 진취성

진취성은 기업 내 조직원들이 시장 내의 경쟁자에 대한 적극적인 경쟁의지를 보여 우월한 성과를 내기 위한 의욕을 보이거나 시장 내에서 지위를 바꾸기 위해 경쟁사들에 대해 직접적이고 강도 높은 수준으로 도전하는 자세라고 하였다. 이를 위해서는 새로운 가능성을 예측하고 추구함으로써 신흥 시장에 참여하려는 기업가적 자세가 필요하며 시장의 기회를 이용하는 최고의 전략으로써 시장을 선점하는 기업의 중요한 요소로 강조하고 있다.

진취성이 있는 기업은 다른 기업에 비해 공격적으로 경쟁을 한다고 주장하였고 경쟁자와 비교하여 상대적으로 높은 진취적 활동은 기업가적 행동의 성공에 가장 중요한 요소라고 하였다. 진취성은 경쟁자들보다 한 발 앞서 시장변화에 참여하는 적극적인 행동이며 새로운 시장 수요에 부응하는 활동으로 정의하고 있으며 또한 시장에서 경쟁사를 압도하기 위해 직접적이고 집중적으로 경쟁하는 기업의 성향으로 정의할 수도 있다. 신규 창업기업의 특성상 기존 기업에 비해 높은 실패의 확률에서 한정된 자원으로 시장에 진입하기 위한 보다 공격적 태세를 가지는 성향이다.

특히 진취성은 산업선두자(industry leader)를 추구하는 기업에서 중요하다. 진취적인 기업은 미래 지향뿐만 아니라 산업 내 경쟁특성의 변화를 탐색하고, 시장과 산업 내 성공적인 주도권을 가지는 위치에서 경쟁자에 대해 대응하고 시장 선점자의 이점으로 브랜드 정체성의 구축과 관리 기술의 실행 및 산업 내 새로운 기술의 적용이 가능하다. 진취성을 2단계의 프로세스로 나타내는데 첫 번째 단계는 미래에 대한 예측이고, 두 번째 단계는 이러한 예측에 대한 변화에 대응하고 미래의 요구에 따라 진행하는 것이다. 첫 번째 단계에서는 신제품 또는 서비스에 대한 아이디어가 산출되며, 두 번째 단계에서는 이러한 아이디어를 통해 유용한 제품 및 서비스로 바뀌게 된다는 것이다. 대기업보다 낮은 경쟁력을 가진 중소기업이 성공하기 위해서는 진취적인 활동을 통하여 기업가정신을 강화하는 경향이 있다. 중소기업이 경쟁우위를 확보하기 위한 방법으로 대기업보다 큰 폭의 낮은 가격을 통한 점유율 확대와 성공한 기업의 사례를 벤치마킹하여 자사에 적용하는 방법과 신제품 및 기술 개발을 통한 성장의 예를 들 수 있다.

(3) 위험감수성

기업의 경쟁우위를 달성하는 주요 요인으로 위험감수성은 기업이 새로운 사업성공의 확신이 없을지라도 과감하게 활동해서 기꺼이 새로운 사업기회를 포착하는 능력을 의미한다. 또한 전략적인 경영의 필수 요소로 보고 있으며, 위험한 프로젝트에 대하여 실행하고자 하는 기업의 의욕으로 보고 있다.

종업원의 위험 감수에 대한 행동은 사내 기업가정신과 매우 연관될 수 있다. 기업의 실제 경영 환경에서 의사결정은 항상 위험을 수반하기 때문에 위험에 대한 성향을 분석하기 위해 세 가지로 구분될 수 있다. 성공에 대한 확신 없이 새로운 사업을 포함하고 검증되지 않은 기술에 투자 또는 시험을 거치지 않은 시장의 진입과 같은 사

업 위험감수성이 있고 기업의 보유 재무자산의 손실을 감수하며 성
장을 위해 자원을 투입하는 재무 위험감수성, 그리고 최고 경영진이
전략적 활동과정을 위해 감수하는 인적 위험감수성이 있다.

<**표** 3-1> 위험의 세 가지 형태

구 분	개념 정의
사업 위험감수성	성공가능성의 확신 없이 새로운 사업을 포함 또한 검증되지 않은 기술에 투자 또는 시험되지 않은 시장의 진입과 같은 위험
재무 위험감수성	성장을 위한 많은 양의 자원의 몰입 또는 기업의 부채 또는 재무 분석에서 거래의 위험/수익을 의미하는 위험
인적 위험감수성	최고경영진이 전략적 활동과정을 위해 감수하는 위험으로 기업 전반에 영향을 미치는 위험을 감수하고 이러한 의사결정은 이들의 경력에 주요한 의미 제공

자료: Lumpkin & Dess(1996)

<**표** 3-2> 위험감수성의 개념적 정의

구 분	개념 정의
Covin & Slevin(1989)	낮은 위험의 프로젝트를 선호하는 성향으로 적극적으로 기회를 모색하고 추구하고자 하는 의욕
Zahra(1993)	종업원의 위험 감수에 대한 행동은 사내 기업가정신과 매우 연관되어 있음
Ruefli, Collins & Lacugna(1999)	위험 감수성은 전략적인 경영의 필수 요소로 보고 있으며, 위험한 프로젝트에 대하여 실행하고자 하는 기업의 의욕으로 봄
Keh et al.(2002)	기꺼이 기회를 포착하기 위해 주요 자원의 몰입과 성과의 높은 불확실성에도 관여하는 사업 전략
이춘우(1999)	불확실성이 매우 높음에도 불구하고 이에 도전하는 경영 의사결정을 행하거나 프로젝트를 추진하는 경영활동
Lumpkin & Dess(1996)	성공에 대한 결과의 불확실성에도 과감하게 실행하는 성향

(4) 자율성

자율성은 작업자가 과업을 수행하는데 발휘하는 자유재량의 총계
를 말하고 있으며, 작업들의 일정계획과 직무수행에 사용되는 절차

들을 결정하는 데 직무가 개인에게 실질적인 자유, 독립성 그리고 자유재량을 제공하는 정도로 정의할 수 있다.

또한 목표를 선택하는 능력, 그 목표를 달성하기 위한 수단, 그리고 수단-결과 관계의 시기 등과 같은 자율성을 세 가지 측면을 고려하는 것이 중요하다고 할 수 있다.

자율성은 개인이나 팀이 아이디어와 비전을 제시하기 위해 독립적으로 수행하는 기업가적 감각으로, 조직의 관료주의를 탈피하여 새로운 아이디어를 요구하는 기업가적 독립성으로 정의된다. 위험 감수성 및 혁신성에 밑거름 역할을 하는 자율성은 기업이 조직원에 대한 자율적이고 허용적인 분위기 조성은 곧 새로운 제품 개발 및 다양한 아이디어의 출현에 큰 역할을 한다.

즉, 기업 조직의 측면에서 자율성은 새로운 아이디어와 비전을 향하여 목표를 달성하고자 하는 개인이나 팀의 독립적인 행동을 의미한다. 조직원들에게 자신들의 업무와 관련된 자유와 재량권을 부여하게 되면 조직원들은 자신들의 공헌을 가치 있게 인식하게 되므로 직무에 대한 자율성은 조직적 차원에 대한 인식을 향상시키게 된다.

(5) 리더십

리더십은 자기 자신을 철저히 관리하고 절제를 행하는 셀프 리더십(Self Leadership)은 물론 타인을 독려하고 꿈과 비전을 제시하고 동기부여를 행할 수 있는 역량을 내포하고 있는 개념이다. 성공한 기업가들은 강한 리더십을 지니고 있으며 진취적이고 열정적이며 긍정적인 기업가정신을 발휘하고 있다.

(6) 책임감(Responsibility)

창업을 행하거나 혁신을 실행할 때 자신의 책임감을 다하는 것은
기업가정신의 핵심요소이기도 하다. 사업결과에 대한 것은 물론 사
업전반에 대한 문제를 주도적으로 해결해 나아가는 강한 책임감은
매우 중요한 덕목이다.

2.4 사내 기업가정신

<표 3-3> 기업가정신과 사내 기업가정신 비교

구 분		기업가정신	사내 기업가정신
차이점	개념	개인적 기질, 특성, 행동, 역할에 초점	조직과정, 전략적 특성, 조직구성원 행동, 사내벤처 창출과정에 초점
	정의	미래예측과 위험감수의지, 시장의 기회를 포착하는 데 필요한 행동을 취하는 사람, 창조적 혁신자, 불확실성의 인내	조직의 혁신, 위험 감수적 경영 관리과정, 전략적 지향성, 의사 결정스타일 기업가정신이 어떤 조직에서도 가능한 경영과정으로 바라보는 관점
	연구 대상	기업가, 설립자, 창업자	벤처기업, 신규창업기업, 대기업, 사내벤처 팀과 구성원
공통점	과정 결과	(혁신성, 위험감수성, 진취성) 생산적 요소의 새로운 조합을 발견하고 촉진하는 활동으로 기업가와 기업조직의 새로운 조합을 수행하는 활동 새로운 가치 창출, 기존 시장의 창조적 파괴, 시장불균형상태의 해소, 새로운 조직 탄생/생존/성장	

자료원: Drucker(1985); Stevenson(1990)

흔히 기업가정신은 창업활동이 전부인 것으로 인식되지만 사실은
새로운 기업을 세우는 창업활동은 기업가정신 발현이 이루어지는
한 형태일 뿐이다. 기업가정신을 적절한 지식과 기술을 이용하여 새
로운 사업기회를 포착하여 이를 실현하는 행동으로 정의한다면 기
존 기업들도 지속성장발전을 위하여 기업가정신을 발휘할 필요성이

대두되는데 이를 사내 기업가정신(corporate entrepreneurship, intrapreneurship)이라 한다.

사내 기업가정신에 대한 정의는 기업가정신이 다양하게 조직적으로 움직일 때 발생할 수 있는 현상으로 볼 수 있으며, 조직 내 기업 행동을 기술하기 위하여 사용된 용어이다. 이와 관련된 용어로 조직 기업가정신, 사내 기업 벤처링, 조직 내 기업가정신 등으로 사용되고 있다.

최근 기업 경영활동이 복잡하고 다양해짐에 따라 개인적 관점에서 기업 전체의 관점으로 범위가 확대되고 있으며, 기업 내 전체 구성원의 역량의 중요성이 확대됨에 따라 무엇보다 기업 내 조직이나 사업의 혁신을 주도하는 사내 기업가정신에 대한 다양한 연구가 절실히 요구되고 있다.

사내 기업가정신에 대한 정의로 샤마와 크리스맨(Sharma & Chrisman, 1999)은 기존 기업에 소속된 개인이나 소집단이 변화시키는 과정에서 나타나는 기업가정신은 사내 기업가정신이라고 하였고 개인의 또는 팀이 회사와 함께, 새로운 조직을 창조하거나 현재 조직 내의 혁신을 선동하는 과정에서 발생한다고 하였다. 자라(Zahra, 1991)는 "사내 기업가정신이 설립 기업 내에 제품과 공정 혁신 및 시장 개발을 통해 새로운 사업을 만드는 목적의 공식 또는 비공식적 활동일 수 있다고 하였고, 이러한 활동은 사내, 사업별, 기능별 또는 프로젝트 수준에서, 회사의 경쟁력 및 재무 실적 개선의 통합적인 목적으로 발생한다"고 하였다.

배종태·차민석(2009)은 사내 기업가정신에 관해 기존 기업 내에서, 사내기업가가 신규 사업을 개발하거나 조직을 전략적으로 쇄신

하는 과정에서 나타나는 기업가적 사고방식 및 행동양식으로 정의
했다. 이 정의는 독립적 창업이 아닌 기존 기업 내에서 발휘되는 기
업가정신을 강조하고 있으며, 사내기업가의 존재를 핵심요소로 보고
있다. 그리고 사내벤처와 전략쇄신을 기업가적 활동의 주된 대상으
로 포함하고 있으며, 사고방식을 바탕으로 행동이 수반되는 활동임
을 강조하였다.

사내 기업가정신과 기업가정신의 공통점은 기업 내 다양한 자원
을 창조적으로 결합하여 조직의 지속성장과 높은 성과를 달성하기
위한 새로운 가치를 창출하는 것에 있다. 이를 위해 구성요소인 혁
신성, 위험감수성, 진취성, 자율성 등이 공통적으로 사용되고 있다.

다른 점은 우선 연구대상이 기업가정신의 경우는 기업가 개인이
지만 사내 기업가정신의 경우는 기업가뿐 아니라 사내 벤처팀과 구
성원들까지 포함된다는 것이며 연구내용도 기업가정신이 기업가의
개인적 특성 및 행동, 역할에 초점을 맞추는 데 비해 사내 기업가정
신 조직과정 및 조직구성원의 행동 및 사내벤처 창출과정에 초점을
맞추고 있다. 사내 기업가정신은 기업가정신 연구 개념이 적용되는
대상을 개인 및 소규모 창업조직뿐만 아니라 대규모의 기존조직으
로까지 확장하도록 하였고, 조직에 성장력과 활력을 촉진하는 역할
을 한다.

이러한 사내 기업가정신은 경제시스템 내 다양한 자원들을 창조
적으로 조합하거나 결합시키는 활동을 통해 기존의 경제 질서를 건
설적으로 대체하거나 새로운 경제 질서를 창출할 수 있는 제품이나
서비스를 산출하고 조직의 지속적인 성장과 높은 성과를 달성해서
경제발전 및 사회발전, 조직과 개인의 동반성장을 달성할 수 있도록

하는 역할을 하는 것으로 이해할 수 있다. 사내 기업가정신을 중소기업의 경쟁 우위를 확보하기 위해 조직원들이 스스로 위험을 감수하며 기회를 찾는 도전적 자세 및 행동으로도 정의할 수 있다.

로버트 울컷(2007) 등은 여러 기업들의 사례분석을 통해 사내 기업가정신의 유형을 크게 4가지로 나누어 다음과 같이 설명하고 있다. 어떠한 유형의 사내 기업가정신을 추구하는가의 문제는 기업비전과 기업이 처한 현실여건에 따라 결정하는 것이 중요하며, 기업경영자는 혁신과정들이 기존 조직문화와 충돌되지 않도록 대처하는 것이 필요하다.

<표 3-4> 기업가정신의 유형

기업가정신의 유형	조직 및 예산	성공요건	비 고
기회형	·혁신적 신규사업발굴을 전담할 공식조직 및 전용예산도 없는 형태 ·개별조직원들의 혁신적 노력에 의해 신사업 추진	다양한 사회적 네트워크 및 기업내부 조직계층간 신뢰의 형성이 중요	모든 기업의 사내 기업가정신의 출발형태
상시가능형	기업의 내부 및 외부에 신사업을 담당할 별도의 전담조직이 없지만, 사내 기업가정신 발현에 필요한 별도 재원 확보가 이루어진 형태	조직구성원들의 혁신성향이 높아야 하며, 경영진의 미래기술 변화에 대한 예측역량이 필요	구글 등 인터넷서비스 기업에 적합
옹호형	사내 기업가정신을 확산하기 위한 전담조직은 형성하고 있으나 별도의 재원 확보가 안 된 형태	전담조직의 운영주체가 중요하며 별도 재원이 없기 때문에 재원 지원이 중요	R&D 센터 혹은 기술연구소 등
생산자형	상당한 규모의 전용재원을 확보한 공식조직이 사내 기업가정신 확산을 이끄는 역할을 하는 형태	전담조직이 기존 사업부문과의 협조와 신뢰관계 형성이 중요	글로벌기업

2.5 우리나라의 기업가정신

우리나라 기업가정신은 우리나라 국가경제발전과 밀접한 연관을 맺고 있다. 해방이후 근대화과정을 거치면서 생성된 기업가정신은 정부의 지원과 주도하에 발전해 왔기 때문이다. 1960년대 이후 창업된 초기 기업들은 정부의 체계적인 지원과 지도하에 전자·자동차·조선 및 석유화학, 철강산업 등에 적극적으로 진출하였으며, 점진적 내수시장의 기반확대를 바탕으로 해외시장에 진출하게 되었다.

(1) 창업 1세대 기업가정신

현재 우리나라 경제를 주도하고 있는 삼성그룹과 현대그룹 및 LG 그룹 등의 창업주들이 본격적으로 창업을 이루고 발전의 초석을 다진 시기로 1960년대로부터 시작된다. 한국형 기업가정신의 토대를 마련한 시기로 도전과 개척정신으로 요약할 수 있다. 먼저 삼성그룹 창업주인 이병철 회장은 현대그룹이 정주영회장과 더불어 우리나라 산업발달의 대표적 인물로 오늘날의 글로벌 리더기업인 삼성그룹의 기반을 조성하였다. 그는 사업보국, 인재제일, 합리주의라는 경영철학을 바탕으로 한국의 기업가정신의 근간을 구축한 위대한 기업가라고 할 수 있다. 현대그룹의 정주영 회장 역시 불굴의 개척정신과 적극적인 도전정신 그리고 "해 봤어?" 혹은 "시련은 있어도 실패는 없다"라고 알려진 "할 수 있다"는 신념으로 대변되는 강한 추진력으로 훌륭한 기업가정신의 귀감으로 설명할 수 있다.

(2) 창업 2세대 기업가정신

1990년대 후반 이후 벤처기업의 창업붐이 일어난 시기로 국내 산업이 IT, 정보통신등 본격적인 정보화 사회로 진입함에 따라 산업 역시 지식정보화산업의 발달이 급속히 진행되게 되었다. 특히 IMF 구제금융의 위기를 겪으면서 국가적으로도 벤처기업의 육성에 전력을 다하게 되었고 이에 따라 전문 지식과 기술을 지닌 고급인력을 중심으로 벤처기업이 창업되고 비약적인 발전을 이룩하게 되었다. 특히 벤처기업의 창업자들은 강한 성취욕구와 높은 위험감수 역량을 지닌 고학력자들로 이들의 창업 성공은 더 많은 자금과 기회를 제공하게 되어 기술경쟁이 심하고 변화가 빠른 IT업종을 중심으로 급속한 성장을 나타내게 되었다.

(3) 창업 3세대의 기업가정신

초기 벤처기업의 버블이 꺼져버리고 이후 기업가정신은 쇠퇴하고 창업열기 또한 시들해지게 되었다. 특히 글로벌위기로 인한 국내외 경기의 침체의 영향을 받아 새로이 신설되는 법인의 창업형태도 대부분이 생계형창업이나 실버형 창업이 늘고 업종별로도 제조업보다는 식음료업 등의 단순창업이 늘어나 창업의 질적 발전은 정체를 보이고 있는 상태이다. 최근 들어 정부의 적극적인 창업육성정책과 기업가정신의 함양을 통한 산업발전 노력에 힘입어 새로운 창업열풍이 각계각층으로 확산되고 있다. 대학을 중심으로 기업가정신에 대한 연구활동이 활발히 전개되고 있으며 각종 창업보육센터의 설립, 글로벌기업가센터 개설 및 대학생들의 창업교육과 창업동아리활동도 이루어지고 있다.

<표 3-5> 벤처기업 창업자의 특성

몰입과 신념	단호함, 민첩한 행동, 문제해결에 대한 집요함, 개인적 희생을 기꺼이 감수하려는 의욕, 총체적 몰입, 극기
리더십	능동적 업무추진, 타인에 대한 조언과 격려, 함께 일을 수행한 사람들과 공평한 부의 분배, 신뢰감을 주고 공평한 일처리
기회추구	고객의 필요에 부응하려는 시장 중심적 가치창조와 향상에 전략
위험과 불확실성에 대한 수용도	계산된 위험 추구자, 스트레스와 갈등 그리고 불확실성에 대한 적응력이 강함

자료: 정대용(2000), 벤처기업의 성공요인 평가에 따른 벤처기업진흥모델의 등장 대한경영학회

제3절 창업자가 갖추어야 할 조건

3.1 성공한 창업가의 특성과 자질

창업자의 자질이나 능력은 창업의 성패에 중요한 요인이 되고 있다. 먼저 좋은 사업 기회를 포착해 내는 뛰어난 사업 감각은 창업자에게 성공의 핵심요소이다. 창업자는 달성 가능한 사업목표를 설정하여 추진하는 기회지향적인 성향을 가지고 있어야 한다. 둘째, 성공적인 창업자는 사업의 결과에 대한 책임의식과 사업에 대한 전반적인 문제를 주도적으로 해결하기 위한 적극성을 가지고 있으며 셋째, 사업의 전반적인 문제해결을 위한 신속한 의사결정과 장기적인 문제와 단기적인 문제를 구분하여 실천하는 경향을 가지고 있다. 네번째로 성공한 창업자는 권력욕구보다 성취욕구에 의해서 행동하며 정직과 신뢰를 바탕으로 한 장기적인 관점에서의 인간관계에 의한 자기관리를 한다. 마지막으로 성공한 창업자는 자기 자신에게 요구되고 있는 능력과 자질을 충분히 인식하고 스스로 능력개발을 한다.

또한 피드백을 효과적으로 활용하는 학습능력이 뛰어나다.

성공한 창업자는 여러 방면에서 뛰어난 특성을 지니며, 성공한 창업가의 공통적인 특성은 다음과 같다.

(1) 벤처정신: 도전과 개척정신

성공한 창업가는 벤처정신을 지니고 있다. 즉, 실패를 두려워하지 않고 목표를 향해 도전하는 정신과 새로운 미래를 향해 나아가는 개척정신을 지닌다. 이들은 창업의 뜻을 이루기 위해서 목표를 향하여 도전하고, 시련과 역경을 극복하며 극한의 어려움을 무릅쓰고 개척하여 창업을 성공으로 이끈다. 창업목표를 달성하기 위하여 무(無)에서 유(有)를 창조할 수 있는 것이다.

벤처기업은 물론 중견기업 이상의 많은 기업가들이 새로운 사업 아이디어와 신규아이템으로 창업하고, 신시장을 개척하고 새로운 원자재를 확보하며, 국내외 새로운 사업에 도전하여 성공하였다.

(2) 창업자로서의 철학: 신용과 신뢰의 자세

성공한 창업가들의 공통적 특성은 창업의 초기 단계부터 어떤 어려운 상황에서도 창업 시 거래처와 소비자들에 대하여 약속한 사항을 철저히 준수한다는 점이다. 특히 거래상 신용은 동서양을 막론하고 가장 중요한 덕목이자 자산이라 할 수 있다. 창업 후 기업을 둘러싼 이해관계자들과 신용과 신뢰를 쌓아가는 일은 자금을 모으고 이익을 거두는 것보다 더욱 중요한 무형적 재산임을 두말할 나위가 없을 것이다. 따라서 기업운영에 있어 납기, 품질, 가격에 대한 약속은 물론 대금지불, 거래상의 약속 등 크고 작은 약속도 어떠한 상황에서도 지켜내는 신용과 신뢰의 획득은 성공을 위한 창업의 중요한 자산이자 기반이다.

(3) 신념에 의한 자신감과 추진력

성공한 창업가는 생각이나 신념에 대해 올바르다고 판단되면 곧바로 이를 행동으로 실천하는 자신감과 추진력을 갖추고 있다. 급속히 변화하는 주변 환경을 인식하고 이를 적절하게 수용하는 적응력, 창업을 추진하는 데 있어서 생길 수 있는 갖가지 장애와 장벽들을 돌파하고, 어떠한 악조건에서도 극복할 수 있는 정신력인 신념이 누구보다 투철한 사람이라고 할 수 있다.

(4) 고객우선, 고객만족, 고객감동주의 정신

창업가의 성공적 특성 중 하나는 창업기업경영의 모든 부문에 있어 고객을 우선적으로 생각하고 고객의 만족을 위하여 행동하며 고객의 감동을 이끌어 내기 위해 노력한다는 것이다. 즉, 경영의 기본 방침을 고객지향주의, 고객지상주의원칙에 두고 창업을 생각한다는 것이다. 소비자의 트렌드는 계속해서 빠르게 변화하고, 특히 고객충성도는 항상 유동적이기 때문에 고객의 입장에서 바라보고 시작하는 창업은 그만큼 성공가능성이 높으며 특히 창업 후 기업 경영도 고객의 입장에서 사업과 관련한 애로사항이 있는지를 파악하고 또한 고객의 불만을 신속하고 효과적으로 처리할 수 있을 때 기존 기업과의 경쟁에서 생존할 수 있으며 창업기업의 성장발전도 기약할 수 있을 것이다.

(5) 회사에 대한 충성심을 지닌 훌륭한 인적자원

성공한 창업가는 재주나 능력과 기능이 뛰어난 사람, 연구개발이나 기술혁신이 가능한 인재를 발탁하여 적재적소에 배치하는 능력을 갖추고 있다. 즉, 사업에 꼭 필요한 유능한 인재, 능력을 갖춘 인물을 발굴하여 채용하는 정신을 말한다. 기술혁신과 기업경쟁력 제고를 위한 원천은 사람을 육성하고 동기 부여하여 조직에 헌신하게 하는 것이며, 성공한 창업가는 이러한 훌륭한 인적자원관리 능력을 지녔다.

(6) 기회포착능력과 경영혁신

신기술의 개발을 위한 기회포착능력과 경영혁신은 성공한 창업가의 특징이다. 기업은 영속되어야 하고 성장해야 한다. 그렇게 하기 위해서는 끊임없이 아이디어를 창출하고 이를 뒷받침하는 기술을 개발하며, 경영혁신을 이룩해야 한다. 성공한 창업자는 창업 초기부터 성공하기까지 계속해서 기회를 포착하려고 노력한다. 창의성과 혁신은 사업 성공의 더없이 중요한 요소이다.

(7) 책임정신

성공한 창업가는 책임정신을 강조한다. 기업경영에는 항상 지켜야 할 원칙과 책임, 권한과 의무가 따른다. 창업가는 기업의 대표로서, 기업의 경영조직, 관리문제를 원칙과 제도에 따라 책임을 지고 풀어가야 한다. 또한 최근에는 기업의 사회적 책임까지 확대되고 있다. 성공한 창업가들은 자신의 미래에 대하여, 자신이 추진하고 있는 사업에 대하여 전적으로 책임을 진다는 생각으로 사업을 성공으로 이끈다.

⑧ 합리적 경영

성공한 창업가는 합리적으로 판단함에 따라 한 단계씩 상황에 맞추어 발전해 나간다. 합리추구의 정신은 ① 기업규모의 적정화, ② 규모의 경제성, ③ 환경의 대응능력, ④ 시대에 적응하는 경영혁신, ⑤ 국가의 사업보국, ⑥ 투명한 경영, ⑦ 고객만족도, ⑧ 합리적 노사관계라고 평가하고 있다. 따라서 합리적 경영은 경쟁사회에서 기업이 성장하기 위한 철칙이라 할 수 있다. 합리를 추구하는 것은 능률적인 경영을 통하여 사회적 책임을 다하는 목적에서 이루어지는 것이다.

⑨ 소통의 경영과 노사공동체정신

직원과의 원활한 소통경영으로 동고동락한다면 위기극복은 물론이거니와 기업의 당면과제도 손쉽게 해결하고 극복하는 경우가 많다.

노사관계는 넓게는 노동자와 자본가 및 경영자 사이에 보이는 지배 대 피지배 관계를 말하며 기본적으로는 계급관계이다. 그러나 노사관계는 계급관계일 뿐만이 아니고 그것에 기초해서 발생하는 집단으로써의 노동자와 자본가 및 경영자와의 관계로써 이해되고 있다. 이는 결국 이직률을 낮추어 기업의 역동성과 능률향상에 기여하게 된다.

구체적으로는 노동력의 매매 및 교섭을 둘러싼 노동조합과 개별적인 자본가와 경영자 혹은 그 단체와의 관계라고 규정하고 있다. 이러한 관계 때문에 과거에는 주종관계로써 첨예한 대립양상을 가져왔다. 그러나 성공한 창업가는 노사관계를 대등한 관계로 인식하여 인간존중 경영·인간중심 경영으로, 사람을 인재로써 인재제일주

의 경영이념을 활용하여 성공하였다. 따라서 종업원과 회사의 관계
는 서로 협조하고 공존 공영하는 관계로 보고 있다.

(10) 기업의 사회적 책임과 지속가능경영에 대한 능력

기업의 사회적 책임은 최근 들어 기업의 주요 이슈로 부각되고 있
다. 성공한 창업가는 사업의 이익성과 공익을 일치시키려는 노력을
한다. 피터 드러커는 기업의 이익과 공익이 일치되어야 사회가 건강
해진다고 역설하고 있다. 기업의 공익이란 재화와 서비스의 풍족한
제공이며, 고용과 소득기회의 확대일 뿐 아니라 국가경영의 재원을
이루는 납세의 세원조성을 의미한다. 나아가 수익을 축적하여 새로
운 기업에 계속 투자하고 신기술개발에 전력을 다하여 확대 재생산
함으로써 국가경제를 발전시켜 국민의 행복, 인류의 복지향상에 공
헌하는 것을 의미한다.

(11) 탁월한 시장선택능력

기존 기업이나 거대기업과의 경쟁에서 창업기업이 생존하고 발전
해 나아가기 위해 시장표적을 명확히 하고 틈새시장을 확고히 공략
하는 탁월한 시장선택능력이 매우 중요하다. 뛰어난 기술력을 바탕
으로 수입대체 혹은 경쟁회사의 제품대체 등 기존 시장에서의 주요
상품에 대한 대체상품으로써 세계시장으로의 진출을 모색하여 성장
할 수 있는 역량은 성공한 창업가의 중요특징이다.

3.2 실패한 창업가의 특성

철저한 사전 준비 없이 무작정 창업에 도전을 하는 것은 당연히 실패할 가능성이 높다. 치밀한 사전 계획을 세우고 시작한 창업도 실제 상황에 돌입하면 사업이 계획된 대로 이루어지는 것이 아니라 그 과정에서 급변하는 환경에 따라 틀어질 수가 있다. 변화하는 환경에 대해 창업가의 대응 능력이 미흡한 경우 창업은 실패로 이어질 수 있다. 그동안 실제사례를 통한 연구에 의해 밝혀진 실패한 창업가들의 특성은 다음과 같은 것들이 있다.

(1) 비윤리적·비도덕적인 사업운영

사업운영상의 비윤리적인 행태는 사업경영을 어렵게 하는 실패한 창업가에서 나타날 수 있는 공통 요소이다.

첫째, 개인적 탐욕에 사로잡혀 종업원과 경영성과를 나누지 않고 독차지한다. 적절한 보상은 창업 조직의 존속을 위해 반드시 필요하다. 또한 충분한 보상과 대가, 동기부여는 조직에 헌신하려는 유인을 가진다. 창업자가 사장이라 하여 회사의 자금을 개인적 용도로 전용하거나 비윤리적으로 운용하다 보면 사업이 실패로 이어질 수밖에 없다.

둘째, 이윤에 집착한 나머지 고객에게 정당한 상품이나 제대로 된 서비스를 제공하지 않는다.

셋째, 기업가가 비윤리적이다. 사업을 하면서 탈세를 하거나, 허위 및 과대광고를 통한 비윤리적 판매행위를 하며, 사업의 목표를 관철하는 데 수단과 방법을 가리지 않는 뇌물수수행위 등의 시도와 가격조작과 부당한 금융관행으로 사업을 경영하는 행위 등이 그 예가 될 수 있다.

(2) 창업철학의 결여: 신용과 신뢰의 상실

신용은 단시간에 형성될 수 있는 것이 아니다. 창업 초기 단계부터 단계적, 장기적으로 쌓아지는 것이 바로 신용이다. 사업 진행 시 단 한 번의 불성실이 기업을 실패의 길로 빠지게 하는 사례가 종종 있다. 창업가의 입장에서는 한 번의 불성실한 행동일지라도 이러한 행동은 내부적, 외부적으로 신용을 잃게 하여 결국 기업의 성공을 방해하는 결정적 요소로 작용될 수가 있다.

(3) 판단력의 부재: 무리한 창업

창업가가 경영 의사결정에 영향을 미치는 사회·경제·정치적 요인 등을 충분히 이해하고, 미래를 예측하고 판단할 수 없다면 그 사업은 실패하게 될 것이다. 그동안 대기업의 설립자인 오너가 정세판단을 잘못하여 하루아침에 도산기업의 총수로, 불행한 기업인으로 전락하는 모습도 있었다.

정확한 경영분석, 경제 분석, 사회적 정치적 환경변화에 능동적으로 대응할 수 있는 전략적인 방안을 수립하지 못하는 창업가는 실패한다.

드러커(F. P. Drucker)는 새로운 시대가 요청하는 경영자의 능력 가운데 전략적 의사결정을 수행할 능력과 국내외 경제 사회적 환경의 변화에 대응한 신속한 판단력을 갖지 못하면 창업가로서의 자질이 없다고 충고하고 있다. 창업가가 국내외 환경변화에 대응하는 전략적 판단력을 가지지 못하면 그 사업은 실패하게 될 것이다.

(4) 전문성 부족: 사업분야 지식에 대한 부족

창업가가 갖추어야 할 자질 중에서 가장 기본이 되는 것이 바로 자신이 창업할 사업분야에 대한 지식이라고 할 수 있다. 창업할 사업분야에 대한 전문지식과 경영지식이 없다면 창업사업은 당연히 실패하게 될 것이다. 사업지식이란 기획, 인적자원 및 조직관리, 재무관리, 마케팅 및 시장관리, 생산·구매관리, 정보관리 등의 지식을 말한다. 그리고 경영활동에 필요한 부수된 지식으로 일반상식과 컴퓨터, 외국어에 관한 능력도 필요할 수가 있다. 창업할 사업분야에 대한 충분한 경영지식과 그에 부수되는 지식을 갖추고 있지 않는다면 사업은 실패하기 쉽다.

(5) 기업가정신의 결여: 도전정신부족과 근시안적 사고

실패한 창업가들을 살펴보면, 창업 후 사업의 진행 과정에 있어서 도전정신이 미약하여 사업 기회를 포착하지 못하며, 눈앞의 단기적인 이익만 생각하는 경우가 많다. 새로운 변화를 두려워하고 현실에 안주하려는 창업가는 실패할 가능성이 높다. 우선은 현실에 만족하는 순간 앞으로의 사업의 존속 여부는 불투명해질 것이다. 단기적 사고로 바로 앞에 놓여 있는 현실만을 생각하며 급변하는 세상을 두려워하여 도전을 중단해서는 성공적인 창업의 미래는 없을 것이다.

(6) 창업정신의 해이: 초심(初心)의 상실

우리나라 벤처1세대들에게서 많이 나타난 현상들로 창업초기에 어느 정도 성공을 이루게 되면 창업당시의 초심을 잃고 그룹의 재벌 흉내를 내어 문어발식으로 사업 확장을 하거나 황제와 같은 권위주

의적 경영을 행하여 결국에는 창업기업을 반석에 올려놓지도 못하고 도태되어 버리고 마는 경우도 있다. 기업은 영속적으로 운영되는 것이 기본전제임에도 불구하고 이를 망각하고 직원과 지역사회 나아가 국가에도 누를 끼치는 폐해를 발생시키는 것이 실패한 창업자의 특성 중 하나이다.

정부에서도 창업의 성공을 위하여 창업 현장에서 겪는 애로사항과 실패요인들을 파악하여 창업을 준비하는 사람들에게 창업실패사례 수기 공모를 실시하는 등의 노력을 보여주고 있다.

다음은 자본주의 기업가정신의 창시자인 조지프 슘페터에 대한 내용이다. 슘페터는 경제성장동력은 '창조적 파괴'를 이끄는 기업가정신이라고 주장하였다. 어려서 아버지를 잃고 어머니가 귀족과 재혼한 가정에서 자라난 오스트리아 출신의 미국 경제학자 조지프 슘페터(Joseph A. Schumpeter). 그가 평생 연구한 주제는 '자본주의 발전의 원동력이 어디에서 나오는가'라는 거대담론이었다.

경제학의 세계적 중심지였던 빈대학을 졸업한 슘페터가 그런 문제의식을 갖게 된 것은 젊은 시절에 목격한 독일과 오스트리아의 눈부신 경제 발전 때문이었다. 두 나라는 1870년과 40년 뒤인 1910년을 비교하면 경제 규모가 3배 이상 커졌다. 국민들의 생활수준은 빠르게 높아졌다. 슘페터는 그런 경제 발전의 배경에는 사유재산권을 근간으로 하는 자본주의가 있다고 믿었다.

그래서 슘페터는 경제 발전을 이끄는 힘의 원천을 제대로 이해한다면 '자본주의는 실패할까', '불황을 우려해야 하나', '자본주의는 살아남을까' 등과 같은 당시 사회적 이슈의 의문점을 풀어낼 수 있다고 생각했다.

주목을 끄는 것은 경제 발전의 원동력은 경제 밖으로부터 오는 게 아니라 경제 내부에 있다는 슘페터의 통찰이다. 자본주의 자체에 변화의 에너지가 내재돼 있다는 얘기다. 그는 자본주의에서 '기업가'를 발견하고는 흥분했다. '기업가'가 바로 발전의 원동력이라는 것을 간파한 것이다.

슘페터는 기업가이론 개발에 몰입했다. 기업가란 신상품, 신기술 등 혁신을 능동적으로 수행하는 주체다. 기업가는 열린 마음, 리더십, 통찰력 등 '엘리트적 자질'을 갖고 있다고 한다. 아무나 기업가가 되는 게 아니라는 뜻이다. 기업가란 돈벌이에만 급급한 게 아니라는 얘기다.

기업가이론의 시각에서 본 슘페터의 자본주의 비전은 다양하다. 슘페터에게 자본주의는 산업혁명, 철도, 값싼 자동차, 비행기같이 새로운 문명을 창조하는 기계처럼 보인다. 1990년대 인플레이션 없는 신경제를 부른 것도 정보기술(IT) 혁신의 결과다. 혁신은 걱정할 필요가 없다는 게 슘페터의 낙관론이다. 대기업 권력도 문제될 게 없다. 규모의 경제나 혁신으로 소비자들이 이익을 본다는 이유에서다. 장기적으로 소득은 올라가고 상품가격은 내려가는, 그래서 노동자 삶을 비롯해 대중의 생활수준이 높아지는 체제가 자본주의다. 가난한 사람이 부자가 되고 부자가 가난한 사람이 되는 게 자본주의라고도 한다. 그러니까 자본가-노동자 계급 구분은 의미가 없다는 얘기다. 마르크스처럼 엉뚱한 계급의식으로 노동자를 선동하지 말라는 것이다.

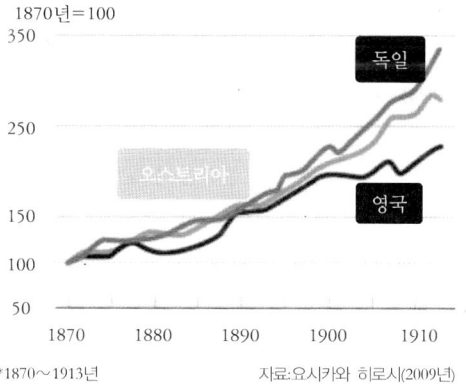

오스트리아·독일·영국의 국민소득 변동

1870년=100

350

독일

250

오스트리아

영국

150

100

50

1870　　1880　　1890　　1900　　1910

*1870～1913년　　　　　　　　자료:요시카와 히로시(2009년)

　자본주의의 문명적 성격을 낙관하는 슘페터는 '문제는 정치'라고 목소리를 높인다.

　기업가이론에 비춰 호황-불황의 순환을 해석하는 슘페터의 관점도 독보적이다. 기업가의 혁신으로 이윤이 높아지면 많은 기업들이 그 혁신기업의 전략을 경쟁적으로 모방해 추격하면서 경제 붐이 생겨난다. 그런 경쟁적인 행동으로 가격과 이윤이 떨어지고 불경기가 등장하는데, 이는 다음 나타날 붐의 시작이라는 게 그의 경기순환론 핵심이다. 불황은 호황으로 방만하게 몰려든 기업들을 정리해주는 반드시 필요한 과정이라는 말도 덧붙인다.

　그래서 증권시장의 붕괴나 경제위기는 일시적 현상으로, 놀랄 일이 아니라고 슘페터는 설명한다. 1929년 세계공황도 자본주의의 병리(病理)가 아니라 흔히 있을 수 있는 경기 하강인데, 케인스처럼 호들갑을 떨지 말라고 일침을 가한다.

　혁신을 실행하기 위해선 많은 자금이 필요하다. 슘페터는 은행이 이 같은 자금조달 기능을 담당해야 한다고 했다. 그러나 슘페터는 저축을 초과하는 방만한 신용창출(대출)의 위험성을 간과했다는 지적을 받는다. 신용팽창으로 조성된 호황은 잘못된 투자를 불러오고 많은 혁신적 사업들이 지속적으로 이뤄질 수 없다는 비판이다. 2008년 금융위기, 일본의 장기불황 등도 그 같은 방만한 통화팽창의 결과라는 오스트리아학파의 인식에 주목할 필요가 있다.

기업가의 혁신으로 자본주의가 눈부신 성공을 거두지만 그 성공으로 자본주의가 몰락하고 사회주의가 도래한다고 슘페터는 주장한다. 기업가 기능이 사멸하고 대신 거대기업의 경영팀이 기업가 기능을 넘겨받음으로써 혁신이 관료화된다는 이유에서다. 지식인들의 반(反)자본주의 태도가 사회주의를 부추긴다고도 했다. 하지만 사회주의는 불확실성이 없고 효율적이어서 그 체제가 결코 나쁘지만은 않다고 한다.

그러나 사유재산이 인정되지 않는 사회주의는 가격이 없기 때문에 어디에 얼마만큼을 투자할 것인가와 같은 경제 계산이 불가능하고 그래서 사회주의도 불가능하다는 미제스의 인식을 간과했다는 지적을 받고 있다. 사회주의가 도래한다는 슘페터의 예측도 결국은 빗나갔다. 이는 자본주의 혁신 과정이 그가 예상한 것보다 훨씬 잘 기능한다는 증거다.

슘페터 사상은 여러 가지 비판의 여지를 남기긴 했지만 경제학을 넘어선 학제융합적인 그의 사상은 원대하고 심오하다는 평가를 받는다. 기업가이론을 개발해 자본주의를 새롭게 이해한 그의 공로는 독보적이었다. 조지프 슘페터는 야심가였다. 그러나 비운의 실패가 이어졌다. 빈에서 사교계의 1인자가 되겠다는 마음을 먹었다. 외출하려면 치장하는 데 한 시간 이상을 썼다. 그러나 그는 트러블 메이커였다. 유능한 정치가가 되겠다는 꿈도 가졌다. 36세의 젊은 나이에 재무부 장관이 됐다. 경제난을 극복하는 데 실패하고 애석하게도 7개월 만에 해임됐다.

세계에서 가장 유명한 경제학자가 되겠다는 야심에서 경제학에 입문했다. 그러나 그의 사상을 어느 누구도 거들떠보지 않았다. 수많은 사람들에게 고통을 안겨준 경제위기를 일시적인 현상이라며 대수롭지 않게 여기는 그의 사상을 주목할 이유가 없었을 터였다.

오늘날 그의 사상은 새롭게 인정받기 시작했다. 혁신, 기업가정신, 경영전략, 창조적 파괴 등 그가 100년 전에 던진 개념들은 세계화, 벤처산업 등 역동적으로 변하는 세계를 헤쳐 나가는 데 필요한 지혜를 제공한다.

슘페터의 사상은 시장경제의 구조 변화를 새로이 조명하려는 진화경제학의 형성에 결정적인 영향을 미쳤다. 균형이론을 극복하고 경제 내부 자체에서 생겨나는 변화를 설명할 통찰을 제공한 것이 슘페터의 사상이기 때문이다. 그러나 균형이론을 완전히 벗어나지 못했던 슘페터와는 달리 진화이론은 균형 자체를 부정한다는 점을 염두에 둘 필요가 있다.

경기 침체 극복은 물론이요 지속적인 경제 성장은 수요 처방이 아니라 공급 측에 있다는 인식을 심어준 것도 슘페터의 통찰이 아닐 수 없다. 규제가 적고 정부 지출이 적을수록, 다시 말해 경제적 자유가 많을수록 경제성장이 높다는 인식을 이론적으로 뒷받침한 것도 슘페터다. 기업가적 과정을 가능하게 하는 제도적 틀을 모색하는 현대 경제정책의 이론적 기초도 슘페터의 사상이 제공했다.

슘페터의 사상이 얼마나 큰 영향력이 있는지는 옛 동유럽 사회주의 국가의 개혁이 입증한다. 사회주의의 승리는 불가피하다고 선언했던 슘페터가 자본주의를 부활시키는 영웅이 된 곳이 바로 옛 동유럽 사회주의 국가들이다. 1990년 이래 그 나라들 곳곳에서는 '슘페터의 기업가'가 등장해 사회주의 때문에 쓰러진 산업의 창조적 파괴를 일으켜 슘페터가 말한 호황 과정이 시작됐다는 평가다.

재분배제도, 방만한 통화제도, 기업규제같이 나쁜 제도는 기업가의 정상적인 활동을 오도한다는 슘페터의 사상은 생생히 살아 있다.

제2부

창업 준비

제4장
트렌드분석

제1절 트렌드란?

(1) 트렌드의 개념

트렌드란 일시적인 유행과 달리 최소한 10년은 유지되는 긴 흐름을 말한다. 남들이 하니까 그저 따라하려는 것은 일시적인 유행 심리에 불과하지만 어떠한 욕망이나 강력한 심리적 동기가 내재해 있다면 그것은 좀 더 먼 미래까지 이어질 트렌드가 될 것이다(김경훈 외, 2004).

일시적 유행이란 시작은 화려하지만 곧 사라져 버리는 것으로써, 순식간에 돈을 벌고 도망가기 위한 민첩한 속임수와 같은 것이며, 유행이란 트렌드와 달리 제품자체에 적용되는 개념이다.

트렌드는 소비자들이 물건을 '사도록' 이끄는 원동력에 관한 것이다. 물론 에너지 부족이나 자연 재해, 또는 전쟁 등과 같은 위기로 인해서 트렌드가 약간 변하거나 달라질 수도 있다. 그렇지만 그런 뜻밖의 상황조차도 트렌드를 완전히 뒤바꾸지는 못한다. 현재의 분위기를 읽고 앞으로의 10년을 계획해도 좋을 만큼 트렌드는 정직하다. 아무도 트렌드를 창조할 수 없다. 다만 관찰할 수 있을 뿐이다. 그리고 트렌드를 변화시킬 수도 없다. 단지 트렌드를 믿는 사람들의 마음을 변화시킬 수 있을 뿐이고 트렌드 분석은 사람들의 마음을 읽는 것이다(페이스 팝콘 외, 1999).

(2) 트렌드 분석의 중요성

소비자를 리드하는 트렌드를 이해하게 되면 어떤 상품이 성공할 것인지, 아니면 실패할 것인지를 가늠해 볼 수 있다. 어떠한 상품이나 사업을 기획하든 상관없는 트렌드를 하나의 선별장치로 활용한다면 잘못된 출발이나 엉뚱한 방향으로의 시도, 혹은 여지없는 실패 등을 막을 수 있을 것이다. 각각의 트렌드를 잘 연구해 보면 사업이나 사회라는 큰 그림을 구성하고 있는 수많은 특징과 그에 관련된 구체적인 내용에 초점을 맞춰 조준할 수 있다. 그렇게 되면 아이디어나 계획을 트렌드에 비추어 평가해 볼 수 있으며, 계획을 좀 더 정교하게 다듬거나 확장시킬 수 있을 것이다(페이스 팝콘 외, 1999). 트렌드 분석은 이렇게 소비시장에 유연하게 대응하고 나아가 시장을 선도하기 위해서 중요하고 필요하다.

제2절 트렌드 예비분석

비즈니스에 영향을 미칠 수 있는 환경요인은 개별 기업이 통제할 수 없거나, 설령 통제가 가능하다 할지라도 통제하기가 매우 어렵다. 이러한 환경요인은 크게 7가지 요인으로 구분할 수 있다. 창업자의 입장에서 비록 이들 요인들이 통제하기가 어려우나, 능동적으로 이들 환경요인들을 일일이 파악하고 관찰함으로써 기회를 사업화할 수 있으며, 자신에게 닥칠 위협을 미리 예측하여 적절하게 대응을 할 수 있다. 이를 위해서 창업자는 다음 환경요인들을 모니터링하고 무엇이 기회가 되고 무엇이 위협이 될지를 예측해야 한다.

(1) 인구통계적 환경요인

기업의 외부환경 요인 중 첫 번째인 인구통계적 요인은 통계청에서 주기적으로 발간하는 통계연보에 수록되어 있는 인구수, 가구 수, 연령, 성별 비교, 결혼통계, 직업 및 소득 같은 변수들이 포함된다. 인구통계적 요인 중에서 시장의 잠재성을 추정할 수 있는 4가지 요인으로서는 총인구규모, 연령별 인구, 인구지역분포, 가구구성 등이 있다.

① 총인구규모

일본경제 성장의 발목을 잡고 있는 인구 감소 문제가 더욱 심각해지고 있다. 일본 사회의 저출산 경향으로 출생자수가 계속 감소하고 있어 오는 2050년께에는 경제활동인구가 지금의 절반 수준인 4,000만 명으로 감소할 것이란 분석도 나오고 있다. 2012년 1월 1일 일본 후생노동성 발표에 따르면 지난해 일본 인구수는 전년대비 20만 4,000명 줄어든 1억 2,624만 명을 기록했다. 사망자 수에서 출생자 수를 뺀 인구 감소폭 20만 4,000명은 사상 최대치다. 일본 인구의 감소세는 5년째 지속되고 있다. 경기에 대한 불확실성이 커지면서 젊은 층이 육아와 생계비에 대한 부담을 느껴 결혼과 출산을 기피하는 문화가 사회에 팽배해지자 출생자 수가 급감하고 있다. 실제 혼인 건수는 지난해 대비 3만 건 감소한 67만 건으로 지난 1987년의 최소기록 69만 6,000건을 갈아 치웠으며, 출생자 수도 전년대비 1만 4,000명 감소한 105만 7,000명으로 사상 최소치를 기록했다.

문제는 날로 고령화되고 있는 일본 사회에서 출산율 하락은 일본 경제 활동 인구의 감소로 연결돼 일본 경제 성장의 발목을 잡고 있다는 것이다. 후생성 자료에 따르면 올해 새로 성인(만 20세)이 되는 인구 수는 122만 명으로 5년 연속 사상 최소 기록을 경신했다. 이는 또 역대 최대치였던 1970년의 246만 명에 비교하면 절반에도 못 미치는 숫자다. 전문가들은 일본 정부가 내놓은 출산 장려책이 부실해 젊은 부부들의 출산 기피 현상을 막지 못했다고 지적하면서 일본 경제활동 인구의 지속적 감소는 일본 경제의 최대 아킬레스건이 될 것이라고 경고하고 있다. 일본 총무성은 현재의 인구 감소세가 지속될 경우 2050년께 일본 총인구가 1억 명 밑으로 떨어지고 경제활동인구는 현재의 절반 수준인 4,000만 명으로 급감할 것으로 추정하고 있다. 인구감소는 일본경제의 '아킬레스건'으로 꼽혀왔다. 일본은 1995년에 생산가능 연령인구(15~64세)가 감소로 돌아선 데 이어 2005년부터 총인구 감소가 시작하면서 경제활동 및 소비시장 위축으로 이어지고 있다. 특히, 식품, 의류, 유아 및 아동용 품 등 소비재 산업의 시장규모는 매년 축소되고 있다.

② 연령별 인구

연령별 인구는 특정시장의 규모와 매우 밀접한 관련이 있다. 어느 특정 연령대의 증가는 그 연령층을 주요 타깃으로 하는 시장의 성장을 가져오며, 특정 연령대의 감소는 그 연령층에 해당되는 시장의 쇠퇴를 가져오게 된다.

③ 인구의 지역적 분포

마케팅 의사결정 및 전략기획은 특정 지역의 인구규모에 의해 좌우된다. 2010년 통계청 인구센서스에 의하면 우리나라는 전 인구의 49.1%인 2,383만 명이 수도권에 거주하고 있다. 한편 소비재 시장의 크기는 인구규모에 크게 좌우된다. 한편 수도권인 서울 및 인천을 제외한 광역시 인구는 부산 350만 명, 대구 250만 명, 광주 140만 명, 대전 145만 명, 울산 110만 명으로 약 1,000만 명에 달한다. 즉, 수도권에 총 인구의 50%, 수도권 제외한 5대 광역시에 총 인구의 20%가 몰려 있어 국토의 일부지역에 총 인구의 70%가 집중되어 있다. 따라서 우리나라의 소비재 시장은 수도권 및 5대 광역시에서는 활성화되어 있는 반면, 지방 중소도시의 소비재 시장 경기는 전반적으로 침체되어 있을 것으로 예상할 수 있다. 이렇듯이 인구분포만으로도 소비자 대상 오프라인 창업은 수도권 및 광역시에서 하는 것이 유리하다는 것을 알 수 있다.

이뿐만 아니라 인구밀도에 따라 유통시스템이라든지, 광고매체의 선정은 많은 차이가 있다. 한 예로 인구밀도가 높은 지역에는 옥외간판의 활용이나 영업사원의 활동이 보다 효율적으로 운용될 수 있다. 반면에 인구밀도가 낮은 지역에 대해서는 대형상점의 설치보다는 카탈로그나 TV홈쇼핑 등 원격배달판매가 효율적일 것이다.

④ 가구구성

가구구성원 수의 변화도 시장환경 변화에 영향을 미치게 된다. 다

음 <표 4-1>의 가구원 수의 변화추이를 살펴보면 총인구는 늘어나
는데 가구원 수는 계속 줄어들고 있다. 이는 싱글 세대를 포함한 소
규모 세대의 수가 늘어나고 있다는 것을 의미하며, 세대수의 증가는
곧바로 소비재시장의 증가와 연결된다. 각 가정마다 필수로 가지고
있는 물건들을 한번 생각해보자. 냉장고, TV, 세탁기, 가스오븐, 목
욕실 용품, 가구 등등 이루 헤아릴 수 없을 정도의 물건을 떠올릴 수
있을 것이다. 또한 식료품, 의류 등등의 소비재 수요도 늘어날 것이다.

<표 4-1> 가구원 수의 변화추이(1990~2010년)

연도	1990	1995	2000	2005	2010
평균 가구원 수(명)	4.1	3.7	3.3	2.9	2.8
총 인구수(만 명)	4,339	4,469	4,598	4,820	5,000

(2) 사회문화적 환경요인

중요하면서도 파악하기 어려운 환경요인은 사회문화적 환경요인
이라고 할 수 있다. 사회문화적 요인은 사회전반에 걸친 가치관과
밀접한 관련을 갖고 있다. 이러한 사회문화적 가치관의 변화는 새로
운 시장을 탄생시키기도 하는데 다음에 몇 가지를 살펴보기로 한다.

① 맞벌이부부의 증가

아내가 직장을 다니는 가구는 구매패턴이 전업주부 가구와 다르
다. 대개 부부가 일을 하면 가구의 수입은 증대된다. 맞벌이부부는
쓸 수 있는 돈은 더 많으나, 그 돈을 쓸 수 있는 시간이 부족하다.
따라서 맞벌이부부에게는 경제활동에 있어서 시간이 매우 중요한

고려점이다. 그러므로 맞벌이부부에게는 가사를 덜어주거나, 생활의 편리를 증대시키는 제품이나 서비스, 그리고 어린이 양육에 대한 수요가 높을 것임을 짐작할 수 있다. 맞벌이부부를 대상으로 하는 레저 또한 전망이 좋을 것으로 생각되는데, 그 이유는 맞벌이부부는 일상으로부터 벗어나서 한가한 가운데 부부애를 확인하고 싶은 욕구가 강할 것으로 예상되기 때문이다.

② 장보는 남자들의 증가

슈퍼마켓에 가보면 남자들이 장보는 모습이 점차 눈에 많이 띄고 있다. 그런데 남자들은 대개 쇼핑에 참을성이 없는 경우가 많아서(특히 식료품이나 가정용품 쇼핑의 경우가 더욱 그러하다), 매장 내에서 남성고객을 위한 배려의 필요성이 점차 증대되고 있다. 미국에서는 이러한 남자 고객의 성향에 맞추어 식료품을 개발하거나 매장에 남자고객을 위한 코너를 마련하는 슈퍼마켓이 늘고 있다.

③ 건강 및 체형에 관한 관심의 증가

건강의 개념이 바뀌고 있다. 이전에도 건강에 대한 관심은 많았지만, 요즈음의 추세는 내가 건강하면 되는 것에서 나아가, 다른 사람들에게도 내가 건강하게 보이는 것이 강조되고 있다. 사람들이 건강함을 느낄 뿐만 아니라 남들에게 좋은 몸매를 가졌다는 것을 보이고 싶어 하는 추세의 확산은 피트니스(Fitness) 운동기구 시장의 급성장을 가져왔다. 미국의 신체단련기 회사인 솔로플렉스(Soloflex)사는 이러한 추세를 남보다 먼저 발견해서 성공했다. 솔로플렉스의 성공을 보고 시장에 늦게 뛰어든 후발 회사들은 솔로플렉스만큼 성공하지 못했는데 그 이유는 경쟁이 심해진데다가, 소비자들에게 심어 놓은 솔로플렉스에 대한 첫인상을 극복하기가 힘들었기 때문이다.

④ 시간의 중요성에 대한 인식증가

"시간은 돈이다"라는 말은 이제는 우리에게 친숙한 말이 되었지만 우리가 원래부터 그러한 개념에 익숙해 있던 것은 아니다. 시간을 돈으로 생각하고, 돈처럼 철저히 관리를 해야 한다는 사고는 경제 발전과 더불어 서구로부터 수입된 사고인데, 우리도 점차 미국인처럼 시간관리를 위해 개인일정표를 구입하고, 시간관리를 위한 서적을 탐독하는 것 같다. 이제 시간관리는 주어진 일을 보다 효율적으로 처리하여 생산성을 높임으로써 절약된 시간에 레저를 즐기거나 가족과 함께 보냄으로써 삶의 질을 높이려는 현대인에게 매우 중요한 것으로 인식되고 있다. 시간을 절약하기 위해서는 약간의 프리미엄을 줄 수도 있다는 사람들을 타깃으로 한 새로운 시장이 폭넓게 창출되고 있는데 편의점, 패스트푸드, 휴대전화기 등이 이에 포함된다.

(3) 경제적 환경요인

국민총생산, 이자율, 인플레 같은 경제적 요인은 기업의 수익성에 큰 영향을 준다. 이러한 경제적 요인은 산업별로 주는 충격이 다를 수 있는데 경제여건이 어려워지면 자동차, 전자제품 등의 내구재 산업, 관광산업, 그리고 주택건설업과 같은 분야가 가장 큰 타격을 받게 된다. 많은 경제지표 중에 기업에 가장 유용한 경제통계는 국민총생산(GNP), 가구수입, 소비성향, 그리고 인플레라고 할 수 있다.

① 외환위기와 국민소득의 감소

경제위기 시에는 'R'산업이 부흥한다고 한다. 이것은 Reuse, Recycling, Refill의 첫 글자인 R을 지칭하는 것으로서 가계소득의 감소와 함께 근검절약의 정신이 살아남을 의미한다. IMF체제기간 중에 활발하게 나타난 아나바다운동(아껴 쓰고, 나눠 쓰고, 바꿔 쓰고, 다시 쓰자)도 R산업과 같은 맥락에서 볼 수 있다.

우리나라는 1997년 말에 외환위기를 겪으면서 국민소득이 크게 감소되었고, 이것은 소비자들의 소비행태에 큰 변화를 가져 왔다. 우선 국내소비자들은 구매에 있어서 매우 신중해졌고, 가격 대비 품질을 자세히 따져보는 경향이 나타났다. 그러나 가장 중요한 사실은 경제가 회복되더라도 소비자들의 지출행태는 이전으로 완전히 돌아가지 않고 근본적으로 바뀔 것이라는 데 있다.

② 소비성향—중저가 상품의 몰락 및 중상가 제품의 상승

IMF체제 이전에는 앞으로의 현금흐름을 기대하고 부담이 조금 되더라도 고급브랜드를 찾는 경향이 있었으나, IMF체제 이후의 구조조정 사태에서 볼 수 있는 바와 같이 이제는 본인의 현금흐름을 예측하기가 불확실해졌다. 그러나 그렇다고 해서 소비자들이 이제껏 사오던 제품의 취향을 완전히 바꾸는 것은 아니다. 소비자들은 가격이 다소 저렴하면서도 이전에 쓰던 물건과 비슷한 것을 찾기 마련이다.

대체로 가격과 품질 사이에는 어느 정도 정적인 관계(positive relation-ship)가 있으며 이것은 소비 사슬로 표현된다. 미래의 현금흐름에 대해 불안감을 느끼는 소비자들은 품질이 만족할 수 있는 선까지 낮은 가격을 선호하여 소비사슬을 타고 내려온다. 그러나 무한정 낮은 가

격만을 보고 품질을 희생시키며 소비사슬의 바닥까지 내려오는 것이 아니라, 품질이 받아들여 질 수 있는 적절한 선에서 멈추게 된다. 따라서 많은 중산층들은 IMF위기 이후 부담이 덜 되는 가격대로 내려왔지만 품질에 대한 기대는 크게 낮아질 수가 없어서 중상가 제품에서 멈추는 사람이 많아지게 되었다. 한편 중저가 제품은 이전의 주고객층이었던 소비자들이 더욱 어려워짐에 따라 저가제품으로 하향 이동하였기 때문에 설 자리가 더욱 없어지게 되었다. 따라서 불황기에는 중상가제품과 저가제품의 약진과 더불어 중저가 제품은 쇠퇴하기 마련이다.

(4) 법적·정치적 환경요인

기업에 대한 법적·정치적 환경의 영향은 정부뿐만이 아니라 정부가 아닌 각종 정당, 사회단체, 시민단체 등에서 올 수 있다. 더군다나 요즈음은 시민단체의 활동이 매우 활발하여 창업자의 입장에서는 이들 모두를 세심히 모니터링하고 필요에 따라서 신속하고도 적절히 대응을 하여야 기업활동에 지장이 없을 수 있다.

① 불공정거래 및 독점에 대한 규제

2000년에 들어 컴퓨터산업에서 가장 큰 뉴스 중의 하나는 마이크로소프트社에 대하여 미 법원이 유죄 판결을 내린 것이라고 할 수 있다. 마이크로소프트社에 대한 제재 조치로 회사의 분할이 제시되고 있는데, 사실 마이크로소프트社는 법을 위반했기보다는 법을 너무 잘 이용하여 그 테두리에서 아슬아슬하게 곡예를 부리며 자신의 이익을 최대한 챙김으로써 괘씸죄에 걸려 법원의 유죄 판결을 받았다고 볼 수도 있다. 무지해서 저질렀다면 동정의 여지가 있겠으나 마이크로소프트社는 너무 영악하게 굴어서 오히려 자신이 행한 일에 비해서는 무거운 제재에 처하게 되었다고 할 수 있다. 매사를 두려워하는 마음으로 근신하며 정직하게 살라는 선인들의 가르침이 새삼 떠오르게 하는 사건이 아닐 수 없다.

② 환경오염

수년 전 미국 알래스카에서 미 최대의 석유회사인 엑슨(Exxon)의 유조탱커가 항구에 접안하다가 운전미숙으로 충돌을 하여 수십만 배럴의 석유가 알래스카 만으로 유출된 사고가 있었다. 사실 배를 항구에 접안시키는 일은 고난도의 기술을 요하는 매우 중대한 작업이었음에도 불구하고 당연히 현장에 있었어야 할 선장이나 1등 항해사는 자리에 없었고 2등 항해사가 운전미숙으로 사고를 내고 말았던 것이다. 엑슨은 사후수습의 일환으로 연안 및 해안오염 청결에 수십억 달러를 썼으나 그 성과는 기대에 못 미쳐 알래스카의 많은 동물들이 기름에 절어 죽었다. 환경단체들과 소비자단체들의 분노는 매우 커서 엑슨 제품에 대한 불매 운동이 강력하게 전개되었으며 엑슨은 기업 이미지에 크나큰 상처를 남겼다. 엑슨의 사고에서 배울 수 있는 바는 많은 환경오염 사고들은 우연히 일어났기보다는 人災가 대부분이라는 것이다. 환경에 대한 관심은 일시적 마케팅 방편이 아니라 기업이 지속적으로 관심을 가지고 힘을 쏟아야 할 분야이다.

③ 이산화탄소배출 규제

미국 캘리포니아 주에서는 자동차 배기가스로 인한 오염에 대하여 무척이나 까다로운 규제를 하고 있다. 전 세계 어느 지역보다도 엄격한 자동차 배기가스 규제를 실시하고 있을 뿐 아니라, 대기오염 방지를 위해 가솔린 사용 자동차를 점진적으로 전기 자동차로 대체하려고까지 하고 있다. 우리나라는 이산화탄소배출에 있어서 전 세계 상위수준에 속한다. 유럽연합(EU)에서는 온실가스에 대한 엄격한 통제를 하지 않는 나라로부터 수입되는 상품에 대해 탄소관세를 부과하는 방안을 검토하고 있으며 세계 각국이 이산화탄소배출 감소를 위한 노력을 하고 있다.

④ 안전에 대한 의식 증대

안전에 대한 규제는 각국이 날로 강화해가고 있는 추세이다. 에어백이 자동차에 처음 장착되었을 때만 해도 사람들은 이목을 끌려는 또 하나의 장난감이 추가되었구나 하는 정도로 생각했었다. 그러나 에어백이 장착된 차량의 탑승자가 실제 사고에서 부상률이 그렇지 않은 차보다 훨씬 낮은 것이 입증되자 세계 각국은 승용차에 에어백 장착을 의무화하고 있다.

(5) 기술 환경요인

기술의 진보는 한 기업 또는 한 산업을 부흥시킬 수도 몰락시킬 수도 있다. 지난 20년 동안에 포춘지(Fortune)가 선정한 500대 기업에는 기술의 진보로 새롭게 가입한 기업들이 다수 있는데 이들 기업들은 주로 컴퓨터기술과 바이오기술의 혁신에 힘입어 성장한 기업으로 컴퓨터 소프트웨어의 마이크로소프트, 컴퓨터 프로세서의 인텔, 컴퓨터 네트워킹의 노벨, 바이오테크놀로지의 암젠 등이 있다.

① 진공관산업과 트랜지스터산업의 몰락

1950년대에 급성장한 진공관산업은 1960년대 중반에 트랜지스터의 등장으로 순식간에 사라져버렸다. 무서운 기세로 급성장하던 트랜지스터 산업 역시 반도체산업의 성장과 더불어 급격히 쇠퇴했다. 이와 같이 기술환경의 변화는 한 시대를 풍미하던 산업구조를 한순간에 송두리째 뒤엎어놓을 수 있다.

② 리모트 컨트롤의 등장

1980년 이전의 우리나라 가정에서 사용하던 대부분의 TV는 리모컨이 없었다. 물론 초등학교에 다니는 아이가 있는 가정에서는 어린이들이 음성인식 리모컨의 역할을 담당하기도 했지만 TV리모컨이 우리나라 가정에서 보편화되기 시작한 것은 1980년 이후 컬러 TV 방송이 시작되면서 국내에도 컬러 TV가 본격적으로 보급되기 시작하면서부터였다. 이러한 리모컨의 등장은 단지 소비자들의 편익을 증대시킨 것뿐만 아니라 우리나라 방송 프로그램 및 광고의 질을 한층 더 높이는 계기로 작용하게 되었다. 리모컨이 보편화되기 이전의 TV는 로터리방식으로 채널을 바꾸기가 불편해서 어지간히 재미가 없지 않아서는 채널을 바꾸지 않았으나, 리모컨의 등장으로 소비자들은 방송이 재미가 조금 떨어지면 즉시 채널을 돌려 다른 방송들을 탐색을 할 수 있게 되었다. 더욱이 리모컨은 광고주들에게 는 악몽과 같아서 광고가 나오면 즉시 다른 채널로 돌리는 소비자 태도 때문에 한동안 광고업계에서는 이에 대한 대응에 부심했다. 결국 광고가 소비자의 흥미를 끌지 못하면 소비자의 시선을 붙잡아 둘 수가 없다고 깨달았기 때문에 광고는 보다 흥미롭고 보다 창의적인 방향으로 발전하게 되었다. 이것은 방송 역시 마찬가지여서 방송 내용 역시 소비자의 흥미를 끄는 방향으로 많이 발전하게 되었다.

(6) 경쟁 환경요인

한 업체가 시장점유율 100%를 가지고 있는 독점상황에서는 시장 진입이 매우 어렵다. 소수의 업체가 높은 점유율을 획득하고 있는 과점상황도 이들 기존 업체들이 가격 이외의 마케팅 요인들에서 차별적 우위를 지니고 있기 때문에 신규 업체가 진입하기는 매우 어렵다. 그러나 경쟁자가 여러 업체이며 각 업체들이 낮은 점유율을 가지고 있는 독점적 경쟁시장에서는 시장진입이 쉬운 편이며, 경쟁자 수가 아주 많은 순수경쟁시장도 시장진입이 용이하다. 따라서 창업자의 경우 자신이 진입하고자 하는 시장의 경쟁상황을 잘 살펴보고 진입 여부를 결정할 필요가 있다.

(7) 소비심리 환경요인

소비자신뢰지수는 소비심리를 나타내는 종합적인 지수로써 현재 생활형편 및 미래 생활형편에 대한 예상, 현재경기 및 경기예상, 내구재 구입에 대한 판단을 종합적으로 반영한다. 이러한 소비자신뢰지수가 기준치를 넘는 경우에는 소비자들의 현재 경제에 대한 판단 및 향후 경제에 대한 예상이 긍정적인 것을 의미하며 소비가 늘어날 것을 간접적으로 예측한다. 따라서 창업자는 소비자신뢰지수를 모니터링하고 그 변화에 민첩하게 대응함으로써 시장의 변화에 미리 대비할 수 있다.

제3절 트렌드분석

예비분석인 환경요인분석을 마치고 나면 본격적인 트렌드분석을 실시한다. 트렌드분석은 환경요인분석에서 예측하는 환경과 소비자 분석을 통해서 파악된 소비자 니즈(needs)를 결합하는 과정이라고 할 수 있다. 즉, 트렌드분석이란 환경요인분석에서 파악된 인구통계적 환경, 사회문화적 환경, 경제적 환경, 기술적 환경, 법적·정치적 환경, 경쟁환경, 소비심리환경 등과 소비자 니즈를 매칭하는 과정이라 할 수 있다.

(1) 소비자 니즈

소비자 니즈(needs)는 소비행동의 가장 기초가 되며 따라서 소비자분석을 위해서 가장 핵심적인 개념으로 다루어야 한다. 사회의 변화에 따라 소비자 니즈도 다양해지고 세분화되는 특성이 있다. 과거에는 없었던 새로운 니즈가 생겨나 주목을 받기도 하고 또 하찮게 여겨졌던 니즈가 중요한 니즈로 관심을 받기도 한다. 이러한 소비자 니즈의 다양화와 세분화는 소비시장으로부터 파생되기도 하며 소비자 니즈가 소비시장을 변화시키기도 한다(문숙재·여윤경, 2005).

1) 니즈의 개념

니즈(욕구, needs)란 소비자가 느끼는 막연한 욕구와 문제점의 인식을 말한다. 예를 들어 배가 고프다는 것은 '니즈'이다. 이에 반해 욕망(want)은 '피자가 먹고 싶다'와 같은 구체적인 욕구를 의미한다. 니즈에는 소비자가 느끼는 니즈(articulated needs)가 있는 반면에, 전혀 느끼지 못하고 있지만 니즈가 될 수 있는 부분(unarticulated needs)이 있다. 마케팅 전략의 초점이 되고 있는 니즈 부분은 소비자가 느끼는 니즈 중 충족되지 못한 부분(articulated needs which is not served)과 느끼지 못하고 있는 잠재적 니즈(unarticulated needs)를 합한 것이다. 대부분의 마케팅 전략은 주로 이러한 소비자의 충족되지 않은 니즈와 잠재적 니즈를 찾는 작업과 그것을 충족시키는 작업으로 이루어져 있다. 또한 소비자의 하나의 소비행동 뒤에는 가시적인 목적 이외에도 수많은 소비자의 니즈가 존재하고 있다. 즉, 어떤 특정 니즈와 특정 구매행동 간에 일대일 대응이 이루어지지는 않는다. 여러 가지 종류의 상품들이 하나의 특정한 니즈를 충족시킬 수도 있고 여러 가지 니즈들이 하나의 상품이나 서비스에 의해 만족될 수도 있다.

2) 니즈에 대한 수직적 접근

미국의 심리학자 매슬로우(A. H. Maslow)는 니즈에 대한 위계설(욕구위계설)을 주장하였다. 욕구위계설은 다음과 같은 가정을 전제로 한다. 우선 첫째, 니즈의 위계는 하위 단계에서부터 생리적 니즈(physiological needs), 안전에 대한 니즈(safety or security needs), 사회적 니즈(social needs), 위신, 자존, 지위에 대한 니즈(ego, status, esteem needs), 자아실현 니즈(self-actualization needs) 등 다섯 단계로 형성되어 있다. 둘째, 어떤 욕구가 충족되면 이 욕구는 더 이상 동기를 유발하지 못한다. 셋째, 하위 니즈의 우선적 충족에서부터 점차 상위 니즈의 충족으로 이동해 간다. 즉, 인간은 좀 더 근원적인 니즈가 만족되고 나서야 다른 니즈를 충족시키려는 경향이 있다고 하였다. 매슬로우는 이렇게 인간의 욕구가 기본적인 생존과 안전을 추구하려는 것에서부터 점차 사회적 존경과 사랑, 자존심의 고양을 거쳐 자기실현의 욕구와 같은 상위욕구로 발전한다고 주장하였다. 그러나 갑자기 하위 니즈에 불만이 생기면 상위 니즈를 충족시키려는 시도를 그만두고 보다 근본적인 니즈를 충족시키기 위해 다시 아래로 내려오게 된다.

예를 들어, IMF 시기 직전까지도 우리 사회에서는 과시적인 소비나 여가활동으로써의 쇼핑, 분에 넘치는 소비가 문제가 되고 있었다. 일시적이고 즉흥적인 소비, 충동적 소비, 타인의 소비를 모방하는 소비, 자신의 신분과 부를 과시하기 위한 소비 등은 소위 바람직하지 못한 소비행태들이다. 그러나 이런 소비가 좋냐 나쁘냐를 떠나서 그런 소비는 모두 사회적으로 존경받고 싶고, 자기 스스로를 귀한 사람으로 보이고 싶어 하는 욕구의 발현이라고 볼 수 있다. 이러한 점에서 그동안 사회 전반적으로 소비자의 욕구가 상당히 상위의 욕구로 진전했었다고 볼 수 있다.

3) 소비자 니즈와 소비상품

욕구의계설의 5가지 소비자 니즈와 소비상품을 연계하여 분석한 결과는 다음과 같다(문숙제·여윤경, 2005).

① 생리적 니즈

가장 근본적인 니즈로서 이러한 생리적 니즈를 충분히 채워주는 다양한 제품과 브랜드가 존재한다. 그러나 현대사회에서 단순한 생리적 니즈에 기반한 마케팅 노력은 효과가 없고 근본적인 니즈뿐만 아니라 보다 상위의 다른 니즈들의 충족까지 함께 약속해 주는 상품이 시장에서 성공하고 있다. 이러한 예로는 '검은콩 우유'나 '검은콩

두유' 등의 상품을 들 수 있는데, 단순한 우유에다가 몸에 좋은 콩 단백을 가미함으로써 건강에 대한 니즈까지 함께 충족시키는 것이다.

② 안전에 대한 니즈

보험, 화재경보기, SECOM, 차량 도난 방지기 등이 흔히 안전에 대한 소비자 니즈를 충족시키는 상품으로 꼽히고 있다. 그러나 이렇게 직접적인 안전 상품 이외에도 다른 니즈의 충족과의 결합을 통한 상품들이 많이 존재한다. 담배, 술, 맥주, 청량음료, 커피 같은 제품은 사람들의 사회적 니즈 또는 위신에 대한 니즈에 어필하며 판매되어 왔다. 광고에서 이런 제품들은 그것들로부터 얻게 되는 개인적인 만족을 위해서라기보다는 소비자의 사회적 지위 등을 향상시켜 주는 역할을 하는 것으로 묘사되어 왔다.

이런 전략은 최근까지도 대단히 성공적이었지만 담배의 타르나 니코틴, 알코올, 카페인, 지나친 칼로리 등과 연관된 건강문제가 대두되면서 이런 제품들의 소비는 감소하기 시작했다. 왜냐하면 소비자들이 보다 근본적인 생리적 니즈를 충족시키기 위해서 이런 제품들에서 얻는 사회적 니즈의 충족을 기꺼이 포기하려 했기 때문이다.

이러한 변화로 인해 판매가 부진하자 마케터들은 니즈의 하위 단계로 눈을 돌리기 시작했다. 제품을 소비하면서 심리적으로 느끼게 되는 위험을 줄이기 위해서 제품을 보완했다. 그 결과 저타르와 저니코틴 담배, 라이트 맥주, 순한 양주, 다이어트 청량음료, 무 카페인 음료 등이 소개되었다. 관련 회사들은 니즈 단계에서 건강과 안전 등과 관련된 하위 단계로 시선을 돌림으로써 자신들의 시장을 되찾았고 자신들의 위치를 보존할 수 있었다. 이 회사들의 제품들은 사회적 니즈를 충족시키면서도 보다 근본적인 니즈를 희생시키지 않았기 때문에 성공할 수 있었다(로버트 세틀·파멜라 알렉, 2003).

③ 사회적 니즈

소속에 대한 니즈는 인간의 본성이다. 대부분의 사람들에게 '혼자'라는 말은 '외로움'이라는 말과 동의어이다. 소속감을 박탈당한 현대 우리 사회의 구성원들은 소외에 대해 더욱 민감하다. 소비자들은 제품과 사랑 및 소속감이라는 니즈 사이에서 연결고리를 찾는다. 광고에서는 사랑, 연대감, 소속감, 우정 등을 자극하여 소비자들에게 어필하고자 한다. 텔레비전의 발명과 함께 많은 이들은 영화관객들이 텔레비전을 시청하게 되면서 극장들은 문을 닫게 되리라고 예상했다. 다시 말해서 이 두 가지 영상매체가 모두 같은 니즈를 만족시켜 준다고 생각했던 것이다. 하지만 영화관이 계속 번성하는 데서 알 수 있듯이 그렇게 되지는 않았다. 두 매체가 모두 영상과 사운드를 제공하지만 텔레비전 시청은 '개인적인 경험'인 데 반해서 영화관에 가는 것은 '사회적인 경험'이라는 차이점이 있었던 것이다.

④ 위신, 자존, 지위에 대한 니즈

위신, 자존, 지위, 존경, 명성, 인정 등은 타인으로부터 부여받는 것이며 따라서 이러한 니즈 또한 '사람'과 관련된 니즈이다. 예를 들어 값비싼 맞춤양복, 좋은 향수, 고급 카펫, 오페라, 발레, 호화로운 리조트 등의 서비스나 상품들을 통해서 소비자는 이것들을 즐기기보다는 자신들의 소비행위가 남들에게 보이기를 바랄 뿐이다. 이들은 바로 '그 장소'에서 바로 '그 사람들'과 어울리면서 바로 '그것을'

하는 모습을 남들에게 보여주고 싶은 것이다. 따라서 위신과 자존, 지위에 관한 상품들은 가격이 비쌀수록 판매량이 증가하는 상품들이며, 주로 과시소비(conspicuous consumption)를 나타내기 좋은 상품들이 된다.

⑤ 자아실현의 니즈

자아실현의 니즈란 자신을 확장시키고 향상시키는 것으로써 개인의 독자성, 개체성, 유일성의 확장을 뜻한다. 자아실현의 니즈를 충족시키기 위해서는 애착과 차별성을 중시해야 하고, 상품에 독특성이 있어야 하는데 다른 상품에 비해 특별하고 뚜렷하게 달라야 한다. 아메리칸 익스프레스(American Express) 카드사의 '골드 카드(gold card)', '플래티넘 카드(platinum card)'의 광고는 '재정적 여유를 가진 분들이 이 카드를 획득한다' 또는 '상위 5퍼센트의 경제력을 가진 분들' 등의 표현을 사용하여 소비자의 자아실현 니즈를 자극한다. 또한 '이 카드는 당신이 이미 자신에 대해 알고 있었던 사실을 재확인시켜 줄 뿐이다'라든가 '이 카드는 당신이 이 카드로 살 수 있는 그 어떤 것보다 당신에 대해 더 많은 것을 말해 준다' 등의 문구를 통한 '개인별 차별화'를 유발하기도 한다(로버트 세틀·파멜라 알렉, 2003).

<표 4-2> 소비자의 세부 니즈와 관련된 상품

소비자니즈	소비자니즈와 관련된 상품
* 성취 · 어려운 과업을 달성하고자 하는 니즈 · 힘든 작업을 실행하려는 니즈 · 기술, 능력, 재능을 연마하려는 니즈	· 소비자 능력과 기술을 향상시켜 주는 제품 · IY용 재료 · '……하는 법'과 같은 실용서, 실용강좌 · 직업관련 상품, 서비스 · 자기계발, 자기향상 프로그램
* 양육/양성 · 다른 사람들을 보살피고 위안 후원하려는 니즈 · 생명체가 자라서 번성하는 것을 보려는 니즈 · 다른 사람들의 발전을 도우려는 니즈 · 맡고 있는 아이를 해악과 부상으로부터 보호하려는 니즈	· 부모의 역할과 연관된 제품과 서비스 · 육아용품 · 요리, 바느질, '가족용' 세탁제품 · 애완동물과 애완동물용품 · 실내 화분용 화초, 원예용품 · 기여자, 지원자에 호소하는 자선봉사
* 의존 · 타인들로부터 도움, 지원, 위안, 격려, 확 신 등을 얻고자 하는 니즈 · 양육을 위한 노력의 수혜자가 되려는 니즈	· 대리보호인 역할을 하는 소비재, 특히 소비 자 대상 서비스 · 개인적 서비스, 특히 신체적 접촉과 관련된 서 비스 얼굴과 신체 마사지, 머리손질과 매니큐어 · 상담 서비스
* 자극 · 감각을 자극하거나 지각을 사용하는 이벤 트나 활동을 경험하려는 니즈 · 자유롭고 왕성하게 행동하려는 니즈 · 스피디하거나 강력한 활동에 몰두하려는 니즈 · 맛으로 미각을 만족시키려는 니즈 · 새롭거나 평범하지 않은 상호작용 모드로 환경을 바꾸려는 니즈	· 강한 감각적 특성을 가진 서비스와 제품들 · 강렬하거나 유별난 광경, 소리, 향, 맛, 촉감 · 몸을 움직이게 하거나 운동을 촉진시키는 것, 운동기구와 서비스 · 체육시설 · 섬유 유연제 또는 매끄러운 실크 이불 커버 · 맛있는 음식과 음료 · 아로마 목욕 및 거품 목욕 제품
* 기분 전환 · 재미있게 놀아보려는 니즈 · 즐거워지려는 니즈 · 일상으로부터 벗어나려는 니즈 · 근심을 떨쳐버리고 휴식을 취하려는 니즈	· 오락이나 기분 전환을 제공하는 서비스나 상품 · 장난감, 게임, 영화, 텔레비전, 연극, 콘서트 · 라이브 음악, 녹음된 음악 · 책, 연재소설, 시 · 취미, 취미와 관련된 물건들 · 스포츠 카, 레지용 차량 · 사냥 용품, 캠핑 용품, 스포츠 용품 · 휴양 여행
* 보안 · 해악의 위험에서 벗어나려는 니즈 · 안전하려는 니즈 · 자신, 가족, 재산을 보호하려는 니즈 · 필요한 것을 비축하려는 니즈 · 공격에 대해 저항력을 가지려는 니즈 · 사고나 재난을 피하려는 니즈	· 보호를 제공하는 제품과 서비스 · 보험 · 저축과 투자를 위한 금융 서비스 · 집과 차의 보안장치 제품과 서비스 · 조명과 안전장치 · 위험성이 낮거나 위험을 완화시켜 주는 상품 · 비타민과 예방 의약

자료: 로버트 세틀 · 파멜라 알렉(2003)

제4절 트렌드분석의 적용사례

트렌드분석에는 객관적인 자료를 기초로 한 분석이 필수적이다. 통계청의 트렌드 예측은 객관적인 통계자료를 기초로 하고 있다는 점에서 트렌드 분석의 좋은 사례가 된다. 다음에 통계청이 발표한 10개의 2010년 트렌드를 소개한다.

(1) 백수탈출 트렌드

1월 일자리가 10만 3,000개 줄고 청년 실업률이 8.3%로 뛰는 등 고용시장은 최악의 상황이다. 하지만 실업 탈출과 고용 유지에 노심초사하는 사람들을 대상으로 하는 사업은 오히려 기회를 맞고 있다. 잡코리아·인크루트 등 인터넷 취업 지원 사이트의 매출은 2003년 300억 원에서 지난해 800억 원으로 뛰었다. 미용·요리학원 등에는 취업 예비생이 몰리고 있다. 이러다 보니 통계청의 '취업 학원비 물가지수'는 2005년 이후 계속 전체 물가지수를 웃돈다.

＊ 관련통계
 ·1월 구직 단념자: 16만 5,000명
 ·취업준비자: 56만 8,000명
 ·1월 일자리 감소: 10만 3,000개
 ·청년 실업률: 8.3%로 증가
 ·인터넷취업지원사이트 매출: 300억 원(2003년), 800억 원(2008년)
 ·취업 학원비 물가지수 ＞ 전체물가지수(2005년 이후)

(2) 내 나라 여행족

해외여행자가 줄어든 대신 '내 나라 여행족'이 뜨는 것도 비슷한 이유다. 국내 여행이 증가하자 관광지 주변 점포의 매출도 늘고 있다. 전문가들은 앞으로 고급 외제차 렌털 사업, 캠핑카 사업 등이 떠오를 것으로 예측한다.

＊ 관련통계

· 지난해 출국자 10% 감소

· 주 5일제의 확대

· 레저, 교양 오락 서비스에 대한 지출의 증가

· 주 5일제는 가정 중심적인 문화의 창출에도 이바지

제5장
창업아이템
선정

제1절 창업 아이디어의 개발

트렌드분석을 통해서 소비트렌드가 예측되면 이러한 소비트렌드를 중심으로 소비자의 니즈를 충족시킬 창업 아이디어를 개발하게 된다. 본 절에서는 창업 아이디어의 개념과 개발에 관해 설명한다.

1.1 창업 아이디어의 의의와 유형

창업아이디어는 창업을 시작함에 있어서 매우 중요한 요소이다. 창업아이디어를 바탕으로 사업의 구상을 체계화할 수 있으며, 이를 구체화하여 효과적인 사업계획서를 만들어 낼 수 있는 것이다.

경영학자 베스퍼(Karl H. Vesper)는 좋은 사업아이디어를 가지게 된 사람은 이 아이디어를 오히려 무심코 발견하는 것이며 아이디어를 의도적으로 열심히 찾는 사람의 대부분은 실패로 끝난다고 보고 있다. 그는 수많은 사례를 찾아 예시해 보이면서 대부분의 사업아이디어들이 뜻하지 않게 나타나는 것이며 체계적인 방법을 이용해서 탐색하거나 비상한 수단으로 발견하게 되는 것이 아님을 설명하고 있다. 베스퍼에 따르면, 사업아이디어의 창출을 다음과 같이 일곱 개의 유형으로 나누어 설명하고 있다.

① 기대치 않았던 초대(unanticipated invitation)

어떤 사업아이디어는 초대성 제안이나 부탁의 형식으로 오면서 발생하는 경우를 말한다.

② 전직(prior employment)

대부분 창업아이디어는 예비창업자가 몸담고 있었던 이전 직장의 업무와 관련해서 얻어지는 경우를 포함한다.

③ 권리의 획득(obtaining rights)

아이디어 개발권자로부터 권리를 사는 경우와 아이디어 창안자와 협력관계를 맺는 경우를 가리킨다.

④ 자기고용(self-employment)

무슨 종류이든 사업을 하나 우선 시작하게 됨으로써 연이어 또 다른 사업의 기회를 만나게 되는 경우를 설명한다.

⑤ 취미(hobbies)

취미로 시작하게 된 것이 사업으로 이어지는 경우를 말한다.

⑥ 사회적으로 만난 사람들(social encounters)

사업활동을 통해 만난 사람들로부터 아이디어를 얻는 경우를 의미한다.

⑦ 단순한 관찰(pedestrian observation)

주변상황을 단순히 관찰함으로부터 창업아이디어를 얻게 되는 경우를 가리킨다. 경영학자 롱제넥커(J. Longgenecker)는 창업을 위한 아이디어의 유형을 새로운 제품과 서비스로 '새로운 시장'을 형성하는 방법, '새로운 기술'에 의해서 새로운 제품과 서비스를 제공하는 방법, 개선된 방식으로 기존 제품과 서비스의 기능을 제공함으로써 고객에게 '새로운 혜택'을 제공하는 방법으로 구분하여 설명하고 있다.

1.2 창업아이디어의 원천

(1) 직장생활의 경험

일반적으로 창업자들은 독립적인 경제생활을 위해 창업을 하는 경우에는 과거의 직장생활의 경험을 바탕으로 사업 아이디어를 얻는다. 직장 경험을 통해 나름대로의 전문적인 지식과 기술을 현장에서 익혀 왔기 때문에 이러한 직장생활의 경험은 창업의 중요한 바탕이 될 수 있다. 직장생활에서 전문화된 작업을 수행하다보면 해당 업무나 제품, 서비스의 기술적인 현황과 미비점 및 발전 가능성에 대해 잘 파악할 수 있다. 또한 시장에 나와 있는 제품 또는 서비스의 장·단점에 대해 비교·분석적인 시각을 갖게 된다. 이러한 직장 경험을 바탕으로 한 창업 아이디어라면 창업의 성공 가능성을 높일 수 있다. 하지만 창업자가 직장생활을 통해 취득한 지식이나 기술을 활용하되, 그것이 과거에 직장생활을 했던 회사의 투자나 비용으로 얻어진 재산권일 경우에는 업무상의 기밀 등에 대해서 법적으로 각별한 주의가 필요할 것이다.

(2) 사업설명회의 초청

사업기회를 인식시키기 위해 사업동업자나 투자자 등을 초청해서 사업계획서에 의거하여 사업설명회 및 투자설명회를 개최하기도 한다. 이를 통해서 동업자 또는 투자자의 협력을 얻어 창업을 추진하게 된다. 이러한 사업 설명회에 초청되어 창업 아이디어를 얻게 될 수 있으며, 이 경우에는 창업 아이디어의 포착이 소극적일 수 있다. 그러나 창업자가 창업 아이디어를 실제로 사업화할 수 있다고 판단하여 창업의 추진을 결정했다면 사후적인 노력과 적극적인 추진력을 필요로 해야 한다.

(3) 라이센스(licence)의 취득

창업을 신속히 전개할 수 있는 방법으로 다른 사람이나 단체가 개발한 제품 또는 서비스의 특허 등에 대한 라이센스를 제작하거나 판매권을 취득하는 것이 있다. 전 직장, 타 회사, 개별발명가, 정부 등이 이러한 권리를 취득할 수 있는 원천이 될 수 있다. 특허의 경우, 특허 소유권자를 대행해서 라이센싱 계약을 알선해 주는 국제적 브로커도 존재하고, 이들은 때로 특허권을 매입하여 재판매하는 경우도 있다. 제품에 대한 라이센싱은 기업체, 대학, 비영리 연구단체 등의 연구개발 결과로부터 얻을 수 있다. 기업체는 특정 제품 아이디어를 직접 개발하기는 했으나 기업의 규모에 비해 그 제품의 잠재시장이 너무 협소하거나, 그것과 관련되지 않은 특정 시장에 특화해서 집중하기 위해 라이센싱을 하게 된다.

(4) 자영업

독립적 경제활동을 영위하는 사람들은 자영업 활동과 경험으로부터 창업 아이디어를 찾아낼 수 있다. 자영업을 통해 다양한 활동을 경험하게 되면서 고객의 욕구를 잘 알 수 있기 때문에, 그것을 충족시키는 새로운 사업을 추진할 수도 있고, 어떤 경우에는 특정한 업종에 종사하다가 우연치 않게 새로운 상품 아이디어를 개발하게 되기도 한다. 이러한 종류의 사업기회 발견을 샛길효과(side-street effect)라고 부른다. 폴라로이드(Polaroid)사의 개발자 에드윈 랜드(Edwin Land)는 처음부터 폴라로이드 카메라를 만들려고 한 것이 아니라 맞은편 차량의 광선을 차단하기 위해 자동차의 폴라로이드된 앞 유리와 전조등을 개발하려고 하다가 결국 카메라 사업에서 크게 성공한 경우이다.

(5) 인맥과의 상호 교류

우리는 직장 및 사회생활로부터 여러 부류의 사람들과 접촉하게 된다. 이렇게 형성된 인맥의 상호 교류 과정은 좋은 창업 아이디어를 일깨우는 계기를 마련해 줄 수 있다. 업무상 전문가집단, 예컨대 법조인, 회계사, 금융가, 투자가 등과의 주기적인 접촉을 통해서 그들이 알고 있는 특허의 라이센싱 기회나 매각업체 등에 대해 정보를 입수할 수 있다. 또한 업계나 협회 등과의 공식, 비공식적 네트워킹을 통해서 최근의 업계 현황과 사업 가망성 등을 타진해 볼 수도 있다.

(6) 계획적 탐색

대부분의 창업 아이디어가 체계적인 탐색보다는 자연 발생적으로 발견된다고 해서 우연적인 발견을 기다릴 수만은 없는 것이다. 우연적인 발견도 적극적으로 탐색하는 자에게 찾아올 확률이 높기 때문에 계획적인 아이디어 탐색 방안을 모색해야 한다.

창업 아이디어를 얻을 수 있는 정보원천은 사실상 다양한 경로에 존재하고 있다. 그러므로 예비 창업자들은 적극적이고 체계적인 방법으로 창업 아이디어를 얻을 수 있다. 예컨대 대형 장난감 제조업체의 경우 매년 대부분의 매상을 신제품 판매를 통해서 올리는데, 이는 장난감이 경쟁업체 의해 쉽게 모방될 수 있고, 유행을 타서 시장 수요기간이 짧아 지속적으로 신제품을 개발할 수밖에 없기 때문이다. 이를 위해 장난감 회사는 각종 다양한 신제품 아이디어 개발 기법을 총동원한다. 아이디어 개발 기법으로는 브레인스토밍, 라이센싱, 경쟁사 제품의 모방과 수정, 내부 인센티브와 압력, 고객조사, 신기술 적용, 경진대회 등이 있다.

또한 창업 기업가의 가치관과 생활습관을 습득하여 실천하려는 것이 중요하다. 창업 기업가는 일정액의 자금을 저축하고, 늘 그것을 투자할 사업기회를 모색하며, 사업성 있는 기회를 적극 행동으로 추구하는 실천가이다. 또한 주변의 인맥을 항상 자신의 자원으로 활용하고 도움을 받을 자세를 갖고 적극적인 사회활동을 한다. 이는 자신의 변화 기회를 포착하고, 가능하면 하나가 아닌 여러 회사를 단계적으로 창업할 수 있다는 마음가짐으로 살아가는 것이다.

1.3 창업아이디어의 개발

(1) 창업아이디어의 창출기법

창의적이고 좋은 아이디어는 창업을 추진하려는 창업자의 기본도구가 되며, 이를 통해 사업기회를 포착하는 발판을 마련하게 된다. 새로운 아이디어를 얻기 위해서는 남들보다 앞서서 상황적 변화의 패턴을 인식하는 것이 중요하다. 이를 위해서는 직장이나 기타 일상생활의 경험을 새롭게 재구성하는 노력도 필요하며, 또한 창의적인 아이디어 창출기법을 적극 활용하는 자세도 필요하다.

(2) 창업아이디어 개발의 구체적 방법

창업아이디어를 개발하는 방법으로는 첫째, 기존 제품을 탐색하는 방법, 둘째, 변경제품을 탐색하는 방법, 셋째, 신제품을 탐색하는 방법 이렇게 세 가지가 있다.

먼저 기존 제품을 탐색하는 방법은 이미 존재하는 제품을 가지고 기존시장에서 새로운 수요를 창출하거나 새로운 시장에 접근하는 방법이다. 변경제품을 탐색하는 방법은 기존의 시장을 목표로 이미 존재하고 있던 제품을 변형하여 만든 제품을 가지고 기존시장에서 새로운 수요를 창출하거나 새로운 시장에 접근하려는 방법이다. 마지막으로 신제품을 탐색하는 방법은 기존의 제품과 다른 새로운 제품을 개발하여 기존에 형성되어 있는 시장이나 새로운 시장을 공략하는 방법이다.

① 기존 제품을 탐색하는 방법

이 방법은 아이디어를 개발하는 방법 중 가장 흔하고 쉽게 접근할 수 있는 방법이다. 이것은 기존 제품을 변경시켰느냐 아니냐의 여부, 그리고 기존시장에 도입할 것인가 아니면 새로운 시장에 도입할 것인가의 여부에 따라 다음의 네 가지 방법으로 나눌 수 있다. 이들 방법들은 새로운 제품을 개발하는 경우보다 덜 위험하다는 장점이 있기는 하지만, 반면에 경쟁이 치열하고 수익성이 낮을 수밖에 없는 약점을 가지고 있다.

ⓐ 기존 제품-기존시장 결합방법

이 방법은 이미 존재하고 있는 제품을 기존의 시장을 목표로 하여 생산하거나 판매하는 방법으로 창업아이디어 개발방법 중 가장 낮은 차원의 방법이라고 볼 수 있다. 그러나 누구나 쉽게 접근할 수 있기 때문에 한편으로는 가장 많이 이용되는 방법이기도 하다.

ⓑ 기존 제품-새로운 시장 결합방법

이 방법은 새로운 시장을 목표로 하여 이미 존재하는 제품을 생산하거나 판매하는 창업아이디어 개발방법을 말한다. 이는 위에서 설명한 기존 제품-기존시장 결합방법보다 약간 진보한 면이 있기는 하지만, 역시 누구나 쉽게 접근할 수 있으므로 앞의 방법과 마찬가지로 창업에 많이 이용되는 방법이다.

ⓒ 변경제품-기존시장 결합방법

이 방법은 기존의 시장을 목표로 이미 존재하고 있던 제품을 변형하여 만든 제품을 생산하거나 판매하는 창업아이디어를 찾는 방법을 말한다. 이는 창조성을 가미하여 제품의 질이나 용도, 그리고 기능을 향상시킨 방법이므로, 앞의 두 방법보다 진일보한 방법이라 할 수 있다. 따라서 약간 차별화된 제품을 보유하고 있기 때문에 다른 사업자에 비해 유리한 경쟁력을 가질 수 있다는 장점을 갖고 있다.

(d) 변경제품-새로운 시장 결합방법

이는 새로운 시장을 목표로 변경된 제품을 제조하거나 판매하는 것과 관련된 사업에서 아이디어를 찾으려는 방법을 말한다. 이는 기존의 제품에 창조성을 가미하여 질이나 기능을 보강한 것이란 측면에서 바로 앞의 방법과 같으나, 기존의 시장이 아닌 새로운 시장을 목표로 한다는 점에서 다르다. 따라서 새로운 시장개척 문제가 부과되기 때문에 변경제품-기존시장의 결합방법보다 더 위험이 크다는 약점이 있다. 반면에 만약 시장이 순조롭게 개척된다면 크게 성공할 수 있으므로 그만큼 유리한 점도 있다.

② 신제품을 개발하는 방법

(a) 신제품-기존시장 결합방법

이 방법은 기존에 형성되어 있는 시장을 목표로 이미 존재하고 있던 제품보다 기능이나 성능이 개선된 신제품 또는 순수한 신제품을 생산하거나 판매하는 데서 창업아이디어를 찾는 방법을 말한다. 이 방법은 기존에 이미 형성되어 있는 시장을 목표로 한다는 점에서 다음에 설명하는 신제품-새로운 시장의 결합방법보다 덜 위험하다는 장점을 갖고 있다. 그러나 시장에 선보일 신제품이 소비자들의 요구를 얼마나 충족시킬 수 있을 것인지에 대해서는 여전히 불확실하기 때문에 위험부담이 더 크다 하겠다.

(b) 신제품-새로운 시장 결합방법

이 방법은 새로운 시장을 목표로 신제품을 생산하거나 판매하는 데서 창업아이디어를 찾고자 하는 방법을 말한다. 신제품의 성공 여부도 불확실한데다 이를 아직 있지도 않은 시장에 결합시키는 방법이기 때문에 가장 위험한 방법이다. 그러나 만약 성공하기만 한다면 위험에 대한 대가, 즉 보상이 가장 크기 때문에 그만큼의 매력도 가지고 있다.

제2절 창업아이템 선정

2.1 창업아이템 선정의 중요성

트렌드분석을 통해 예측된 트렌드를 기초로 창업 아이디어를 개발한 후 유망하다고 판단되는 후보 아이디어가 결정되면, 이제는 그 아이디어를 실제로 창업할 아이템으로 구체화시킬 단계이다. 창업 아이템은 창업 아이디어를 보다 구체화한 상태로 사업의 착수여부를 결정하는 사업타당성 분석의 대상이 된다.

창업아이템의 선정은 사업의 핵심요소를 결정하는 것으로써, 즉 무엇(what)을 할 것인가를 결정하는 것이다. 이는 창업의 성공과 실패의 방향을 결정하게 되므로 사업을 구상하는 단계에 있어서 가장 중요하다고 할 수 있다. 창업 아이템을 일컬을 때는 업종뿐만 아니라 판매할 상품이나 서비스가 명시된다. 창업 아이템의 결정과 함께 사업의 규모나 기업의 경쟁력 등의 핵심요소와 연관되어 구체적인 사업구상이 이루어진다. 프랜차이즈 비즈니스 창업을 할 것인가 독립점포로 창업할 것인가 등의 고려사항은 이 구상단계에서 구체화된다. 그러므로 창업의 성공과 실패는 어떻게 하면 좋은 창업 아이템을 선정하느냐에 달려 있다고 할 수 있다.

2.2 창업아이템 선정의 기본원칙

창업아이템을 선정할 때는 보통 몇 개의 후보 아이템을 선정하게 되는데, 여기에는 몇 가지 고려해야 할 기본 원칙과 순서가 있다. 창업아이템 선정의 기본원칙은 다음과 같이 크게 7가지로 구분할 수 있다.

(1) 성장 가능성
성장이 둔화되고 있는 사업은 경쟁이 심화되어 있기 때문에 이윤이 감소하게 된다. 그러므로 창업 아이디어는 잠재적 성장 가능성이 큰 것이어야 한다. 또한 관련 사업과 연계하여 발전가능성이 큰 창업 아이디어라면 시너지 효과를 기대할 수 있다.

상품 또는 서비스는 시장에 도입되어 소멸할 때까지 발생→성장→성숙→쇠퇴의 과정을 거치게 된다. 발생기는 업종이 새로 출현하고 보급되기 시작하는 과정으로 경쟁 기업은 없으나 이윤은 적자인 경우가 대부분이다. 다음으로 성장기에는 수요가 급증하면서 참여 기업의 수도 늘어나게 되며, 이에 따라 이익도 증가한다. 성숙기에는 기업 간의 경쟁이 격화되면서 탈락기업이 출현하게 되고 이익실적 또한 감소하게 된다. 그러므로 성숙기에서는 경쟁에서 승리한 일부 기업만이 생존하여 안정을 누릴 수 있게 된다. 따라서 성장기에 있는 업종이 신규 창업에 가장 적합한 시기라고 할 수 있다. 그러나 성숙기 후반에, 즉 성장곡선이 하향세를 타고 있는 창업 아이디어를 선정할 경우에는 실패할 가능성이 매우 높다.

(2) 창업자의 적성

창업자의 적성과 능력은 창업아이디어 선정 시 가장 중요한 것이라 할 수 있다. 창업자의 적성으로는 사업가적 적성뿐만 아니라 사업 분야에 대한 적성이 함께 고려되어야 한다. 창업자의 능력 또한 함께 고려되어야 하며, 창업자는 계속적인 능력개발을 위해 시간적·물질적인 투자에 힘써야 한다.

(3) 창업자의 경험이나 지식의 활용

비록 창업 아이템이 성장성과 발전가능성이 높은 업종이며 실제로 다른 사람이 동종업종 창업에 성공했다고 하더라도 창업자 자신도 막연히 성공하리라고 기대할 수는 없다. 선정된 창업 아이디어가 창업자의 경험, 지식, 기술 등과 결합될 때 창업의 성공 가능성이 높아지는 것이다. 창업자가 과거 직장생활을 통해 얻은 경험, 지식 및 기술 등은 창업의 성공과 실패에 있어 많은 영향을 미치게 된다. 미래의 창업을 대비하여 현 직장에서 열심히 배우고 노력한다면 현재 일을 하고 있는 직장에도 충실하게 되는 결과이며, 미래 창업사장으로서의 자질개발에 더없이 좋은 기회가 될 것이다.

(4) 트렌드의 반영

창업의 성공 가능성을 높이기 위해서는 시대의 흐름에 맞는 업종을 선택해야 한다. 시대흐름에 맞는 업종을 선택하기 위해서는 국가 경제성장 수준, 국민소득의 증가 추세, 인구 연령별 분포, 산업의 흐름 등을 주시하여 정확한 시장을 예측할 수 있어야 한다. 또한 외국 서적, 잡지, 박람회, 여행 등을 통해 선진국의 산업흐름과 유망한 사업아이디어의 국내 진출이 가능한 적절한 시기를 포착하려는 노력이 필요하다.

(5) 자본규모에 적합한 창업아이템

적정한 창업 자본이 뒷받침되지 않은 창업 아이디어의 구상은 실패로 돌아갈 수밖에 없다. 그러므로 조달 가능한 자본규모와 연결하여 창업아이디어의 선택을 검토해야 한다. 자본규모별 업종선택순서는 다음과 같다.

첫째, 자금조달은 자기자본, 가까운 인간관계를 통한 조달 가능액, 금융기관 차입 가능액(담보력, 신용 등을 감안하여 은행과 제2금융기관을 구분하여 선정)으로 구분하여 선정한다.

둘째, 적정자금의 투입범위는 가계에 전혀 지장을 주지 않는 범위(저축 및 주거용 이외 부동산의 담보), 가계에 영향을 주는 범위(주거용 주택의 담보), 타인에 영향을 주는 범위(사채 및 제3자 주거용 이외의 부동산 담보), 창업자와 조력자의 공멸을 가져오는 범위(제3자 주거용 담보활용) 등으로 구별하여 결정한다.

셋째, 자본규모에 적합한 업종으로 자기 경험과 적성에 합당한 3~4종의 예비 창업아이템을 선정해야 한다.

넷째, 선정된 예비 창업아이템들에 대해서는 업종별로 구체적인 정보를 수집하고 검토한 뒤 사업 타당성을 분석하고 그중 가장 적절한 창업 아이템을 선정해야 한다.

자본규모에 맞춰 창업 아이템을 선택할 경우에는 단순히 창업에 가능한 자금만을 염두에 두어서는 안 된다. 특히 창업의 경험이 없는 초보자의 경우에는 최소 3~6개월간의 운영자본이 창업 이전의 사업계획서의 예상보다 2~3배 정도 더 필요할 수 있게 된다. 따라서 창업 준비자금과 창업초기 운영자금을 모두 포함한 창업 필요자금을 동원할 수 있는 조건을 갖추고 있어야 한다.

결론적으로 창업자 자신이 동원할 수 있는 금전적, 인적 및 물적 등 제 자원을 분석하고 외부환경 검토한 후 여기에 창업자 자신의 의지를 반영하여 창업아이템을 최종적으로 선정해야 한다.

(6) 시장의 수요

성공 가능성이 높은 제품 또는 서비스란 욕구 충족적이며, 경쟁력이 있으며, 성장성이 있어야 한다. 이러한 성공형 제품이 유망한 아이디어가 되기 위해서는 목표시장과 조화를 이루어야 한다. 즉, 신제품을 새로운 시장에 팔거나 기존 제품을 기존시장에 파는 경우에 비해 신제품을 기존시장에 팔거나 기존 제품을 새로운 시장에 파는 경우가 시장성이 있다. 따라서 창업 아이디어와 시장이 조화를 이루어야만 성공가능성이 높다.

성공형 제품은 다음과 같다. 첫째, 소비자의 요구 또는 충족도의 조사·분석을 통한 히트 예상 상품을 말한다. 둘째, 경쟁력 있는 제품을 말한다. 경쟁력 있는 제품은 품질향상(실용신안 의장등록, 성능개선 및 특징 추가, 품질 및 외형개선, 신뢰도 증가), 원가절감(저렴한 원재료 개발, 기술혁신, 저렴한 가격) 등을 도구로 성공 확률을 높인다. 셋째, 성장가능성이 있는 제품이어야 한다. 소비인구의 증가가 지속되는 경우, 소비자 취향과 의식의 변화 그리고 국민경제 수준의 증가에 발맞춘 적절한 제품이 성공가능성이 높다.

(7) 허가 또는 인가

좋은 창업 아이템을 선정하고 그에 따른 창업 준비가 철저하게 이루어졌다 하더라도 제도적인 절차에 소홀하다 보면 창업 시기를 놓치게 되는 경우가 있다. 법적인 허가, 인가, 면허등록 등이 없으면 창업을 할 수 없는 업종이 있기 때문에, 창업자는 해당 업종의 법적 요건을 사전에 확인해야 한다. 우리나라에는 이와 같은 인허가를 필요로 하는 사업 분야가 상당수 있기 때문에 사전에 미리 확인하는 작업을 통해서 창업자 자신이 그 업종을 선택하고 창업을 진행할 수 있는지의 여부를 결정해야 한다.

2.3 창업 아이템의 선정 순서

창업 아이템의 선정은 창업의 성공과 실패에 직결될 수 있으므로 신중한 검토 후에 선정해야 한다. 창업 아이템의 선정 순서는 다음과 같이 네 단계로 이루어진다.

(1) 창업 아이템 선정을 위한 정보 수집

① 신문·방송

신문과 방송은 가장 대표적인 창업 아이템에 관한 정보 제공처라고 할 수 있다. 이곳에는 창업에 관한 모든 초기 정보가 모여 있다. 관심 있는 뉴스나 기사를 찾게 되면 기사에 소개된 장소나 사람 그리고 관련기관을 찾아 더 자세한 정보를 얻을 수 있기 때문이다.

② 검색엔진과 창업관련 사이트

검색엔진도 창업과 관련된 정보를 수집하는 좋은 창구가 된다. 검색엔진은 창업과 관련된 사이트를 알려주는 등대의 역할을 하며, 인터넷을 통해 찾은 유용한 창업정보제공 사이트에서는 많은 창업 정보를 제공해 준다.

③ 창업관련 도서

창업과 관련된 서적은 그 독자층에 따라 수록된 내용과 형식이 매우 다양하다. 먼저 창업 전반의 절차나 핵심요소들을 소개하는 창업 전반에 대한 종합안내서가 있다. 이러한 책자는 대학교수나 창업컨설턴트 등의 전문가들이 창업 절차, 창업지원제도, 사업타당성 분석, 사업계획서 작성요령 등 창업 전반을 소개해 놓고 있다. 중소기업청, 소상공인지원센터 등 주로 정부지원기관에서 작성·배포하고 있는 특정 업종의 창업을 돕기 위한 창업가이드북은 역시 창업 아이템 정보수집에 유용하다.

(2) 해당업종관련 경험

먼저 예비 창업 아이템으로 선택된 업종이 수집된 정보에서 분석된 바와 같이 성공가능성이 있는지 직접 경험해 볼 필요가 있다. 직접 알아보고 경험하는 것만큼 좋은 방법은 없다. 또한 해당 업종의 경영자와의 면담을 통하여 성공가능성과 경영상의 어려움 등을 듣고 사업전망을 타진해 보는 것이 중요하다.

(3) 전문가와의 면담

경영자나 종사자는 나무는 보나 숲은 정작 못 볼 수도 있고, 개인적 이해관계로 인하여 왜곡된 정보를 전달할 수도 있으므로, 제3자의 입장에 있는 전문가와의 상담을 통해서 사업전망을 점검해 볼 필요가 있다.

(4) 후보 아이템에 대한 예비사업성 분석

이상의 절차를 마친 후에는 2개에서 3개 정도의 창업 아이템을 선별한 뒤 아이템에 대한 순위를 정한 후 가족, 친지, 전문가 등의 의견을 종합적으로 수용하여 창업 아이템에 대한 예비 사업성 분석을 실시해야 한다. 예비사업성 분석에는 후보 아이템에 대한 소비자 및 소비지역 인식 정도, 사업장 확보 가능성 검토, 관련 업계에 대한 정보 등이 평가대상에 포함된다.

창업 아이템을 탐색하는 단계에서는 가급적 많은 수의 아이템을 찾는 것이 좋다. 찾아낸 아이템 중 대다수가 자신의 창업에 적절하지 못할 수도 있고 실현가능성이 희박한 경우도 많다. 사업타당성 분석과 같은 심도 있는 분석을 실시하기 전에 창업 아이템을 예비적으로 선별하는 방법은 2분류법, 점수법의 두 가지 방법으로 나누어 볼 수 있다.

① 2분류법

2분류법은 평가의 대상이 되는 아이템을 '예'와 '아니오'의 절대적 기준에 의해 평가하는 방법을 말한다. 이 방법은 사업수행에 필요한 가장 핵심적인 요소나 중요사항만을 체크함으로써 대상 아이템의 수를 줄여 나가는 예비선별방법이다. 문항을 체크한 후, '아니오'에 체크된 문항이 많을수록 매력적인 사업으로 평가되며 '예'에 체크된 문항이 많을수록 부적합한 사업으로 평가한다.

절대적 기준은 아니지만, 보통 '아니오'에 답한 문항수가 6~7개 이상일 때 일단은 한 번 해볼 만한 사업으로 간주할 수 있다. 그러나 이 방법은 문항의 내용이나 선택이 주관적이며 응답의 범위가 '예'와 '아니오'로 제약되어 구체적인 내용에 대한 상대적인 평가가 곤란하다는 문제점이 있다.

<표 5-1> 2분류법 체크리스트

번호	질 문 내 용	응답(✓)	
		예	아니오
1	법적으로 금지된 사업인가?		
2	환경에 해로운 영향을 미치는가?		
3	국가의 산업정책에 위배되는가?		
4	업종이 사회적으로 혐오의 대상가?		
5	거대자본과 특수설비가 필요한가?		
6	특수한 기술과 원자재를 필요로 하는가?		
7	경쟁이 치열하고 진입장벽이 낮은가?		
8	시장이나 판매조직이 없는가?		
9	대체재나 보완재가 존재하는가?		
10	진입이 어려운 독점기업이 존재하는가?		

② 점수법

점수법은 어떤 내용을 가지고 아이템을 선별할 것인지를 미리 정하여 이 내용들을 설문문항으로 7점 또는 5점으로 점수화하고, 선택한 점수의 합계를 계산하여 창업 아이템을 선별하는 방법을 말한다.

일반적으로 창업 아이템을 선별하는 데 많이 이용되는 항목은 다음과 같다.

(a) 제품관련

용도, 품질, 가격, 대체재, 진입장벽 등

(b) 시장관련

잠재수요, 경쟁자의 수, 유통경로의 이용가능성 등

(c) 자원관련

자본조달능력, 인적자원의 활용가능성

(d) 생산(원가)관련

기술수준, 설비수준, 특허유무, 원자재가격 등

(e) 위험관련

경기나 계절에 따른 매출액 변동성, 법류의 개폐에 따른 위험, 기술·설비의 진부화 위험, 신제품 출현가능성 등, 점수법을 위한 표를 작성하여, 평가하고자 하는 사업이 묻는 내용과 매우 가까운 경우는 5점, 비교적 가까운 경우는 4점, 보통인 경우는 3점, 그렇지 않은 경우는 2점, 전혀 그렇지 않은 경우는 1점에 체크한다.

20개 전체 문항에 대한 응답을 체크한 후 합계를 계산하고 각각의 점수에 따라 창업 아이템의 적합성을 다음과 같이 평가할 수 있다.

· 80점 이상: 매우 매력적인 사업

· 70점 이상, 79점 이하: 약간 매력적인 사업

· 50점 이상, 69점 이하: 확신할 수 없는 사업

· 50점 미만: 위험한 사업

<표 5-2> 표 점수법 체크리스트

번호	질 문 내 용	응답(✓)			
		1점	2점	3점	4점
1	제품의 용도는 다양하며 광범위한가?				
2	제품의 품질은 우수한가?				
3	제품의 가격 수준은 품질에 비해 낮은 편인가?				
4	제품의 대체(보완)재의 개발가능성은 낮은가?				
5	진입장벽이 높은가?				
6	제품에 대한 잠재수요가 큰가?				
7	경쟁자의 수가 적은가?				
8	기존의 유통경로를 쉽게 이용할 수 있는가?				
9	판매촉진활동의 필요성이 낮은 사업인가?				
10	자본을 조달하는 데 큰 문제가 없는가?				
11	필요한 인적자원을 활용하는 데 문제가 없는가?				
12	생산기술상 큰 문제가 없는가?				
13	생산공정과 설비를 갖추는 데 어려움이 없는가?				
14	특허권의 보호나 이용에 큰 문제가 없는가?				
15	원자재 가격은 비교적 안정적인가?				
16	인건비는 비교적 안정적인가?				
17	경기나 계절변화 시 매출액 변동이 크지 않은가?				
18	법률의 변화에 따른 위험이 크지 않은가?				
19	기술과 설비의 진부화에 따른 위험이 낮은가?				
20	신제품의 출현가능성이 낮은가?				
합계					점

2.4 창업아이템의 최종선정

최종 아이템의 선정은 정밀한 사업타당성 분석 후에 결정된다. 그러나 창업아이템이 선정되었다고 해서 바로 창업을 진행할 수는 없다. 창업은 단기간에 이루어지는 것이 아니기 때문이다. 현명한 창업자라면 업종선택 단계 이후에 더욱 발 빠르게 움직여 동일한 업종 및 관련 업종의 우량 기업에 견습 기회를 갖거나 스카우트 예정인 창업 핵심멤버와의 긴밀한 교제를 통해 경영 노하우를 습득하는 등의 노력을 할 것이다. 즉, 창업아이템 선정 뒤에는 미리 경영 수업의 기회를 갖는 적극성을 발휘해야 한다. 그런 뒤에 본격적으로 사업계획서

<표 5-3> 창업 아이템 선정 단계별 준비 및 검토 사항

순서	기본 순서	준비 및 검토사항
1	창업 희망업종 정보 수집	· 창업자의 경험 및 지식, 특히 동업계 및 관련업계 근무 경력 등 친구, 지인, 전문가로부터 습득한 정보 검토 · 각종 관련 서적, 업종별 전문잡지, 신문 스크랩 등으로부터의 정보수집 분석 · 검토
2	이용 체험자 및 종사자 면담	· 해당 업종 기업(점포)의 고객이 되어 집적 구매활동 경험 · 해당 업종 근무 종업원과의 면담을 통해 업계의 전반적 분위기 및 전망 분석
3	후보 사업 아이템의 구체적 정보 수집 후보 아이템에 대한 정밀 분석 · 검토	· 각종 상담 기관(창업상담 회사, 업종별 전문 컨설팅 회사 등)과 업계 단체(업종별 협회 및 협동조합 등), 전문가(경영지도사 등, 업계 다년간 근무 경력자)로부터 정보수집 · 성장성 및 창업자의 적성 부합 여부 등에 대한 가족, 지인, 전문가의 의견 청취 · 2~3가지 업종에 대한 예비선별 및 순위 결정 · 예비선별 상품에 대한 예비 사업성 분석
4	사업타당성분석	· 사업 아이템의 적합도 분석 · 기술성 분석 · 시장성 및 판매 전망 분석 · 수익성 및 성장성 분석 · 사업타당성 분석 · 업종 및 사업 아이템 선정
5	업종 및 아이템 선정	· 동업종 및 관련업종의 우량기업에서 견습기회
6	경영 수업	· 스카우트 예정인 창업 핵심 멤버와의 사전 관계 증진을 통한 경영 노하우 습득
7	구체적인 창업 준비	· 사업계획서 작성 · 창업자금 조달 · 창업팀 결성 및 창업 요원 확충 · 사업장 선정 및 확보 · 회사설립 · 준비 등

작성, 창업자금 조달, 창업팀의 결성 및 창업 요원의 확충, 사업장의 선정과 확보, 회사설립, 개업 준비 등 구체적인 창업의 과정을 밟아 나가는 것이다.

2.5 창업아이템 선정 시 유의사항

창업아이템 선정을 위해 대략적인 계획을 세운 뒤에 본격적인 창업의 준비단계에 들어서는 구체적인 계획과 방법에 따라 아이템을 선정해야 한다. 창업아이템의 성장 가능성, 시장성과 수요, 창업자금의 규모 등에 따라 창업 아이템을 선정하게 될 것이다. 그러나 창업아이템 선정에 있어서 무엇보다 다음과 같은 사항에 유의하여야 한다.

- 창업자가 어느 분야에서 경력이 있는가?
- 창업자가 창업아이템에 대한 전문성을 가지고 있는가?
- 창업을 위한 여건(자본, 조직)이 뒷받침되어 있는가?
- 창업자의 실력을 발휘할 수 있으며 적성에 맞는 아이템인가?

(1) 창업자 자신과 맞는 창업아이템

창업아이템 선정 시에는 무조건 남들이 좋다고 하는 것을 맹목적으로 따라가서는 안 된다. 무엇보다 중요한 것은 창업자 자신이다. 창업아이템이 자신과 맞는가는 반드시 고려되어야 할 사항이다. 사업은 창업자 자신이 해나가는 것이며 남이 대신해 주는 것이 아니기 때문이다. 그러므로 창업자 자신의 적성과 경험을 최대한 살릴 수 있는 창업아이템의 선택이 가장 중요하다.

(2) 단계적으로 사전 지식 습득하기

선정한 창업아이템에 대한 사전 지식이 없거나 해당 업종에 대한 경험 없이 바로 창업에 뛰어드는 것은 위험한 일이다. 제3자의 얘기만 듣고 따라가서는 안 된다. 그러므로 창업의 성공 가능성을 높이기 위해서는 단계적으로 창업자 스스로 지식과 경험을 쌓는 것이 중요하다.

처음부터 창업에 뛰어들 것이 아니라 우선 선택한 창업아이템과 관련된 업종에서 직접 경험을 쌓은 뒤에 창업을 시작하는 것이 실패를 줄이는 방법이다.

(3) 피해야 할 창업 아이템

아무리 좋은 아이템이라 하더라도 최근의 사회적 분위기나 인력의 수 등을 고려하여 피해야 할 업종이 있다. 창업은 창업자 혼자서 할 수 있는 것이 아니다. 인력을 비롯한 각 경영요소의 결합으로 실현되며, 기술과 자본도 필요하다. 이에 다음과 같은 사항에 유의하여 가급적 문제가 많은 업종은 사업아이템으로는 선정하지 않는 것이 좋다.

- 종업원을 구하기 어려운 업종
- 이윤의 폭이 너무 적은 업종
- 대기업 또는 수입상품과 경쟁이 예상되는 업종
- 상품의 라이프사이클이 짧은 업종

2.6 창업아이템 선정 기법 및 평가

(1) 후보 아이템의 선정

후보 아이템을 선정하는 데 있어서는 먼저, 상품 또는 서비스와 시장과의 관계 및 성공 가능성을 검토해야 한다. 다음으로 성공 가능성이 높은 상품 또는 서비스 유형을 선별한 뒤 기본 요건을 기준으로 현재 존재하고 있는 기존의 상품 또는 서비스의 실태를 조사해야 한다. 마지막으로 기존의 상품 또는 서비스의 응용과 개선의 가능성을 정밀하게 검토해 보아야 한다.

<표 5-4> 성공 가능성이 높은 상품(제품)의 기본 요건

상품유형	기본요건	사례
욕구충족형 상품 (히트상품)	· 필요성은 인정되나 욕구를 충족시킬 수 있는 상품을 생산하는 방법을 아는 사람은 없음 · 욕구의 인식 부족으로 인해 상품이 개발되지 않음 · 미래 욕구 분출 가능성이 있음	· 소형 휴대 전화기의 욕구가 처음으로 인식되었을 때는 제조기술이 전무했음 - 제조기술의 처음 개발 시 가격이 비싸서 일반대중은 구입할 수 없었음 - 이동통신의 보편화로 현재 없어서는 안 되는 상품이 됨
경쟁력이 있는 상품	· 품질 향상 - 실용·신안, 의장등록 - 성능 개선 및 특징 추가 - 품질, 외형개선, 신뢰도 증가	· 바이오 세라믹 팬히터 · 컬러 벽돌
	· 원가 절감 - 저렴한 원재료 개발 - 기술혁신 - 저렴한 가격	· 국민차 · 가정용 PC
일정 기간 수요 증가 예상 상품	· 소비인구의 증가가 지속되는 경우 · 소비자 취향의 변화 · 소비자 의식의 변화 · 국민경제 수준의 증가	· 실버 그레이 산업 · 여행업 · 10~20대형 스마트 북 · 외식산업 · 고급주택 건설
일정 기간 수요 증가 예상 상품	· 소비인구의 증가가 지속되는 경우 · 소비자 취향의 변화 · 소비자 의식의 변화 · 국민경제 수준의 증가	· 자동차 산업 · 고급 장난감

(2) 후보 아이템의 우선순위 결정과 예비 사업성 검토

· 선정된 후보 아이템들을 비교·분석한다.

· 세부적인 검토 항목에 대해 가중치를 부여한 뒤 각 요소에 대한 점수 산정한다.

· 후보 아이템에 대한 창업자의 적응도를 분석한다.

· 예비 사업성을 검토·분석한다.

· 예비 사업성의 분석표를 보고 외적 요인에 대해 분석한다.

(3) 사업 아이템 선정 및 평가 기법

① 1단계: 시장환경 분석

구분	기회(opportunity)	위협(threat)
(a) 강점(strength)		
(b) 약점(weakness)		

② 2단계: 목표시장 기회 평가

(a) 목표고객 정의/선정		
(b) 제품서비스 정의	→	가치 제안
(c) 응용분야 정의		

③ 3단계: 아이템의 수익 모델 평가

(a) 지불고객 정의(구매자)		
(b) 수익원천 정의(상품/서비스)	→	구매 행동
(c) 시장요구 정의		

④ 4단계: 사업 아이템 타당성 분석

(a) 전략적 타당성	사업 매력도 내부 적합도	사업 적합성
(b) 창업 요소적 타당성	아이템 관련기술, 노하우 창업멤버 창업자금	사업화 능력 (창업형태, 입지, 규모 결정)
(c) 경제적 타당성	시장성(매출 추정) 기술성(원가 추정) 수익성(수익 추정) 공익성(부가가치 추정)	경제적 타당성

(4) 최적 아이템 선정을 위한 특정 아이템 사업성 평가

사업성을 평가하는 일반적인 기준으로 창업을 실현하기 위한 투자규모가 어느 정도인지, 기술과 상품의 신뢰성은 어느 정도인지, 계획 아이템 상품의 시장 판매가 어느 정도 가능하며, 판매 후에는 제조원가, 관리비용, 판매비용 등을 제외하고 얼마 정도의 이익이 실현될 수 있는가 등을 고려해야 한다. 또한 종업원은 어느 정도 필요하며, 적정인원의 확보가 용이한지를 고려해야 한다. 사업장의 입지는 어디가 좋으며 창업을 위한 기계와 공장이 필요하다면 기계설비의 가격은 어느 정도인지, 공장의 건축규모는 어느 정도이며 여기에는 얼마 정도의 시설자금과 운전자금이 소요되는지도 필히 분석해 보아야 할 항목이다. 뿐만 아니라 투자에 대한 수익분석과 자금조달 운영 및 추후 상환 계획 등도 함께 분석해 보아야 한다.

(5) 후보 사업 아이템 평가와 검토: BMO 평가법(다중요소 평가법)

① 평가체계

(사업도＝사업 아이템의 매력도＋기업 적합성)

<표 5-5> 평가 체제

사업아이템의 매력도		배점	기업의 적합성		배점
매출, 이익의 가능성	개시 후 3년간 추정시장 규모	5	자금력	자금조달 능력은 충분한가?	10
	개시 후 3년간 투자수익률	5			
성장가능성	시장성장률(3년)	5	마케팅력	마케팅 전략은 구체화 가능한가?	10
	시장점유율(3년)	5			
경쟁 상황	상품의 수명	3	생산운영능력	설비, 인력, 기술, 생산능력이 있는가?	10
	경쟁자 대항력	3			
	상품의 방어력	4			
응용 분야 확대 가능성	시장세분화	10	고객서비스 개발 능력	고객욕구에 응한 서비스개발 가능한가?	10
업계 재편 가능성	상품의 리더십	10	원부자재 획득 능력	적기에 저가로 조달 가능한가?	10
특별한 사회적 상황	환경, 사회문화적 공감성	10	관리 능력	강력한 사업 추진자가 있는가?	10
소계		60	소계		60

② 평가 해석

사업 매력도가 35점 이상이고, 전체 점수 80점 이상이면 사업 창업 참여가 가능하다.

<표 5-6> 사업성 평가 주요 항목별 검토 포인트

핵심요소	평가 항목	세부 검토 사항
계획사업 수행능력 및 적합성 분석	사업의 목적과 범위(적성, 자질, 경험, 지식)	· 사업목적이 창업자의 경영이념과 일치하는가? · 정관 등에 표시할 사업의 목적과 범위는 상호 연관성이 있으며 경영에서 상승 작용을 하는 데 기여하는가? · 창업자의 경력, 지식, 적성 등이 사업 아이템과 부합하는가?
	사업경영의 특징 (사업 수행능력)	· 경쟁회사 대비 조직, 생산, 마케팅 등의 차별화 전략이 뚜렷한가? · 신설 창업기업을 소비자에게 부각시킬 수 있는 독특한 경영전략 수립 여부
제품 및 기술성 분석	제품성	· 계획 상품의 종류, 용도의 적합성 · 물리적, 화학적 특징과 해결 가능성 · 국내외 표준 규격품과의 품질 및 기술수준 비교
	생산시설의 적정성	· 각 제품별 적정시설 규모 및 기존 시설과의 비교 · 국내외 최신 기술 동향 검토
	생산계획 검토	· 1일 최대 생산시설 능력 및 기간별 가동률 · 생산방식, 공정의 타당성 유무 생산계획 검토 · 생산인력의 가격요건 및 충원 가능성
	입지조건	· 급, 배수, 전력, 교통, 원재료 조달 용이성 · 종업원 충원 용이성 검토
시장성 및 판매전망 분석	사업 아이템의 국내외 동향	· 유사 및 동종 상업과의 관계 및 영향 · 해당 아이템의 향후 전망
	동업계 현황 및 수급실적 분석	· 경쟁회사의 구체적 상품, 자본금, 매출액, 종업원 수 대비 생산규모의 적정성 · 동 업계 최근 2~3년간 매출 실적 분석
	시장규모 추정 및 침투 가능성 분석	· 동 사업 아이템의 국내외 시장 총규모 · 경쟁회사별 매출액 점유비율
	판매전망 및 판매전략	· 시장 점유율 확보 가능성 및 확보전략 타당성 · 판매 가능량 사정 · 판매 단가의 적정성
수익성 및 경제성 분석	수익전망	· 향후 3~5년 동안의 추정 손익계산서에 의한 연도별 당기 순이익은? · 2~3년 내 흑자 실현이 가능한가?
	손익분기점분석	· 손익분기점 매출액은 얼마이며, 언제 실현가능한가? · 손익분기점 산출 후 판매수량, 금액, 고정비, 변동비 등의 타당성은?
	계획사정의 경제성분석	· NPV법(순현가법) 및 IRR법(내부수익률)에 의한 투자 수익은 얼마이며, 최소한 시중 은행 1년 만기 정기예금이율 이상의 수익 실현이 가능한가? · 계획사정의 경제성은 있는가?

자금수지 및 성장성 분석 (기업환경 종합 분석)	자금수지 및 자금조달 능력 검토	· 소요자금의 규모 및 조달 가능성 검토 · 자금의 원천(조달) 및 용도를 검토하여 자금조달, 운용 계획표 작성 · 차입금 상환 조건에 따라 상환재원 및 가능성 검토 (이자 포함)
	위험요소 분석	· 기업환경 분석 및 기업경영 위험요소 분석 · 위험요소에 대한 대응전략 수립
	성장성 분석 (기업환경 종합 분석)	· 성장 가능성 분석 · 성장의 정도 측정

(6) 후보 아이템 상대평가 시 주의사항

후보 아이템들은 상품성, 시장성, 수익성, 안정성을 중심으로 상대평가를 실시해야 한다.

<표 5-7> 후보 아이템 상대평가 시 주의사항

핵심요소	평가 항목	세부 검토 사항
상품성	상품, 서비스의 적합성	· 창업자가 잘 아는 상품이나 서비스인가? · 상품, 서비스가 계절적 기호품이거나 사치품은 아닌가?
	상품, 서비스의 독점성	· 정부의 인, 허가로 실제 창업 제한되어 있는가?
시장성	시장의 규모	· 예상되는 고객의 수는 어느 정도인가? · 국내, 해외시장 규모는 금액으로 어느 정도인가?
	경쟁성	· 경쟁자의 세력과 지역별 분포는 어떠한가? · 경쟁상품과 비교했을 때 품질과 가격이 유리한가? · 판매유통이 용이하며, 물류비용이 저렴한가?
	시장의 장래성	· 잠재고객의 수는 증가하고 있는가? · 새로운 창업회사의 침투 가능은 어떠한가? · 소비자의 성향이 안정적이고 필요성이 증가하는가?
수익성	상품 생산비용의 효율성	· 적정비용으로 상품 또는 서비스를 생산할 수 있는가?
	적정이윤 보장성	· 원자재 조달이 용이하고 가격이 안정적인가? · 필요한 노동력의 공급이 용이하고 저렴한가? · 제조원가, 관리비, 인건비 등의 공제 후 적정이윤이 보장되는가?

안정성	위험 수준	• 경제순환과정에서 불황 적응력은 어느 정도인가? • 기술적 진보 수준은 어느 정도? 그 변화에 쉽게 대처할 수 있는가?
	자금투입 적정성	• 초기 투자액은 어느 정도? 자금조달이 가능한가? • 이익이 실현되는 데 필요한 기간은 어느 정도? 손익분 기점까지의 자금력은 충분한가?
	재고 수준	• 수요의 계절성은 없는가? • 원자재 조달과 유통과정상 평균재고 수준은 어느 정도? 재고, 서비스의 회전기간은 어느 정도인가?

2.7 창업아이템과 목표시장의 조화

후보 아이템의 평가를 거쳐 선정된 창업아이템은 높은 품질과 서비스를 갖추고 있을 것이다. 그러나 이러한 창업아이템이 반드시 창업의 성공으로 이어지는 것은 아니다. 선정된 창업아이템이 목표 시장과 조화를 이룰 때 성공 가능성이 높아지는 것이다.

창업 아이템의 시장성은 벤처창업 특히, 창업 아이템 선정 시 고려해야 할 사항 중 가장 중요한 부분이라고 할 수 있다. 상품 또는 서비스의 시장성 분석은 시장분석 전문기관 등에 문의해 보는 경우가 있다. 그러나 대부분 벤처창업의 경우에는 창업자 주변의 관련 학계, 산업계 등의 실무자들 내지는 예비 소비자들을 직접 접촉해 보면서 생생한 시장 정보를 얻는 것이 더욱 도움이 될 수 있다.

<표 5-8> 목표시장에 대한 시장성

구분	유형	성공 가능성
창업적합	새로운 상품을 기존시장에 판매하는 경우	· 소비자에게 만족을 주는 신상품, 서비스를 개발하여 수요가 있는 기존시장에 판매함 · 성공 가능성은 50~75% 정도
	기존상품을 새로운 시장에 판매하는 경우	· 성장기 또는 성숙기에 있는 기존상품, 서비스를 사업 아이템으로 하여 새로운 시장에 참여함 · 성공 가능성은 25~50% 정도
창업부적합	새로운 상품을 새로운 시장에 판매하는 경우	· 신상품, 서비스를 생산하여 새로운 시장에 판매하기 위해서는 소비자의 의식 변화가 선행되어야 하며, 비교적 고가의 상품, 서비스임 성공 가능성은 5% 정도
	기존상품을 기존시장에 판매하는 경우	· 기존상품, 서비스를 기존시장에 판매하기 위해서는 경쟁사 또는 해외상품 및 서비스와 경쟁하여 이겨야 함 성공 가능성은 10~30% 정도

제6장
사업타당성
분석

제1절 사업타당성 분석의 정의 및 필요성

1.1 사업타당성 분석의 정의 및 필요성

창업아이템을 선정하고 나면 과연 사업성이 있는지를 분석해야 하는 데 이것이 바로 사업타당성 분석이다. 이러한 사업성 분석에는 충분한 크기의 시장이 존재하는지(시장성), 만약 시장규모가 충분하다면 내가 이 시장에서 남들과 차별적인 경쟁우위를 가지고 있는지(기술성), 만약 시장성도 있고, 기술성도 있다고 할 때, 내가 이 사업을 한다면 수지타산이 맞을지(경제성)에 대한 해답을 구해야 할 것이다. 이러한 시장성, 기술성, 경제성에 대한 답을 찾는 과정이 바로 사업타당성 분석이라고 할 수 있다.

사업타당성 분석이란 경영의사결정에 필요한 기초자료를 제시하는 활동으로서 창업자가 추진하려는 사업활동의 타당성 여부를 사전에 조사, 분석, 검토하는 것을 말한다. 사업타당성분석은 성공적 창업을 위해 창업자가 영업에 대한 시장성 분석, 제품에 대한 기술적 분석 그리고 창업기업에 대한 재무적 분석을 행하는 것으로써 이는 창업을 위해서 반드시 수행하여야 한다. 사업타당성 분석의 필요성은 구체적으로 다음과 같다.

첫째, 사업타당성 분석은 사업계획서의 필요요소를 명확하게 파악할 수 있도록 해준다. 새로운 사업은 시장성, 생산설비, 소요자금 등 수많은 요소들을 필요로 한다. 사업타당성분석은 요소들을 기술성, 시장성, 경제성의 분야별로 고려하기 때문에 위의 요소들을 정밀하게 검토할 수 있도록 한다.

둘째, 창업자는 사업타당성분석을 통해 해당 사업분야와 관련하여 운영능력을 향상시킬 수 있다. 사업상 어려움에 직면하더라도 사업타당성 분석의 전 과정에 관한 인식을 바탕으로 적절한 대응 및 해결책 마련 능력을 향상시킬 수 있다. 창업의 주요요소에는 창업자와 사업아이디어, 자본 그리고 사업장 등이 있는데 이 중 창업자는 가장 중요한 요소라 할 수 있다. 창업자가 기업가로서의 충분한 자질과 역량을 가지고 있으며 계획사업에 대한 수행능력과 해당업종에 대한 전문적 지식을 갖추고 있는지 여부는 창업의 성공과 실패를 가름하는 중요한 요소이기 때문이다. 현실적으로 창업자에 대한 분석은 본인에 대한 자기 자신의 직접적인 평가보다는 전문 창업컨설턴트나 창업에 관한 전문가 집단의 객관적이고 합리적인 평가가 요구된다.

셋째, 사업타당성 분석은 사업계획의 수립과 개선의 기회를 제공한다. 사업타당성 분석은 이미 수립된 사업계획의 문제점 파악을 가능하게하고 이를 수정함으로써, 결과적으로 사업의 성공가능성을 높일 수 있다.

제2절 사업타당성 분석

사업타당성 분석은 크게 시장타당성, 기술타당성, 경제타당성을 분석하는 내용으로 구성되어 있으며, 다음 <표 6-1>에서 간략히 보여주고 있다. 다음에 각 분석별로 세부사항을 기술하기로 한다.

<표 6-1> 사업타당성 분석의 조사범위

시장타당성	기술타당성	경제타당성
- 시장조사	- 제품의 기술적 특징	- 생산, 구매, 판매, 일반관리 계획
- 소비자 조사	- 공장입지의 적합성	- 제 원가 비용추정
- 시장 세분화	- 생산설비와 장비	- 추정재무제표의 작성
- 제품 포지셔닝	- 생산공법과 공장의 적합성	- 재무상태 및 경영성과 분석
- 제품수급조사	- 생산지원에 대한 검토	- 자금수지분석
- 동종업계 조사	- 공장규모와 건설계획	- 현금흐름의 추정
- 총수요 및 점유율 예측	- 시설소요자금의 검토 등	- 할인율의 추정
- 가격결정 및 매출액 추정		- 위험분석

2.1 시장타당성 분석

시장타당성 분석은 창업기업의 상품에 대해 소비자가 어떤 반응을 보일 것이며, 경쟁업체와 경쟁 제품에 대해 어느 정도의 경쟁력을 확보할 수 있는가 등에 대한 분석활동을 말한다. 뿐만 아니라 시장타당성 분석은 판매(서비스)하고자 하는 아이템을 시장에 얼마나 팔 수 있겠는가를 조사·분석하는 것을 말한다. 특히 상품의 수요와 공급에 대한 현재 및 미래에 대한 정확한 예측과 분석은 사업의 지속적인 발전을 위해 매우 중요하다. 시장성 유무에 대한 객관적 기준이 없기 때문에 평가 기준을 정형화하는 데는 한계가 있다. 그러나 일반적으로 시장성이 있다는 것은 경쟁업체수와 대비하여 향후 점진적인 시장 점유율 확보 가능하고, 계획한 기간 내에(운영자금 소요 기간 내) 손익분기점에 도달할 수 있는 경우를 말한다.

시장타당성 분석의 궁극적인 목표는 선정된 창업 아이템이 얼마나 팔릴 수 있는가를 예측하는 것으로, 일반적으로 다음과 같은 세 가지 세부분석을 포함한다.

(1) 시장동향 분석

시장동향분석은 전체 시장규모, 경쟁제품과 유사제품에 대한 시장분석, 잠재고객 분석 등이 포함된다. 전체시장규모에서는 전반적인 시장규모와 함께 시장 내의 경쟁자 파악을 하게 된다. 시장분석에서는 경쟁제품과 유사제품에 대한 판매영역별 및 고객별 잠재수요에 대한 분석이 실행된다. 그리고 잠재고객 분석에는 잠재 소비자의 구성 분포 및 변화 추세, 소비자특성분석(소득수준, 구매행태, 제품소비행태, 소비단위, 구매동기, 고객의 해당 상품 수용가능성) 등을 통하여 시장타당성 분석의 최종 목적인 수요예측을 위한 정보를 수집한다.

(2) 제품성 및 제품의 경쟁적 지위분석

제품성 분석이란 제품의 특성과 품질을 고려한 제품의 강·약점과 제품의 수명주기(life cycle), 보급률 등 마케팅의 4P 믹스에 대한 분석이다. 즉, 제품의 강·약점에 대한 분석은 타사제품과 비교한 자사제품의 기능, 특성, 차별성 등에 대한 분석을 의미한다. 이 경우 중요한 것은 자사의 강점에 초점을 맞추어 분석하되 동시에 취약점

분석도 병행하여 자사의 경쟁력을 강화시켜야 한다는 점이다. 또한 모든 제품에는 수명주기가 존재하는데, 창업자가 시작하려고 하는 사업이 도입기, 성장기, 성숙기, 쇠퇴기 중 어디에 속하는지를 도표를 그려가며 철저히 분석해야 한다. 제품의 라이프사이클은 제조업 뿐만 아니라 도소매업 및 서비스업에도 적용된다. 제품성 분석은 창업자가 취급할 상품의 성격이나 특징, 유통경로 및 타사 또는 경쟁상품과의 관계를 분석대상으로 하여 타당성을 조사한다. 이러한 제품성 분석은 품질수준에 대한 평가, 유사 및 동종제품과의 경쟁관계, 유통경로 및 가격경쟁력, 부가가치 생산성 등이 포함된다.

(3) 수요예측

시장타당성 분석에서 가장 중요한 부분은 수요예측인데 수요예측이란 일정기간동안 판매될 상품의 수량 또는 금액을 추정하는 것이다. 수요예측이 시장성 분석에서 중요한 이유는 판매 또는 생산계획, 자금조달 및 운용계획이 예상매출액을 기반으로 수립되기 때문이다.

수요예측은 트렌드분석을 거쳐서 선정된 창업 아이템의 시장 규모가 얼마나 되는가를 추정하기 위한 분석이다. 즉, 시장규모와 시장의 경쟁자 현황을 파악해야 내가 과연 이 아이템으로 창업할 때 얼마만큼의 수익창출이 가능할지를 판단할 수 있기 때문이다.

이러한 수요예측 분석과정을 다음에 자세히 기술하기로 한다.

창업 아이템의 경우는 대부분 신제품이나 새로운 서비스인 경우가 많은데 신제품의 수요를 예측하는 일은 다음과 같은 한계를 가지고 있다(유동근·이용기, 1997).

첫째, 과거의 수요실적이 없기 때문에 시장의 범위, 제품의 용도 등을 예측자가 미리 설정해야 한다. 만약 예측자가 설정한 시장정의와 범위가 다르다면 신뢰할 만한 결과를 얻기 어렵다.

둘째, 제품의 효익이 수요자에게 충분히 이해되지 않는다면 예측상의 오차가 더욱 커질 수 있다. 따라서 예측에 앞서서 제품의 효익과 특성을 정확하게 수요자들에게 이해시켜야 한다.

셋째, 제품의 사양이 가변적이고 예측결과로부터 제품사양의 변경이 요구되는 경우가 많다. 특히 가격은 수요를 결정짓는 중요한 요소이며 가격을 변경함에 따라 수요의 크기가 어떻게 변할 것인가(수요의 가격 탄력성)도 함께 분석해야 한다.

넷째, 경쟁기업의 동향을 가정하기는 어렵지만 현실적으로 수요는 신제품을 시장에 도입한 후에 있을 다른 기업의 움직임에 따라 변동한다.

이상과 같이 신제품의 수요예측은 오차를 발생시키는 요인이 많다. 그러나 한 번에 많은 요인들을 예측에 포함시키는 일은 오히려 예측을 불안정하게 만들 수 있다. 따라서 신제품의 수요를 예측하는 데 있어서는 수요에 영향을 미치는 요인들을 주요한 것으로 묶어 단순화하는 일이 필수적이다.

1) 창업 아이템 수요의 영향요인

창업 아이템의 수요량 및 수요의 성장에 영향을 미치는 요인들은 다음과 같다.

① 제품요인

제품요인이란 창업 아이템 자체가 가지고 있는 특성으로서 다음과 같은 요인들을 포함하며, 기본적으로 수요를 결정하는 최대 요인이다.

- 기능, 성능
- 가격
- 용도
- 구매형태
- 규격
- 상표, 포장, 디자인
- 제품 이미지와 메이커의 이미지

② 공급요인

공급요인이란 수요자가 창업 아이템에 접촉할 기회를 갖는 정도에 영향을 미치는 요인이다.

- 생산량, 공급량, 공급지역
- 판매경로
- 유통점유율

③ 정보요인

정보요인이란 수요자가 창업 아이템 정보에 접촉할 기회를 가지는 정도에 영향을 미치는 요인이다.

- 광고
- 영업력
- 홍보
- 구전효과

④ 경쟁요인

경쟁요인이란 창업 아이템의 경쟁제품과 대체품이 어떠한 상태에 있는가를 결정짓는 요인이다.

- 경쟁제품(유무, 가격, 용도, 규격 등)
- 대체품(유무, 가격, 용도, 규격 등)
- 대체 및 경쟁제품의 보급상황

⑤ 소비자요인

소비자요인이란 창업 아이템을 소비하는 수요자 측의 특성요인이다.

- 소득
- 연령
- 직업
- 라이프스타일
- 생활시간
- 구매기업의 매출액, 이익, 투자의욕

⑥ 환경요인

이 밖에도 환경분석에 포함되는 요인들과 기타 요인들이 영향을 미친다.

- 인구통계적 요인
- 사회문화적 요인
- 경제적 요인
- 법적·정치적 요인
- 기술환경 요인

- 소비자 소비심리요인
- 유행
- 기후 등등

2) 창업 아이템의 수요예측 방법

창업 아이템의 수요를 예측하기 위해 사용할 수 있는 방법에는 다음과 같은 것들이 있다.

① 구매의향조사

구매의향조사는 설문조사를 근거로 한다. 즉, 설문지에 창업 아이템의 개요를 설명하고 그에 대하여 구매의향을 갖고 있는지 여부를 질문하여 구매의향을 갖고 있는 소비자의 비율을 파악하는 방법이다. 이때 구매의향을 갖고 있는 소비자 비율을 모집단의 크기에 곱함으로써 전체 수요를 예측하게 된다.

② 대체 및 유사제품으로부터 추정

적절한 유사제품과 대체제품을 상정할 수 있는 경우라면 그러한 제품을 근거로 하여 신제품의 수요를 예측할 수 있다. 이러한 대체/유사제품으로부터의 예측방법은 비용을 적게 들이면서도 신뢰성이 높은 예측결과를 산출해낼 수 있는데, 특히 설문지를 이용하여 잠재수요자 층의 대체 의향률을 파악하는 방법이 널리 이용되고 있다.

③ 테스트 마케팅

테스트 마케팅에 의한 예측방법이란 본격적인 판매에 들어가기

앞서서 시험시장을 설정하고 그 지역 내에서 실제로 판매해 보는 방법이다. 테스트 마케팅은 실젤 지역 내에서 촉진활동을 수행하고 가격전략과 경로전략까지 실시해 보는 형태로부터, 극히 제한된 지역 내에서 또는 소매점에서 소규모로 판매해 보는 형태에 이르기까지 다양하다. 또한 견본품을 배포하고 평가의견을 조사하려는 방법도 테스트 마케팅의 범주에 포함시킬 수 있다.

테스트 마케팅이란 문자 그대로 본래는 마케팅의 수단이지만 수요예측에서 효과적으로 활용할 수 있다. 이 방법에 있어서도 설문지를 이용하여 테스트 마케팅 실시 전후의 수요자 구매의향을 파악하는 일이 중요하다.

④ 인터뷰

인터뷰에 의한 수요예측 방법도 수요자의 의향을 직접적으로 확인하는 방법인데, 구매의향조사에 의한 방법과 다른 점은 직접 수요자를 면담하고 의향을 확인하는 것이다. 포커스그룹 인터뷰(FGI: Focus Group Interview)도 여기에 속한다.

이상에서 언급한 수요예측 기법들을 다음 <표 7-2>에 장단점을 비교해 놓았다. 새로운 제품이나 서비스의 수용은 인지→시용→반복구매의 단계를 거치게 된다. 소비자가 창업 아이템에 대해 알아야만 방문을 하든지 시용을 하든지 할 것이다. 다시 말해 소비자가 창업 아이템에 대한 인지를 해서, 그 아이템을 한번 구매를 하고 난 후에 그 아이템을 계속 사용할지 말지를 결정할 것이다. 다음 <표 7-2>에는 이러한 과정별로 각 수요예측의 장단점을 표시하고 있다.

구매의향조사는 총수요의 파악과 시용전의 평가를 파악할 수 있는 방법이다. 즉, 구매의향조사에서 소비자는 설문지에 제시된 문장과 사진만으로 제품을 파악해야 하기 때문에 시용 후의 평가와 반복구매에 대해서 정확히 응답할 수 없다는 단점이 있다.

대체 및 유사제품 추정방법은 대체 및 유사제품이 정확하게 정의되어 있다면 총수요와 인지상황을 파악할 수 있다. 단지 그 수요예측 결과는 일반적으로 총수요량이며 시용과 반복구매로 분리될 수 없는 경우가 많다.

테스트 마케팅은 가장 정확한 수요예측을 할 수 있는 방법이나 비용과 시간이 많이 든다는 어려움이 있다. 인터뷰는 구매의향조사와 기본적으로 같다. 그러나 인터뷰는 소비자 반응에 관한 상세한 정보를 수집할 수 있는 장점이 있는 반면에 인터뷰 대상수가 제한되기 때문에 총수요 모수 추정에는 적당하지 않다.

<표 6-2> 수요발생과정에 따른 수요예측방법의 비교

예측방법	총수요 모수	인지	사용 전 평가	사용	사용 후 평가	반복구매
구매의향조사	A	C	A	C	C	C
대체/유사제품 추정방법	A	A	C	B	C	B
테스트 마케팅	A	A	A	A	A	A
인터뷰	C	C	A	C	C	C

A=우수, B=보통, C=열등

2.2 기술타당성 분석

시장타당성 분석이 긍정적인 결과로 나타나게 되면 기술적 타당성 분석을 실행하게 된다. 기술적 타당성 분석은 시장타당성 분석

결과에서 기술적인 부분과 관련한 대안을 탐색하는 것으로써, 모든 기술적 사항이 건전한 것인가를 검토하는 것이다. 다시 말해 기술적 실현가능성 여부에 중점을 두고 검토하여야 한다. 상황분석을 통해 긍정적인 결과가 도출된 경우에는 원가추정을 하게 되고, 부정적인 결과일 경우에는 대안을 기각한다.

기술적인 부문에 대해서는 제품의 원가추정자료에 의거하여 생산일정, 생산공정, 기계장치나 설비의 구입 또는 임대, 원재료의 수송 등 상세한 기술적 타당성 분석을 실시해야 한다. 여기에서는 소요되는 인력(노동력 부문)과 투입되는 생산조직의 설계(자본요소 부문) 및 생산공간(장소) 등을 추정하여 기술적 타당성 분석을 실시한다.

또한 계획하고 있는 제품이나 용역의 생산 및 판매와 관련된 기술적 측면에 대한 전반적인 검토와 분석을 실시한다. 더불어 계획사업의 핵심기술에 대한 내용을 정확히 파악함은 물론 기술의 유용성, 독창성 및 사업의 성공 가능성 여부를 평가하는 것을 핵심과제로 삼고 있다.

(1) 기술적 타당성 분석대상

기술적 타당성의 분석대상은 크게 네 가지 요소로 나누어진다.

첫째, 계획 제품의 용도·품질·경쟁성 분석이다. 여기서 고려해야 할 항목은 제품의 용도 및 소비처, 제품의 기능, 물리적·화학적 특징, 품질 및 기술의 수준, 제품 및 기술의 경쟁성, 국내외 경쟁업체 현황, 기술의 장래성 등이 있다.

둘째, 입지조건과 환경 분석이다. 여기서 고려해야 할 항목은 세 가지 요소인데 자연적 입지요인, 경제적 입지요인, 사회적 입지요인이다.

셋째, 계획시설의 적정성 및 장래성 분석이다. 여기서는 주요계획 시설 및 계획시설의 적정성, 시설 상호 간의 효율성과 균형여부, 시설배치의 합리성, 계획시설의 장래성 등이 고려된다.

넷째, 생산 및 재고 분석이다. 여기서는 생산방식과 생산공정의 효율성, 생산능력 및 가동률 사정 등을 그 분석대상으로 한다.

(2) 기술적 타당성 분석의 범위와 내용

기술적 타당성 분석은 원재료의 수급부문분석, 생산 및 제조공정 부문분석, 제품의 사후관리부문에 대한 분석, 신제품개발부문에 대한 분석으로 구분되며, 구체적인 내용은 다음의 표와 같다.

<표 6-3> 기술적 타당성 분석의 범위와 내용

원재료의 수급 분석	−소요 노동력 −원재료의 특성 및 수급관계와 공급체계 확보 −원재료 조달 가능성
생산 및 제조 공정 분석	−제품의 용도 및 특성 −제조공정 −생산일정 및 공장규모 −생산기계 및 장비선정 −생산설비와 장비 −생산방법과 공장의 적합성 −생산지원에 대한 검토 −공장위치선정 및 레이아웃 −공장규모와 건설계획 −생산 능력 및 조업도 −공장입지의 적합성
제품의 사후관리 분석	−예상 불량률 및 개선 가능성 −기술 및 기능인력 확보 전망 −제품의 기술적 특성 −기존 제품에 대한 비교 우위성 −기업 경영에 필요한 기술적 능력
신제품 개발 분석	−시설소요자금의 검토 −신제품 개발능력

(3) 기술적 타당성 평가기관과 평가요소

기술의 타당성을 평가하는 기관은 발명진흥법에 의거하여 한국생산기술연구원의 연구관리과, 기술보증기금의 기술평가센터 등 총 17개 기관이 있다. 각 평가기관과 평가분야에 대한 세부적인 내용은 아래의 표와 같다.

기술적 타당성 평가기관에서 기술성을 평가할 때 활용하는 기준은 크게 4가지 항목이다. 이 기준에 따라 평가한 종합의견을 내고 평가결과 판정은 우수, 보통, 불량의 셋 중 하나를 선택하여야 한다.

<표 6-4> 기술적 타당성 평가기준과 내용

항목	내용
기술성의 수준	기존제품 또는 특정규격 등과 비교한 기술의 수준 평가
기술의 활용성	기존기술 또는 기존제품과 비교한 활용도 평가
기술의 파급성	기술적용 범위 및 응용성에 대한 평가
제품생산 가능성	국내 기술적 여건에 의한 제조 가능성 평가

(4) 점포입지 분석

점포창업의 경우는 공장입지의 적합성분석 대신 점포의 입지선정 및 상권분석이 추가된다. 입지 선정과 상권분석은 상품성과 시장성에 적합하다고 예상되는 아이템의 예정입지에 대한 조사와 사업의 타당성을 검토하는 과정으로써 다음과 같이 사업장의 위치를 선정한다.

　가. 입지분석: 지역선정, 지구선정, 지점선정
　나. 상권분석: 인구통계조사, 구매현황조사, 상권 영향도 분석

다. 점포선정: 교통/도로조사, 경쟁점포조사, 유동인구 조사, 접근
　　용이성 조사, 가시성 조사

라. 점포계획: 점포계획은 예상되는 입지에서 점포장소와 관련되
　　는 각종 시설 및 인원계획을 수립하여
　　점포에 투자되는 비용을 산출하는 과정이다.

① 외관－점포 면적, 상품 구성, 외부 장식, 간판, 입구 및 도어,
　　진열창, 주차장

② 내부－조명, 바닥 및 벽, 집기와 비품, 내부 디스플레이, 분위
　　기 창출용 보조품

③ 인력－종업원(장기, 수시)

2.3 경제타당성 분석

기술타당성 분석에서 그 타당성이 인정되면 경제타당성 분석을
하게 된다. 경제타당성 분석은 종합적인 경제성을 평가하는 활동으
로, 총비용 및 소요자금추정, 추정손익계산서 대차대조표작성, 현금
흐름표 분석을 포함한다. 즉, 시장타당성 분석과 기술타당성 분석을
통하여 획득한 정보 및 자료를 종합하여 필요한 자본의 규모를 결정
하고 투자안의 현금흐름을 추정하는 활동을 말한다.

경제타당성 분석의 절차는 먼저 총비용 및 원가를 추정하여야 하
고, 그다음 최근 3년 내지 5년간의 추정 손익계산서와 추정 대차대
조표를 작성해야 한다. 그리고 현금흐름을 파악하기 위하여 추정현
금흐름표가 작성되면 경제성분석을 실시하여야 한다. 단, 매출액이
나 매출원가의 추정은 중요한 부분이므로 손익계산서 작성 시 객관

적이고 신뢰할 수 있는 통계자료를 제시하여야 한다. 경제타당성 분석에서 경제성이 인정되면 미래의 재무상태를 분석하고 투자운영부문의 평가를 실시한다. 경제타당성 평가에서 긍정적인 결과가 도출되면 사업계획서 작성을 준비한다.

경제타당성 분석범위는 투자수익 및 매출액에 관한 추정분석, 투자비용 및 원가부문에 관한 분석, 손익분기점에 관한 분석, 재무적 타당성에 관한 분석 등으로 구분할 수 있으며 구체적인 내용은 다음의 표와 같다.

<표 6-5> 경제타당성 분석의 범위와 내용

범위	내용
매출 및 비용분석	− 판매계획과 비용계획에 따른 예상매출과 예상수익추정 − 원가 및 비용추정 ・원부자재 조달에 관련된 자료를 근거로 한 원부자재 소요 검토 ・노무비 수준 및 소요인원을 기초로 한 노무비 및 인건비 검토 ・투자시설에 대한 감가상각비 ・제조활동에 필요한 유틸리티 및 연구개발비 등을 근거로 한 제조경비 ・판촉활동과 관련된 판매비 및 일반관리비 ・원리금상환 및 기술료 지급 등이 포함된 영업비용 명세 ・주문량 및 재고량 등에 기초한 제조원가
손익분기점 분석	− 운영자금 흐름을 파악하기 위한 현금흐름표 − 손익분기점 분석 − 추정 재무제표의 작성 − 재무상태 및 경영성과 분석
재무적 타당성 분석	− 자금수지 분석 − 할인율의 추정 − 순현가법, 회수기간법에 의한 투자수익비용의 분석

제7장
사업계획서

제1절 사업계획서의 개념, 필요성 및 용도

1.1 사업계획서의 개념

사업을 개시하기 전에 하고자 하는 사업의 내용, 사업에 필요한 소요자금, 경영방식, 수익성, 사업추진일정 등을 일목요연하게 표현하는 것을 사업계획이라 말한다. 사업계획서는 이러한 계획을 기록한 서류로 기업 성공에 영향을 미치는 기업가의 경영전략에 대한 내용을 집약한 것이라 할 수 있다. 이러한 사업계획서는 사업을 시작하는 데 있어서 필수적인 것으로써 계획 중인 사업의 사업성을 평가하는 종합적인 판단자료이며, 향후 기업경영의 방향을 제시해주는 이정표 역할을 한다.

투자자들은 사업계획서를 통해 회사에 대한 첫인상을 평가하기 때문에 사업계획서에는 사업의 목적이나 목표가 분명히 명시되어야 하고, 이러한 내용이 독자에게 정확히 전달될 필요가 있다. 또한 독자가 산업이나 기술에 전문적인 지식을 가지고 있지 않다는 전제하에 창업자의 주장을 뒷받침할 수 있는 논거가 포함되어 있어야 한다. 한편 내용뿐만 아니라 형식에도 신경을 쓸 필요가 있다. 보기 좋고 적절한 길이, 간단명료한 설명, 정확한 문법과 철자는 필수적이다.

사업계획서를 작성하는 이유는 두 가지이다. 첫째, 사업계획서의 작성을 통해 창업자가 자신이 하고자 하는 사업을 완벽하게 이해하고, 그에 따라 실천계획을 세워본다는 데 그 의의가 있다. 둘째, 자금조달을 목적으로 투자자들을 설득하기 위함이다. 이러한 경우 재무계획에 있어 단지 수치만 제시하는 것이 아니라 그들이 납득할 만한 재무계획을 제시할 필요가 있다.

1.2 사업계획서 작성의 중요성

(1) 계획사업의 청사진 제시

창업에 앞서 사업계획서를 작성하는 것은 계획사업을 실제로 시작하기 전에 계획사업의 전반적인 사항을 조명해 보는 중요한 과정이다. 즉, 계획사업의 내용과 특성, 계획사업시장의 구조적 특성 및 소비자의 특성, 시장 확보 가능성과 마케팅 전략, 생산시설의 입지조건, 생산계획 및 향후 수익전망, 투자의 경제성, 계획사업에 대한 소요자금규모 및 조달계획, 차입금의 상환계획, 조직 및 인력계획 등 창업에 관련되는 모든 사항을 객관적이고 체계적으로 작성해 보는 중요한 절차라고 할 수 있다.

(2) 사업성공의 지침서

창업자는 사업계획서를 바탕으로 계획사업의 타당성 검토를 할
수 있으며, 이를 통해 사업 성공의 가능성을 높일 수 있다. 사업계획
서를 통한 계획적인 창업은 창업에 필요한 기간을 단축시켜 준다.
또한 창업에 도움을 줄 제3자, 즉 동업자, 출자자, 금융기관, 매입처,
매출처, 더 나아가 일반고객에 이르기까지 투자 및 구매에 대한 관
심유도와 설득자료로 활용도가 매우 높다.

(3) 창업지원 기본신청서류

사업계획서의 중요성과 수요는 꾸준히 증가하고 있다. 특히 정부
의 각종 지원을 받기 위해서 사업계획서의 제출이 필요한 경우도 있
다. 산업단지나 농공단지 등 정부에서 조성한 단지 내에서 공장설립
허가를 신청하는 경우, 공업단지 내에 입주신청을 하는 경우, 그리
고 정부의 창업지원자금을 신청하는 경우에 사업계획서는 필수적인
기본신청 서류이다.

1.3 사업계획서의 용도

(1) 대내적 용도

대내적 용도의 사업계획서란 자체검토용 사업계획서로 엄격한 형
식을 요구하지 않기 때문에 상황에 맞게 수정하여 작성, 이용하면
된다. 대내적 용도의 사업계획서는 마치 항해중의 나침반과 같은 역
할을 한다. 따라서 창업자들은 이를 통해 달성해야 할 목표와 수행
해야 할 업무를 미리·파악할 수 있고 불확실하고 위험한 요소에 대

한 준비를 할 수 있다. 대부분의 창업자들이 이와 같은 자체검토용 사업계획서의 필요성을 인지하고 있으나 대체로 복잡하고 전문적인 것으로 생각하여 아예 사업계획서를 작성하려고 하지 않는 경우가 많다. 만약 구체적인 사업계획 수립이 어렵다면 생각나는 대로 간단히 메모라도 해보는 것이 좋다.

(2) 대외적 용도

자체검토용 외에 대외적 용도로 쓰이는 사업계획서가 있다. 이는 외부자금조달과 신용확보를 위해 작성되는 것으로 중소기업청 및 소상공인지원센터 등 공공기관의 자금조달을 희망하는 창업자가 작성하는 사업계획서가 여기에 해당된다. 대외적 용도를 위한 사업계획서는 사업의 성공가능성을 증명해야 하기 때문에 신중을 기해 작성해야 한다. 수치로 제시되는 재무계획의 경우 현실적인 수치가 제공될 필요가 있다. 따라서 재무계획부문에서는 총사업투자비, 추정매출액, 손익분기점, 투자수익률 등을 정확히 작성해야 한다.

제2절 사업계획 작성준비

2.1 사업계획 수립 시 결정내용

(1) 사업규모의 결정

창업자는 자신이 충분히 감당할 수 있는 규모로 사업을 진행해야 한다. 즉, 자기자금의 1/2 규모 정도로 사업을 시작한다면 예상치 않은 자금수요 등에 대처할 수 있을 것이다.

또한 사업규모는 주변환경에 맞추어야 한다. 예를 들면, 편의점 같은 소매업의 경우 점포입지가 결정적 요소이기 때문에 빚을 얻어 좋은 입지를 확보한 창업자는 빚을 다 갚고 돈을 버는 데 반하여, 자기자금만 갖고 나쁜 점포입지를 확보하여 사업을 시작한 창업자는 영업부진으로 실패하는 사례가 빈번하다.

1) 사업규모의 결정요소

· 기업적 요소: 같은 업종의 기존회사보다 우월한 시설과 인력확보
· 경영자적 요소: 차별성 있는 경영비법을 통한 경영

2) 사업규모 결정 시 고려사항

첫째, 창업자의 자금조달 능력을 고려해야 한다. 현명한 창업자는 사업규모를 자기자금 조달능력의 1/2 규모로 축소하여 예상치 못한 상황에 대처한다.

둘째, 업종에 따른 사업규모와 동종 업종의 평균자본규모에 대한 파악이 필요하다. 창업과 관련된 사업분야는 산업분류표상 크게 나누어 제조업, 광업, 건설, 운수, 창고, 통신업, 도·소매업, 서비스업으로 분류된다. 이들 업종 가운데 일반적으로 제조업이 가장 큰 사업규모를 요구하고 있으며, 소매업과 서비스업은 적은 규모로도 사업을 시작할 수 있다. 무엇보다도 사업규모 결정 시 경쟁회사에 대한 정확한 분석이 필수적이다.

셋째, 취급하고자 하는 제품을 고려하여 결정하여야 한다. 제조업의 경우 많은 시설투자가 필요한 대형 설비산업과 좁은 공간에 기계

몇 대만 설치하고서도 운영이 가능한 소규모 설비산업이 있기 때문에 이러한 점을 사전에 고려할 필요가 있다.

(2) 창업멤버와 조직구성

기업을 운영하는 주체는 사람이다. 이러한 이유로 기업 내 인적자원의 구성방법에 따라 기업의 이익 창출효과는 크게 달라진다. 창업멤버를 구성할 때 우선적으로 고려해야 할 사항은 다음과 같다.

첫째, 창업멤버와 회사조직을 간편하게 구성하는 것이 유리하다. 작은 규모의 조직일수록 비용부담이 적고 의사결정도 신속히 이루어질 수 있다.

둘째, 업종에 맞는 조직을 구성할 필요가 있다. 창업회사의 조직은 일반적인 회사조직을 기준으로 편성하면서 동시에 해당 업종에 어울리는 특색 있는 조직일수록 유리하다.

셋째, 동업을 할 경우 상호조건을 분명히 명시하여야 한다. 가급적이면 동업을 피하는 것이 좋지만 동업이 꼭 필요한 경우에는 상호조건을 정확히 제시하여 합의가 된 후에 조직을 구성해야 한다.

(3) 기업형태의 결정

회사형태를 개인 기업으로 할 것이냐, 법인기업으로 할 것이냐의 선택은 생각보다 어렵지 않다. 회사형태는 단지 창업자 개인의 취향 문제라고 할 수 있다. 회사의 외형이 커지면 소득세 부담도 커지기 때문에 법인으로 전환하는 경우가 많다. 벤처기업을 창업할 경우에는 주식회사로 시작하는 것이 유리하다. 이때는 세금, 자금조달, 향후 영속성 등을 종합적으로 고려하여 결정하여야 한다.

(4) 사업계획수립의 절차

1) 사업계획서 작성목적 및 기본방향 설정

사업계획서 작성의 첫 번째 절차는 사업계획서의 작성목적에 따라 기본방향을 설정하는 일이다. 사업계획서 작성의 목적은 크게 3가지이다. 사업타당성 여부 검증을 포함해서 창업자 자신의 창업계획을 구체화하기 위함, 자금조달을 위함, 공장설립 및 인허가 등을 위함이 그것이다. 이러한 목적에 따라 사업계획서에는 기본목표와 방향이 제시되어야 한다. 또한 정해진 기본목표와 방향에 따라 사업계획서의 작성방법도 달라져야 한다.

2) 소정양식 검토

사업계획서 작성의 두 번째 절차는 사업계획서 작성목적 및 제출기관에 따라 소정양식이 있는지를 미리 알아보는 것이다. 구체적으로 어느 단지에 공장을 설치하거나 입주하는지, 또는 어떤 정책자금을 조달할 것인지에 따라 각각 요구하는 사업계획서의 소정양식이 다를 수 있으므로 확인이 필요하다.

3) 일정기한 내 작성

세 번째는 사업계획서 작성을 위한 일정계획을 수립하는 과정이다. 대부분의 사업계획서는 사업 계획 추진일정상 일정기한 안에 작성될 필요가 있다. 자금조달을 위한 경우이든, 공장입지를 위한 경우이든, 관련기관에 제출하기 위해서는 정해진 기간 내에 작성해야 한다.

4) 필요자료 및 서류의 준비

네 번째 절차는 사업계획서 작성에 직접 필요한 자료와 첨부서류 등을 준비하는 일이다. 만약 앞에서 제시한 세 가지 기본절차를 거치지 않고 자료수집부터 할 경우 내용이 불충분해지거나 불필요한 자료수집에 시간을 낭비할 가능성이 있다.

5) 사업계획서 작성형태의 구상

다섯 번째 절차는 작성해야 할 사업계획서의 양식을 구성하는 일이다. 특정기관의 소정양식이 있는 경우에는 그 양식에 의거하여 작성하면 별 문제가 없지만, 특정양식이 없는 경우에는 미리 작성해야 할 사업계획서의 양식을 구상할 필요가 있다.

6) 작성요령 숙지

여섯 번째 절차는 사업계획서를 작성하는 일이다. 제출기관에 따라 사업계획서 작성방법을 간단히 설명하고 있는 경우도 있지만, 그것만으로 충분하지 못하기 때문에 사업계획서 작성자는 사업계획서 작성요령을 미리 숙지할 필요가 있다.

7) 목적에 따른 편집, 재구성 및 제출

마지막 절차는 편집, 재구성 및 제출이다. 사업계획서는 내용도 중요하지만 그 내용을 포괄하고 있는 표지 등 편집도 대단히 중요하다. 정성을 다하고, 모양을 새롭게 하여 제출기관에게 좋은 인상을 줄 수 있도록 마지막 부분까지 최선을 다해야 한다.

2.2 사업계획서 작성원칙

사업계획서는 계획사업의 종합적인 결론으로서 설득력 있는 내용을 바탕으로 간결하고 명료하게 작성해야 한다. 사업계획서를 작성할 때 유의해야 할 사항은 다음과 같다.

첫째, 자신감을 가지고 작성해야 한다.

둘째, 객관성을 유지해야 한다.

셋째, 사업의 핵심내용을 부각시켜야 한다.

넷째, 전문용어 사용은 피해야 한다.

다섯째, 실현 가능성을 토대로 작성해야 한다.

여섯째, 향후 발생 가능한 문제점과 그에 대한 해결책을 제시해야 한다.

『The Silicon Valley Way』라는 책에 따르면 명확한 사업기회를 제시하는 효과적인 사업계획서를 작성하기 위해서는 다음의 7가지 질문에 대한 해답을 한 문장으로 표현할 수 있어야 한다.

첫째, 당신의 제품은 무엇인가?

둘째, 누가 고객인가?

셋째, 누가 이것을 팔 것인가? (유통채널)

넷째, 실제로 얼마나 많은 사람들이 이 제품을 살 것인가?

다섯째, 이 제품을 설계·생산하는 데 얼마의 자본이 필요하며, 그것을 어떻게 확보할 것인가?

여섯째, 제품의 가격은 얼마로 할 것인가?

일곱째, 언제 손익분기점에 도달할 수 있을 것인가? 바로 당신의 제품(혹은 서비스)이 어떤 고객층을 목표시장으로 해서 어떻게 나아갈 것인가를 명확히 규정해야 한다.

(1) 구체성

사업계획서를 작성할 때는 읽는 사람이 누구든지 창업자가 하고
자 하는 사업의 내용을 알 수 있도록 구체적으로 작성해야 한다. 이
를 위해 창업하고자 하는 사업의 아이템과 경영진, 적정 상권과 입
지계획, 인력수급계획, 설비투자계획, 생산계획, 판매계획, 조직운영
계획, 자금조달계획, 사업추진일정, 이익계획 등을 빠짐없이 기술해
야 한다.

사업계획서가 구체적이기 위해서는 먼저 기존에 나와 있는 정보
를 충분히 수집하여 제시하는 것이 중요하다. 기존 업계의 시장점유
율이나 판세, 선행기술 수준, 경영진의 프로필, 창업자금의 동원능력
등을 구체적으로 제시하는 것이다. 특히 수치나 그래프로 보여줄 수
있다면 신뢰감을 높일 수 있다.

(2) 객관성·현실성 원칙

사업계획서는 객관성과 현실성을 바탕으로 작성되어야 한다. 사
업계획서가 지나치게 교과서적이거나 비현실적일 경우 설득력이 떨
어질 수 있기 때문이다. 일단 사업이 시작되면 사업계획서대로 운영
해도 문제가 없을 정도로 현실에 맞게 작성되어야 한다. 또한 머릿
속에서 구상되어 있는 사업계획이 아무리 뛰어나더라도 지면으로
작성하다 보면 새로운 문제점이 발견하는 경우가 많다. 그러므로 창
업자는 이러한 문제점을 전문가와 상의하여 수정·보완할 필요가
있다.

흔히 창업자가 범하는 실수 중의 하나가 지나치게 사업적 성공을 낙관하는 것이다. 이러한 실수를 하지 않기 위해서는 공공기관 또는 전문기관의 증빙자료를 정확히 명시하고 실사에 의한 시장수요조사를 바탕으로 사업내용을 객관성 있게 작성해야 한다.

(3) 설득력 있는 내용

사업계획서가 설득력 있는 내용으로 쓰일 때 창업자 자신이 계획한 창업 아이디어를 제3자에게 납득시키기가 용이하다.

(4) 평이한 내용의 설명

제품 및 제품의 특징에 대한 내용을 기술할 때 가급적 전문적인 용어의 사용을 피하고 단순하고 상식적인 수준의 내용으로 설명하여야 한다. 관련사업, 관련업종의 내용부터 제시한 후 해당제품을 설명하고, 제품 생산공정을 구체적으로 설명할 필요가 있다. 또한 제품 및 기술성 분석의 근거자료로써 공공기관의 기술타당성 검토보고서와 특허증사본 등 관련 증빙서류를 첨부함으로써 신뢰성을 높여 주는 것이 좋다.

(5) 신뢰성 있는 자금조달 및 운용계획

자금조달과 자금운영계획은 정확하고 실현가능성이 있어야 한다. 창업자 자신이 조달 가능한 자기자본이 구체적으로 얼마이며, 부동산담보 등에 의한 조달액이 어느 정도 되는지를 표시해야 한다. 마지막으로 제3자로부터의 조달계획을 구체적으로 표시하여 창업자의 자금조달능력을 신뢰하게 할 필요가 있다.

(6) 문제점 및 위험요인의 심층 분석

사업계획서를 작성할 때에는 계획사업에 잠재되어 있는 문제점과 향후 발생 가능한 위험요소를 심층 분석하고, 예상치 못한 사정으로 인해 창업이 지연되거나 불가능하게 되지 않도록 다각도로 점검을 하여야 한다. 따라서 사업계획서를 하나만 작성하기보다는 다양한 상황을 예측하여 사업운영 시 생길 수 있는 위험요소에 대한 해결방안을 제시하는 것이 좋다.

제3절 사업계획서 수립

사업계획서의 내용과 구체성의 정도는 사업의 규모나 사업계획서의 용도에 따라 다르다. 공통적으로 표지와 요약문으로 구성되며 다음 내용이 포함되도록 작성해야 한다.

창업자의 사업 개념을 다듬고, 투자자가 주안점을 잘 파악하기 위해서는 40쪽 내외의 사업계획서가 적당하다. 세부적인 정보는 부록으로 편집하여 별도로 제작할 수 있다. 표지에는 회사명, 주소, 연락처, 작성 일자 등의 정보를 기록한다. 이러한 정보가 빠지면 사업계획에 대한 추가적인 질문이 생겼을 경우 투자자가 사후 연락을 하기 힘들다. 다음 쪽에는 제목을 쓰고 발행 부수를 명시한다. 특히 총 발행부수가 20부를 넘지 않을 때 투자자들은 신선한 사업 계획이라고 느끼게 된다.

3.1 사업계획서 내용

(1) 사업계획서 내용

사업계획서의 본문에는 일반적으로 요약, 회사, 제품 및 서비스, 시장, 경쟁상황, 영업 및 마케팅, 운영, 재무, 부록 등의 내용이 수록된다. 여기서는 자세하고 포괄적인 사업계획서의 가이드라인을 통해 창업자가 실제로 사업계획서를 작성하고자 할 때 제시해야 하는 주요 사항들이 무엇인지를 소개하고자 한다.

1) 요약

사업계획서의 요약(executive summary) 부분에서는 전체 내용을 기술한 뒤 핵심적 사항과 수치 등을 한 두 문단으로 작성한다. 즉, 회사의 현황과 경영진, 제품·서비스 및 사용자의 효익, 시장과 경쟁 상황, 재무 예측, 필요 자금의 액수의 운용방안, 그리고 투자자의 예상 수익 등을 2쪽 이내로 기술한다. 이 부분은 투자자들이 여러 사업계획을 스크리닝할 때 가장 처음 보는 부분이므로 매우 중요하다. 이 요약 부분 뒤에 다음의 내용들을 보기 좋게 구성하고 쪽 번호를 붙인다.

① 사업 개념과 사업체 기술

회사의 제품과 목표 고객의 효익 및 회사 연혁을 기술한다.

② 기회와 전략

사업 기회의 특징과 업계의 문제, 그리고 장단기 성장 전략을 기술한다.

③ 목표 시장과 예측

공략 대상이 되는 틈새시장의 특징과 발전 추세를 기술한다. 또한 제품의 혁신성, 가격, 고객의 투자 환수 기간 등을 설명한다.

④ 경쟁 우위

창업 기업의 두드러진 경쟁 우위, 제품의 혁신성, 그리고 경쟁업체의 약점 등 산업특성을 기술한다.

⑤ 경제성, 수익성 및 수확 잠재성

손익분기점, 흑자 현금흐름기간, 사업운영 주기 등을 기술한다.

⑥ 경영진

창업자와 경영진의 경력, 경험, 기술 및 경영 역량 등을 기술한다.

⑦ 투자 제안

필요한 지분 투자액 또는 융자 액수와 수익률 등 투·융자 조건을 명시한다.

2) 일반사항 및 대표자 소개

회사 소개 부분에서는 회사의 사업 개념을 소개하고 진입하려는 시장, 제품/서비스, 고객 등을 설명한다. 아울러 회사의 연혁, 목적, 경영진 등이 다루어진다. 구체적으로 회사의 조직 및 인력구성방안, 역할과 책임, 창업자의 개략적 경력, 회사의 생성 과정 및 현황(종업원, 매출, 순익, 제품, 설비 등), 그리고 사업 전략 등을 기술한다. 현재까지의 개발된 제품 현황, 애로 사항, 성과 등을 기술한다.

3) 사업계획

사업의 내용, 목적, 동기, 파급효과 등 사업개요를 기술한다. 제품에 대해서는 보다 구체적인 수준에서 제품이 충족할 시장의 욕구를 경쟁사의 제품과 대비하여 기술한다. 이미 제품이 개발되어 시판되고 있다면 용도, 결과, 소비자의 소감 등을 설명할 필요가 있다.

또한 사용 고객에 대한 가치를 강조하고, 기업 고객의 경우 제품 사용을 통한 원가 절감, 생산성 향상 등의 가능성을 제시한다. 현재 제품의 개발 단계를 설명하고, 경쟁 제품과 비교했을 때 성능의 우위를 보여준다면 좋은 인상을 줄 수 있다. 동시에 제품 라인의 확대 가능성과 관련 제품으로의 발전 가능성을 제시한다. 아직 제품이 완성되지 않았다면 제조방법 및 계획이나 특허권, 고유 기술 등을 기술해야 한다.

많은 사업계획서의 경우 시장 부분을 체계적으로 기술하지 못한다. 실제로 투자자들은 창업자가 목표 시장에 대해 이해하는 정도와 지식 수준에 대한 구체적인 증거와 자료를 원한다. 따라서 사업기회와 경쟁우위를 어떻게 살려서 제품을 시장에 소개할 것인지를 설명할 필요가 있다. 시장 부분에서는 목표 시장의 크기, 성장률과 구매특성, 창업자가 시장을 보는 시각, 회사가 예상하는 시장의 반응, 향후 5년간의 기대되는 성장규모 및 성장 전략을 제시하고 그 이후의 성장 가능성과 예측에 대해 기술해야 한다. 또한 이 부분에서는 계획사업의 수익성과 지속성 등 사업의 경제적 매력도를 평가한다. 이를 위해 사업의 운영 및 현금 흐름 주기와 손익 분기점 달성 기간 등을 기술한다.

① 총마진 및 영업마진

판매가와 변동비의 차액, 그리고 틈새시장별 영업이익을 기술한다.

② 순익 잠재성과 지속성

이윤 흐름의 규모와 지속성을 평가하고, 경쟁 업체에 대한 진입장벽과 기술적 우위의 시간적 간격을 기술한다.

③ 고정비, 변동비 및 준변동비

판매 규모와 구매 규모에 따라 고정비, 변동비, 준변동비 등의 액수와 총 원가에 대한 비율을 계산하고, 산업 평균과 비교한다.

④ 손익분기 달성기간

계획된 경영전략에 따른 분기점 달성 기간을 개월 수로 평가하고, 기업의 성장과 생산 용량 증가에 따라 그 변화를 예측한다.

⑤ 흑자 현금흐름 달성기간

흑자 현금흐름 달성기간을 개월 수로 평가하고, 적자 현금 흐름이 발생할 가능성을 기술한다. 회사 성장에 따른 현금 흐름의 변화도 예측한다.

4) **판매계획**

이 부분에는 제품을 어떻게 판매할 것인가에 대한 내용이 기술되어야 한다. 이를 위해 목표 고객을 파악하는 방법, 광고 및 판매 촉진 방안, 유통경로, 그리고 제품 출시 방안 등을 기술한다. 즉, 시장

현황, 수요예측, 판매전략(가격, 경로, 대금회수), 마케팅 전략, 연도별 판매계획 등을 설명해야 한다.

판매계획은 사실 사업계획서 중 가장 먼저 준비되어야 하는 내용이며, 작성하기 어렵지만 중요한 부분이기 때문에 내용을 충실히 하기 위해 많은 노력을 해야 한다. 시장조사 결과 나오는 시장과 매출액의 적정 규모를 판단함으로써 생산규모, 마케팅 계획, 투·융자규모 등을 결정할 수 있다.

① 고객

제품 및 서비스를 구매할 고객층을 파악하고 계층별, 지역별로 고객의 특징을 기술한다. 이미 확보된 고객이나 주문, 구매 계약 등이 있을 경우 이를 반드시 강조해야 한다.

② 시장규모와 추세

현재 예상되는 시장의 규모와 확보 가능한 시장점유율을 기술한다. 향후 최소 3년간의 계층별, 지역별, 국가별 시장규모와 제품의 판매규모, 수익성, 성장률을 추정한다.

③ 경쟁상황 및 경쟁우위

경쟁업체의 장·단점을 현실적으로 평가한다. 경쟁 또는 대체 제품의 특징을 시장점유율, 품질, 가격, 성능, 서비스 면에서 비교한다. 3~4개의 주요 경쟁 업체의 경쟁우위와 고객층을 기술하고, 공략하기가 얼마나 용이한지를 평가한다.

④ 추정 시장점유율과 매출액

향후 3년간 확보할 수 있는 시장의 규모와 점유율을 수량과 금액 면에서 평가한다. 산업 전체의 성장률에 대한 평가와 더불어 점유율 추정에 사용된 가정을 명시한다.

⑤ 시장의 지속적 평가 방안

고객욕구의 변화와 목표시장의 발전에 대한 평가를 통해 어떻게 제품을 지속적으로 개선할 것인지에 대한 내용을 제시한다.

5) 마케팅 계획

마케팅 계획 부분에서는 예측된 판매 수준을 구체적으로 어떻게 달성할 것인가를 기술한다. 판매 정책, 가격 책정, 유통, 판촉, 광고 및 판매 예측 등을 포함하여 전반적인 마케팅 전략을 제시한다.

① 전반적 마케팅 전략

회사의 마케팅 철학과 전략을 구체적으로 기술한다. 동시에 공략 대상 고객층과 이미 확보된 고객을 제시한다. 고객에게 어필할 수 있는 제품의 혁신성, 새로운 마케팅 개념 등을 소개한다. 또한 국내 및 해외시장에 대해 기술한다.

② 가격 책정

제품 및 서비스에 대한 가격 정책을 제시하고, 경쟁사와 비교한 다. 고객이 제품이나 서비스의 경제적 가치를 통해 구매가격을 어느 기간 내에 회수할 수 있는가를 제시한다.

③ 영업방안

영업망, 영업사원, 대리점, 우편 판매, 유통 업체 등 각종 영업방안과 판매 인센티브를 제시한다. 월별로 유통 경로 구축의 진척 정도와 유통 경로별 판매 규모를 예측한다.

④ 서비스 및 보증 정책

제품의 사후 서비스, 보증, 고객 훈련 등에 대한 내용을 기술하고, 구체적으로 회사 영업 사원이나 유통업체 중 누가 그러한 서비스를 제공할 것인가를 제시한다. 동시에 이러한 서비스의 수준을 주요 경쟁사와 비교한다.

⑤ 광고 및 판촉

제품을 소개하고 홍보하기 위한 광고 및 판촉 활동의 각종 방안과 일정 및 비용을 기술한다.

⑥ 유통

활용할 유통경로를 제시하고, 운송비의 비중 등 주요 사안을 구체적으로 기술한다. 국제거래의 경우 유통, 선적, 보험, 결제 등의 방법을 설명한다.

6) 생산 및 서비스 계획

이 부분에서는 제품을 출시하기 전에 수행해야 할 설계 및 개발 작업, 그에 소모되는 시간과 자금, 제품의 생산 방법, 또는 서비스의 운영 방법 등을 다룬다. 구체적으로 설비 투자 방법, 하도급 방안,

운송 방법 등을 논의한다. 즉, 원·부자재 사용 및 조달 계획, 생산 및 서비스에 필요한 시설이나 설비의 투자계획을 기술한다.

① 개발 현황 및 과제

현재까지의 제품 개발 현황을 기술하고, 회사의 개발역량을 평가한다. 개발이나 시험에 참여하는 고객의 평가 결과를 제시한다.

② 애로 사항 및 위험

개발 과정에서 예상되는 문제를 파악하고, 그것이 개발시간 및 원가에 미치는 영향을 평가한다.

③ 제품 개선 및 신제품

초기 제품의 문제점을 개선하고, 신제품을 개발하기 위한 계획을 상세하게 설명한다.

④ 원가

제품 개발에 들어가는 인건비, 재료비, 자문료 등을 예상한다. 또한 이 예상이 빗나감에 따라 기대현금흐름이 어떻게 변화할지에 대해 평가한다.

⑤ 재산권 사항

특허권, 저작권, 상표권, 계약상의 권리, 지적재산권 등기 취득한 또는 취득 예정인 재산권을 기술한다.

7) **투자계획**

입지(점포·공장·사무실) 및 시설마련계획(임차·매입·신축 등)을 구체적으로 기술한다. 공장 위치, 설비 투자, 기술 인력 수요, 재고 관리, 품질 관리 등 생산 활동과 관련된 사항을 기술한다.

① 운영 주기

생산 및 운영 활동상의 주기, 리드 타임 등을 기술하고 계절적 수요 변동에 따라 생산 부하를 조절하는 재고 관리, 임시직 고용방안 등을 설명한다.

② 지리적 위치

사업체와 공장의 위치를 인력 및 원자재 수급, 동력 공급 및 유통망 확보 등의 관점에서 평가한다.

③ 설비 및 개선

사업 운영을 위한 공장, 사무실 등의 시설 및 설비를 기술한다. 신규 투자를 요구하는 시설 및 설비를 제시한다. 또한 향후 판매 증대 등에 의해 요구되는 시설 및 설비의 확장에 대해 평가한다.

④ 전략과 계획

전반적인 제조 공정을 기술한다. 외주에 의해 조달할 부품과 하도급 업체를 설명한다. 판매 수준에 따른 생산 계획을 제시하고 원가와 생산량의 관계 업체를 설명한다. 품질 관리와 재고 관리 등의 방안을 기술한다.

⑤ 규제 및 법적 사항

제품 생산과 관련된 법적 규제에 부응하고 의무사항을 수행할 방안을 기술한다.

8) 조직 및 인원계획

부문별, 직위별, 인원계획과 인건비 계획 등 기술하는 한편 사업을 운영할 경영진의 역량과 역할 분담, 주주 및 이사진의 구성, 조직도를 설명한다. 경영진의 사업적, 기술적 경험과 역량의 적절한 조화를 제시할 필요가 있다.

① 조직

경영진의 구성과 역량을 제시하고 담당 부서를 조직도로 표시한다. 경영진의 상호 보완성과 협력성을 평가한다.

② 핵심 경영인사

최고 경영진의 경력, 기술, 경험, 성과 등을 기술하고 그것이 어떻게 계획사업 추진에 도움이 되는지 설명한다.

③ 경영진 보상 및 지분

경영진의 급료 수준, 스톡옵션 및 지분 투자의 비중을 기술한다.

④ 기타 투자자

회사에 대한 기타 투자자의 지분과 주식 취득 경위를 설명한다.

⑤ 종업원, 기타 협의 사항 및 스톡옵션과 보너스 방안

종업원 유치를 위한 인센티브, 스톡옵션 및 보너스 방안과 주요 고용 계약 등을 설명한다.

⑥ 이사진

이사진의 구성 방침과 각 이사의 주요 능력을 설명한다.

⑦ 기타 주주 및 권한과 제한 사항

위에서 언급되지 않은 주주와 그들의 권한 및 보증 관계 등을 추가로 언급한다.

⑧ 전문 자문역과 지원 서비스

법률, 회계, 광고 등의 자문 기관과 자문 내역을 기술한다.

9) **자금계획**

필요 자금의 규모와 자금 조달 방안, 보증 및 담보계획, 차입금 상환계획, 투자자의 기대 수익률, 자금의 운용 방안 등을 기술한다.

① 자금 조달 사항

제품 개발 등 사업 추진에 필요한 자금을 향후 3년간 어떻게 조달할 것인가를 기술한다. 현재 고려되고 있는 지분 투자 방안 이외에 장기 융자, 당좌 대출 등으로 얼마만큼 보완할 것인가도 제시한다.

② 투자 제안

주식, 전환 사채, 융자 및 지분 투자 등 다양한 투자 방안과 가격 및 증권의 수량 등을 기술한다.

③ 자본화

현재 매각된 주식 수와 추가 자금 조달 후 매각될 주식 수를 기술하고, 그중 경영진의 보유 지분율을 제시한다. 추가 매각 후 잔여 주식의 수와 종업원의 스톡옵션 준비분을 명시한다.

④ 자금 운용

조달한 자금을 제품 개발, 설비 투자, 마케팅, 운전 자본 등 어떠한 용도로 어느 시점에서 운용할 것인지를 기술한다.

⑤ 투자자의 수익

회사의 가치평가에 기반하여 투자자의 수익률이 얼마나 될 것인가와 기업공개, 매각, 인수·합병 등을 통한 투자 가치 수확 방안을 제시한다.

10) 이익계획

손익분기점 추정, 수익성 요인 분석 등을 기술한다.

11) 사업추진일정계획

인허가절차, 자금조달절차 등을 감안하여 사업추진일정을 수립 단계별로 기술한다. 사업의 핵심적 해결 사항별로 방향을 설정하여 그 추진 일정을 구체적으로 밝힌다. 일반적으로 사업 일정의 기간을 평가 절하하는 경향이 있으므로 사업일정의 실현 가능성을 부각시킨다. 원자재 조달부터 판매 후 대금 결제에 이르기까지의 전 과정과 그에 따른 현금 흐름을 도식적으로 표시한다. 개발, 생산, 영업 등 각 활동에 대해 월별로 추진일정을 수립하고, 핵심 과제의 성취 기한을 설정한다. 사업추진에 따른 분야별 인력의 증감을 표시한다. 일정이 지켜지지 않을 확률이 높은 과제와 그 경우 발생하는 문제의 영향력 및 그 해결 방안을 제시한다.

12) 추정재무제표

추정대차대조표, 손익계산서, 일반관리비 및 판매비 명세서 등을 작성하여 본다. 재무 계획을 통해 창업자는 투자자에게 계획사업이 재무적으로 생존력이 있고, 적정한 수익률을 제공하는 투자가치가 존재함을 보여줄 뿐만 아니라, 현금흐름을 사전적으로 예측하여 회사의 재무관리에 도움을 줄 수 있다. 재무제표와 현금흐름을 향후 3년간 추정하고, 손익분기분석 결과를 제시한다.

① 실제 손익계산서 및 대차대조표
기존 회사인 경우 과거 3년간의 재무제표를 제시한다.

② 추정손익계산서
매출액 추정과 원가에 대한 가정에 기반하여 향후 3년간의 손익계산서를 작성한다.

③ 추정대차대조표

1년 차에는 반기별로, 2~3년 차는 연도별로 추정 손익계산서를 작성하고, 이에 기반하여 추정대차대조표를 작성한다.

④ 추정현금흐름표

1년 차의 현금흐름표는 월별로, 2~3년 차는 분기별로 작성한다. 운전자본, 융자금 상환, 추가 자금 조달 등의 주요 항목에 따른 현금의 유입과 유출을 분석적으로 제시한다. 외상매출금 결제, 외상매입금 결제, 급료 수준, 운영비 증감 등에 관한 가정과 그에 대한 민감도를 논의한다.

⑤ 손익분기표 및 계산 내역

손익분기점을 도출하는 표를 제시하고, 예상 매출액 감소, 가격변동 등이 있을 경우 손익분기점을 낮추는 방안을 논의한다.

⑥ 원가통제

각종 원가요소에 대한 통제를 누가 어떻게 할 것인지 기술하고, 예산 초과 시 취할 조치를 설명한다.

⑦ 주요 사항

최대 현금 수요액과 시점, 부채와 자본의 필요 액수, 부채 상환 기간 등 핵심 사항을 결론적으로 요약한다.

한편 추정 손익계산서란 창업자가 사업아이템에 대한 미래의 수익과 손익을 미리 분석하는 계산서로서 추정손익계산서를 작성하여야 지출비용을 줄일 수 있다. 월매출액과 이익을 추정하는 것은 그리 어렵지 않은 일이나, 매출액과 이익의 향후 3개년을 추정하는 것은 쉽지 않다. 더구나 머릿속에서 생각하는 것이 아니고 수치로써 손익계산서 양식에 쓴다는 것은 많은 노력을 요구하는 일이다. 그렇지만 하지 않는 것보다 시도해보는 것이 불확실성을 조금이나마 줄일 수 있다.

13) 발생 가능한 위험과 문제

사업을 추진하면서 발생할 수 있는 위험 요소나 문제점을 적극적으로 파악하여 설명함으로써 투자자들의 의구심을 불식시키고, 창업자의 용의주도함을 보여줄 수 있다. 우선 계획사업상 발생 가능한 위험 요소를 논의하고, 상대적 중요도를 평가한 뒤, 문제 발생 시 그 위험을 최소화할 수 있는 방안을 제시한다. 중요한 위험 요소 및 문제점에 포함될 수 있는 사항은 다음과 같다.

① 주문 전 현금 고갈
② 경쟁사의 가격 할인 정책
③ 부정적인 산업 동향
④ 기대 이상의 개발비나 생산비용
⑤ 예상 판매 미달
⑥ 제품 개발 일정 지연
⑦ 자재 및 부품 조달상의 문제나 지연
⑧ 주문 쇄도 후 현금 고갈

14) 준비서류

대표자 및 경영진 이력서, 사업장 및 거주주택, 등기부등본, 임대차계약서, 토지 이용 계획 확인원, 가맹점계약서, 견적서, 사업자등록증, 카탈로그, 기술 관련서류 등

15) 부록

부록에는 본문에 포함하기에는 너무 상세하고, 광범위하나 계획사업을 이해하는 데 도움이 될 수 있는 자료나 내용을 첨부한다. 여기에는 제품 명세서나 사진, 핵심 부품 공급 업체, 특별한 설비, 기술 및 장소 관련 분석, 전문 기술진이나 컨설턴트의 평가 내용, 법적인 허가나 라이센스 사본 등이 포함될 수 있다.

이러한 구성과 내용으로 작성된 사업계획서를 인쇄하고 나면 배포를 해야 한다. 많은 투자자들의 경우 마구잡이로 접수되는 사업계획서보다는 과거의 투자 활동을 통해 잘 알고 있는 지인이 추천하는 신규 사업에 더 귀를 기울인다. 따라서 모든 투자자들에게 우편으로 발송하는 것보다는 주요 투자자들과 접촉이 많은 다른 창업자나 투자 자문 변호사 등의 추천을 받아 선별적으로 배포하는 것이 효과적일 수 있다.

(2) 사업계획서 작성 서식의 예

다음의 <표 7-1>은 소상공인지원센터의 사업계획서 작성 서식을 예로 들고 있다.

<표 7-1> 소상공인지원센터 창업자금 신청용 사업계획서 작성 서식

사업계획서

대 상 분 야	
작 성 일	
창 업 사 업 명	
상 호 명	

사업계획 요약서

사 업 형 태		사업분야	
기 업 명		대 표	○○○
사 업 개 념			
사 업 명			
아 이 템 설 명			

1. 창업사업의 개요

1-1. 사업개념
1-2. 사업 목적
1-3. 기대 효과
1-4. 사업 추진 능력

2. 사업아이템의 내용

2-1. 아이템의 특성
2-2. 핵심 아이템
2-3. 핵심 기술
2-4. 기술개발 진척도
2-5. 성공 사례
2-6. 시장 분석
2-7. 자사 분석
2-8. 경쟁업체 분석

3. 사업화 추진 계획

3-1. 아이템 양산 계획
3-2. 인력 확보 계획
3-3. 마케팅 계획
3-4. 사업화 추진 일정

내용	창업추진연도			D+1년			비고		
	1/4	2/4	3/4	4/4	1/4	2/4	3/4	4/4	
자금조달									
매장확보									
사원확보 및 교육실시									
내부시설 확보									
홍보, 판촉홍보									
인터넷 동호회 운영									
시설계발 및 계량									
이벤트 및 대회실시									

3-5. 추정손익계산서(단위: 만 원)

구분	사업추진연도	D+1년	D+2년	D+3년	D+4년
매출액					
매출원가(-)					
인건비(-)					
영업이익					
영업외손익(+, -)					
경상이익					
특별손익(+, -)					
법인세 등(-)					
당기순이익					

3-6. 소요자금 및 조달계획

용도	소요자금		조달계획		
	내용	금액	조달방법	기조달액	추가조달액
운전자금	1개월 운영비				
	판촉활동비				
	기타				
	소계				
시설자금	매장보증금				
	인테리어비				
	PC구입비				
	프로그램 구입비				
	부수용품				
	기타				
	소계				
합계					

4. 사업계획 지연 또는 차질 시 대안

구분	대안
자금조달	
인력수급	
고객유치	
부품 및 기자재 조달	

(3) 사업계획서의 평가

사업계획서의 효과는 계획사업의 잠재성을 평가할 수 있는 관련 정보를 독자들에게 어느 정도 잘 전달하느냐에 달려 있다. 사업계획서의 내용 가운데 어느 부분이 강조되어야 할지는 독자가 누구인가에 따라 달라진다. 따라서 사업계획서를 평가하기 위해서는 이러한 독자층의 다양한 시각이 무엇인지를 먼저 파악해야 한다. 사업계획서를 읽는 독자들은 다음과 같이 분류된다.

- 은행의 대출심사역
- 공급업체
- 잠재고객
- 경영파트너 대상자
- 유치대상 핵심 인력
- 종업원 희망자
- 창업 동지 희망자
- 창업자의 자문역

이들은 창업기업의 사업성, 수익성, 사업 위험, 제품수명주기, 문제점과 개선 방안 등에 관해 공통적인 관심을 표명한다. 하지만 세부 사항에 있어서는 관심의 영역이 달라진다. 이 중에서 특히 중요한 독자층은 대출 금융기관과 벤처 자본가 등 잠재 투자자라고 할 수 있다.

1) 대출은행

은행의 최우선 관심사는 대출금을 약정된 기간 내에 회수하는 것이다. 기업이 얼마나 성공적으로 성장하느냐에 관계없이 은행은 한정된 일정액의 이자를 지급받게 되어 있다. 따라서 대출은행은 창업기업의 잠재성보다는 위험성에 더 관심을 가지게 된다. 따라서 은행에서 융자받으려는 창업자는 다음 사항에 주안점을 둘 필요가 있다.

- 채무자의 신용도

- 자금의 운용 방법
- 융자금 상환 일정
- 담보 설정 가능성과 부채 비율
- 회계 정보 처리의 신뢰성

2) 투자자

지분 투자자들은 창업기업의 수익 잠재성에 큰 관심을 보인다. 이를 위해 경쟁 업체에 비해 창업기업이 가질 수 있는 지속적인 경쟁 우위가 무엇인가를 알고자 한다. 지분 투자를 고려하는 벤처 자본가가 최종적으로 자금 지원을 하기 위해 창업 기업과 계획서를 검토하는 것은 당연하다. 투자자를 대상으로 하는 사업계획서 작성 시 창업자는 다음 사항을 유의할 필요가 있다.

- 계획사업 자체가 매력적인가?
- 사업계획서의 신중한 평가에 드는 시간과 노력은 얼마인가?
- 고객에 대한 제품 효익은 무엇이고 원가가 합당한 수준인가?
- 보유 기술이 장기적으로 우위를 지닐 수 있는가?
- 목표로 하는 세분화 시장은 무엇이고, 그 규모는 어떠한가?
- 판매를 원활히 추진할 수 있는 증거가 있는가?
- 경쟁 업체 대비 장·단점은 무엇이고, 장기적인 변화 가능성이 존재하는가?
- 현재 제품, 서비스 개발 단계는 무엇이고, 성과는 어떠한가?
- 생산과 설비 투자는 어떻게 할 것인가?
- 경쟁 업체에 비해 품질과 원가가 우월한가?
- 매출액 이익률, 순이익, 투자 수익률 등은 어떤 수준인가? 이에

대해 믿을 만한 근거를 제시할 수 있는가?
- 자금의 운용 방법과 시점은 무엇이고, 중간 성취 과제를 명확히 알고 있는가?
- 창업자가 스스로 금전적인 투자를 하고 있는가?
- 투자자가 수확할 수 있는 방법과 시기는 어떠한가?

위와 같은 평가자들이 접하는 대부분의 사업계획서가 가지고 있는 오류는 무엇일까? 창업자가 사업과 관련된 수치에만 집중한 나머지 계획사업의 관건이 되는 중요한 정보들을 놓치는 경우가 많다는 것이다. 이러한 경우 사업에 대한 투자자들의 관심도는 떨어지게 된다.

노련한 투자자들은 장기적이고 세밀한 재무 분석이 미래의 정확한 표현보다는 상상력의 표현이라는 것을 잘 알고 있다. 알 수 없는 많은 요인들로 인해 창업 기업의 수익이나 매출액을 예측하는 일은 어렵다. 더구나 목표를 이루기 위해 얼마나 많은 자본과 시간이 소요될지 예측할 수 있는 창업자는 거의 없다. 창업자는 대부분 낙관적이며 사업계획서에 사족을 덧붙이는 경우가 비일비재하다. 투자자들은 그러한 불필요한 요소가 존재한다는 점을 잘 알기 때문에 사업계획서에 나타나 있는 여러 수치들을 도외시한다.

그렇다고 해서 사업계획서에 숫자를 넣어서는 안 된다는 것이 아니다. 일정 정도의 숫자는 반드시 있어야 한다. 하지만 무분별한 숫자의 나열은 오히려 해가 될 뿐이다. 즉, 제시된 숫자들이 사업의 실패 혹은 성공을 바라보는 창으로써의 역할을 할 때 비로소 가치가 있는 것이다. 예를 들어 제조업의 경우 주요 잣대는 생산 공정의 수치들이 될 수 있고, 잡지출판의 경우 예상되는 재구독률이 될 수 있

으며, 소프트웨어업은 다양한 유통채널을 사용할 경우 각각의 효과
치 등이 될 수 있다. 손익 분기점에 대해서도 언급을 반드시 해주어
야 한다. 중요한 것은 현금 흐름이 흑자로 돌아서는 시점이다. 이러
한 내용은 많은 분량을 필요로 하지 않으며 때로는 한 장짜리 보고
서로도 핵심적 사항을 충분히 전달할 수 있다.

(4) 사업계획서 작성의 기본적인 틀

사업계획서를 작성할 때에는 계획사업의 기본적인 틀을 짜고 그
것에 입각해 사고해야 한다. 이때 말하는 기본적인 틀이란 다음의
네 가지 상호 의존적인 요인을 체계적으로 평가하고 측정하기 위한
것이 되어야 한다.

첫째, 인력으로 회사를 운영하는 사람들, 자원과 서비스를 제공해
주는 조직 밖의 인물들(변호사, 회계사, 공급자 등)을 의미한다. 이와
관련하여 사업계획서는 다음과 같은 질문에 대한 답을 제공할 수 있
어야 한다.

- 창업팀의 출신지, 교육 경력, 직장 경험, 과거의 성공한 경험,
  해당 사업 분야에서의 명성은 무엇인가?
- 창업팀이 현재 추구하고 있는 사업과 직접적으로 관련된 경험,
  기술, 능력, 지식을 가지고 있는가?
- 창업팀이 벤처의 성공 가능성과 역경에 대해 현실적인 판단을
  내리고 있는가?
- 창업팀 외에 더 누가 필요한가?
- 창업팀이 높은 수준의 인력을 고용할 능력이 있는가?
- 창업팀에게 어려운 선택을 할 수 있는 용기가 있는가?

- 창업팀이 얼마나 사업에 몰두할 것이며, 동기 부여의 수준은 어떠한가?

둘째, 사업기회로 사업 자체에 대한 윤곽을 의미한다. 무엇을 팔 것이며 누구에게 팔 것인가, 사업이 성장할 수 있는가, 그것의 속도는 어느 정도인가, 사업의 경제성은 무엇이고 성공에 이르는 과정에서 무엇이 중요하며 누가 중요한 역할을 할 것인가 등에 관한 내용이다. 따라서 사업계획서는 다음 질문에 답할 수 있어야 한다.

- 고객은 누구인가?
- 계획사업의 제품 및 서비스를 고객이 어떻게 구매할 것인가?
- 고객이 제품을 구매하도록 하는 데 어느 정도의 강제력을 가질 것인가?
- 가격 책정은 어떻게 접근할 것인가?
- 고객을 확보하는 데 얼마나 많은 비용이 드는가?
- 제품 및 서비스 생산과 전달에 얼마나 많은 자금이 드는가?
- 고객 지원에는 얼마나 많은 비용이 드는가?
- 고객을 유지하기가 얼마나 쉬운가?

셋째, 사업환경으로 이는 사업의 밑그림을 말한다. 즉, 법적인 규제 환경, 이자율, 인구통계학적 추세, 인플레이션 등 창업자가 통제할 수 있는 범위 밖에서 사업에 영향을 끼치며 변화하는 것들을 의미한다.

넷째, 위험 및 보상으로 이는 어떤 것이 잘되고 어떤 것이 잘못될 것인가에 대한 평가이다. 즉, 사업을 통해 무엇을 얻을 수 있으며, 무엇을 잃을 수 있는가에 대한 냉정한 평가와 그에 따른 창업자의 대응을 의미한다. 이러한 내용은 가급적 표나 그림을 통해 전달하는 것이 바람직하다.

앞서 설명한 네 가지 요소를 기반으로 하는 사업 계획의 기본적인 전제는 사업이 성공적으로 추진되기 위해서 이러한 요소들이 적절히 결합되어야 한다는 점이다. 창업팀의 멤버들은 그들이 추구하는 사업 기회에 직접적으로 관계있는 기술과 경험을 가지고 있어야 하며, 그들은 과거에 성공적으로 일한 사람들이어야 한다. 좋은 사업 기회는 매력적이며 지속성 있는 모델을 바탕으로 세워져야 한다. 그래야만 경쟁력과 방어력을 가질 수 있다. 한편 사업의 규모와 범위를 확장시킬 수 있는 많은 선택 조건들이 존재한다. 그러한 선택 조건들은 일반적이기보다는 해당 기업과 팀에 독특한 것이어야 한다. 사업을 통해 창출할 수 있는 가치들은 다양한 방식을 통해 얻을 수 있어야 하며, 사업 환경은 규제나 거시적 환경 측면에서 해당 사업에 호의적인 것이 좋다. 발생 가능한 사업 위험은 사전적으로 인지되어야 하고, 창업팀은 그러한 위험을 최소화하기 위한 방법을 고려할 필요가 있다. 결론적으로 사업 계획서는 위의 네 가지를 완벽하게 포괄해야 하며 현실성이 있어야 한다.

사업계획의 발표는
1. 설명할 내용을 압축하는 한마디를 작성한다.
2. 해당 사업을 함께 이끌어갈 구성원에 대한 설명은 필수다.
3. 자신이 하려는 사업과 관련한 현 상황의 문제점을 지적한다.
4. 자신이 하려는 사업의 시장 크기와 활성화 정도를 알려준다.
5. 문제점을 해결할 서비스나 제품을 보여준다.
6. 자신만의 경쟁력을 드러낸다.

7. 자신의 제품과 서비스 판촉 방법을 설명한다.

8. 이 사업을 통해 수익을 얻을 수 있는 비즈니스 모델을 제시한다.

9. 사업 계획에 따른 현실적 재무 추정치도 함께 제시한다.

10. 투자를 받을 경우 어떻게 사용할 건지에 대해 말한다.

부록

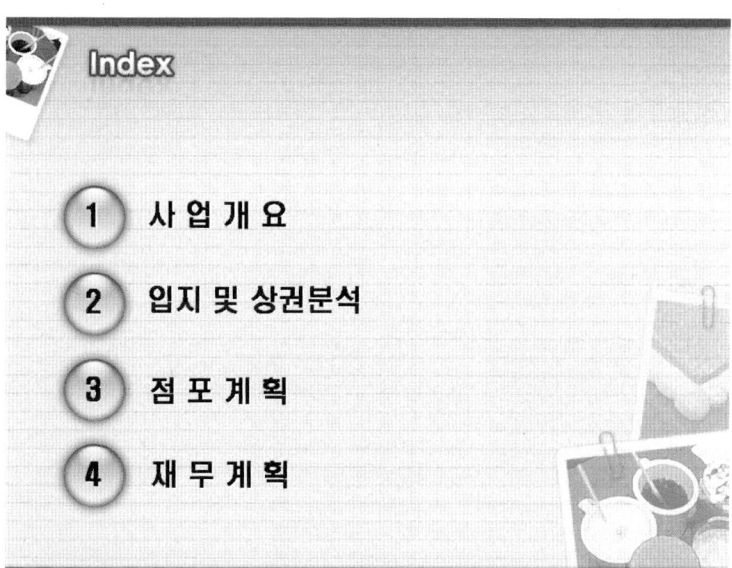

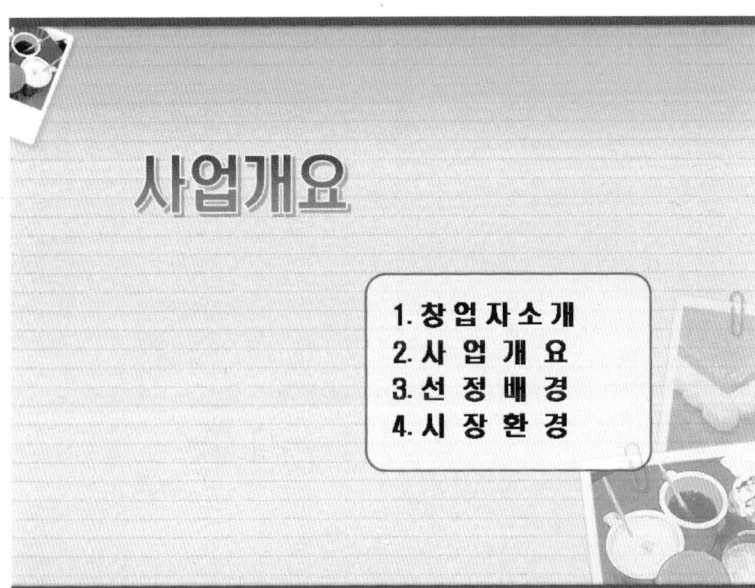

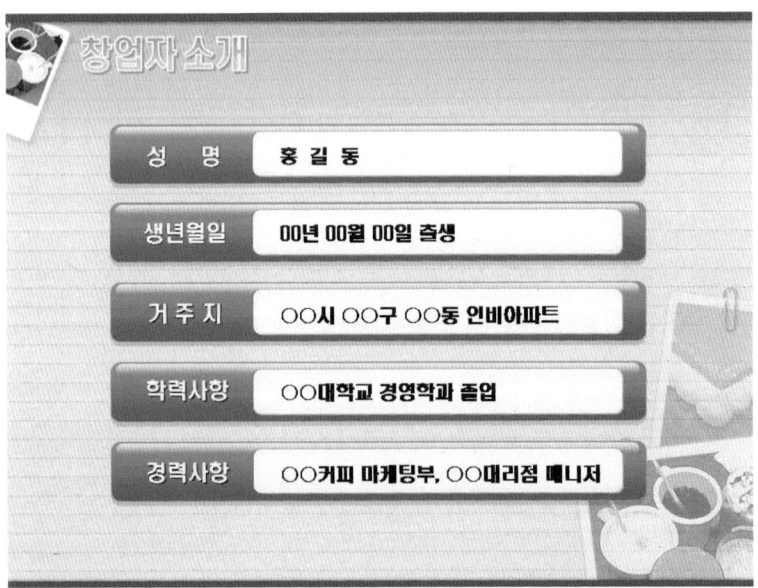

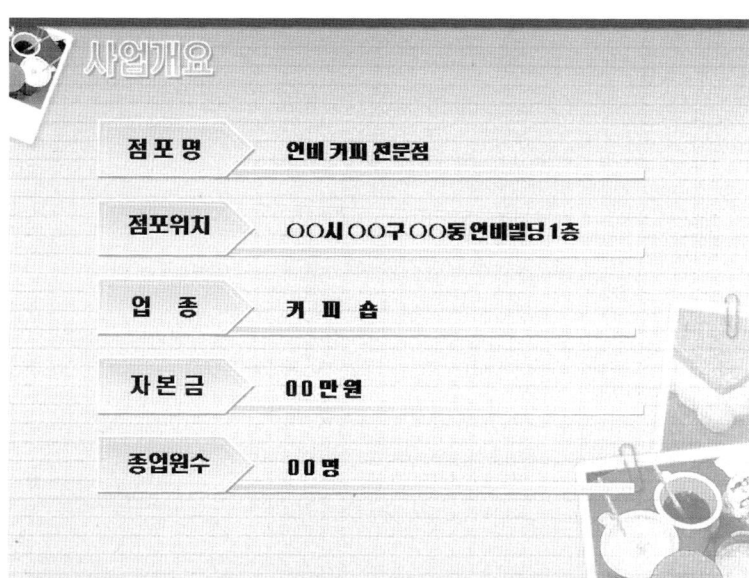

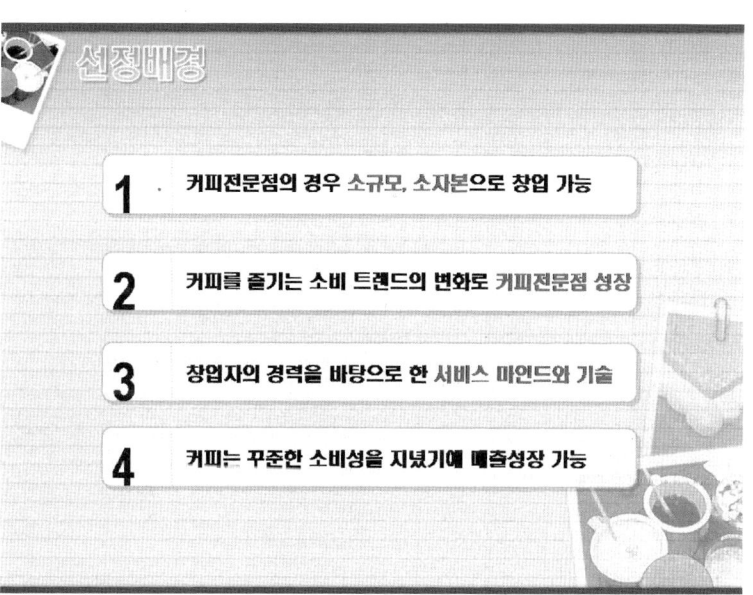

시장환경

 00년 국내 커피전문점의 시장 규모는 00억원으로
00년 00억원보다 크게 성장

 테이크 아웃 및 값비싼 고급 커피 전문점 등장

 고객은 커피뿐 아니라 분위기와 서비스 중요시

 각 도시의 시내와 대학가 중심으로 확산

입지 및 상권분석

1. 입 지 선 정
2. 고 객 분 석
3. 경 쟁 사 분 석
4. 사 업 전 망

입지선정

- 도로변에 위치하며 지하철 출입구 앞으로 유동인구 확보

- 00m 떨어진 곳에 대학교 위치 (대학교 입구)
  - 20대 젊은 여성고객 확보

- 큰길에는 회사건물 및 원룸 밀집하여 줄근길 고객 확보

- 00m 근방 옷가게, 음식점 등 변화가 형성 중
  - 커피숍은 많지 않음

고객분석

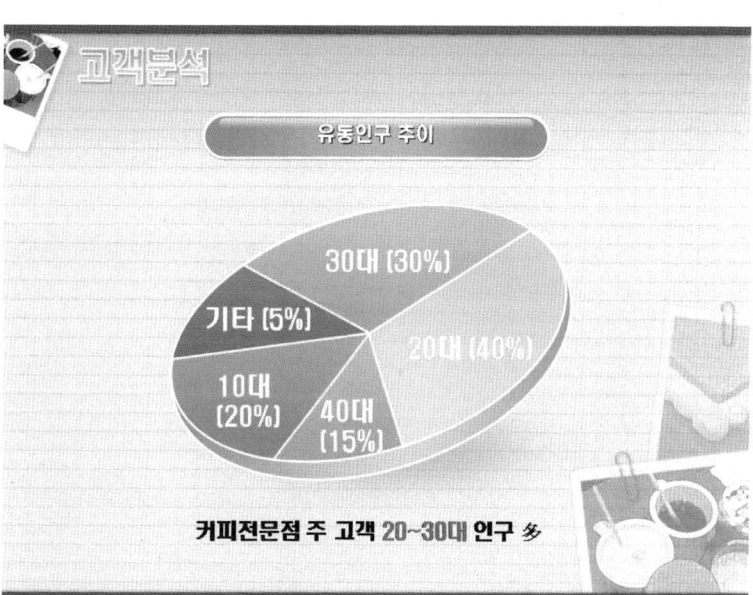

유동인구 추이

30대 (30%)

기타 (5%)

20대 (40%)

10대 (20%)

40대 (15%)

커피전문점 주 고객 20~30대 인구 多

경쟁사 분석

A 커피숍

- 본사와 00m 떨어진 곳에 위치
- 00년 건립되어 노후한 인테리어와 분위기
- 주 이용 고객은 40~50대 직장인 남성고객

B커피 전문점

- ○○대학교 입구 근처에 위치, 대학생 주고객
- 전국 체인점으로 브랜드 인지도 높음
- 커피의 가격이 비싸고, 항상 자리수 부족

사업전망

1 커피 전문점 및 커피 시장규모 꾸준히 확대

2 소득수준이 높아지고 고급 커피 판매 증가

3 대학생 및 직장인의 라이프스타일 변화로 고객 증가

점포계획

1. 매 장 컨 셉
2. 내.외부 인테리어
3. 설비 및 비품
4. 상 품 계 획
5. 운 영 계 획

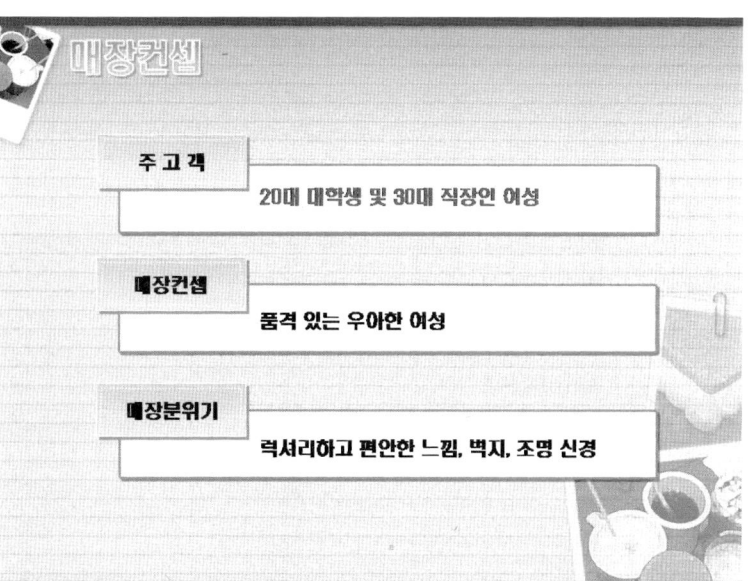

매장컨셉

주 고 객
20대 대학생 및 30대 직장인 여성

매장컨셉
품격 있는 우아한 여성

매장분위기
럭셔리하고 편안한 느낌, 벽지, 조명 신경

내외부 인테리어

품 명		규 격	수 량	비 고
인테리어 공 사	바닥공사			
	도장공사	업체규격		
	조명시설			
간 판	전면간판	00-00	1개	
	돌출간판	00-00	1개	
	풍선간판	00-00	1개	

설비 및 비품

품 명	규 격	수 량
진열 냉장고	00-00	1개
에스프레소 머신	00-00	1개
제빙기/ 정수기		각 1개
커 피 잔	소, 중	00개
계산기/계산대		1개
테이블/의자		00개/00개
기타용품		

상품계획

HOT/ICE COFFE	TEA	DESSERT
• 아메리칸	• 그린티	• 샌드위치
• 헤이즐럿	• 홍 차	• 베이글
• 카푸치노	• 핫초코	• 치즈케익
• 카페라떼	• 프라프치노	• 초코케익
• 자 바	• 밀크라떼	• 쿠 기
• 블루 마운틴	• 고구마라떼	
• 에스프레소		
• 로얄 블랜드		

운영계획

판매방법

- ⊙ 매장판매 : 편안한 테이블에서 커피를 마실 수 있도록 함
- ⊙ 테이크아웃 : 출퇴근길, 차 등에서 마실 수 있도록 함
- ⊙ 원두판매 : 고급 원두를 볶아 블렌딩하여 판매
- ⊙ 페트코 : 특수 보온병 판매

운영방법

- ⊙ 제휴할인 : 각 통신사와 제휴하여 할인 실시
- ⊙ 쿠폰제도 : 주문시 스탬프 찍어 20회 되면 무료 음료
- ⊙ 광고/홍보 : 출근길 시음회, 대학교 앞에서 전단지 배포
- ⊙ 매장분위기 : 음악과 향을 이용한 감성마케팅 실시

재무계획

1. 소요자금 및 조달 계획
2. 추정 손익계산서
3. 추정 대차대조표

소요자금 및 조달계획

구 분	과 목	소요자금	조달계획
설립투자자금	임대보증금		
	시설투자		
	창업비		
	예비비		
	소 계		
운전자금	인건비		
	임차료		
	기타경비		
	소 계		
합 계			

추정 대차대조표

항 목	00년	00년	00년
유 동 자 산			
고 정 자 산			
자 산 총 계			
유 동 부 채			
고 정 부 채			
부 채 총 계			
자 본 금			
자본잉여금			
이익잉여금			
자 본 조 정			
자 본 총 계			
부채와 자본총계			

추정 손익계산서

항 목	00년	00년	00년
매 출 액			
매 출 원 가			
매출 총이익			
판 관 비			
영 업 이 익			
영업 외 수익			
영업 외 비용			
경 상 이 익			
특 별 이 익			
특 별 손 실			
법 인 세			
당기순이익			

제8장
업종별 창업

제1절 제조업 창업

영국의 경제학자 C. G. 클라크의 산업분류에서, 제조업은 제1차 산업에서 생산된 원료를 가공하는 제2차적 생산을 수행하는 산업으로써, 광업·건설업과 함께 제2차 산업에 분류되어 있다. 또한 제조업은 중공업과 경공업으로 구분되기도 하는데, 일반적으로 제조업은 자본주의의 발전에 따라 경공업에서 중공업으로 발전하면서 점차 중화학공업의 비중을 높여 나간다.

한국의 경우도 초기의 경제개발단계에서는 경공업에 두어졌던 중심이 중공업으로 전환되었다. 예를 들면 면방적·견사 등의 섬유공업의 사양화와 함께 조선업·제철업 등의 중공업 분야가 세계수준급으로 급성장하고 있다. 그러나 제조업의 이와 같은 중화학공업화에도 불구하고 종업원 수 30명 미만의 중소기업 내지 영세기업을 광범하게 남겨 놓고 있어, 경제의 이중 구조에서 벗어나지 못하고 있는 점은 앞으로의 중요한 과제이다.

1.1 제조업 창업의 특징

제조업 창업은 도·소매업 창업에 비하여 풍부한 경험과 많은 자본, 긴 창업소요시간을 필요로 하는 분야이다. 따라서 제조업을 경영하고자 하는 예비창업자는 최소한 제조업체에 직접 근무한 경험이 있거나 간접적으로 연관 관계가 있는 경우 창업을 하는 것이 실패의 위험을 줄일 수 있다. 창업의 성공률을 보다 높이기 위해서는 제조업체에 근무하는 동안 생산, 관리, 자재구매, 판매의 여러 분야 중 적어도 2개 이상의 분야에서의 경영 노하우를 쌓아야 한다. 직접 근무한 경험을 토대로 제조업 창업에 뛰어든다면 그만큼 성공 가능성이 높아질 것이다.

1.2 설비의 도입과 자금조달

(1) 설비도입

생산활동에 필요한 설비 및 인력을 확보하는 일은 제조업창업의 계획이 확정된 시기부터 바로 이루어져야 한다. 기계설비와 생산인력은 제조업창업에 있어 생산을 위한 기본요소이기 때문이다.

첫째, 설비시설의 확보를 위하여 창업자에 대한 각종 정책자금을 활용하는 것이 무엇보다 중요하다. 고가의 기계설비를 필요로 하는 경우에는 리스를 이용하는 방법도 유용하다. 리스는 일정한 고가의 자산을 구입하여 이용자에게 대여하고 사용료를 받는 제도를 말한다. 리스를 이용하면 고가의 장비를 직접 구입하지 아니하고서도 그것을 이용하여 창업기업의 목적을 달성할 수 있다. 리스는 사업 자금의 수요축소를 가져와 소요 자금을 조달한 것과 같은 효과를 나타 낸다.

둘째, 기계시설의 배치에서 가장 신경 써야 할 부분은 가동률이 가장 높은 기계 설비를 중심으로 배치하되 공정의 흐름을 일직선으로 가져가는 것이다. 또한 향후 도입할 예정인 기계의 충분한 공간이나 원부자재의 이동에 필요한 운반통로, 일시적인 생산량의 증가에 충분한 공간 등 보조적 여유 공간이 확보되어야 한다. 그러나 환경공해의 시비가 생길 수 있는 설비에 대한 대책과 소음, 악취, 먼지가 나는 공해성 공정은 별도로 격리되어 있는 것이 좋다.

공정설계와 기계설비의 배치와 동시에 가스, 수도, 전기의 배치와 배선이 적절한가를 살펴보아야 한다. 입구의 수가 공장 면적의 레이아웃에 알맞은 수치이며 화재안전과 재난과 같은 비상시의 구호 체제가 제대로 갖추어 있는지 점검하여야 한다.

(2) 자금조달

1) 자금조달 운용계획의 수립

자금조달은 중장기계획과 단기계획을 구분하여 추진하는 것이 효과적이다. 장기적인 자금조달 계획 없이 무원칙적으로 창업을 행할 경우에는 사업을 본격적으로 시작하기도 전에 여러 가지 난관에 봉착하여 본격적인 사업을 개시해 보지도 못하고 실패하게 된다. 공장 건축과 생산설비 발주 시에는 사전에 정확한 견적서, 설계서 등을 징구하여 자금부족이 생기지 않도록 기해야 한다. 우리나라의 금융관행으로 보아 시설자금 조달이 필요한 경우 시설자금은 내부심사 등에 비교적 장기간이 소요되므로 사전에 금융기관과 충분한 시간을 가지고 협의하여 한도승인 내지는 자금 조달 신청을 하는 등 적기에 자금이 지원될 수 있도록 세심한 주의를 기울여야 한다.

사업자금 조달 및 운용계획 수립 절차는 다음과 같다.

① STEP 1: 총 소요자금 규모에 따라 자금조달계획 수립

창업단계에서 총 소요자금의 추정은 현실적으로 어려우나, 반드시 필요한 사항이기도 하다. 그리고 소요자금의 불확실성 및 소요자금 산출상의 누락분 등을 감안하여 조달가능성을 검토한 후 사업을 시작하는 것이 좋다. 공장건설의 지연, 시운전 기간의 연장, 개업 준비지연, 그리고 매출액 증가에 따른 추가 운전자금 소요 등의 불확실한 요소를 충분히 감안하여 창업 절차상 부족자금을 사전 예방 차원에서 고려해야 한다.

② STEP 2: 자금 조달 능력 검토

자금 조달 능력은 경영자 또는 창업자들의 인적자원, 금융기관 인맥, 담보력, 신용력 등의 총체적 개념이며, 조달형태에 따라 자기자본과 차입금 등 타인자본으로 구분해 볼 수 있다.

자금 조달 능력에 따른 위험정도에 따라 구분해 볼 수 있는 바, 창업자들의 실정에 맞춰 그 조달범위를 결정하여야 한다.

③ STEP 3: 자금 조달 능력의 적정성 평가

자금 조달 능력이 자금조달 금액에 이르지 못하면 사업규모를 축소 조정하여야 한다. 자금조달 금액이 부족할 때 사업규모는 보수성

에 입각하여 자금 조달 능력의 범위 내로 조정하는 것이 사업안정성을 위해 반드시 필요하다.

2) 자금조달 방법

자금의 차입을 용이하게 하거나, 자금 수요를 감소시키는 효과를 주는 방법을 이용하여 자금조달을 고려해야 한다. 이러한 방법으로는 특히 매입채무, 리스, 신용 보증, 지급 보증, 팩토링 등이 있다. 또한 은행은 가장 기본적인 자금원이라 할 수 있으며, 은행으로부터 돈을 차입하는 방법은 담보의 유무에 따라 담보대출과 신용대출로 나눌 수 있다.

① 매입채무

매입채무는 기업이 구입한 제품, 원료, 장비, 용역 등에 대하여 대금을 지불하지 아니하여 발생하는 부채를 말한다. 산업이 발달하고 신용 거래가 확대됨에 따라 매입채무는 일반적으로 이용되는 타인 자본의 한 형태이다.

② 신용보증

자금을 직접 지원해 주는 것은 아니지만 타인 자본의 활용을 가능케 하여 주는 제도이다. 우리나라에는 담보력이 미약한 기업의 채무를 보증하기 위해서 설립된 기관으로 신용보증기금과 기술보증기금이 있다.

③ 지급보증

은행의 지급보증은 금융기관이 거래처의 요청에 따라 거래처가 제3자에게 부담하고 있는 채무나 장래 발생하게 될지도 모르는 채무에 대하여 금융기관이 그 지급을 보증하는 제도이다. 거래처는 지급 보증의 대가로 보증료를 받는다. 지급 보증도 자금을 조달하는 직접적인 방법은 아니지만 자금이 조달된 것과 같은 효과를 주는 보조 방법이다.

④ 팩토링

팩토링은 은행 등 금융기관이 기업의 외상 매출금, 받을 어음 등 매출채권을 매입함으로써 자금을 공급하는 제도이다. 기업은 이 제도를 이용함으로써 고객에 대한 시용 조사, 대금 회수 및 채권 등의 부담이 경감되는 효과가 있다.

⑤ 보증보험

보증보험은 담보 제공 능력이 부족하여 대출 입찰, 사채 발행 등이 곤란한 기업에게 보증 보험회사에서 보증료를 받고 보증을 해주는 제도이다.

이 밖에도 은행융자, 담보대출, 신용대출 등을 활용하여 창업자금을 확보할 수 있다.

3) 창업자금의 형태 및 지원기관

① 자본금
* 순수 자기자본(창업자 출자자본)
* 모집자금
- 개인(모집인 등 출자자본)
- 벤처캐피탈 회사

② 부채
* 회사채(직접금융, 장기부채)
* 정부의 기금
* 금융기관 차입금(시설, 운전자금)
- 일반은행
- 특수은행(한국산업・한국수출입・한국장기신용은행)
- 창업투자회사
- 신기술사업금융회사
- 저축은행
- 보험회사
- 기타 금융기관(새마을 금고 등)
* 지방자치단체의 창업지원자금
* 개인 차입금

③ 리스
* 리스회사

* 종합금융회사
* 신기술사업금융회사

④ 기타 특수기관의 창업자금
* 생산기술연구원의 기술창업자금
* 우수발명품에 대한 시작품 제작자금 등

1.3 제조업 공장설립절차 및 준비서류

공장을 설립할 장소를 선정한 후, 관할 시장·군수·구청장에게 '공장설립승인'을 얻어야 한다. 다만 계획입지인 공단지역에 공장을 설립하는 경우에는 별도의 승인 절차 없이 '공업단지 입주 계약'을 체결하면 된다.

제조업의 창업은 먼저 회사의 설립등록을 한 후, 적당한 입지를 선정하여 공장을 설립하고, 공장 내 설비를 도입(자금조달)하여 설치한 후 마지막 단계로 개업 준비를 한다.

공장설립의 경우 일반설립과 창업설립으로 구분하여 살펴볼 수 있다.

(1) 일반설립

일반설립은 입지선정을 하고 설립 승인을 획득한 후 공장건축을 완료하면 공장 확보가 이루어진다.

1) 입지선정

제조업을 창업하여 공장을 직접 건설하여 입주하고자 할 때에는,

입지 선정과 공장설립 시 필요한 제반 법적절차를 거쳐야 하며, 구체적인 과정에 대해서 사전에 충분히 인식하여야 한다.

다음 <표 8-1>에는 공장설립절차 및 준비서류가 일목요연하게 정리되어 있다.

<표 8-1> 공장설립절차 및 준비서류

절차	내용	준비서류
1.부지선정	−업종의 특성상 유리한 지역선정 −도로, 전기사용이 용이한 지역 −민원발생이 적은 지역, 공장밀집 지역	
2. 입지검토	−창업지원법상 창업해당 여부파악 −공장입지파악(국토계획 및 이용에 관한 법률, 농지법, 산림법 등 법률 검토) −업종파악, 환경보전법 파악(공해문제)	토지이용계획확인원, 지적도, 토지대장, 토지등기 부등본, 기계시설내역
3. 부지계약	−계약금등으로 토지계약 −부동산사용승낙서, 인감증명서발급	
4. 사업계획서 작성	−창업사업계획서 또는 공장설립사업계획서 작성 −인허가 사항검토 −건물배치도, 지적도 작성 −지형도 준비	토지이용계획확인원, 지적도, 토지대장, 공시지가확인원, 토 지등기부등본, 사용승낙서, 인 감증명서, 법인등기부등본 또 는 정관(법인에 한함)
5. 사업계획서 접수	−시지역 중소기업과 군지역 경제과 1차 검토 −민원실 접수 처리기간 45일 소요	
6. 사업계획 승인	−인허가 관련법률에 의한 법률검토 후 승인(시·군 협의부서: 지역경제과, 환경과, 도시과, 농지과, 산림과, 건축과, 면사무소)	
7. 대체농지, 임지조성비, 각종부담금 납부	−승인 후 각종 전용부담금 및 대체농지 조성비, 대체조림조성비, 국유지점용료 등 납부 −창업승인업체 개발부담금 50% 감면	
8. 공장건축	−승인에 의한 공장 건축 −공장 건축 완료보고	

2) 신고. 허가지역의 구분 및 대상

공장입지 예정지가 수도권일 경우에는 공업배치법에 의한 지역별 허용업종, 도시지역일 경우에는 건축법에 의한 용도지역별 허용업종, 그 외 지역일 경우에는 국토이용관리법에 의한 용도지역별 허용업종에 한하여 공장설립 신고 또는 허가 신청을 할 수 있다. 건축물의 바닥 면적이 500㎡ 이상인 공장(제조업의 물품제조공정을 형성하는 기계 또는 장치를 설치하기 위한 사업장의 생산시설과 그 생산시설을 지원하는 공장용지 안에 설치되는 부대시설을 포함하고 있으나, 여기에서는 부대시설을 제외한 순수 제조시설로만 사용)인 경우에는 신고를 하여야 한다.

1.4 사업개시 준비 절차

사업개시 준비절차는 창업의 마무리 과정으로써 회사설립, 공장건축 및 생산설비가 설치 완료됨으로써 회사의 기틀이 만들어진 상태이다. 이렇게 갖추어진 골격을 어떻게 운영할 것이냐가 개업 준비절차에서 이행되어야 할 창업 절차이다. 따라서 향후 회사를 어떤 방식으로 운영할 것인가에 대한 구체적 행위절차가 필요하게 된다. 이에는 조직구성, 판매체제 구축 등이 있다.

(1) 조직구성

본격적인 회사운영활동에 필요한 관리, 영업, 생산직 직원을 채용하고 교육 훈련하는 일에서부터 체계적인 조직의 구성으로 이어진다.

1) 주요 업무내용

회사실정에 맞는 조직이 구성되면 각 분야별로 생산파트에서는 원·부자재 조달, 생산설비 시운전 및 시제품 생산과정을 거친 후, 본격 생산에 돌입해야 한다. 그리고 이어서 공장등록, 공장설립 완료 보고, 부동산 등기 등의 절차도 이행하여야 한다.

관리부문에서는 급여규정, 회계규정 등 각종 회사 내규의 제정, 업무에 필요한 각종 장표와 서식 제정과 더불어 직원 연수도 집중적으로 실시해야 한다. 대외기관에 신고해야 할 각종 사규, 즉 취업규칙신고, 사업장 설치계획 신고, 산업재해보험 관계 성립신고, 그리고 기타 대외기관 신고 등을 이행해야 한다.

영업부문에서는 영업체계의 확립, 시장개척 활동 및 시장조사 등을 병행하여 실시함으로써 본격 영업에 대비하여 자사 제품을 홍보하고, 소비자 반응을 체크하여 제품의 성공가능성을 타진해 보는 등 보다 더 좋은 제품으로 발전해 갈 수 있도록 다양한 측면에서 소비자 반응을 살피는 일이 중요하다. 그리고 영업사원에 대한 정신무장과 더불어 영업직에 대한 자긍심 제고 노력 및 영업직 직원에 대한 연수도 병행하여 실시해야 한다.

(2) 판매망 구축과 생산성 향상

본격적인 대량 생산절차를 거치게 되는데 판매망구축과 영업확충을 꾀하고 품질개선과 생산성 향상을 위해 노력해야 한다.

(3) 기타 고려사항

창업의 완성단계라고 할 수 있는 사업개시준비를 철저히 점검하여 원만한 창업을 이루는 것은 매우 중요하다. 각 부문별로 신고 및 보고사항 등을 체계적으로 점검하고 사규, 규격등도 합리적으로 마련하여 관련기관과의 협조체제를 구축하는 일도 필요하다. 좋은 시작은 좋은 결과를 가져온다는 각오로 사업개시준비를 한다면 멋진 창업회사로 거듭 발전할 것이다.

제2절 도소매업 창업

도·소매업이란 제조업체 등으로부터 구입한 상품을 특별한 가공이나 변형 없이 일반 소비자에게 재판매하는 산업활동을 말한다. 도·소매업의 형태는 크게 일반 도·소매업, 종합 도·소매업, 특수 도·소매업으로 분류할 수 있다.

일반소매업은 동일한 주된 품목을 계속적으로 취급하는 사업체를 말한다(백화점, 슈퍼마켓, 대형 할인점 등 단일경영체계를 가진 종합소매업은 제외). 종합 도·소매업에는 백화점, 슈퍼마켓, 대형할인점 등과 같이 단일 경영체계를 갖고 각종 상품을 판매하는 활동을 말한다. 특수 도·소매업은 일반 구매자를 대상으로 직접 판매할 수 있는 매장을 개설하지 않고 특정상품을 전문적으로 소매하는 산업활동을 말한다. 대부분의 도·소매상은 판매상품에 대한 소유권이 있으나 특정한 경우에는 소유권을 갖지 않고 수수료 또는 계약에 의해 소유자를 대리하여 판매하는 경우도 있다.

2.1 도·소매업 창업의 특징

도·소매업은 제조업이나 서비스업에 비해 창업절차가 비교적 간단하다고 할 수 있어 상대적으로 일반인이 창업하기 수월하다. 우선 공장 설립에 따른 복잡한 절차가 필요 없으며, 일반적으로 소규모로 사업을 시작하기 때문에 법인설립절차가 필요 없는 경우가 많다. 그리고 개업준비 과정도 제조업에 비하여 매우 간단하다. 그러나 도·소매업의 경우에는 점포의 입지선정이 매우 중요하다. 점포의 입지가 어디에 위치하느냐에 따라 사업 성패가 좌우되기 때문이다. 도·소매업의 창업절차는 크게 창업예비절차, 점포입지선정절차 그리고 개업준비절차로 구분하여 볼 수 있다. 도·소매업 창업에 있어서 창업자는 창업업종이 인허가가 필요한 업종인지 여부를 확인하여야 한다. 인허가를 받아야 하는 업종은 인허가 처리기관 및 처리절차, 소요기간 및 경비, 시설기준 및 자격요건과 구비서류를 정확히 파악하여 소정의 절차에 따라 인허가를 취득하여야 한다. 인허가가 필요 없는 업종의 경우는 사업자 등록을 함으로써 영업활동을 개시할 수 있다.

또한 창업자는 점포입지를 선정하는 데 있어서 점포용도를 확인하여 창업업종의 영업활동이 가능한 점포를 선정하여야 한다. 도·소매업은 대개 중간 내지 최종소비자와 직접 만나는 분야이므로 다른 업종보다 고도의 친밀성과 시장 감각이 필요한 분야이다. 도·소매업에서 주로 다루는 소비재는 취급하는 품목에 따라 편의품, 선매품, 전문품으로 구분된다.

<표 8-2> 편의품, 선매품, 전문품의 구분

구분	특성
편의점	제품에 대하여 완전한 지식이 있으므로 최소한의 노력으로 적합한 제품을 구매하려는 행동의 특성을 보이는 제품으로 식료품, 약품, 생활필수품 등이 속함
선매품	제품을 구매하기 전에 가격 품질·형태·욕구 등에 대한 적합성을 충분히 비교하여 선별적으로 구매하는 제품으로 편의품에 비해 구매단가가 높고 구매횟수가 적은 것이 보통이다. 냉장고, 가스레인지, 의류, 가구 등이 속함
전문품	상표나 제품의 특징이 뚜렷하여 구매자가 상표 또는 점포의 신용과 명성에 따라 구매하는 제품을 말한다. 비교적 가격이 비싸고 상표만을 수용하려는 상표집착의 구매행동 특성을 나타내는 제품으로, 자동차, 피아노, 카메라, 전자제품 등과 독점성이 강한 디자이너가 만든 고가품의 의류가 속함

2.2 도소매업 창업의 절차

(1) 상권 및 시장분석

도·소매업의 창업자는 자신에게 적합한 업종을 선정할 때 그 업종에 맞는 상권을 설정하여야 한다. 상권이란 상점 또는 집단에 관계된 고객이 분포하고 있는 지리적 범위로서 구체적으로는 당해 상점가가 고객 흡인력이 있고, 취급하는 상품에 대해 상시로 당해 상점가에서 구입하는 고객이 분포하고 있는 지역을 말한다. 창업자는 신설 점포의 입지선정과 기존 상권을 선택할 것인가 아니면 스스로 독자적인 상권을 개발할 것인가의 문제에 부딪히는데 그 결심여하에 따라 경영전략이 근본적으로 달라진다.

상권의 차별성에 따른 경영전략은 독자적 상권 개척과 기존상권에 진입하는 경우로 구분할 수 있는데, 독자적 상권을 개척하기로 결심하게 되면 점포 신설 지역에서 창업 품목이나 업종에 대해 새로운 경영환경을 창조하고 고객층을 새로 형성시키기 위한 공격적 마케팅 전략을 수립하여 확장 위주의 경영계획을 추진하여야 한다. 기존상권에 진입하는 경우는 이미 형성되어 있는 상권의 분위기에 적절히 대응하고 고객의 기호와 요구에 적응하기 위한 마케팅을 통해 기존 고객을 신설점포로 수렴해 들이는 전략이 중심이 되므로 신설점포의 차별성을 부각시키기 위한 점포의 면적, 점포 간 거리는 물론 광고, 홍보 전략도 달라져야 한다.

<표 8-3>는 이상의 내용을 정리하고 있다.

<표 8-3> 상권 및 시장 분석 사항

구분	독자적 상권 개발	기존 상권 선택
기본전략	새로운 경영환경의 창조	형성되어 있는 환경에의 적응
시장전략	개척 마케팅	적응 마케팅
고객전략	고객의 창조와 선별	고객층 적용
의식과 특성	자율적, 동태적, 확장성	타율적, 정태적, 수렴성

창업업종에 맞는 적절한 상권을 선택하기 위하여, 주 수요층, 유동인구, 도로상황, 경쟁점포의 유무 등을 분석해야 한다. 또한 창업업종의 매출성장가능성 및 지역개발가능성 등 상권에 영향을 줄 수 있는 요인들을 파악하여 장기적인 안목을 가지고 상권을 선택할 수 있어야 한다. 이미 시장상권이 형성된 곳이나 동종업종이 모여 있는 상권, 업종 특색에 적합하고 시장개척 가능성이 높은 상권을 선정한다.

(2) 입지선정

점포의 입지는 상권 내에 소비 대상인구가 많고 장래에도 인구가 증가할 것이 예상되며 소득수준 및 소비성향이 높고 구매력이 왕성한 연령층의 거주자, 즉 계획업종 및 업체에 적합한 소비자가 다수 존재하는 곳을 선택하여야 한다. 또한 도로, 지하철, 버스노선 등 교통체계를 비롯하여 다수의 소비자를 유인할 수 있는 시설이 주변에 존재하고 기존 상권이 형성되어 있는 곳이 경험이 적은 창업자에게는 유리하며, 도매업인 경우 유사업종 상권이 형성된 곳을 선정하여야 한다. 최근 번창하고 있는 인터넷 판매나 통신판매 같은 경우는 사무실만 확보하고 별도 점포를 갖추지 않는 것이 일반적이다.

점포의 입지를 결정할 때는 계획하고 있는 입지가 창업할 업종 및 업태와의 적합성 여부를 먼저 확인하고 다음의 내용을 충분히 검토하여야 한다. 후보지의 환경에 대한 조사로는 해당 상권의 인구수, 인구구성, 세대 수, 유동인구, 소비수준, 목표소비자의 수 등이 고려되며 이는 전문기관에 의뢰하거나 창업자가 직접 현장에서 반복적으로 관찰함으로써 심층적으로 조사할 수 있다.

또한 새로운 점포가 창업자 자신의 능력에 적합한가를 사전에 확인하여야 한다. 즉, 점포보증금 및 권리금, 점포 임대기간 연장 가능성과 임대료 인상률, 창업자 거주지와의 통근거리 등이 확인의 대상이다. 점포 규모의 적합성과 기존 점포와의 경쟁관계를 조사한다. 일반적으로 인접한 경쟁업체보다는 규모가 조금이라도 큰 것이 신설점포에 대한 소비자의 관심을 끌기에 유리하고, 취급 상품을 눈에 잘 보이는 곳에 보기 좋게 진열하고, 판매할 수 있는 정도의 적정 규모로써, 주변의 여타 점포에 비해 규모면에서 경쟁력이 있어야 한다.

점포입지 시 고려해야 할 사항들을 검토한 뒤에 몇 곳의 점포 후보지를 결정하게 되면 계약에 앞서 점포의 상태와 소유주의 의도를 파악하는 것이 중요하다. 점포를 완전히 사서 입주하는 경우는 창업자의 의사에 따라 입주 후 개선이나, 준비절차를 자유롭게 추진할 수 있다. 하지만 전세 또는 월세로 임차하여 입주하는 경우는 점포 소유자가 권리금 상쇄를 위한 일시적 임대인지 아니면 인근에 대형 점포를 신축하기 위한 확장이전인지를 확인하여야 한다. 또한 점포 의 상태를 확인해 보아야 하며, 전력, 용수, 배수시설, 누수나 침수, 환기, 쓰레기 등이 확인의 대상에 포함될 수 있다.

점포입지에 대한 계약과정에서 창업자는 점포매매 또는 임차를 위한 조건과 하자의 내용을 확인하여야 한다. 해당 대지와 건물에 대한 법적 주인과 계약 체결자와의 관계, 근저당, 가등기 및 가압류 여부는 등기부등본을 발급 받아 확인해야 한다. 도시계획에 따른 용 도는 도시계획확인원, 토지대장, 건축물 대장을 발급받아 무허가나 가건물인지의 여부와 함께 도시계획상의 철거대상인지 아닌지를 확 인한다.

창업자는 계약조건에 대해서도 철저히 확인하여야 하는데, 즉 임 차보증금의 조건, 월세액, 각종 공과금 및 세금납부 유무 등이 계약 서상 명시되어야 한다. 또한 계약할 때 인수할 물품과 비품 목록, 계 약기간, 명도일, 계약기간 만료 후 재연장 조건, 향후 사업성패에 따 른 업종변경 시 제약조건 여부, 월 세금 지불방법, 연체시의 이자, 해약조건, 하자보수 등도 명시되어야 한다. 계약금, 중도금, 잔금, 중 개료의 액수 및 지급일 그리고 권리금, 보증금 등을 일괄 인수할 때 에 권리승계 및 인증 유무를 명시하고 매도인, 매수인, 중개인의 이 름, 주소, 연락처, 날인 상태를 확인하여야 한다.

(3) 개업 준비절차

1) 직원 채용

도·소매업의 특성은 직원의 이직률이 높고, 시간제 근무가 가능하며, 성수기에는 임시직을 파트타임으로 활용할 수 있다는 점이다. 따라서 창업점포는 가급적 직원의 수를 최소화하고 경우에 따라 가족경영 형태를 취하며, 시간제 파트타임 직원을 최대한 활용하도록 하고, 특별히 경험 있는 종업원이 필요하다고 판단될 때는 사전에 채용조건을 결정하여 확보하도록 한다.

도·소매업에서는 종업원의 의식구조와 능력이 판매액에 직접적인 영향을 끼칠 수 있다. 그러므로 종업원과 창업자 간의 신뢰를 바탕으로 인간적인 유대관계가 형성, 유지되도록 해야 한다. 특히 직원의 능률을 높이기 위해 창업자는 적절한 목표를 수립하고, 직원의 능력에 확신을 가지며, 권한을 위임해야 한다. 또한 긍정적으로 생각하도록 유도하며, 직원의 말을 경청하며, 인간중심 경영을 할 수 있도록 노력하여야 한다.

2) 상품수급 계약

상품을 약정된 품질수준으로 적정가격에 안정적으로 공급받도록 문서로 계약할 경우에는 주문방법, 납품방법, 가격, 발주 후 입고까지의 시간, 하차 및 진열유무, 선수금, 하자 반품조건, 결제 방법, 재고품의 반품방법, 유사상품을 취급할 때의 계약조건, 계약기간, 수급 해약조건, 위약금 등을 계약서에 명시하여 책임소재를 명확히 하도록 해야 한다. 또한 자금조달 범위 내에서 적정한 상품종류와 적정

구매량을 발주하는 것이 중요하다.

판매계획에 따라 투자액과 예상목표 이익액을 비교하여 판매목표액을 결정하고 판매액 달성을 위한 상품구색 또는 상품 구성을 결정한다.

3) 매장 꾸미기

개업에 앞서 매장 시설공사와 실내 인테리어 및 내부장식은 투자계획에 따라 예상투자비가 초과하지 않는 범위 내에서 추진해야 한다. 매장시설은 전문 업체와 일괄계약이 유리하도록, 즉 허가관련 처리가 용이하도록 해야 한다. 체인점이나 대리점인 경우에는 본사에 직접 의뢰하거나 본사에서 제공하는 설계에 따라야 한다.

점포외관의 디자인은 고객이 노력하지 않고도 쉽게 발견할 수 있게 구성하는 것이 좋다. 점포는 고객이 외부에서 점포내의 분위기를 느낄 수 있도록 설계하여 고객을 흡인할 수 있어야 한다. 또한 고객들이 점포 내로 들어오도록 점포성격을 알릴 수 있는 외관설계에도 치중하여야 한다.

내부 디자인은 점포내의 분위기를 즐겁게 하여 상품을 보다 매력적으로 느낄 수 있도록 설계하여야 고객의 구매욕구를 높일 수 있을 것이다. 내부면적의 배분은 매장 및 비매장면적의 비율과 매장면적을 상품구색별로 구분하여 가장 효율적인 비율로 구성하는 것에 신경 써야 한다.

점포의 바깥조명은 고객의 시선을 끌 수 있고 영업시간 외에도 점포의 존재를 기억시키는 역할을 할 수 있도록 해야 한다. 점포 안의 조명은 고객으로 하여금 상품에 집중할 수 있게 하여 품질과 가격

검토에 도움을 주어야 한다. 또한 상품을 돋보이게 하는 색채의 배합과 상품의 분위기에 맞는 상점 색채를 선정하여 고객의 구매심리를 적극적으로 유발시키는 것이 중요하다.

4) 상품배치 진열 및 재고관리

상품매입은 고객을 만족시킬 수 있는 상품을 구매하는 것으로 찾아온 고객이 원하는 상품을 위주로 하는 상품구색과 재고수량을 감안하여 상품매입을 결정하고, 관련품목을 중점 취급하는 상품매입처를 다수 확보하되 상품매입처는 상품과 판매자세 및 기업자체의 경영적 배경을 검토하여 평가한다.

상품의 점포 내 배치는 점포를 하나의 종합시스템으로 보고 모든 기능이 매끄럽게 연결되도록 배치하되 고객의 동선을 고려하며, 매장전체를 한눈에 조망할 수 있도록 해야 하며 이동과 상품운반이 용이하도록 배치하여야 한다.

상품진열은 고객의 눈에 구매하고자 하는 상품이 가장 잘 보이도록 진열하는 것이 원칙이다. 따라서 상품진열의 구성요소인 상품(무엇을), 진열량과 수(얼마만큼), 진열 면 중에 어느 면을 고객에게, 진열의 위치, 진열의 행태를 신중히 검토하여 선택하여야 한다.

상품판매량에 정비례하는 진열방식은 상품 회전율을 높이고 많이 팔리는 상품의 품절 방지와 비인기 상품의 재고 감소 효과를 주게 되며, 또한 고객이 즐겁게 가격수준을 비교하여 구매할 수 있게 동일 상품당 가격 라인의 수는 3~5개로 제한하여 진열하는 것이 좋다.

상품진열 시에 상품믹스 방식은 상품별로 이익률에 판매구성비를 곱한 판매액 대비 전체판매이익률이 가장 높게 되도록 판매구성비를 결정하는 것이 좋다.

재고관리는 고객이 원하는 상품의 구색을 충분히 갖추고 적정 수준의 재고를 유지하기 위해서 철저히 계획되어야 한다. 특히 기초재고, 상품구색 재고, 신규재고를 적정선에서 유지하려면 매장과 창고에 있는 상품수량, 상품별 판매빈도, 주문해야 할 상품의 유형과 수량에 대한 정확한 데이터가 확보되어야 한다. 또한 재고부족의 원인이 되는 부정확한 판매예측, 매입처로부터의 상품공급 지연, 매입자금의 부족, 예상치 못한 고객수요 등에 대한 대응책도 함께 마련되어야 한다. 따라서 적정 재고관리를 위해서는 사무용 컴퓨터에 매일의 매출과 매입 및 재고수준을 기록하고 주간, 월간별 실적을 대비 하여 과학적 통계에 의한 재고조정 방안을 체계화하는 것이 필요하다.

5) 개업안내 광고 및 선전전단 배포

점포의 개업을 전후하여 광고, 홍보, 인적판매 등 판매촉진 활동을 추진하여야 한다. 광고활동으로는 광고매체를 이용하거나 친절한 영업사원의 매너, 정결한 점포관리 등의 전략적 운용이 중요하다. 홍보활동으로는 전단광고, DM 광고, 지역잡지에 대한 광고, 월간지 및 전문지에 대한 광고 및 대중성이 높은 TV광고와 신문광고 등의 방법을 활용할 수 있다.

이와 함께 철저한 고객중심에 의한 개점초기의 소비자 입을 통한 소문광고인 구전광고와 인적판매를 이용하거나, 판촉물 증정에 의한 광고, 고객사은 행사광고, 이벤트 행사형 광고 활동 등 판촉활동을 전개해야 한다.

6) 사업자등록 신청

만약 사업을 위한 인허가가 필요한 업종의 경우에는 개별법에 의하여 시설 및 자격요건을 갖추어 해당관청에서 사업 인허가를 받은 후 관할 세무서(민원봉사실)에 사업자등록을 신청하며, 인허가가 필요 없는 업종인 경우는 사업 개시일로부터 20일 이내에 관할세무서(민원봉사실)에 사업자등록만 하면 된다. 사업자 등록신청을 위하여는 사업자등록신청서, 주민등록등본(법인은 법인등기부등본), 및 사업장 임대차계약서 사본을 준비하여야 한다.

제3절 서비스업 창업

경제학에서는 경제활동에 있어 사고팔 수 있는 대상이 되는 것을 재화와 용역으로 구분한다. 재화, 즉 물건을 만들어내는 일을 담당하는 산업을 제조업으로, 용역을 만들어내는 산업은 서비스업으로 분류한다. 요컨대 유형재의 생산은 제조업, 무형재의 생산은 서비스업으로 이해할 수 있다. 서비스업의 범위는 매우 넓고, 단순노동에서부터 광범위한 지식이 요구되는 것까지 다양하다. 예를 들어 서비스업에는 도·소매업이나 음식·숙박업에서부터 유통업, 금융업, 컨설팅업, 의료업 등 부가가치가 높은 부문까지 포함된다. 서비스업은 그 자체적으로 부가가치를 창출하는 것은 물론 제조업 부문의 부가가치 창출에 결정적인 영향을 미치게 된다.

3.1 서비스업 창업의 특징

　서비스업 창업은 제조업의 창업과는 다른 몇 가지 특징을 가지고 있다. 서비스업 창업은 창업자의 지식이나 경험과 개인의 노하우, 특기 등이 직간접적으로 사업에 적용되는 경우가 많아서 창업자의 개인적 특성과 역량에 의해 창업기업의 수익력 규모가 결정되는 특성을 지니고 있다. 또한 제조업이 기계장치 등의 보유규모에 의한 생산능력에 의해 경제성이 좌우된다면 서비스업은 창업자의 지식과 서비스능력에 의해 사업성패를 결정짓는 무형적요인이 크게 작용하고 있다. 이에 따라 무형의 재화와 서비스를 다루는 서비스업의 특성상 소비자의 적극적인 동의와 공감을 획득하고자 하는 창업자 개인의 능력이 사업성패에 매우 중요한 요소로 작용하며, 반면에 다른 업종에 비하여 대규모 생산설비나 커다란 투자행위를 필요로 하지 않는 특징을 지니고 있다. 서비스업은 주변의 경제여건이나 기업이 처한 경영환경 등에 민감한 영향을 받는 경우가 많으며 창업 이후 소비자의 신용과 신뢰를 확보하기까지에 비교적 많은 노력과 장기간의 시간이 소요되며 반면에 한순간에 소비자의 외면을 받을 수 있는 위험성도 지니고 있다.

3.2 서비스업의 유형

　서비스업은 개인서비스업과 사업서비스업으로 구분할 수 있다.
　개인서비스업은 일반 개인을 주 고객으로 하여 각종 서비스를 제공하는 것으로 부동산관련 서비스업, 여행알선업, 수리업, 음식점 등이 이에 속한다. 반면 사업서비스업은 주로 사업체를 주요 대상으로 하여 각종 서비스를 제공하는 사업으로 전기 통신업, 보관 창고업, 경영상담, 광고업, 시장조사, 정보처리 및 기타 컴퓨터운용 관련업, 엔지니어링 및 관련 기술서비스업, 교육서비스업, 고용알선업 등이 이에 속한다. 이들 서비스업 중 규모 면에서는 개인서비스업보다 사업서비스업이 더 크며, 업무 자체도 전문적이고 복잡하다. 따라서 사업서비스업은 법인형태로 설립되는 경우가 많기 때문에 제조업과 똑같이 법인 설립 절차가 필요하며, 고객 왕래가 쉬운 곳 등 사무실 입지가 비교적 중요하다.

3.3 서비스업 창업 절차

(1) 사업 핵심요소 결정

1) 서비스업은 기계시설보다는 주로 인력에 의하여 서비스가 제공되며 생산과 동시에 소비되어 버리는 특성을 가지고 있으므로, 서비스를 구입하는 고객은 일반제품을 구입할 경우보다 서비스의 품질 파악이 어렵기 때문에 불확실한 입장에 처하게 되므로 서비스내용을 충분히 인지시켜야 한다.

2) 서비스업은 대부분 인력에 의해서 이루어진다. 즉, 창업자나 종업원의 경험, 지식을 토대로 하여 소비자에게 서비스를 제공하는 것이므로 양질의 서비스를 제공하기 위해서는 종업원에 대한 교육을 지속적으로 실시해야 한다. 서비스의 질을 향상시키기 위해서 창업자는 창업 업종의 특징을 파악하여 차별화된 전

략을 수립하여야 한다.

3) 서비스업은 서비스수준을 관리하여야 한다. 고객에게 지속적이고 동질적인 만족을 주기 위해서 경영자는 기대와 욕구를 파악하여 자사와 경쟁사와의 서비스 수준을 비교하고 고객이 만족할 수 있는 서비스를 유지·관리할 수 있도록 해야 한다.

4) 서비스업을 창업하여 사업기반이 확립되고 일정수준의 고객확보를 위해서 서비스내용 및 서비스 수준에 대한 홍보가 지속적으로 이루어져야 한다. 또한 창업자는 서비스업에서 가장 중요한 서비스의 질을 향상시켜 소비자가 제공되는 서비스에 만족할 수 있도록 하여야 한다.

5) 소비자가 서비스의 품질을 평가하는 요소는 서비스의 종류에 따라 다를 수 있지만 일반적으로 아래의 표에 포함된 내용의 질문에 대해서는 긍정적인 답변이 나올 수 있도록 하여야 한다.

<표 8-4> 서비스 평가요소

결정요소	내용
서비스의 차별화와 신뢰성	- 경쟁업체와 비교하여 서비스는 차별화 되어 있는가 - 고객이 서비스의 품질을 신뢰할 수 있는가
종업원의 능력과 태도	- 종업원이 서비스를 수행할 능력이 있으며, 능동적으로 서비스를 제공하는가
지리적 접근의 용이성	- 고객이 서비스를 쉽게 항상 이용할 수 있는가
예의성	- 서비스는 친절하게 제공되는가
서비스 정보제공	- 고객에게 서비스에 대한 적절한 정보가 제공되는가
서비스의 완전성	- 서비스의 하자나 의심되는 점이 없는가
고객행동 및 심리파악	- 고객행동의 변화를 파악하고 있는가
사후서비스(A/S)	- 사후서비스는 적시에 제공되는가

(2) 사업타당성 분석

무형의 재화를 생산하고 판매하는 서비스업에 있어서도 사업타당성 분석은 중요하다. 사업타당성은 몇 개의 사업아이템을 대상으로 면밀히 실시되어야 하며 사업타당성의 분석결과에 따라 창업여부를 결정하는 경우가 대부분이므로 이에 대한 철저한 조사분석 및 준비가 갖춰져야 한다. 사업타당성 분석의 내용으로는 사업아이템의 적합도, 사업입지의 타당성, 시장성과 판매전망, 수익성, 성장성과 투자의 위험성 및 경쟁서비스업체를 포함한 연관요소에 대한 비교 분석을 실시한다.

이 모든 과정을 거쳐 작성된 사업타당성 분석 결과를 토대로 하여 창업자는 자신에 맞는 업종 및 사업 아이템을 최종적으로 선택하게 된다.

(3) 사업 인허가/신고

서비스업은 도소매업과 마찬가지로 업종의 특성상 인허가 사항이 적으며, 창업절차가 비교적 간단하다. 일반적으로 사무실을 마련하고 사업자등록을 마치면 사업을 영위할 수 있다. 그러나 공중위생과 관련이 있는 업종, 사행행위 등 행정규제가 필요한 업종, 전문적 지식이 요구되는 서비스업 등에 대하여는 관계법령에서 정하는 시설기준 및 자격요건 등을 갖추어야 한다.

그러므로 창업자는 자신이 창업하려는 업종이 관련법에 의해 허가, 등록 또는 신고가 필요한 업종인지 여부를 파악하여 창업 준비를 하여야 한다.

(4) 입지선정

서비스업에서 입지선정은 고객의 편의성측면에서 회사와의 거래를 결정짓는 핵심요소이다. 입지선정 시 다음과 같은 사항을 고려하여 결정해야 한다.

* 사무실의 입지가 창업할 업종 및 업태와 적합해야 한다.
* 고객의 접근이 용이해야 한다. 특히 서비스업종은 접근의 편의성이 매우 중요하다. 소비의 불편을 감수하고 소비자가 구매하는 경우는 독점의 경우가 아니라면 있을 수 없기 때문이다.
* 창고가 필요한 업종의 경우에는 낮은 수송비를 충족시킬 수 있는 창고의 입지가 필요하며, 사무실은 창고와 인접해야 한다.
* 선책한 입지가 창업자의 능력에 적합한지를 검토해야 하는데 사무실의 상태(전기, 수도, 상하수도 등), 사무실의 계약관계(근저당, 가압류 등과 관계법령에 따른 건물의 용도확인 등), 임대관련(임차보증금조건 및 하자보수, 공과금 및 세금납부 등) 사항들을 정확하게 확인해야 한다.
* 경쟁업체, 유사업체 등을 파악하여 최적의 입지를 선정한다.

이와 함께 매출액과 수입추정을 통한 입지결정을 위해 지역재정이나 고용상태, 주거밀도, 소득수준, 접근성 및 가시성 등을 종합적으로 검토하여야 한다.

필요하다면 후보지에 대한 이러한 측면들을 전문기관에 의뢰하거나 창업자가 직접 현장에서 반복적으로 관찰함으로써 심층적으로 조사해야 한다.

(5) 개업 준비

개업준비 절차는 창업의 마무리 단계이다. 회사설립, 공장건축 및 생산설비 설치가 완료됨으로써 회사의 골격은 이제 갖추어진 것이라 할 수 있다. 이렇게 갖추어진 골격을 어떻게 운영할 것이냐가 개업준비 절차에서 이행되어야 할 창업 절차이다.

1) 조직구성

개업 준비절차에서는 본격적인 영업에 돌입하기 위해 필요한 관리, 영업 직원을 충원하고 훈련하는 일에서부터 체계적인 조직의 구성으로 이어진다.

① 서비스 분야 업무내용

회사실정에 맞는 조직이 구성되면 각 분야별로 서비스 분야에서는 판매원, 종업원의 교육 과정을 거친 후, 본격 생산에 돌입해야 한다. 그리고 이어서 공장등록, 공장설립 완료보고, 부동산 등기 등의 절차도 이행하여야 한다.

② 관리분야 업무내용

관리분야에서는 급여규정, 회계규정 등 각종 회사 내규의 제정, 업무에 필요한 각종 장표와 서식 제정과 더불어 직원 연수도 집중적으로 실시해야 한다.

대외기관에 신고해야 할 각종 사규, 즉 취업규칙신고, 사업장 설치계획 신고, 고용보험, 그리고 기타 대외기관 신고 등을 이행해야 한다.

③ 영업분야 업무내용

영업분야에서는 영업체계의 확립, 시장개척 활동 및 시장조사 등을 병행하여 실시함으로써 본격 영업에 대비하여 자사 제품(서비스)을 홍보하고, 소비가 반응을 체크하여 제품의 성공가능성을 타진해 보아야 한다. 또한 보다 더 좋은 서비스를 제공할 수 있도록 다양한 측면에서 소비자 반응을 살피는 일이 중요하다. 그리고 종업원(직원)에 대한 정신무장과 더불어 영업직에 대한 자긍심 제고 노력 및 직원에 대한 연수도 병행하여 실시하는 일도 잊어서는 안 된다.

2) 개업준비 절차 시 고려사항

창업을 준비하는 과정에서 여러 가지 절차를 원만히 수행하여 왔더라도 창업의 마지막 단계인 개업준비를 철저히 하지 않으면 헛수고하는 결과가 된다. 개업 준비 절차에서 창업자가 가장 먼저 고려해야 할 사항은 사풍의 확립이라고 할 수 있다. 기업의 전통도 창업 초기에 수립되는 것이다. 개업 준비 단계에서는 각 파트별로 업무협조가 순조롭게 진행되도록 창업자가 조정해야 한다. 종업원 상호 간에도 한 가족임을 강조함과 아울러 창업회사의 경영방침을 전 구성원이 동감하고 실천을 할 수 있도록 분위기를 조성하는 데에 힘써야 한다.

또한 각종 사규나 장부, 서식 등을 만들 때에는 전 직원의 공감대 형성과 더불어 적극적인 토론을 토대로 해야 한다. 사규 및 제도의 도입이 초창기에 잘 이루어져야 일의 능률도 오르고 경영의 생산성도 높아질 수 있기 때문이다. 그리고 영업체계가 윤곽이 잡힐 수 있도록 영업 조직의 효율성 및 생산성 향상 측면에서 조직구성이 이루어지도록 해야 하며, 특히 경쟁회사조직과 비교하여 특색 있는 조직이 이루어지도록 해야 한다. 또 이 기간 동안에는 관공서에 각종 신고를 하는 기간이기도 하기 때문에 이러한 신고 내용을 정확히 숙지하여 정해진 기한을 넘겨서 신고하는 일이 없도록 신경을 써야 한다.

3) 경영전략수립

서비스업에 있어서 마케팅 전략의 수립은 중요한 비중을 차지한다. 기존의 제조업에서 활용해오던 마케팅을 서비스업에 적용하는 경우도 있으나 서비스라는 제품은 제조업의 제품과 달리 추가적인 마케팅 접근방법이 필요하다.

서비스의 대상이 되는 고객과 효과적으로 상호 작용하여 서비스가 제공되는 동안에 월등한 가치를 창출할 수 있어야 한다. 이러한 경영전략의 수립은 종업원의 기술이 좌우되며, 이들 종업원의 업무를 지원하는 서비스의 생산 및 지원 과정에 따라서도 좌우된다.

오늘날 경쟁의 증가와 그의 소요되는 비용이 증가하고, 생산성 및 서비스의 질이 떨어짐에 따라 보다 많은 서비스 기업들이 마케팅에 관심을 갖게 되었다. 서비스 기업들이 직면한 마케팅 과업으로는 경쟁적 차별화, 서비스 품질 및 서비스 생산성 등의 증진이 있다.

① 차별화 관리

가격경쟁이 심화되어 가격에서 경쟁사를 뛰어넘을 수 없을 때에는 가격경쟁을 해결하는 방법으로 제공하는 서비스의 전달 및 이미지를 차별화하는 방법이 있다. 서비스 기업들은 사람, 물질적 환경 및 과정을 통해서 서비스 전달을 차별화해야 한다. 첫째, 기업은 보다 유능하고 신뢰할 수 있는 고객접촉 담당자를 확보함으로써 경쟁사에 비해 자사를 차별화할 수 있다. 둘째, 기업은 서비스 제품이 전달되는 물질적 환경을 탁월하게 조성할 수가 있다. 마지막으로 기업은 우월한 전달 과정을 수립할 수 있다.

② 서비스의 품질관리

서비스 관리의 핵심은 고객이 기대하는 서비스 품질을 경쟁사보다 더 높은 수준으로 꾸준히 제공하는 것이다. 잘 관리되고 있는 서비스 기업에 대한 연구는 서비스의 품질과 관련하여 우수한 서비스기업들은 몇 가지 공통점이 있는데 첫 번째가 최상위 서비스 기업들은 '고객에 지향하고 있다'는 점이다. 두 번째는 잘 관리되는 서비스기업들은 최고경영자가 품질에 몰입하는 전통을 가지고 있다. 세 번째는 높은 서비스 품질의 기준을 설정하고 있다. 네 번째는 자사 및 경쟁사의 서비스 성과를 면밀하게 살피고 있다.

③ 생산성 관리

서비스의 원가가 급격하게 증가함에 따라, 서비스 기업은 그들의 서비스 생산성을 향상시켜야 하는 압력을 받고 있다. 서비스의 생산성을 향상시키기 위해서는 첫째, 서비스 제공기업은 현재의 구성원들을 훈련시키거나, 또는 같은 급료로 보다 열심히 일할 수 있도록 하거나, 보다 기술적으로 일할 수 있는 신입사원을 고용할 수도 있다. 둘째, 서비스 제공기업에서 품질은 어느 정도 수준만 제공하고, 서비스 제공의 양을 증가시키는 방법이다. 셋째, 서비스 제공기업은 설비를 추가하고, 생산을 표준화함으로써 '서비스를 산업화'할 수 있다. 넷째, 보다 효과적인 서비스를 설계함으로써 생산성을 향상시킬 수 있다.

제4절 프랜차이즈 창업

4.1 프랜차이즈의 이해

(1) 프랜차이즈 시스템의 정의

프랜차이즈는 가맹본부(franchisor)가 개발하고 지속적으로 강화해 가는 영업방식과 상호를 가맹점(franchisee)이 일정한 대가를 지불하고 사용할 수 있도록 허용하는 계약관계를 말한다. 프랜차이즈 시스템은 본부의 상호, 상표, 경험, 마케팅기술 등을 바탕으로 상품화를 위한 지식 또는 정보에 대한 특권이나 허가를 가맹점에게 계약으로 대여하는 계약제도라고도 할 수 있다.

국제프랜차이즈협회(International Franchise Association)에 의하면, 프랜차이즈 사업이란 가맹본부와 가맹점사업자 사이의 계약관계이고, 가맹본부는 노하우와 훈련 등의 업무에 관하여 계속적으로 이익을 제공하고 또는 이를 유지할 의무를 진다. 가맹점 사업자는 가맹본부의 소유 또는 관리하에 있는 공통의 상표 및 기준에 따라 영업을 하며 프랜차이즈 사업에 대하여 자신의 자본을 실질적으로 출자하는 것을 말한다.

영국프랜차이즈협회(British Franchise Association)는 어떤 사람(가맹본부, 프랜차이저)이 다른 사람(가맹점 사업자, 프랜차이지)에게 부여하고 있는 계약상의 면허로써 다음의 요소를 구비하는 것을 말한다 첫째, 프랜차이즈를 부여한 기간 동안 가맹점사업자는 가맹본부가 보유하는 특정명칭을 사용하여 특정의 사업을 수행하는 것이 허용되거나 또는 요구되어져야 한다. 둘째, 프랜차이즈를 부여한 기간 동안 프랜차이즈가 수행하는 해당사업의 방법에 대하여 가맹본부는 계속적으로 통제할 권리를 보유하여야 한다. 셋째, 가맹본부는 가맹점 사업자에 대하여 해당사업을 실행하는 데 따른 지원할 의무를 수행하는 일을 행하며 경영상의 다른 사항에 대하여도 지원하여야 한다. 넷째, 프랜차이즈를 부여한 기간 동안에 정기적으로 가맹본부는 가맹점사업자에게 제공하는 프랜차이즈상품 또는 서비스의 대가로서 가맹본부는 가맹점 사업자에게 금전의 지급을 요구할 수 있어야 한다. 다섯째, 지주회사와 그 자회사와의 거래 또는 같은 지주회사의 자회사 상호 간의 거래 또는 지주회사에 의해 관리되는 개인 및 회사 사이의 거래가 아니어야 한다.

일본프랜차이즈협회(Japan Franchise Association)는 프랜차이즈란 사업자(가맹본부)가 다른 사업자(가맹점)와의 사이에 계약을 체결하고 자기의 상표, 서비스, 마크, 상호, 그 밖의 영업의 상징이 되는 표지 및 경영의 노하우를 사용하여, 동일한 이미지 하에 상품의 판매 및 그 밖의 사업을 수행할 권리를 부여한다. 한편 가맹점은 이에 대한 일정의 대가를 지불하고 사업에 필요한 자금을 투입하여 가맹본부의 지도 및 지원하에 사업을 수행하는 양자의 계속적 관계를 말한다.

한국프랜차이즈협회(Korea Franchise Association)는 프랜차이즈란 가맹본부가 프랜차이즈를 구매한 사람에게 프랜차이즈회사의 이름, 상호, 영업방법 등을 제공하여 상품과 서비스를 시장에 판매하거나 기타 영업을 할 수 있는 권리를 부여하며, 영업에 관하여 일정한 통제, 지원을 하고 이러한 포괄적 관계에 따라 일정한 대가를 수수하는 계속적 채권관계를 의미한다.

결국 각 나라마다 언어와 용어는 다르지만 프랜차이즈에 대한 정의는 거의 동일하다. 이를 종합하면 프랜차이즈는 사업을 확대시키고 상품과 서비스의 유통(distribution)을 제공하기 위한 하나의 시스템이며, 인증된 브랜드이름을 가지고 사업을 할 수 있는 기회를 다른 사업자에게 제공한다는 의미로 해석할 수 있다.

(2) 프랜차이즈의 탄생과 발전

프랜차이즈(franchise)는 프랑스어의 franc와 francher의 합성어로 '자유를 준다'라는 의미로 중세 가톨릭교회가 세금을 징수하는 관리에게 일정한 몫은 관리 자신이 갖고 나머지를 교황에게 납부했던 것에서 유래된 것으로 보는 것이 일반적인 견해이다.

프랜차이즈의 역사는 아라비아 상인들의 활동에서 시작되었다고 보기도 하고 중국에서 시작되었다고도 하며, 중세의 유럽에서 비롯되었다고 보는 입장도 있다. 그러나 프랜차이즈를 사업화하기 시작한 곳은 미국이므로 프랜차이즈의 역사는 미국에서 시작되었다고 볼 수 있다. 최초의 상업적 소매 프랜차이즈는 1858년 이삭 싱어(Isaac Singer)에 의해 개발된 Singer Sewing Center이다. 19세기에 들어서면서 Singer의 사업확장모델을 여러 기업들이 벤치마킹하기 시작하였는데 대표적인 기업이 코카콜라이다. 코카콜라는 상품의 유통을 위해 보틀러(Bottler)라는 도매업자에게 프랜차이즈 형태로 제품을 판매하였고 이 후 10년 만에 프랜차이즈 숫자가 370개로 늘어났으며, 그 결과 순식간에 미국 전역에서 코카콜라가 유통되기 시작하였다.

1920~1930년대에 걸쳐 자동차의 부품공급, 약국, 아이스크림, 의류, 화장품 등의 분야에서 프랜차이즈산업이 시작되었고 이를 전통적 프랜차이즈시스템이라 부르고 있다.

1950~1960년대에는 초기의 프랜차이즈산업의 성공으로 폭발적인 성장을 이룰 수 있었다.

Richard와 Morice라는 맥도날드 형제가 1937년 캘리포니아의 산버나디노에서 시작한 드라이브인 형태의 맥도날드는 Ray Croc이라는 milkshake mixing을 판매하는 영업사원에 인수되면서 1955년 시카고에 1호점을 개설하였고, 이는 비즈니스 형태의 프랜차이즈의 시작일 뿐만 아니라 음식산업의 본질과 음식산업의 미래까지도 변화시키는 계기를 만들게 되었다.

맥도날드에 이어 던킨도너츠가 1950년에 창업하여 1956년에 프랜차이즈화 하였으며, 버거킹은 1951년에 창업하여 1957년에 프랜차이즈화, 쉐라톤은 1937년에 창업을 하여 1962년에 프랜차이즈화 하였다.

초기 패스트푸드에서 시작한 프랜차이즈사업이 현재는 산업의 전 분야에 걸쳐 프랜차이즈화 되어 가는 경향이다. 2차 세계대전 초기 franching은 미국기업들이 국내보호정책이 심한 아시아나 유럽시장에 진출할 수 있는 유일한 통로였다.

현재 세계 각국에서 프랜차이즈 산업은 급속한 발전을 이루고 있으며, 국가의 중요한 경제정책 중 하나로 많은 가맹본부들이 세계시장의 진출과 성공을 위해 끊임없이 노력을 하고 있다.

한국 프랜차이즈사업의 효시는 1975년 개점한 '림스치킨'으로 보는 견해와 1979년 대학로 샘터사에 자리한 커피전문점 '난다랑'으로 보는 견해가 있다.

그러나 한국 프랜차이즈산업이 본격화된 것은 1979년 10월 선진화된 프랜차이즈시스템을 갖춘 롯데리아가 개점함으로써 기업형 외식프랜차이즈 사업이 본격적으로 출범하였다. 1980년대에 접어들면서 한식을 비롯한 국내 토종브랜드의 프랜차이즈사업이 활성화되기 시작하였고, 특히 미국의 맥도날드사의 국내 진출로 인하여 프랜차이즈산업의 발전은 가속화되기 시작하였다.

국내의 프랜차이즈산업은 외식산업을 중심으로 발달하면서 프랜차이즈는 외식 특히 패스트푸드에 적합한 것으로 인식하였으나 급속한 사회발전으로 외식업의 여러 분야는 물론이고 서비스, 환경, 건강 등 사회전반에 걸친 산업분야에 적용되어지고 있다.

한국의 프랜차이즈는 짧은 역사에도 불구하고 눈부신 성장과 발전을 거듭하고 있다. 그 원인은 경제적 측면, 사회적 측면, 문화적 측면, 정보기술적 측면으로 나눠볼 수 있다.

경제적 측면은 국민소득 1만 달러 시대의 도래와 소비문화의 질적 향상과 소비패턴의 다양화 그리고 시장개방에 따른 해외업체의 진출, 세계화에 따른 국민들의 인식변화를 들 수 있다. 사회적 측면으로는 여성의 사회참여에 따른 편의성의 추구와 스피드의 필요성, 도시화와 레저지향 추세, 자가용의 증가, 젊은 세대들의 소비지향주의, 고객들의 까다로운 needs, 명퇴, 정년, 취업난으로 창업시장 확대로 설명될 수 있다. 문화적 측면으로는, 식생활 패턴의 서구화, 여가문화 향유와 해외 기업에 대한 가치관의 변화, 소비자층의 세분화와 가맹본부들의 현대화 등이 있다. 정보기술적 측면으로는, 인터넷의 보급과 디지털화, 첨단설비 및 기기의 자동화, 선진 경영기법의 도입 등이 있다.

(3) 프랜차이즈 관련용어

1) Franchise(**가맹사업**)

가맹본부와 가맹사업자 간의 합의 또는 지속적인 관계를 의미한다. 가맹본부는 가맹사업자에게 자기와 동일한 브랜드 및 이미지의 사용과 본부에서 개발한 상품이나 서비스를 독점 판매할 권리 부여하고 영업을 위하여 각종 교육 및 영업지도, 통제를 하는 대신에 가입비(franchise fee), 로열티 등을 수령하여 판매시장을 개척해 나가는 사업방식이다.

2) Franchisor(**가맹본부, 가맹사업자**)

가맹사업과 관련하여 가맹사업자에게 가맹점 운영권을 부여하는 사업자를 말한다. 가맹본부는 가맹점사업자에게 자기의 상표, 상호, 서비스표, 휘장 등을 사용하여 자기와 동일한 이미지로 상품판매의 영업활동을 하도록 허용하고 그 영업을 위하여 교육, 지원, 통제를 하며 이에 대한 대가로 가입비, 로열티 등을 수령하는 사업체이다.

3) Franchisee(**가맹점**)

가맹사업과 관련하여 가맹본부로부터 가맹점운영권을 부여 받은 사업자를 말한다. 가맹본부로부터 상호, 상표, 서비스표, 휘장 등을 사용하여 그와 동일한 이미지로 상품판매와 영업활동을 하도록 허용받고, 그 영업을 위하여 교육, 지원, 통제를 받지만 자신의 자금과 노동으로 가맹점을 운영하는 사업체이다.

4) 가맹점운영권

가맹본부가 가맹계약에 의하여 가맹점사업자에게 가맹사업을 영위하도록 부여하는 권리이다.

5) Fee(가맹금)

명칭이나 지급형태 여하에 불구하고 가맹점사업자가 가맹본부에게 지불하는 가입비, 보증금, 로열티 등이다.

6) 가맹(입)비

가맹계약 체결 시 가맹계약자가 가맹점사업자에게 지급하는 비용으로 점포개설에 따른 최초 교육비, 장소선정 지원비, 가맹사업 운영매뉴얼 제공비 등에 대한 지불비용이다.

7) 직영점

가맹본부가 가맹사업자에게 제공하는 동일한 이미지로 상품판매의 영업활동을 하며 매출, 직원, 이익을 본부가 직접 관리하는 사업체이다.

8) 가맹계약서

가맹사업의 구체적 내용과 조건 등에 있어 가맹본부 또는 가맹점사업자의 권리와 의무에 관한 사항을 기재한 문서이다.

9) 프랜차이즈 팩키지

가맹본부가 가맹점 사업자에게 제공하는 사업조건들과 포괄적인 일련의 서비스들을 말한다.

10) 프랜차이즈 프로그램

프랜차이즈시스템의 일관성을 유지하고 프랜차이즈 사업의 성공 기회를 최대한으로 만들기 위해 가맹본부가 가맹사업자에게 제공하는 체계적으로 정리된 서비스이다.

11) 정보공개서

가맹본부의 사업현황, 임원경력, 가맹점사업자의 부담, 영업활동의 조건, 가맹점사업자에 대한 교육 지도, 가맹계약의 해제 갱신 기타 해당 가맹사업에 관하여 책자로 편철한 문서이다.

(4) 프랜차이즈사업의 장단점

프랜차이즈시스템은 사회 전체적으로 경제적 집중을 방지하고, 중소가맹업체의 사업 실패율을 낮추며, 소외계층에게 확대된 경제적 기회를 제공하는 역할을 한다(Hunt, 1977).

1) Franchisor 측면

① 장점

가맹본부가 일정기간 동안 시장에서의 검증을 통해 완성한 시스템의 상품과 서비스를 적은 비용으로 빠르게 확산시킬 수 있다. 또한 각 가맹사업자가 가맹본부를 위해 운영자금과 노력과 추가지원을 제공할 수도 있다.

가맹본부가 사업을 하는 데 있어서 발생할 수 있는 여러 가지 위험들이 다른 사업확장 방법에 비해 많이 분산된다. 사업을 하는 데 있어서 가장 큰 장애물은 자금문제와 상품과 서비스를 판매할 수 있는 판매채널의 확보이다. 또한 각 매장의 운영을 위한 전문인력의 확보와 교육 그리고 유지비용에 따라서 사업의 성공과 실패를 가져올 수 있다. 모든 요소들이 완벽하게 갖추어졌을 때 사업성공이 가능하다. 그러나 프랜차이즈는 가맹점사업자의 자금과 동기부여가 높은 노동력으로 상대적으로 risk가 적은 편이라고 할 수 있다.

또한 규모의 경제 효과가 크다. 프랜차이즈는 생산 면과 유통 면에서 규모의 이익을 낳고 여러 가지 면에서 합리화와 상승효과 등을 가져다주므로 경영상의 유효한 효과를 발휘하고 있다. 규모의 경제는 시스템의 번성기나 성숙기에는 장점으로 연결되나 쇠퇴기에는 단점으로 작용하기도 한다.

그 밖에 위험회피와 자금절약을 할 수 있다. 프랜차이즈시스템은 성공을 판매하는 시스템으로 미국과 일본에서 이미 수많은 성공사례와 관련 조사결과를 갖고 있다. 미국프랜차이즈협회의 통계를 보면 독립창업보다 프랜차이즈창업의 성공률이 95%로 나타나고 있다. 투입자본의 액수도 가맹창업이 독립창업보다 적게 든다. 또한 마케팅 정보활용력이 뛰어나 시장조사에 필요한 비용과 시간절약을 할 수 있고 무엇보다도 데이터가 구체적이고 사실적이어서 시장 흐름의 변화와 소비자의 욕구에 정확하고 신속하게 대응할 수 있다. 뿐만 아니라 고용점장 보다 높은 관리의욕, 점포소재지역에 친숙한 가맹점 경영자의 우수한 판매능력 활용가능과 고효율의 광고선전효과 등을 볼 수 있다.

② 단점

직영체제인 경우 부진점 또는 불량점은 경영진의 판단에 따라 이를 폐점조치하거나 점장을 교체하면서 쉽게 해결방안을 모색할 수 있는데 반해 프랜차이즈 사업에 있어서 가맹점인 경우는 이것이 쉽지 않다. 프랜차이즈 사업의 부진점이나 불량점의 경우는 이른바 트러블요인으로 비화되기도 하고 시스템의 근본을 흔드는 심각한 시스템 붕괴요인으로 작용하기도 한다. 직영점의 경우는 철저한 경영과 컨트롤이 가능하고 용이하다. 표준이나 품질관리가 철저할 뿐만 아니라 점포의 개장, 신기술의 도입, 새로운 방침의 전환 등을 기민하게 추진하고 시행할 수 있다.

또한 가맹계약서의 내용이나 가맹점사업자의 위치에 따라서 가맹본부의 마케팅시스템에 대한 가맹본부의 관리가 약해질 수도 있다. 이것은 가맹본부가 품질과 효율성을 확보하는 데 어려움을 줄 수 있다. 어떤 경우에는 각 가맹점에 대한 가맹본부의 이익이 직영점보다 적을 수도 있다. 그러나 중요한 점은 많은 가맹점들로부터의 적은 이익이 전체 이익을 증가시키는지 감소시키는지이다.

2) Franchisee 측면

① 장점

Franchisee 측면의 장점은 몇 가지를 생각해 볼 수 있다. 첫째, 일관성 있는 상품과 서비스의 고객지원이다. 대부분의 고객들은 같은 상호와 같은 인테리어와 같은 느낌을 주는 일정한 수준의 품질과 일관성에 익숙해져 가고 있다. 상품이 우수하든지 평범하든지 상관없이 어느 한 점포가 매출을 많이 올리고 있다면 그 점포의 성공비결은 한결같은 일관성 때문일 것이다. 소비자들은 제품과 서비스의 종류나 성격에 관계없이 브랜드화된 가게에서 자신이 원하는 것을 구입함으로써 자신이 받게 될 일정 기준의 품질을 기대하며 실제로 그것을 원한다.

둘째, 오픈 전 지원이다. 비록 프랜차이즈시스템을 시작하는 데 수수료를 지불해야 하지만 가맹본부로부터 훈련과 교육, 운영매뉴얼, 위치선정, 디자인, 비품구입 등을 지원받게 된다. 또한 가맹본부를 사업의 파트너로써 든든한 조언자 및 후원자로 이용할 수도 있고 같은 시스템의 가맹점사업자들과 네트워크를 통해 좋은 아이디어나 관련 정보를 공유할 수도 있다.

셋째, 지속적인 지원이다. 로열티를 지불하는 대신에 가맹점사업자들은 정기적인 교육과 연합광고, 오픈 행사, 지속적인 시장조사나 상품개발을 지원받게 된다.

넷째, 가맹점사업자들은 일정 수준의 독립성을 보장받는다. 다른 방법보다 적은 비용으로 자신의 사업을 시작할 수 있다.

다섯째, 가맹점사업자들은 시장에서 검증된 상품이나 서비스를 판매하는데, 대개 이러한 상품과 서비스들은 일반 고객들에게 많이 알려져 있는 경향이 있다.

여섯째, 가맹점사업자들은 널리 알려진 브랜드 때문에 곧바로 고객을 확보할 수 있다.

일곱째, 입증된 가맹점 운영절차들을 지원받고 교육 받는다. 교육 및 훈련, 지속적인 관리와 경영 지원, 전국적인 또는 지역적인 광고, 공동구매의 혜택들 등 여러 가지 운영지원을 받을 수 있다.

마지막으로 부족한 창업자금의 지원을 받을 수 있다.

② 단점

Franchisee 측면에서 장점만 있는 것은 아니며 단점도 생각해 볼수 있다. 첫째, 제한적인 독립성이다. 프랜차이즈의 가장 대표적인단점 중의 하나가 제한적인 독립성이다. 프랜차이즈시스템들은 가맹본부가 만들어 놓은 매뉴얼과 절차 및 과정에 따라 사업을 운영하도록 만들어져 있다. 따라서 가맹본부는 시스템의 일관성을 유지하기위해 가맹점사업자를 관리하거나 통제할 수밖에 없다.

둘째, 지나친 의존성이다. 가맹점사업자가 독립성을 지나치게 잃게되면 너무 의존하게 되는 단점이 있다. 가맹본부에게 너무 의존하게되면 여러 가지 문제가 발생할 수가 있다. 가맹점사업자들은 사업운영능력과 시스템의 제약들 사이에 균형을 유지하는 것이 바람직하다.

3) 국가경제적 측면

① 장점

첫째, 프랜차이즈창업이 활성화됨으로 인해 국가 경제의 활성화를 가져올 수 있다. 프랜차이즈는 기업측면에서는 짧은 시간에 적은비용으로 상품과 서비스의 판매를 증가시킬 수 있는 사업확대 방법의 좋은 방법이다. 특히 자본과 인력이 부족한 중소기업들이 프랜차이즈를 활용함으로써 효율적인 사업을 운영할 수 있으며 성공한 기업들이 많아짐으로써 많은 젊은이들이 자신의 좋은 아이디어를 가지고 창업할 수 있는 토대가 마련되는 것이다. 예비창업자 또한 사업을 할 수 있는 방법 중의 하나로써 경험이 부족하고 관련분야에 지식이 없어도 검증된 시스템과 본부의 지속적인 지원을 통해 성공할 수 있는 것이다. 적절한 정책지원을 통해 젊은이들과 경제적으로 어려운 사람들이 자립할 수 있는 기회들이 많아지게 된다.

둘째, 새로운 기술과 새로운 아이디어가 경제의 각 방면에서 확산되게 된다.

셋째, 프랜차이즈는 고객의 수요와 불만족을 충족시켜주며, 경영 skill의 훈련을 제공한다.

넷째, 소비자들의 구매에 있어서 불확실성과 위험을 줄여준다. 해외진출을 통해 국제무역을 증가시키고 궁극적으로 모든 사람들에게 이익을 가져다준다. 새로운 직업의 발생을 증가시킨다. 전형적인 가맹점사업자들은 소호사업(Small business)을 하게 되는데 처음에는 규모를 확장하기 위해 신규 직원들을 채용함으로써 새로운 일자리를 창출하게 된다.

다섯째, 새로운 분야의 사업 진출로 인해 산업의 분업화를 촉진시키고, 프랜차이즈는 경제개발을 촉진시킨다. 성숙된 경제의 가맹본부들은 유익한 사업노하우를 지역경제로 이전한다.

여섯째, 개인들의 창업을 촉진시키고, 유통 근대화를 가져올 수 있다. 프랜차이즈는 합리적인 시스템으로 기존의 불합리한 거래관행을 개선시키고 유통의 근대화를 꾀할 수 있다. 또한 자원의 낭비를 피하고 한정된 자본을 유효하게 이용할 수 있다. 특히 경쟁이 치열하고 고객의 trend나 산업의 동향이 신속하게 변화함으로써 기업들의 시장동향의 파악이라든가, 새로운 기술혁신에 대한 끊임없는 투자와 노력을 통하여 산업전반의 경쟁력 강화에 많은 기여를 하고 있다.

일곱째, 사회자본의 활용이다. 프랜차이즈는 가맹본부나 가맹점사업자 모두가 소액의 자본을 가지고 효율성이 높은 사업을 할 수 있다는 점에서 소액자본을 가진 많은 사람들이 창업할 수 있음으로써 자본의 낭비와 합리적인 투입을 유발시킬 수 있다.

마지막으로 경쟁 촉진의 효과를 들 수 있다. 또한 중소기업의 육성과 소비자 중심의 경영 가속화에도 기여한다.

② 단점

프랜차이즈는 경제분야에 많은 표준화를 가져옴으로써 개인 기업가들의 창의력을 좌절시킬 수도 있다. 프랜차이즈는 국제수지에 단기적으로 부정적인 영향을 줄 수 있다. 또한 서비스 부분에서 개발도상국가들이 외화를 획득할 수 있는 기회가 줄어들게 한다.

(5) 프랜차이즈시스템의 특징

프랜차이즈 비즈니스는 경영효율을 높이기 위해 본사의 관리 통제하에 운영되고 있으며, 상품도 본사에 의해 통일적, 정형적으로 기획되는 등 프랜차이즈 비즈니스 특유의 경영 특징을 가지고 있다.

1) 가맹본부의 관리통제

각 가맹점은 본사의 획일적인 관리방침에 따라 관리, 운영되고 있으며, 본사에 의해 판매기능이 분산됨으로써 사업의 조직 운영을 효율적으로 하고 있다.

2) 상품매입의 통일성

가맹점에 제공되는 상품은 정형화, 표준화되어 있는 상품이기 때문에 제공방법도 획일화, 표준화되어 있어야 한다. 상품의 매입에 있어서도 집중화와 동질화를 전제로 하기 때문에 각 가맹점 제공되는 상품은 각 가맹점에서 기획한 것이 아니라 프랜차이즈 본사에서 통일적, 정형적으로 기획된 것이어야 한다.

3) 국제기준에 합당한 최저 점포 수 이상

프랜차이즈 사업에 합당한 국제기준의 점포수가 종전에는 6개 이상으로 정한 적이 있으나 지금은 최소 11개 이상의 점포가 있어야 국제기준에 합당한 프랜차이즈 시스템이 가동될 수 있다. 이러한 의미에서 프랜차이즈 사업을 정의하면 '동일 상품을 취급하며, 11개 이상의 점포를 본사가 통제하는 고도의 획일화, 표준화를 달성한 시스템을 가지고 전체의 판매력과 시장점유율을 강화해 나가는 소매 조직'이라고 할 수 있다.

4) 표준화, 단순화, 규격화가 경영의 원천

가맹점이 많이 확보되어 프랜차이즈사업의 매력을 느꼈다 할지라도 비용절감이 이루어지지 않은 상태에서 무계획적으로 참여한다는 것은 문제가 있다. 이러한 무계획적인 운영은 본사로서의 기능을 제대로 발휘할 수 없을 뿐 아니라 인원과 경비만 늘어나는 결과를 초래하여 다점포화의 장점은 없어지고 본래의 프랜차이즈사업 자체도 어려워질 수 있다.

5) 영속성과 수익성

가맹본부가 수년간 성공적으로 사업을 영위한 경력이 있어야 하며, 사업을 운영한 경력이 많을수록 일상적인 운영상의 결함이 최소화될 수 있고 가맹본부가 수익성을 창출하는 상태로 사업을 운영하고 있을 때 성공적으로 사세를 확장시킬 수 있다.

6) 전수가능성과 전이가능성

전수가능성은 성공적인 영업방식의 표준화된 복제운영에 있으며, 가맹점에게 영업방식과 노하우를 적절히 전수할 수 있고 경험이 부족한 가맹점이 배운 바에 따라 손쉽게 따라할 수 있는 능력을 보유할 수 있어야 한다. 전이가능성은 프랜차이즈화 하려는 사업이 지역시장에서 전국시장과 국제시장으로 확대될 가능성을 타진하여야 한다. 확대할 수 있는 시장의 규모가 클수록 본사운영의 장점이 부각된다.

7) 독창성

프랜차이즈화 할 사업이 현재 경쟁업체에 의해 제공되고 있는 제품이나 서비스, 경영전략 등에 비해 차별적 경쟁우위를 확보하고 있어야 한다.

4.2 프랜차이즈산업의 이해

(1) 프랜차이즈산업 분류

프랜차이즈는 상품과 서비스, 원재료, 생산공정, 생산기술 및 시설

외에 여러 가지 요소가 복합적으로 이루어져 하나의 시스템으로 완성되어 있기 때문에 특성에 따라 산업별로 분류하기가 어렵다. 유통경로상의 운영주체별로 유형을 나누면 제조업자와 소매업자 시스템, 제조업사와 도매업자 시스템, 도매업자와 소매업자 시스템, 서비스제조업자와 소매업자 시스템으로 분류할 수 있다. 프랜차이즈계약의 종류에 따른 유형은 지역프랜차이즈(일정지역을 통해서 형성되는 형태), 운영프랜차이즈(개별 독립가맹점들이 자신의 프랜차이즈를 운영하는 형태), 이동프랜차이즈(가맹점이 소유하거나 본부에서 임대한 자동차를 이용하여 상품을 판매), 총판(가맹점들이 다양한 상품에 대한 권리를 가며, 하위가맹점들에게 상품을 배분하는 형태), 공동소유(가맹점과 본부가 투자와 이익을 공유), 공동운영(분부가 투자의 주요부분을 맡으며 가맹점들은 자신들이 관리하는 부분에 비례적으로 이익공유), 임대(토지, 건물, 장비 등), 라이센싱(상표와 사업기술의 사용을 허가), 제조프랜차이즈(특정한 재료와 기술을 이용하여 상품을 제조하는 것을 허락), 서비스프랜차이즈(본부가 고용대리인 같은 가맹점들로 하여금 전문적인 서비스를 제공할 수 있도록 하는 시스템) 등으로 나눌 수 있다.

한편 우리나라는 국제프랜차이즈협회(International Franchise Association: IFA)의 산업분류 기준을 적용하여 18개 업종을 기준으로 국내 프랜차이즈산업을 분류하고 있다.

국내의 프랜차이즈 업종은 크게 외식업, 소매업, 개인서비스업으로 분류하고 외식업은 다시 패스트푸드사업과 패스트푸드가 아닌 사업으로 분류하며 소매업은 식품소매업과 소매업으로 분류하고, 개인 서비스업은 서비스업1과 서비스업2로 나눈다.

(2) 국내 프랜차이즈산업 현황과 문제점

1) 프랜차이즈산업의 성장

최근 국내 프랜차이즈산업은 급성장을 하였다. 주로 1997년 외환위기를 기점으로 대기업의 인력감축과 신규직원채용기피로 많은 실직자와 청년실업자가 소자본으로 프랜차이즈산업에 진출하는 계기가 되었다. 이에 따라 프랜차이즈 가맹본부 및 가맹점이 급속히 늘어나게 되었다.

2) 프랜차이즈산업의 환경여건

IMF와 최근의 경제 불황으로 인해 소비자의 소비 형태에도 많은 변화가 일어나고 있다. 프랜차이즈사업자가 변화된 소비 형태를 이해하고 자신의 사업에 적용함으로써 사업을 활성화시킬 수 있는 전략적 요인들을 개발함으로써 성과 향상을 위한 기반으로 삼을 수 있다.

① 저가격 지향

가격과 품질은 비례한다는 등식이 깨지고 품질이 좋으면서도 저렴한 제품을 요구하게 되었다. 소비자들은 저렴한 가격의 제품을 선호하기는 하지만, 질적인 측면에서의 기대를 낮추지는 않는다. 이에 따라 할인점이나 아울렛 등의 저렴한 쇼핑공간들을 선호하게 된다.

② 고효용을 추구

소비자는 필요에 의해서 구매를 하더라도 최고의 효용을 제공하는 제품만을 선택하는 추세가 나타나고 있다. 구매 선택을 위한 소비자의 기준이 더욱 높아져 가격대비 효용, 시간대비 효용, 사용대비 효용, 후회비용 등 구매선택에 따른 다양한 과정을 거쳐 최종 구매를 결정하게 된다.

③ 비소유의 확산

소비자는 소유보다는 사용의 개념을 중시하는 기업경영의 전략을 가계에도 적용함으로써 대여하여 사용할 수 있는 제품에 대한 소유를 기피하는 경향이 있다. 많은 비용이 소요되는 상품 구매보다 상대적으로 적은 비용으로 편리하게 이용할 수 있는 리스나 렌탈 등의 사용서비스를 선호하게 된다.

④ 연대감의 발현

최근 경제 불황에 대한 위기의식은 모두 같은 배를 탔다는 동료의식, 연대의식을 불러일으켜 행동으로 표출하게 된다. 개인의 노력보다 집단의 파워를 이용해 어려운 상황을 극복하려는 성향이 증가할 것이다. 소비절약과 사치경계에 대한 분위기로 구매력이 있어도 지나친 사치를 자제하는 경향이 확산된다. 비용이 많이 소요되는 레저활동을 기피하고 적은 비용으로 자아의 만족을 실현할 수 있는 조깅이나 등산 등의 레저활동을 선호하게 될 것이다.

⑤ 스트레스 해소를 위한 자구책 강구

물가고와 실업난 등 각종 스트레스로 지친 소비자들은 자연을 동경하는 경향이 뚜렷해진다. 이에 따라 자연 및 환경 소구 상품이 인기를 끌 것이다. 또 현재의 불확실성에 대한 불안감에서 벗어나도록 도와주는 보험 상품 등도 선호하게 된다.

3) 국내 프랜차이즈산업의 문제점

한국의 프랜차이즈 산업은 오랫동안 형성되어 온 기존의 유통구조나 상거래질서와 융합되면서 자연스럽게 한국적인 프랜차이즈시스템 모델을 형성하게 되었다. 한국적인 프랜차이즈는 한국적인 특성을 흡수하고, 외국계 브랜드와 경쟁을 통해 체질을 강화하며 성장하는 동안 많은 장점을 가지게 되었지만 반면에 여러 가지 문제점도 노출하게 되었다. 우리나라의 프랜차이즈 산업이 가지고 있는 공통적인 문제점은 다음과 같다.

① 외식업의 비중 과다

2008년도 가맹본부 수 기준 외식업의 비중이 전체의 62.7%로써 서비스업이나 도소매업에 비해 과도하게 높다. 외식업의 비중이 타 산업에 비해 지나치게 높을 경우 업종의 다양성이 낮아 전체 프랜차이즈산업의 안정적 성장을 저해할 가능성이 높아지게 된다.

② 규모의 영세성

선진국의 대형화 추세와는 달리 국내 프랜차이즈산업의 구조는 소규모업체 중심이어서 경제를 실현하지 못하고 있으며, 경영상 여러가지 한계를 드러내고 있다.

③ 가맹본부의 경력부족

프랜차이즈 본부의 평균 가맹사업기간이 6.8년에 불과하고 가맹본부 중 45.4%가 최근 3년 이내에 사업을 개시하여 신생가맹본부의 비중이 높다. 가맹본부 설립과 동시에 프랜차이즈 사업을 시작한 가맹본부가 무려 59%에 이르고 있어 충분한 사업경험이나 준비 없이 프랜차이즈 사업에 뛰어든 가맹 본부가 많아 프랜차이즈 운영시스템이 채 갖추어지지 않은 가운데 무리한 가맹점 모집이나 홍보활동을 함으로써 부실이 누적되고 결국 가맹점의 부실로 이어지는 사례가 많다.

④ 취약한 인프라

대부분의 프랜차이저는 필수적인 기획, 상품개발, 상권분석 등 필수적인 전문인력이 부족하고 이를 양성하기 위한 교육훈련기구가 부족한 실정이다. 또한 개별 프랜차이저의 물류시스템이 매우 취약하고 공동배송이나 공동물류단지 조성 등 공동사업에 의한 효율화가 이루어지지 않고 있다.

⑤ 불안정한 수익구조

국내 가맹본부 중 로열티를 부과하고 있는 가맹본부는 전체의 34.8%에 불과하다. 이는 선진국의 경우 로열티가 가맹본부의 주 수입원임을 감안하면 매우 불안정안 수익구조라 할 수 있다.

건국대 박진용교수가 분석한 자료에 의하면 국내 프랜차이즈 산업의 국내총생산(GDP) 대비 매출액 규모는 2002년 5.8%에서 2010년 9.8%로 증가된 114조 4,000억 원으로 나타났다. 이 가운데 프랜차이즈 업계에 몸담은 종사자 수도 같은 기간 연평균 9.8%의 높은 증가폭을 보이고 있다. 2010년 기준 공정거래위원회에 정보공개서를 등록한 가맹점 수는 41만 개이며, 이는 2008년 대비 15만 3,000개가 증가한 수치이다. 이를 고려해 올해 예상되는 가맹점 수는 약 48만 8,000개가 될 것으로 파악된다. 종사자 수는 2008년 100만 1,000명, 2010년 119만 9,000명으로 파악되며 올해 예상되는 종사자 수는 2010년 대비 약 22만 9,000명 증가한 142만 8,000명 이상에 달할 것으로 추정된다.

산업별 고용형태의 종사자 구성현황을 구체적으로 살펴보면 백화점, 면세점, 아울렛, 전자전문점 등은 상용 근로자의 비중이 높다. 그 반면, 대형마트에서는 임시 및 일용직의 비중이 상대적으로 높고, 프랜차이즈 가맹점에서는 무급가족 종사자의 비중이 상대적으로 높은 것을 확인할 수 있다. 프랜차이즈 가맹점의 무급가족 종사자 비율은 남자 16.4%, 여자 23.4%로 나타났다.

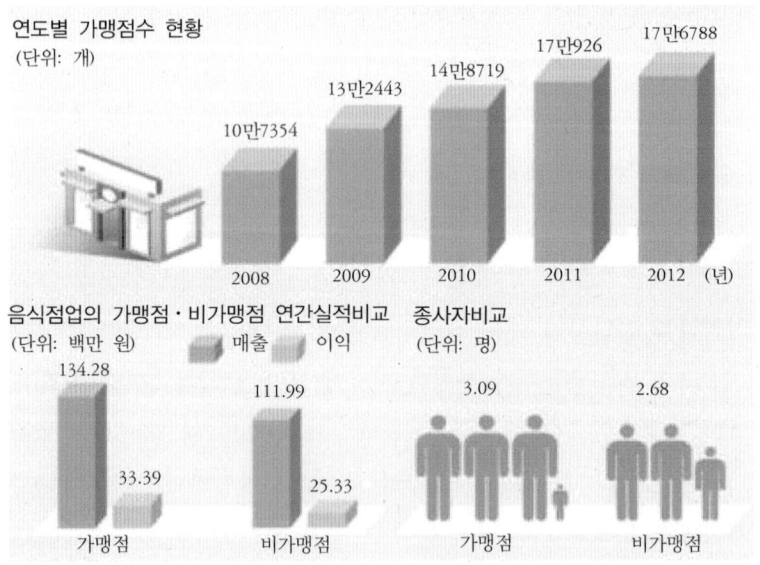

연도별 가맹점수 현황
(단위: 개)

10만7354 (2008)
13만2443 (2009)
14만8719 (2010)
17만926 (2011)
17만6788 (2012) (년)

음식점업의 가맹점·비가맹점 연간실적비교
(단위: 백만 원)   ■ 매출 ■ 이익

가맹점: 134.28 / 33.39
비가맹점: 111.99 / 25.33

종사자비교
(단위: 명)

가맹점: 3.09
비가맹점: 2.68

자료:통계청

점포당 평균 종사자 수는 대형 유통채널 중에서 대형 온라인 쇼핑몰이 525.0명으로 가장 많고, 중소형 유통채널에서는 프랜차이즈 본부가 29.6명으로 가장 높게 나타났다. 중소형 유통채널 분류를 통한 점포당 평균 종사자 수는 프랜차이즈 가맹본부 29.6명, 기업형 슈퍼 21.1명, 전자전문점 8.5명, 중소형 온라인쇼핑몰 4.2명, 그리고 프랜차이즈 가맹점이 4.0명 순으로 파악된다.

이 같은 현황을 근거로 프랜차이즈 산업의 일자리 창출 극대화를 위한 방안은 다음은 첫째, 신규 프랜차이즈 제도 도입 및 제공을 통해 인구고령화와 여성의 활발한 경제활동 등의 경제적인 현황의 반영이 고려되어야 한다. 둘째, 서비스의 직무 세분화와 새로운 유형의 전문화된 서비스 도입을 통해 일자리 창출을 유도해야 한다. 셋째, 종사자의 질적 역량 강화를 통해 추가적인 부가가치 창출을 위한 방안이 마련되어야 한다. 마지막으로 프랜차이즈 산업은 개인사업체 중심으로 운영되어 사업체당 종사자 수나 매출액이 다소 적은 규모의 영세성을 보인다. 이로 인해 근로 여건이 다소 열악하며, 양질의 인력활용에 어려움이 있다. 이러한 점이 개선될 수 있는 방안이 구축되어야 할 것이다.

4.3 프랜차이즈의 성공 및 실패요인

(1) 프랜차이즈기업의 성공요인

1) 프랜차이즈 성공에 관련된 선행연구
프랜차이즈 산업의 경우 매년 수많은 기업이 다양한 형태의 업종과 방식으로 생겨나고 있지만 어떤 프랜차이즈 시스템이 성공할 것인가에 대한 통일된 답을 찾기 어렵다. 그러나 일반적으로 오래된 시스템, 많은 수의 가맹점을 확보한 시스템, 평판이 좋은 시스템이 장기간에 걸쳐 생존, 성장할 가능성이 높은 것으로 보고되고 있다.

다음은 일반적인 프랜차이즈 기업의 성공요인이다.
- 시스템의 규모가 커야 한다.
- 가맹점에 대한 가맹본부 지원이 많지 않아야 한다.
- 가맹본부의 브랜드 인지도가 높아야 한다.
- 가맹점과의 계약기간이 되도록 장기여야 한다.
- 가맹본부의 점포당 스텝 인력이 적어야 한다.

이와는 달리 사업실패 요인을 분석한 결과에 의하면 프랜차이징 시스템이 다음과 같은 특성을 가졌을 경우에 실패가능성이 높은 것으로 나타났다.
- 수동적 소유(passive ownership), 즉 가맹점사업자가 자신이 아닌 제3자로 하여금 점포를 관리하는 것을 허용하는 경우
- 가맹점주의 현금투자 수준(cash investment)이 낮은 경우
- 가맹점주의 가맹사업 경험이 없는 경우
- 가맹점들이 지리적으로 분산되어 있는 경우
- 계약상 본부가 지원하기로 한 품목이 많은 경우
- 마스터 프랜차이징(master franchising)을 활용하는 경우

2) 프랜차이즈 기업의 중·장기 성공모형

새로운 프랜차이즈가 시장에 성공적으로 출시된 후 프랜차이즈 시스템이 중장기적으로 성공하기 위해서는 경쟁우위(competitive advantages)와 지속가능 경쟁우위 확보가 매우 중요하게 된다. 경쟁우위란 "경쟁사와 비교하여 차별적이고 독특한 기업능력" 보유를 말한다. '지속가능성(sustainability)'이란 "장기간에 걸친 지속가능한 경쟁우위 확보로써 경쟁사에 의해 경쟁우위가 손상되지 않을 가능성 혹은 경쟁사가 동일한 자원과 역량을 획득하지 않을 가능성"을 말한다. 여기서 경쟁우위는 일반적으로 비용 혹은 가격 우위와 차별화 우위에 의해 확보될 수 있다.

3) 업종별 성공요인

프랜차이즈 업종에 따라 성공요인이 다를 것인가 하는 의문이 있을 수 있는데 국내외에서 업종별 성공요인을 체계적으로 연구한 보고서가 매우 적은 것이 현실이다. 일부 연구에서는 업종별 실패, 성공요인을 통계적으로 분석한 결과 업종별 차이가 거의 없고 오히려 업종보다는 브랜드 차이가 더욱 중요한 것으로 나타나기도 했다. 그러나 현실적으로는 업종별로 영업의 형태 및 마케팅방법이 다르기 때문에 성공을 위해 중요시해야 하는 요인이 다를 수밖에 없다.

① 외식업에서의 성공요인

일반적으로 외식업은 국내 프랜차이즈 산업에서 차지하는 비중이 대단히 높으나, 소비자 선호가 다양하고 세분시장의 규모가 작아 영세성을 면치 못하고 있는 실정이고 높은 경쟁강도 때문에 수요가 소비자의 선호에 의해 나뉜다는 점 때문에 명확한 시장 수요를 예측하기가 어렵다는 문제를 안고 있다.

대부분의 문헌에서 제시된 외식업의 성공 요인은 품질(quality), 확고한 브랜드 콘셉트, 적응성(adaptability), 제품의 서비스 차별화, 가맹점에 대한 강력한 지원들을 들 수 있다. 이외에도 강력한 가맹점 지원, 제품품질, 표준화정도, 마케팅의 주도성, 물류시스템, 수퍼바이징제도, 영역권 보장(상권), 적응성 등이 외식업의 프랜차이즈 성공요인으로 제시되고 있다.

② 서비스업에서의 성공요인

마케팅 측면에서 볼 때 서비스는 일반적인 제품 혹은 상품과는 달리 무형성, 비분리성, 이질성, 소멸성의 특성을 가지고 있다. 이러한 서비스업의 특성을 고려할 때 고객과의 상호작용(비분리성)이 중요하므로 고객관계 관리가 중요한 성공요인으로 인식된다. 따라서 인적자원 관리와 이를 위한 교육 훈련, 강력한 브랜드 이미지구축, 서비스 품질의 표준화(이질성) 등이 프랜차이즈 성공의 중요한 요인이 된다.

③ 도·소매업에서의 성공요인

도·소매업에서의 프랜차이징은 가맹본부가 도·소매상으로서의 기능을 수행하고 가맹점이 소매상으로서의 기능을 하는 시스템으로서 배송, 보관, 집하 등 물류기능이 타 업종에서보다 중요하게 부각된다. 즉, 도·소매분야는 경쟁이 치열한 부분인 만큼 가맹본부가 도매기능을 어떻게 내부화하고 시스템화 하는가가 성공의 열쇠라 할 수 있다. 도매 기능의 내부화는 강력한 물류 및 정보 시스템의 구축과 머천다이징으로 달성할 수 있다.

(2) 프랜차이즈 기업의 실패에 관한 선행연구

프랜차이즈 기업의 성공요인만큼이나 실패에 대한 연구의 필요성은 학계뿐만 아니라 업계에서도 그동안 강조되어 왔다. 일반적으로 새로운 프랜차이즈가 도입되어서 실패하는 확률을 적게는 연간 4~5%부터 많게는 25~35%까지 보고 있다. 이렇듯 보고되는 실패율이 큰 차이가 나타나는 것은 기존 연구마다 분석에 활용된 자료, 실패에 대한 개념 정의, 분석 방법 등이 다르기 때문이다.

1) 프랜차이즈 실패에 대한 개념 정의

프랜차이즈 실패를 어떻게 정의하느냐에 대한 정의는 보는 시각에 따라 다양하게 나타날 수 있지만 최근의 연구에서는 실패에 이르는 일련의 과정을 활용해 프랜차이즈 실패에 대해 개념정의를 할 것을 권장하고 있다. 이에 따르면 프랜차이즈 실패는 다음의 여덟 단계를 거치며 진행된다.

- 1단계 가맹점의 핵심역량 부적합(franchise core competency misfit)
- 2단계 가맹점-가맹 본부 간 불만족(franchisee-franchisor dissatis-faction)
- 3단계 가맹점 불평(franchisee discontent)
- 4단계 로열티 체납 등(royalty delinquency, etc)
- 5단계 FTC 등에의 고소(complaints to FTC, et al.)
- 6단계 폐업/계약해지(turnover/termination)
- 7단계 채무불이행/신용불량(defaults/other losses to creditors)

· 8단계 폐점(closure)

일반적으로 위 8단계 중 6번째 단계인 폐업을 실패로 보는 시각
이 우세하다. 폐업(turnover)은 폐점(closure)보다 포괄적인 개념이라
할 수 있으며, 타인에게 점포소유권을 양도하는 것을 말한다. 좀 더
구체적으로는 새로운 가맹점사업자에게 사업 양도하는 경우, 품질유
지책임의 불이행 등의 사유에 의한 계약취소, 계약만기가 되었으나
갱신에 실패한 경우, 가맹본부가 인수하여 직영점으로 운영되는 경
우를 포함하는 개념이 된다. 폐업률이 높다는 것은 전반적으로 사업
의 계속가능성이 낮다는 것을 말하며, 이는 다음과 같은 경우에 주
로 발생하게 된다.

- · 가맹본부와의 계약종결
- · 가맹본부에 의한 계약종결
- · 가맹본부에 의한 인수
- · 가맹본부와의 재계약 실패
- · 타인에의 영업권 양도
- · 기타 사유에 의한 사업포기(은퇴 등)

2) 프랜차이즈 실패에 영향을 미치는 주요 변수

① 업종(business type)

업계 자료에 다르면 산업에 따라 가맹점 폐업률이 다르게 나타나
고 있는데 그 이유는 비즈니스사이클이나 산업라이프사이클, 기타 환
경요인이 산업마다 다르게 영향을 미치고 산업에 따라 다점포 가맹점
사업자(multiunit franchisee) 혹은 마스터 프랜차이지(master frachisee)

를 허용하는 정도가 다르기 때문이다. 레스토랑산업의 경우 다점포 가맹점사업자 비중이 높은 대표적 산업이다. Shane and Spell(1998)의 연구에 의하면, 외식, 소매, 서비스의 세 업종 중 외식프랜차이즈의 초기 실패율이 소매나 서비스에 비해 다소 높은 것으로 나타나고 있으나 실패율 자체는 빠르게 감소하는 것으로 나타났다. 반면 서비스 프랜차이즈는 외식 프랜차이즈와 비슷한 초기 실패율을 보이고 있으나 7년이 지난 시점부터는 외식 프랜차이즈보다 실패율이 빠르게 증가하는 것으로 나타났다. 또한 소매 프랜차이즈는 서비스나 외식 프랜차이즈보다 초기 실패율은 낮으나 시간이 지날수록 실패율의 감소정도는 낮은 것으로 나타났다.

② 규모(총 점포수)

프랜차이즈에 가맹된 총 포수에 따라서도 가맹점 폐업률이 다르게 나타날 수 있다. 일반적으로 총 점포수가 많을수록 가맹점 폐업률은 감소하는 것으로 알려져 있는데, 그 이유는 다음과 같다.

· 점포가 늘어날수록 학습곡선 효과가 커지고 표준화된 운영이 가능하다.
· 바람직한 수준의 품질유지가 가능하다.
· 구매력이 증가하여 가맹본부와 가맹점의 비용이 절감된다.
· 브랜드 인지도가 증가하고 이에 따라 광고효과가 증가한다.

그러므로 브랜드의 광고 등 촉진활동에서 규모의 경제를 활용하기 위해서는 보다 많은 수의 점포를 운영하는 것이 바람직하다.

한편 Shane and Foo(1999)의 연구에서는 기업의 규모가 클수록 인지적 정당성이 높아지는 것으로 보고 있다. '인지적 정당성'이란 하나의 조직 활동이 사람들에게 당연한 것으로 받아들여지는 정도를 말하는데, '인지적 정당성'이 높을수록 기업의 생존가능성은 높아진다. 하나의 기업이 새로운 활동을 시작하는 경우에는 내부 및 외부 규범, 조직구성원의 역할, 표준 운용 절차, 상호작용 패턴 등을 마련하여야 하는 바, 이들 활동이 정당성을 지니는 것으로 받아들여지지 않는 경우 소위 '신생의 불리함(liability of newness)'이 발생한다. 반면에 신생기업의 활동이 당연한 것으로 받아들여지는 경우 기업은 시간과 자원을 절약할 수 있으며 지속적인 생존이 가능하다.

반면, Holmberg and Morgan(2003)의 연구결과는 이와 다소 상이한데, 대체로 초기에 총점포수가 일정수준 미만일 때까지는 폐업률이 오히려 증가하다가 이후 일정수준 동안 폐업률이 안정되는 수준으로 유지되다 가맹점 수가 500개 이상이 되어 안정기에 접어들면 폐업률은 급격히 감소하는 것으로 조사되었다. Castrogiovanni et al.(1993)의 연구에서도 총점포수가 증가한다고 무조건 폐업률이 감소하는 것은 아니라고 주장하고 있다. 이 연구에서는 가맹본부의 가맹점 지원 네트워크 형성에 필요한 최소한의 점포 수(손익분기점)를 21~50개 수준으로 보고 있으며, 가맹사업 개시 3~5년간은 점포 수 증가에 따른 이점이 발생하지만 이후에는 점포의 진부화에 의해 그 효과가 오히려 감소하는 것으로 보고 있다.

③ 직영점 수

가맹점수와는 별도로 프랜차이저가 직접 운영하는 직영점 수가 증가할수록 가맹점 폐업률이 감소할 수 있는데 그 이유는 다음과 같다.

• 직영점이 가맹점 성공에 필요한 가치 있는 경험을 제공할 수 있다.

· 신제품/서비스의 마케팅 실험장소로 활용 가능하다.

· 신규가맹점의 교육훈련 장소로 활용 가능하다.

· 시장동향을 파악하는 수단으로 활용 가능하다.

이와 관련하여 Holmberg and Morgan(2003)의 연구에 의하면, 11~50개까지 직영점이 증가하는 경우 폐업률은 약간 감소하는 것으로 나타났으나 직영점이 51개 이상으로 증가하는 경우에는 폐업률이 반드시 감소하는 것만은 아닌 것으로 나타났다.

④ 가맹점 성장률

가맹점 성장률이 높을수록 폐업률은 낮아질 수 있는데, 이는 가맹점이 빨리 증가할수록 브랜드 인지도가 높아지고 가맹점당 수익이 높아지며 규모의 경제에 의해 점포당 광고비용과 운영비용이 감소하기 때문이다.

시스템의 성장은 신규 가맹본부의 브랜드 형성에 있어 매우 중요하기 때문에 성장률이 낮은 프랜차이즈 시스템은 브랜드를 촉진함에 있어 경쟁사보다 비용효율적이지 못하게 되는 반면 성장률이 높을수록 최소 규모를 확보하였을 가능성이 높고 따라서 생존 가능성이 높게 된다. 그러나 일정 비율 이상으로 가맹점 성장률이 높은 경우에는 가맹점 사업자를 선정하는 데 있어 문제가 발생할 수 있다. 빠르게 가맹점을 확대시켜 나갈 경우, 가맹점 사업자의 선정과정에서 가맹점 사업자의 능력이나 동기에 대한 검토가 충분히 이루어지지 못해 부적격의 가맹점 사업사를 선택하는 역선택(adverse selection)의 문제가 발생할 수 있다.

가맹점 성장률이 폐업률에 미치는 영향을 분석할 때는 마스터 프랜차이징의 허용여부 이외에도 로열티의 규모와 가맹본부의 성장 동기의 강도도 함께 고려하여야 한다. 로열티는 흔히 판매액에 비례하여 부과되므로 높은 로열티는 가맹점사업자의 사업의욕을 약화시킬 수 있다. 지나치게 특정상권에 많은 가맹점이 있는 경우 경쟁이 심화되어 가맹점의 수익이 잠식(encrochment)되고 이로 인해 기존 가맹점의 사업의욕이 감소할 수 있기 때문이다.

⑤ 사업경험(동종 사업기간 및 가맹 사업기간)

기존 연구에 의하면 가맹본부 가맹사업기간이 길수록 폐업률은 낮아지는 것으로 보고되고 있다. 이는 기업이 오래될수록, 즉 사업기간이 길수록 인지적 정당성이 높아지는 것이기 때문이다.

⑥ 초기 투자비(가입비, 점포개설비 등)

일반적으로 초기 투자규모가 클수록 이해관계가 크므로 사전기획이나 마케팅 등 최선의 노력을 다하는 경향이 강하고 사업에서 중도에 손을 떼기가 쉽지 않기 때문에 폐업률이 낮아질 수 있다. 하지만 이러한 경향이 모든 산업에서 일률적으로 나타나는 것이 아니라 산업에 따라 큰 차이가 있을 수 있다. 일부 산업의 경우에는 부동산 투자 중 초기투자가 크게 요구되는 반면, 일부 산업의 경우에는 부동산 투자가 크게 요구되지 않기 때문이다.

그러나 반대로 성장률에는 부정적 영향을 미칠 수 있다. 지나치게 초기 점포개설비용이 높은 경우 에는 신규가맹점 모집이 어렵기 때문이다.

⑦ 브랜드 인지도

일반적으로 프랜차이즈 시스템은 브랜드를 공유하고 있게 때문에, 브랜드의 명성이 높고 가치가 있을수록 시장에서 성공할 가능성이 높게 된다. 이와 같은 맥락에서 가맹본부의 광고비 지출규모가 클수록 브랜드 인지도를 높이기 위한 투자가 많이 이루어지고 있는 것으로 추정할 수 있으며 따라서 광고비 지출규모가 클수록 생존가능성이 높을 것으로 기대된다.

⑧ 기업공개여부

일반적으로 기업공개를 하고 있는 기업의 경우에는 생존의 가능성이 높은데, 그만큼 공개기업이 비공개기업에 비해 사회정치적 정당성이 높기 때문이라고 할 수 있다. '사회정치적 정당성'이란 새로운 형태가 원리 혹은 수용된 규칙이나 표준에 부합하는 정도를 말하며 사회 정치적 정당성이 높을수록 기업의 생존가능성이 높아지게 된다.

일반적으로 신생기업일수록 영업과 관련된 정보가 부족하기 때문에 기업이 올바르게 활동하고 있다는 확신을 타인에게 주기 힘들어지고 신생기업의 가치에 대한 불확실성이 높은 경우 주주나 투자자의 지원을 받기 어려워진다.

사회정치적 정당성을 확보하는 가장 흔한 방법은 공신력 있는 외부기관의 인증을 받는 것인데, 이 경우 외부기관의 인증은 신생기업에 대한 불확실성을 감소시켜주는 데 효과적이다. 이와 같은 노력의 일환으로 신생 가맹본부는 프랜차이즈협회와 같은 공인기구에 가입함으로써 자사의 시스템이 업계 표준에 부합한다는 것을 보여주기도 한다.

⑨ 가맹본부의 보유자원과 능력

당연한 요인이지만 타 가맹본부에 비해 탁월한 자원이나 능력을 지니고 있는 프랜차이저의 생존가능성이 높다. 기업의 경쟁우위는 노하우에 기초한 자원 역량에 의해 형성된다. 이러한 자원역량을 경쟁기업보다 우월하게 유지하는 것이 기업의 성공이 좌우된다. 이때 자원역량을 단순히 고유자원이나 보유역량의 측면에서만 판단하기 보다는 새로운 능력을 개발하고 학습할 수 있는 역동적 능력도 중요시해야 한다. 기업의 지속적인 성장을 위해서는 기업이 기존에 보유하고 있는 자원과 능력 외에 새로운 자원과 능력을 개발할 수 있는 잠재력이 모두 필요하다. 이를 위해서는 정보를 획득하고 지식을 창출할 수 있는 효과적인 학습시스템과 관리시스템이 필요하다.

제5절 소호 창업

소호란 'Small Office Home Office'의 약자로써, 공간적으로는 자택이나 소규모 사무실 또는 소규모 점포형 독립사업을 영위하는 독립사업자를 말한다. 직업적으로는 자신의 전문적 지식·경험이나 새로운 아이디어 등을 자신의 핵심역량으로 하여 네트워크나 정보통신 기술 등을 활용해 사업화하여 운영하는 자유직업가를 의미한다.

소호의 발전배경으로 첫째, 정보통신기술의 발달에 따른 인터넷의 보급, 전자상거래·쇼핑몰, 영업관리 S/W 등의 발전에 따라 재택근무사업이 가능해짐을 들 수 있다. 둘째, 산업구조조정과 기업의 리스트럭처링 등 기업구조재편에 따라 산업의 구조조정과정에서 발생한 실업인력과 개인주의적인 젊은 층이 독립적인 창업을 시도하게 되었다. 이는 기업조직의 슬림화 과정에서 비용절감노력의 일환으로 아웃소싱(outsourcing) 및 재택근무가 활성화되어 소호산업의 시장여건을 제공하게 되었기 때문이다.

이외에도 문화생활의 소프트화에 따른 UniSex, 가사업무분담과 탈 도시화와 귀농현상에 따른 전원주택 붐, 농수산물 브랜드화와 귀농 소호증가 등도 큰 역할을 하고 있다.

5.1 소호 창업의 특성

소호창업은 경영마인드와 마케팅기법을 적극 활용하고 창조적인 시장흐름에 부합하여 보다 전문화되어야 하며 경쟁사보다 차별화를 추구해야 한다. 이렇게 함으로써 고객의 만족, 소호창업자의 만족을 동시에 이룩하여 성공으로 이어질 수 있다.

소호창업은 정보화시대에 적합한 새로운 창업의 형태로서 다음과 같은 특성을 지니고 있다.

첫째, 소호는 컴퓨터 관련 사업이라는 잘못된 생각이다. 소호라고 하면 인터넷이나 컴퓨터와 관련된 일만이 소호인 것처럼 오해를 받기도 한다. 하지만 소호는 컴퓨터와 인터넷을 활용하면서 사업을 하는 것일 뿐 거기에 한정된 것은 아니다.

둘째, 소호는 전업으로만 가능하다는 생각이다. 소호는 전업(full-time job)도 가능하지만 부업으로도 가능한 사업이다. 최근 들어 투잡스(two-jobs)족의 소호창업이 많이 늘어나고 있는 추세이다.

셋째, 소호는 첨단 중소기업만을 위한 개념이라는 오해이다. 소호는 Small Office라는 용어 때문에 이러한 오해를 불러일으키기도 한다.

넷째, 소호는 오로지 혼자서 일하는 것으로 생각하는 것이다. 소호창업은 창업자가 자신의 일에 전적으로 책임을 지게 되지만 일 자체를 혼자서 하는 것은 아니다.

5.2 소호의 종류

소호 창업은 창업장소에 따라, 재택 소호창업과 회사 소호창업으로 나눌 수 있으며, 창업의 자주성 여부에 따라 사원 소호 창업과 독립 소호 창업으로 나뉘며, 인터넷 활용여부에 따라 일반 비즈니스 소호 창업과 인터넷 비즈니스 소호 창업으로 나눌 수 있다.

(1) 재택 소호창업

재택 소호는 집을 기반으로 하여 사업을 진행하는 형태의 창업이다. 이 경우 출퇴근에 따른 이동 부담이 없고, 이동시간 절약이 가능하며, 근무시간을 자유롭게 조정할 수 있으며 가사일도 함께 처리할 수 있는 장점이 있다.

(2) 회사 소호창업

작은 사무실을 창업의 기반으로 하여 사업을 진행시키는 형태로서 재택 소호 창업에 비해 사무실을 구하는 데 많은 자금이 소요되는 부담이 있다. 따라서 이 경우에는 창업보육센터 등을 활용하여 정부나 관계기관의 지원체계를 최대한 이용하여 소요자금을 줄이는 것이 필요하다.

(3) 사원 소호창업

사원 소호 창업이란 자신이 근무하던 회사를 그만두고 창업을 하여 아웃소싱 형태로 이전의 동일한 상품 또는 서비스를 제공하는 형태이다. 기업의 입장에서는 기업의 구조조정을 통하여 자금부담을 줄일 수 있고, 창업자는 기존에 자신이 담당했던 분야를 자유롭게 창업하여 수직적 개념이 아닌 수평적 관계에서 자신의 능력에 따라 전문화를 통해 고수익을 창출할 수 있다는 장점이 있다.

(4) 독립 소호창업

독립 소호 창업은 창업자가 자신의 능력을 바탕으로 독립하여 새로운 사업을 전개하는 진정한 의미의 소호창업이다. 이러한 독립 소호 창업의 강점은 전문화, 차별화, 하이테크화라고 할 수 있다.

(5) 인터넷 비즈니스 소호창업

인터넷을 사업의 주요도구 및 사업기반으로 활용하여 기업활동을 수행하는 형태의 소호창업을 말하며, 아이디어만으로 간단히 창업할 수도 있으나, 경쟁이 치열하며, 항상 새로운 방식과 새로운 기술에 대한 대비를 행하여야 한다.

제6절 인터넷 창업

인터넷이 등장한 1990년대 중반 이후, 인터넷 관련 산업은 양적·질적으로 지속적인 성장을 거듭하였다. 국내 인터넷 관련 산업은 세계 최고 수준의 인터넷 이용률과 초고속인터넷 보급률에 힘입어 발달해 왔다. 이러한 성장에 힘입어 인터넷 창업의 기회가 확대되고 있다.

이에 따라 국내 인터넷 보급률은 세계 최고 수준에 도달하게 되었다. 인터넷 관련 시장 규모도 급격히 성장하여 사이버쇼핑몰 거래액, e-러닝 시장과 온라인 또는 모바일 게임의 매출도 계속해서 증가하고 있는 추세이다.

일반적으로 인터넷창업은 다양성, 역동성, 신속성을 특징으로 하며 참여 기업들이 끊임없이 변화하며 새로운 아이디어들이 등장하고 신규 서비스를 창출하는 산업이라고 할 수 있다.

6.1 인터넷 창업의 특징

인터넷의 발전과 확산은 창업 기업으로 하여금 국경을 뛰어넘는 사업을 추구할 수 있는 기회를 제공하고 있다. 인터넷의 발전은 지역, 시간, 위치 등의 장벽을 허물고 고객과의 커뮤니케이션에 방해되는 요소들을 제거하면서 정보 교류와 상거래의 새로운 도구로 떠오르고 있는 것이다.

인터넷을 통한 정보 제공과 상거래는 가격, 중간상, 시장창출 및 자금흐름 등에 대한 영향력을 통해 시장의 효율성을 증진시킨다. 또한 기업 내부 및 외부의 활동을 원활히 하고, 국제적 고객의 특성을 보다 잘 이해할 수 있게 해준다. 우리나라에서도 사이버 벤처(cyber venture), 즉 인터넷 상거래를 주 사업으로 하는 창업기업이 아주 많이 늘어나고 있는 추세이다.

6.2 인터넷 창업 유형

(1) 상품판매형 인터넷 사업

이는 인터넷을 통해 상품을 판매하는 사업을 말한다. 주로 백화점, 전문점 등과 같이 기존의 현실 공간에서 이루어졌던 사업을 인터넷으로 옮긴 것이다. 온라인 쇼핑몰 창업은 2000년대 초반 인기상품의 경우 황금알을 낳은 거위마냥 획기적 성장을 거두기도 했으나 최근에는 온라인시장도 포화상태에 있어 충분한 사전지식이나 경험 없이 창업한 경우에는 대부분이 실패를 되풀이하게 된다. 쇼핑몰과 오픈마켓에 대한 구분을 살펴보면 다음과 같다.

1) 독립몰

독립몰은 주문제작형과 기성제품형태로 구분된다. 주문제작형의 경우 창업자의 요구대로 세부적 기능까지 제작할 수 있으나 비용이 많이 소요되며, 기성제품형은 일반적으로 알려진 독립형으로 쇼핑몰 기능을 미리 구현해 놓은 쇼핑몰 프로그램을 구매하는 형태를 말한다. 기능확장이나 업그레이드 및 디자인 변경이 용이하고 쇼핑몰 매각 시에도 솔루션에 대한 가격회수율이 높은 편이나 카테고리나 인터페이스가 제한적인 단점도 지니고 있다.

2) 임대몰

쇼핑몰을 임대하여 사용하는 방식으로 비교적 적은 비용으로 운영이 가능한 장점이 있는 반면 쇼핑몰의 소유권은 솔루션이 가지고 있으므로 사용이 만료될 경우 사이트를 사용할 수 없게 되며 업그레이드나 기능확장 및 디자인부분 등에 제한이 따른다.

3) 오픈마켓

판매자가 직접 상품을 사이트에 올려 판매하는 시스템으로 오픈마켓 내에서 고객을 만나 자유롭게 상품거래를 행하는 형태의 중개물로 오픈마켓에 대해 일정액의 수수료를 지불하는 방식이다. 이는 저렴한 비용으로 경험을 쌓을 수 있어서 쇼핑몰을 처음 시작하는 초보창업자들에게 유익한 방식이다.

인터넷쇼핑몰은 인터넷을 활용함으로써 사용하기 간편하고, 연중 무휴 24시간 활용이 가능하며, 상대적으로 적은 창업자금으로 사업이 가능하고, 사업에 대한 시간적 공간적 제약이 없으며, 전 세계의 소비자를 상대로 영업이 가능한 장점이 있다.

(2) 인터넷 정보 제공형 사업

홈페이지에서 특정 분야에 대한 정보를 제공하여 인터넷 이용자를 유치하는 사업이다. 수익은 주로 홈페이지 광고를 유치해서 얻는다. 따라서 이 유형의 성공은 얼마나 많은 이용자를 끌어 모으는가에 달려 있다.

(3) 인터넷을 이용한 아이디어 사업

이는 인터넷만의 특성을 살리는 독특한 아이디어로 사업을 하는 것이다.

(4) 도구형 사업

이 유형은 인터넷에서 정보를 찾을 때 자주 방문하는 검색 엔진 사업을 말한다. 인터넷에는 하루에도 수많은 홈페이지가 생겨나고 있다. 따라서 이러한 홈페이지를 찾아 주는 서비스가 요구된다. 검색 엔진 사업은 광고로 수익을 얻는 만큼 이용자 확보가 성공의 관건이라 할 수 있다.

(5) 사이트 구축 관련 사업

사이트 구축 관련 사업으로는 웹 서버 구축 사업, 웹 호스팅 사업, 홈페이지 제작 사업, 홈페이지 클리닉 사업, 웹 프로모션 사업 등을 들 수 있다.

가상 서버를 구축하는 사업을 다른 말로 웹 호스팅 사업이라 한다. 웹 호스팅(web hosting)이란 서버를 운영하지 못하는 사람에게 자신이 운영하는 서버의 일정영역을 빌려주는 것이다. 국내 웹 호스팅 업체와 외국 웹 호스팅 업체의 리셀러를 합쳐 수백 개의 웹 호스팅 업체가 국내 시장에서 치열하게 경쟁하고 있다.

6.3 인터넷 창업절차

다음 <표 8-5>은 인터넷 창업 절차를 요약해 놓고 있다.

<표 8-5> 인터넷 창업 절차

기 획	아이템 선정	- 인터넷을 통한 판매가 가능한 품목인지 확인 - 장래성과 고객층이 확실한지 검토 - 관심이 있는 제품인지 확인 - 지속적인 공급이 가능한지 확인
	상품조달계획 수립	- 직접 구입을 통한 재고관리 - 공급처와의 계약을 통한 제품 공급 - 직접 생산을 통한 재고관리
	사업계획서 작성	- 초기 투자비용 등 재무계획에 대한 계획 - 인터넷 쇼핑몰 운영에 대한 계획 - 온·오프라인 마케팅에 대한 계획 등
설 계	도메인 확보 및 웹사이트 구축준비	- 판매 제품과 관련이 있는 도메인인가? - 쇼핑몰의 특징을 잘 포함하고 있는 도메인인가? - 고객이 쉽게 외울 수 있는 도메인인가? - 웹 서버는 어떻게 구축할 것인가?(독립구축, EC호스팅, 쇼핑 몰 솔루션 구입 등) - 쇼핑몰 웹 서버 제공업체는 규모가 있고 안정적인가? - 쇼핑몰 및 관리자 프로그램이 잘 구축되어 있는가? - 사업주가 운영에 대한 기술력 및 지식을 갖추고 있는가?
	사업자 등록	- 사업장 소재지가 결정되어 있는가? - 간이과세 또는 일반과세 등록 선택 결정 - 통신판매사업자 신고 및 부가통신사업자 신고
	온라인 제품 및 콘텐츠 등록	- 제품 촬영 및 판매 제품정보 등록 - 제품 촬영에 대한 기술 및 제품 정보가 충분한가? - 제품 판매 이외에 경쟁력을 가질 수 있는 콘텐츠가 있는가?
	검색엔진 등록	- 등록할 검색엔진은 선정하였는가?
	운영 인력	- 운영에 대한 1일 계획이 세워져 있는가? - 고객 상담은 어떻게 처리할 것인가? - 포장 및 배송준비는 어떻게 할 것인가? - 신상품 추가 및 재고 관리는 어떻게 할 것인가? - 인력 관리 및 재무 관리는 어떻게 할 것인가?
	배송, 결재결정	- 우체국 또는 택배사 - 무통장입금, 전자 지갑, 배달시점수금, 계좌이체, 신용카드 등
구 현	상점구축 및 모의테스트	
	프로모션	- 온라인 마케팅 및 오프라인 마케팅 계획은 무엇인가? - 마케팅에 대한 효과를 어느 정도 예상하는가? - 효과가 기대 이해일 경우 그 대비책은 무엇인가?

6.4 인터넷 쇼핑몰 창업 전략

(1) 인터넷 쇼핑몰 창업 특징

인터넷 창업의 가장 대표적인 사업방식으로 인터넷 쇼핑몰사업이 있다. 인터넷 쇼핑몰의 경우 소자본 창업자들에게 적합한 사업유형이라고 할 수 있다. 인터넷 쇼핑몰은 상대적으로 기존의 사업방식과 다른 점이 존재하며 다음과 같은 특징을 지니고 있다.

첫째, 인터넷을 활용하기 때문에 다른 어떠한 방법보다 사용하기 편하고, 연중무휴로 활용이 가능하다.

둘째, 상대적으로 적은 창업자금 및 자본금을 가지고 사업할 수 있다.

셋째, 사업을 하는 데 있어서 시간적·공간적 제약이 없다.

넷째, 일정지역의 소비자만이 아니라 전 세계 네티즌을 소비자로 삼을 수 있다.

다섯째, 유통비용과 건물 임대료 등의 운영비도 크게 줄일 수 있다.

이와 함께 인터넷 쇼핑몰을 창업하기 전에 실제구매자가 되어 실생활에서 실전체험을 경험하는 것이 필요하며, 지식쇼핑과 가격비교 사이트에서 관심품목을 선정하여 가격비교를 체험해 보는 것도 매우 유용한 사업경험이 될 것이다.

(2) 인터넷 쇼핑몰 성공 전략

인터넷 시장이 활성화되면서 무수히 많은 업체들이 시장에 뛰어들고 있다. 이에 따라 많은 창업자들이 콘텐츠 비즈니스나 전자상거래를 아이템으로 선정하여 자신의 영역으로 확장하려는 노력을 하고 있다. 최근에는 대규모 자본과 조직을 가진 대기업들의 적극적인 전자상거래 시장 참여로 인터넷 시장경제 규모가 커져가고 있다.

새롭게 전자상거래에 진입하는 기업들의 대부분은 전자상거래를 통해 온라인에서 모든 것들을 해결할 수 있다. 그러므로 실물공간으로써의 매장이 필요 없으며 기타 인력 등의 비용절감 효과를 볼 수 있어 수익을 창출할 수 있는 새로운 기회를 발견하고 있다. 그러나 신기술에만 집착한 시스템 구축과 무리한 계획으로 실패를 하는 경우가 많이 생겨나고 있다.

전자상거래는 단지 기업이 기존 판매채널을 제외한 온라인상에서만 소비자에게 물품을 전달하여 판매하는 것이 아니다. 즉, 전자상거래는 소비자에게 다양한 정보와 서비스 기업 간의 커뮤니케이션 및 기존 오프라인(off-line)의 유통이나 마케팅 채널이 연동되어야 성공할 수 있는 어려운 비즈니스 모델이다. 또한 새로운 시장기회 창출을 위한 철저한 시장조사와 경쟁사 파악 등의 분석이 이루어져야 하며 마케팅 전략 등의 수립도 성공을 위한 중요한 관건 중에 하나이다.

따라서 인터넷 쇼핑몰을 창업하려는 예비창업자들은 다음의 사항을 충분히 검토하고 전략적이고 체계적인 준비와 실행이 필요할 것이다.

1) 사이트의 브랜드화

사이트의 브랜드를 확립하기 위해서는 철저한 시장조사와 고객중심의 마케팅 전략이 선행되어야 하며 일관된 브랜드 이미지를 구축할 수 있는 브랜드 전략계획이 수립되어야 한다. 앞으로 인터넷 쇼핑몰 업체에도 브랜드 매니저가 초기 사이트 런칭부터 상품개발, 홍보, 고객관리에 개입하여 철저한 브랜드를 개발하고 유지하도록 노력해야 할 것이다.

2) 복합적 채널 활용

초기 대부분의 전자상거래 업체가 판매채널의 물리적 비용부담감이나 새로운 신규시장 창출로서 전자상거래를 바라보면서 기존의 판매채널을 무시하거나 마케팅 전략 자체의 집행도 철저한 온라인 고객들을 대상으로 집행하였다.

하지만 최근 들어 기존의 온라인 판매채널 이외에 다양한 마케팅 채널을 복합적으로 이용한 Hybrid Selling System을 구축하여 매출을 올리고 있는 업체들이 늘어나고 있다. 다양한 채널 활용은 전자상거래 이용자들이 늘어나면서 소비자에 관한 시장조사의 한계성 및 기존 온라인 시스템이 고객들이 요구하는 다양한 요구사항들을 처리할 수 없기 때문에 발생하는 많은 부분들을 전통적인 채널과 복합적으로 연계하여 판매의 효율성을 증대할 수 있다는 것이다.

이러한 다양한 채널들을 효율적으로 집행하기 위해서는 전통적인 마케팅 채널의 확정범위 설정과 온라인 고객 분석을 통한 구매형태가 고객요구사항들의 분석들이 선행되어 있어야 한다.

3) 협력을 통한 상호 정보 교환

소비자 주도의 경제체제 하에 제조업자와 소매업자의 관계와 소매업자와 최종소비자의 관계가 수직적 구도하에서 서로의 이해관계를 모색하기보다는 최대한 각 유통채널과 최종소비자 간에 유기적으로 협력하여 상호 정보교환 및 마케팅 교환가치를 얻을 수 있도록 협력하여야 한다.

4) 효율적 아웃소싱 시스템

아웃소싱은 기획, 결제, 배송, 홍보, 머천다이징 등의 복합적인 기술과 마케팅이 집적된 전자상거래 업체에 두 마리의 토끼를 잡기 위해 비효율적인 조직이나 예산을 집행하는 것보다 집중화된 효율적인 업무집행을 통해 매출을 극대화할 수 있는 방법으로 철저하게 효율적인 아웃소싱 시스템이 이루어져야 한다.

5) 고객중심의 전자상거래 구현

구매자가 원하는 상품을 쉽게 찾을 수 있고 구매제품에 관한 다양한 제품정보 및 애프터서비스, 배송 및 기타 구매에 관한 제반 사항을 소비자가 쉽게 이해할 수 있도록 인터페이스 설계나 고객문의창구가 부재한 현실이다.

이러한 고민 때문에 대부분의 전자상거래 기업들이 고객관계관리(CRM)에 초점을 맞추어 사용자들의 경험을 통한 판매, 마케팅, 고객서비스를 집행할 수 있는 웹 기반의 고객서비스 솔루션 도입을 적극 추진하고 있다.

고객중심의 전자상거래 구현을 위하여 철저한 고객분석이 선행되어야 하며 고객을 끌어들이고 고객을 묶어둘 수 있는 다양한 이벤트와 마케팅이 필요하며 고객과 끊임없이 커뮤니케이션 할 수 있는 커뮤니케이션 통로가 항상 오픈되어 있어야 한다.

6) 차별화된 경쟁전략

전자상거래업체들의 난립으로 대부분의 업체들이 제 살 깎듯이 가격인하 및 택배비 인하로 다른 업체와 차별화를 시도하고 있지만 가격인하의 공격적인 마케팅은 상품 품질의 결함이나 고객서비스 비용의 크나 큰 손실로 이어진다. 전자상거래가 가격경쟁 이외에 차별화된 경쟁전략을 갖기 위하여 소비자들이 상품의 가격비교와 가격을 소비자들이 직접 결정할 수 있도록 가격전략을 확대해 나가야 하며, 온라인의 비대면 구매를 극복하기 위한 차별화된 커뮤니티형성, 브랜드인식, 고객서비스 등의 통합적인 고객 커뮤니케이션 전략 등의 차별화를 시도해야 한다. 차별화를 위해서는 먼저 인터넷쇼핑몰의 유형별 강점과 약점을 명확히 파악한 후 이에 따른 차별화전략을 세워야 한다.

7) 전문화된 상품

전문쇼핑몰이 성장한 것은 기존의 백화점식의 쇼핑몰이 다양한 상품군들을 갖추고 있지만 다양한 고객의 니즈를 만족시켜 주지 못하고 있기 때문에 비록 정보의 양이 적지만 고객에게 분별력 있고 가치 있는 상품정보를 제공하는 전문쇼핑몰을 이용하는 고객들이 점점 늘어가고 있기 때문이다.

전문쇼핑몰은 전문화된 하나의 상품으로써 고객의 니즈를 철저히 분석하여 고객에 맞는 상품추천 및 고객이 원하는 다양한 서비스를 개발하여 철저하게 고객지향적인 마케팅 전략으로 빠르게 시장에 대응할 수 있다는 장점이 있다.

8) 계속적인 시장조사와 고객 분석

전자상거래 시장은 하루가 다르게 변화하고 있다. 새로운 신기술을 무기로 등장하는 신규업체, 거대한 자본을 앞세워 시장을 주도하려는 대기업, 시대의 요구에 의해 변화하는 고객들의 변화양상 등에 의해서 전자상거래의 시장은 다양하게 변화하고 있다.

급속히 변화하는 시장을 다각적으로 분석하여 능동적으로 변화하는 시장에 잘 적응할 수 있도록 철저한 시장조사와 고객 분석이 이루어져야 한다. 또한 고객데이터와의 끊임없는 커뮤니케이션을 통하여 고객들의 요구에 바로 대응하여 피드백을 통해 마케팅 전략을 수립하고 상품을 개발하는 등의 차별화된 경쟁요소를 개발하여야 한다.

9) 전자상거래의 신뢰성 확보

전자상거래에 관한 가장 큰 저해요소는 인터넷 상품의 구매에 관한 신뢰성 부족이다. 전자상거래 이용 시 개인정보의 유출 가능성으로 불안해하는 고객은 여전히 많이 존재하고 있기 때문이다. 인터넷 상거래의 안정성과 신뢰성 확보는 가장 심각하게 고려해 보아야 할 사항이다.

이러한 불안감을 극복하기 위해서 안정화된 결제시스템의 도입과 공인된 인증기관을 통한 인증서 비스도 갖추어져야 한다. 또한 고객 개개인의 니즈를 충족시킬 수 있는 원투원 마케팅 전략 및 대고객 브랜드인지도, 상품품질에 관한 보증, 상품구매에 관한 편의성, 고객에게 빠르게 대응하는 고객서비스 시스템도 신뢰성 확보에 중요한 요소이다.

10) 고객의 생활 속에 파고들기

전자상거래가 일반소비자의 생활 속 어디서나 전자상거래의 구매가 이루어질 수 있도록 끊임없이 생활 속에 침투해야 한다.

우리 생활 곳곳에서 필요한 물건들을 쉽게 구매할 수 있는 구매기회를 제공하도록 다방면으로 상품의 판매채널을 넓혀나가도록 하여야 한다. 우리가 가까운 슈퍼에서 물건을 구매하듯이 생활의 일부분으로 전자상거래가 확대되어지도록 노력해야 한다.

신속한 소비자들의 욕구 변화에 대응하기 위해서 사용자들이 언제 어디에서 접속하더라도 빠르고 쉽게 상품을 검색할 수 있도록 시스템을 구축해야 하며, 구매 물품들을 신속하게 배송하도록 물류체계를 갖추어야 한다.

제 3 부

창업 운영

제9장
창업자금의
확보

제1절 창업자금의 정의

1.1 창업자금의 정의

신규 사업을 시작하여 기업을 대규모 기업으로 성장시키기 위해서는 필수적으로 자금의 소요가 발생되는데 이때 소요자금의 규모는 기업의 성장과 발전과정에 따라 달라진다. 즉, 기업을 창업하기 위하여 준비하는 과정, 창업 후 사업을 펼치는 사업초기과정, 구체적으로 사업을 본격적으로 성장시키는 성장과정, 시장과 기업 모두가 안정과 성숙을 이루는 사업성숙화 과정으로 나눌 수 있다. 이러한 성장과정별 자금소요 중에서도 가장 절실하고도 중요한 것이 바로 사업초기의 창업자금이다.

그러나 역설적으로 가장 필요한 자금이라고 할 수 있는 창업초기 자금의 지원제도는 구조적으로 매우 취약하다. 이것은 창업기업의 특성상 제대로 된 담보자산도 없거니와 금융권에서 주요지표로 활용하는 과거년도의 경영실적등 기존의 경영성과가 전무하기 때문에 제도권 금융기관의 입장에서 대출에 대한 판단이 어렵고 결국은 쉽게 대출 해 줄 수 없는 상황이기 때문이다.

그러므로 자본시장 내에서 금융권의 자금지원제도를 활용하여 필요 자금을 적시에 조달하는 것이야말로 창업자금조달의 중요한 부분이며 창업자의 주요역량이라 할 수 있다.

일반적으로 사업 초기에 발생되는 비용은 창업 시 소요인력의 인건비와 사무실비, 운영비, 연구개발비, 자재구입비 등 실제 기업 운영에 필수적인 비용과 사업아이템 개발을 위한 최소한의 경비로 구성된다.

때문에 창업초기 창업자는 소요되는 자금을 세밀하게 계산해 내야 한다. 사업의 계획 단계에서 최대한 치밀하게 산정한다 하더라도 실제 사업준비 시에는 전혀 예상하지 못한 경비가 발생되기도 하며, 준비단계가 길어져 본 사업이 예상보다 지연될 경우 더 많은 추가경비가 소요될 수도 있기 때문이다. 따라서 사업초기에 창업자금은 예상비용보다 높게 산정하는 것이 안전할 수 있다. 즉, 가능한 비용의 발생 항목을 자세히 분류 구분 짓는 것이 좋다. 유럽경제연구센터(ZEW)가 발표한 독일의 첨단 기술기업의 창업실태 조사결과에 의하면 창업 및 신생기업의 발전에 최대장애요인으로 작용하는 것이 자금조달에 관한 문제였으며, 아울러 기업의 발전전략에 따른 자금의 관리능력도 시급히 제고되어야 할 사항으로 지적하고 있다.

1.2 창업자금계획의 수립원칙

(1) 실현가능성을 최우선으로 하는 자금 조달 및 자금운용 계획수립

창업기업은 새로이 사업을 개시하는 특성상 사업이 안정적으로 정착하기까지는 어떠한 어려움이 전개될 것인지 예측하는 것이 쉽지 않다. 따라서 창업기업의 자금계획은 이러한 점을 충분히 감안하여 수립되어야 한다.

일반적으로 창업기업의 경우 창업절차나 창업기간 및 기업의 정상적 운영에 이르기까지 당초 예상했던 것보다 훨씬 더 많은 장애요소와 계획차질로 지연되고, 비용초과가 되는 경우가 대부분이다. 따라서 체계적이고 안정적인 자금계획을 수립하지 않으면 창업기업이 본격적 활동에 나서기도 전에 실제적인 자금난에 직면하여 사업이 실패할 가능성이 매우 높다.

(2) 확실한 자금조달능력 범위 내에서의 사업구상

창업자금의 조달에 대한 계획수립 시 가장 바람직한 것은 창업자가 아이디어를 가지고 창업한 사업을 성공적으로 실현시키는 데 어느 정도의 자금이 소요될 것인가를 정확히 분석하는 것이다. 하지만 실제 창업과정에서는 자금조달의 어려움으로 인해 먼저 창업자가 조달할 수 있는 창업자금을 가늠해 본 후에 창업하고자 하는 사업의 규모를 창업자금 규모에 맞추어 창업하는 것이 순리라고 말할 수 있다.

(3) 설득력 있는 사업계획서의 작성

창업자는 창업자금을 외부 지원기관으로부터 지원받기 위해서 기관별로 요구하는 일정한 양식의 사업계획서를 작성하게 된다. 창업기업의 특성상 일반기업과 같이 과거연도의 영업실적이 없는 상태에서 신설 창업회사의 신용도를 객관적으로 입증하기는 매우 어려운 실정이다. 따라서 창업기업의 사업계획서는 매우 구체적이고 논리적으로 작성하여야 하며, 계획된 사업의 성공을 상대기관에게 확신시켜줄 수 있을 정도의 설득력 있는 사업계획서를 작성하여야 한다.

(4) 창업과정별로 자금의 소요 일정을 명확하게 제시

창업자금은 대개의 경우 일시적으로 대규모 자금수요가 일어나는 것이 아니라, 창업과정의 진행정도에 따라 자금소요의 규모가 달라지는 특징을 가지고 있다. 따라서 창업으로부터 기업의 성장과정 별로 창업자금을 일정별, 기간별로 명확히 구분하여 일목요연하게 자금계획을 수립하는 것이 진정성 있고 체계적인 자금계획이 될 것이다.

제2절 창업과 기업성장 과정별 자금관리

기업이 창업을 위해 필요한 여러 가지 요소 중에서 창업자금은 가장 핵심적 사항일 뿐만 아니라 조달에 어려움을 겪는 부분이기도 하다. 창업을 위한 자금관리는 창업 전 준비과정, 창업 초기과정, 창업 후 본격사업화과정, 사업 성숙과정 등으로 구별할 수 있다.

2.1 창업 전 준비과정의 자금관리

창업을 준비하는 과정에서는 아이디어의 탐색, 사업화를 위한 계획수립 등 창업 전 준비를 위한 인력의 확보 등이 필요하며, 이를 위한 자금의 확보는 필수적이다.

2.2 창업초기과정의 자금관리

창업의 시작 시에는 기본적으로 최소한의 종잣돈(seed money)과 창업자금이 필요하다. 종잣돈은 신기술, 신제품의 연구, 개발, 시험, 시장조사, 사업계획에 투여하는 초기자금을 말하며, 창업자금은 시제품의 생산 및 판매를 위한 마케팅 활용자금을 말한다. 창업의 태동기에 필요한 필수자금의 조달은 되도록 본인의 자본으로 충당하는 것이 최선이지만, 자기 자본이 부족한 경우에는 가족과 친지, 주변의 지인들, 정부의 지원 자금 등 비용의 상환 압력이 비교적 덜한 자금을 융통하는 것이 효과적이라 할 수 있다.

새로운 사업을 시작할 때 창업 자금의 조달은 창업자에게 그야말로 본 사업의 사활을 건 큰 의미의 과제이며, 도전이라 해도 과언이 아니다. 향후 본 사업이 어떻게 전개될지 확실치 못한 상황이기 때문에 위험도가 가장 높은 시점이 바로 사업을 시작하는 초기단계이다. 그러므로 이 시점에 자금의 조달은 창업자 자신이 현재 확보하고 있는 금액, 쉽게 말해 자기자금에 의존할 수밖에 없다.

하지만 사업이 초기 시점의 특수성으로 인해 외부자금, 즉 타인의 자금을 유입시키는 것이 부적절한 일은 아니다. 사업을 시작하는 개인, 또는 다수 명의의 동산 및 부동산을 담보로 시중의 금융기업의 자금을 차입할 수도 있다. 그러나 외부자금의 유입이 가능하다 하더라도 창업자는 적어도 사업자금의 30%는 본인 스스로 충당이 가능해야 한다. 이유는 본인의 자금 투입이 현재 시작하는 사업에 대해 얼마만큼 사업자 스스로 확신하고 그 확고한 신념을 유지하며 사업을 운영할 수 있을지 표현할 수 있는 하나의 신용척도가 될 수 있기 때문이다.

신규 사업을 시작할 시에 필요로 하는 자본을 창업자 스스로 조달해야 하는 이유는 외부 자본을 유입하기 위해서라고 앞서 밝혔다. 현재 구상하고 있는 사업의 아이템으로 타인의 자본을 끌어들이기 위해서는 그 사업이 아이디어 수준 이상의 진척이 있어야만 한다. 따라서 창업가는 아이디어 개발은 물론 그 아이디어를 사업화하기 위한 활동, 즉 프로토타입(시제품) 생산이 가능한 공장과 라인을 세워야 한다. 시장조사를 통한 시장 분석도 이루어져야 하며, 사업 운영상에 필요한 정부기관의 인허가 문제의 해결이 필요하다. 기타 여러 방면의 실제 사업상의 활동을 통해 현재 운영을 시작하려는 사업이 성공 가능성이 있는 것이라는 인식을 잠재적인 자본 공급자들로부터 이끌어내야 하며, 이 모든 일을 행하기 위해서는 기본적으로 자금이 필요하다. 하지만 그렇다고 해서 창업가의 투자자금이 전액 자기 비용이어야 할 필요는 없으며, 외부의 투자자들의 입장에서 판단 시에 현 운용자금이 창업자의 자기자본이어야 한다는 것이다. 쉽게 설명하여, 외부의 자금 투자가 입장에서 판단 시 대차대조표 상에 자기 자본으로 설정되어야 한다는 것이다.

2.3 본격적인 성장과정의 자금관리

사업화 및 성장 단계에서는 초기의 확장자금과 기업약진 단계자금을 필요로 한다. 초기 확장자금은 손익분기점 도달을 추진하는 단계까지 소요되는 자금이며, 기업약진 단계자금은 기업의 확장을 위한 투자자금과 시설확장, 시장확대, 마케팅, 품질개선에 소요되는 자금을 말한다. 일반적으로 창업 기업은 2~3년간의 제품개발기간을 거쳐 본격적인 양산단계에서 대규모의 자금이 필요하다. 그러나 창업기업은 제공할 부동산담보도 없거나 취약하고, 매출실적이나 거래처도 미흡하여 소요자금규모에 비해 대출이 불가능하거나 대출금액이 매우 낮을 수밖에 없어 사전에 철저한 자금조달방안을 마련해 놓지 않으면 지속적인 자금부족상황에 직면할 가능성이 매우 높다.

2.4 사업성숙화과정의 자금관리

창업 후 기업의 사업이 본격적인 성장궤도에 진입하여 기존의 시설과 인력으로는 충분한 시장확대 전략을 실시할 수 없게 되는데, 이때 기업은 매출증대 및 생산능력확충을 위한 설비투자를 확대하고 필요인력을 증가시키게 되는데 이를 위한 자금이 필요하게 된다. 즉, 매출증가에 따른 원재료증가자금, 보유재고확보 등의 운전자금・시설자금과 신기술 개발자금, 해외투자자금 등을 말한다. 이 과정에서는 기업의 성과가 가시적으로 나타나고 경영지표에서도 명확한 결과가 도출됨으로 인해 금융권으로부터의 기업의 자금조달도 비교적 용이하다.

제3절 창업자금 조달

일반적으로 기업의 자금은 자금의 운영기간에 따라 단기자금과 장기자금으로 구분되고, 기업자체에서 조달하거나 외부로부터의 차입여부에 따라 내부자금과 외부자금으로 나눌 수 있다. 창업자금의 조달에 있어서도 같은 개념으로 설명할 수 있다.

3.1 창업자금의 구분

(1) 자금상환기간에 의한 분류: 단기자금과 장기자금

기업회계기준에 의하면 자산·부채의 장·단기를 구분하는 기준은 1년을 기준으로 하여 판단한다. 즉, 1년 이내에 변제기가 도래하는 부채를 단기부채라 한다. 예컨대 금융기관으로부터 창업자금을 대출받은 경우 상환기간이 1년 이내라면 단기자금으로 분류한다.

특히 대출당시 1년 이상의 장기자금이더라도 상환기간이 도래하여 1년 이내에 상환하여야 한다면 장기자금에서 단기자금으로 전환되어진다. 이러한 단기부채는 기업의 유동성에 큰 영향을 미치게 되므로 관리에 각별하게 신경을 써야 한다. 이와 비슷한 맥락에서 1년 이내에 현금화가 가능한 자산을 가리켜 유동자산이라고 한다. 자산의 경우는 현금화 기간이 길수록 불건전 자산으로 분류되어 재무 구조의 건전성 평가에 있어서 부정적인 영향을 끼치게 된다. 창업 자금을 외부에서 조달할 경우에는 가급적이면 장기자금으로 조달하는 것이 중요하다. 장기자금의 차입은 창업으로부터 사업실행까지의 기간이 길어질 경우에도 창업기업의 자금부담을 덜어줄 수 있고, 기업의 재무구조의 안정성을 확보할 수 있기 때문이다. 그러나 시중에 자금이 풍부하여 금리가 하향세를 지속하는 경우에는 상대적으로 높은 금리상태를 지속해야함으로 과도한 금융비용을 부담해야 하는 악영향을 끼칠 수도 있다.

(2) 자금조달원천에 의한 분류: 내부자금과 외부자금

내부자금은 기업내부에서 조달하는 특성상 금융비용의 부담이 없는 반면 외부자금은 내부자금에 비해 상대적으로 이자 등의 높은 금융비용을 수반하게 된다. 따라서 창업자금을 조달 시에는 우선적으로 내부자금을 최대한 활용하여야 한다. 그러나 창업기업의 특성상 국가나 창업관련기관의 정책자 금등 외부자금을 활용하는 것이 사업경영상 유리한 경우도 있어 내부자금이 반드시 유용한 자금이라고 단정 지을 수는 없다.

3.2 창업 자금 조달 방법

(1) 외부로부터의 자금조달

1) 개인으로부터의 투자

개인으로부터의 투자에서 개인이란 창업자의 가족이나 친척, 친구 및 주변지인을 포함한 넓은 의미의 개인으로, 경제적, 금전적으로 여유가 있는 개인을 말한다. 이러한 개인투자가들은 신규 창업하고자 하는 신생기업의 자금 조달에 있어 매우 중요한 조달의 원천이라고 할 수 있다. 창업자 및 창업기업이 이들 개인 투자가들로부터 투자를 확보하기 위해서는 기본적으로 체계적이고 실현 가능하며 수익이 확실시되도록 인식되어지는 완벽한 사업계획서를 작성해야만 한다. 이 밖에도 법률적 타당성을 위해 필요한 투자요청서와 같은 공인된 서류도 필수적이다. 이러한 개인 투자가들의 상당수 확보는 창업투자 회사에 비해 상대적으로 비용을 적게 발생시킨다. 창업자금 조달 시 개인투자자들은 다음과 같은 특징을 지니고 있다.

2) 차입

차입은 창업자금 조달뿐만 아니라 운영되고 있는 기업에 있어서도 매우 중요한 자금의 원천이다. 차입은 약정에 의해 정해진 기준대로 원금과 이자가 상환된다는 점에서 상대적으로 매우 안정된 자금으로서 개인사채에 비해 위험부담이 적다고 할 수 있다. 다만 금융기관 등 채권자는 안전한 상환이 이루어지는 것을 보장받기 위해서 창업자에게 일정 수준의 담보를 요구하게 된다.

① 자산

창업자나 창업기업은 보유한 토지, 건물 등 부동산은 물론 차량운반구 및 기계장비, 상품이나 제품 같은 재고자산 등의 유형자산을 담보로 제공하고 자금을 차입하는 것이 일반적이다.

② 현금흐름

사업자는 본인 기업의 예상되는 현금을 담보로 자금을 융통할 수 있다. 이때 채권자는 빌려준 돈이 예정대로 상환될 것인가, 즉 상환능력을 점검하기 위해서 이자보상비율(interest coverage: EBIT/지급 이자)

또는 부채비율(debt/equity ratio) 같은 것을 확인하게 된다. 물론 부채가 적고 현금흐름이 좋은 기업일수록 쉽게 자금을 융통할 수 있다.

3) 무담보 현금대출

현금흐름 또는 무담보 금융은 여러 가지 형태로 거래된다.

무담보 현금차입은 대체로 일반 시중은행을 통해서 이루어지는데 그 밖의 다른 금융기관, 예를 들어서 파이낸스 회사나 보험 회사 또는 연·기금을 통해서도 이루어질 수 있다. 그리고 무담보 금융이기 때문에 자산을 담보로 하는 금융보다는 일반적으로 더 위험하므로 은행의 경우 대출에 여러 가지 제약조건을 붙임으로써 그 위험을 줄이게 된다. 이러한 여러 가지 제약조건들은 결국 회사의 운영에 여러 가지 제약을 발생시키게 된다.

4) 자산담보 대출

기업은 보유하고 있는 대부분의 자산을 차입금에 대한 담보로 사용할 수 있다. 무담보 대출을 받으려면 사업이 상당기간 동안 이익을 내어야 하므로 창업 기업의 경우 거의 대부분 불가능에 가깝다고 볼 수 있다. 따라서 이들 기업은 보다 손쉬운 자산담보 대출을 받을 수밖에 없다.

자산담보 대출이란 회사가 채권자에게 회사 보유자산에 대한 일차 저당권을 부여하는 것이다. 따라서 만약의 경우 약정대로 원리금 상환이 불가능할 때 채권자는 자산을 그 대신 소유하게 된다.

(2) 내부로부터의 자금조달

기존 운영되고 있는 기업에서는 보유자산의 매각, 외상매출금이나 미수금의 조기회수, 운전자본의 긴축운영등과 같은 내부 자금조달 활동이 일상적으로 원활히 이루어지고 있다. 하지만 새로이 창업한 기업에서는 이러한 방식으로 실제 운영에 필요한 자금을 회사 내에서 조달하기는 매우 어렵다. 그러나 창업 후 일정기간 거래가 이루어지고 신용과 자산이 형성된 이후에는 충분히 가능한 방법들이다.

1) 보유자산의 매각

회사가 보유한 자산 중에서 불요불급한 자산을 매각처분하여 필요한 자금을 조달하는 방법으로 생산방법이나 생산공정의 개선으로 인해 불필요해진 생산설비를 매각한다. 또한 기존에 회사 내에서 생산하던 품목을 다른 기업으로 외주처리하거나 용역계약으로 인해 전환함으로써 불필요해진 기계장치 등을 매각하고 혹은 노후화된 차량운반구등을 매각하는 등의 방식으로 자금을 확보하는 방법이다.

2) 외상매출금 및 미수금의 조기회수

제품 등을 생산·판매하여 거래처에 외상으로 미회수된 금액을 조기에 회수하거나 관련업체 등에 대여하였던 대여금을 거둬들이고, 남아있는 미수금을 신속히 회수함으로써 자금을 확보할 수 있다.

3) 운전자본의 감축

재고자산의 축소, 원가절감 등의 노력으로 비용을 축소하는 등 자금운용 규모를 축소하여 운전자본을 최소화함으로써 자금조달의 효과를 거둘 수 있다.

3.3 창업기업 형태 및 업종에 따른 자금의 조달

창업 시 기업의 형태에 따라 창업자금의 규모와 조달방식에 특징
적 차이를 가지고 있다. 창업기업이 개인기업, 법인기업이냐의 기업
형태에 따라, 혹은 제조업, 서비스업이냐 등 업종에 따라서도 달라
질 수밖에 없다.

(1) 창업기업의 형태에 따른 분류

1) 개인기업

개인기업을 창업하는 경우 창업자금의 대부분을 창업자 개인의
자금으로 조달하여야 된다. 법인기업에 비하여 창업자금이 소규모인
이유도 있지만 현실적으로 창업자금을 외부에서 조달하기가 매우
어렵기 때문이다. 다만, 최근 들어 정부의 강력한 창업지원정책에
힘입어 다양한 창업자금의 확보가 가능한 상태에 있다. 그러나 창업
초기부터 외부자금에 대한 의존도가 높을 경우 창업초기의 복잡하
고 다양한 현안이 산적된 경영상태에서 안정적인 사업구조로 이끌
기가 쉽지 않다. 그러기 때문에, 개인기업의 경우 창업자 개인의 자
금능력으로 대부분의 창업자금을 조달하는 것이 매우 중요하다.

2) 법인기업(주식회사)

법인기업은 개인기업과는 달리 기업형태별로 다양한 자금조달에

관한 방법들을 활용할 수 있다. 법인기업 특히 주식회사의 경우에는 다수의 주주들에 의한 자금조달이 용이하기 때문에 창업자금의 확보에 매우 유리하며, 주주출자에 의한 자본조달은 주주들이 투자지분만큼의 주식을 인수하고 그 인수대금은 내부자금인 자본금으로 확보되어 안정적인 창업자금으로 전환될 수 있다. 또한 법인기업은 금융기관으로부터의 창업자금이나 정부나 공공기관으로부터의 정책자금등의 활용도 비교적 수월함으로 창업기업에 적합하고 유리한 창업자금을 확보하는 것이 중요하다. 창업 후 사업의 안정화를 이룩한 후 자금상환등이 이루어질 수 있도록 비교적 장기간의 거치기간과 저리의 안정된 자금을 조달하는 것은 창업기업의 수익성과 안정성확보에 절대적이라 할 수 있다.

(2) 업종에 따른 분류

1) 제조업

제조업의 창업자금은 비교적 대규모 창업자금이 소용되고, 자금의 운용기간도 장기간에 걸쳐 이루어진다는 특징을 가지고 있다. 따라서 제조업의 창업에는 자기자본으로 충당하기에는 너무 과도한 부담으로 작용할 수 있으며, 특히 시설자금이나 공장구입자금등은 투입시점부터 회수기간까지 장기간 소요됨으로 인해 장기저리의 정책자금등을 활용하지 않으면 창업으로부터 사업정착 시까지의 기간에 이자부담과 원금상환압박 등으로 상당한 자금부담을 가져올 수 있다는 점에서 체계적인 자금조달계획이 반드시 선행된 후 창업에 임하여야 한다.

2) 기타업종

서비스업이나 유통업 등 제조업이 아닌 업종을 창업하는 경우에는 창업기업의 업종 특성에 따른 자금조달계획을 수립하여 운영하되 창업자의 순수창업자금으로 충당할 수 있도록 하는 것이 가장 바람직하다. 부득이 외부로부터 창업자금을 지원받을 경우에는 창업기업의 역량과 사업방침과 부합되는 창업자금이 무엇인가에 대한 성찰이 필요하다.

3.4 창업자금 규모의 산정 및 구성

창업단계에서 창업자금 규모의 산정은 매우 중요한 과정이지만 정확한 창업자금을 산정하는 것은 현실적으로 상당히 어려운 작업이다. 창업의 특성상 계획단계에서 구상한 것과 달리 실제창업활동을 수행하다 보면 상당한 차이가 발생되기도 하고, 전혀 예상치 못한 요인들로 인해 차질을 빚기도 하기 때문이다. 일반적으로 창업자금은 초기투자금, 운전자금 및 시설자금으로 구분되며, 각각의 항목마다 특성을 지니고 있다.

- 초기투자자금: 사업장 마련을 위한 사무실임차료, 비품 및 사무용품구입비 등
- 운전자금: 통상적 기업경영을 위한 인건비, 재료비 및 판매비와 일반관리비 등
- 시설자금: 기계나 설비 등 고정 자산구입을 위한 자금으로 회수를 위해 비교적 장기적 기간이 소요되는 자금을 말한다.

창업방식이나 창업아이템 및 창업규모 등에 따라 창업자금의 성격도 달라질 수 있으므로 창업의 종합적 성격을 면밀히 파악하여 최적의 창업자금을 조달하는 것이 필요하다.

3.5 정부의 창업자금 지원제도

(1) 중소기업청의 청년창업펀드

운영자금 조달이 어려운 청년 창업기업 전용 '청년창업펀드'가 400~1,000억 원 규모로 조성돼 운용된다.

중소기업청은 올해 모태펀드에 4,680억 원을 출자해 1조 원 규모의 중소·벤처펀드를 조성하는 내용이다. 계획에 따르면, 중기청은 올해 280억 원을 출자해 청년창업펀드를 새로 조성한다. 여기에 대기업, 정책금융공사, 연기금 등을 끌어들여 400억 원 이상 최대 1,000억 원 규모의 펀드를 운용할 계획이다.

우수한 아이디어를 가진 39세 이하 청년층의 창업 및 성장을 중점 지원하게 된다. 특히 일반인의 소액자금을 모집해 운영하는 '크라우드펀딩' 방식도 도입하기로 했다.

또 '중소-중견-대기업의 성장사다리' 구축을 통해 창조적인 중소기업을 중견·대기업으로 육성하기 위한 '성장사다리 펀드'도 새롭게 마련한다.

여기에는 정부가 200억 원을 출자하고 민간 투자를 유치해 500억 원 이상 규모로 운영된다. 펀드는 창업기업에 40%, 중견기업에 20~60%가 투자된다. 이 밖에 엔젤투자매칭펀드(운용규모 550억 원), 창업초기전용펀드(운용규모 1,000억 원) 등도 새로 만들어진다. 이러한 내용은 상반기 모태펀드 출자 예정액의 70% 이상을 출자하고 민간 자본을 유치해 중소기업 자금조달 환경을 융자가 아닌 투자중심으로 전환된다는 것이다.

(2) 중소기업진흥공단의 창업조성자금

중소기업진흥공단은 우리나라의 산업기반을 이루고 그 핵심역할을 하게 될 중소기업의 체질을 개선하고 새로운 가치를 창조하는 중소기업의 국제경쟁을 키워나갈 수 있도록 창업기업지원자금을 지원하고 있다. 즉, 우수한 기술력과 사업성은 있으나 자금이 부족한 중소·벤처기업의 창업을 활성화하고 고용창출을 도모하기 위한 사업이다. 창업기업지원자금, 재창업자금으로 구분 지원되며, 창업 기원지원은 중소기업 창업지원법 시행령 제3조의 규정에 의한 사업 개시일로부터 7년 미만(신청·접수일 기준)인 중소기업이거나, 창업을 준비 중인 자(최종 융자 시점에는 사업자등록 필요)를 대상으로 한다. 지원대상기업은 중소기업창업지원법 및 벤처기업육성에 관한 특별조치법상의 업종을 영위하면서 중소기업창업지원법의 규정에 의한 창업을 준비 중이거나 사업개시일로부터 7년 이내에 있는 기업이거나 중소기업청으로부터 확인받은 벤처기업, 벤처기업집적시설 및 아파트형공장 입주예정기업, 자가공장마련을 위하여 경매를 통하여 기존공장을 매입하는 기업 및 모기업으로부터 분사한 지 3년 이내의 중소분사기업을 대상으로 하며, 지원한도는 동일기업 당 5억 원 이내이며 운전자금은 3억 원 이내이다. 지원조건은 5년 이내(거치2년)으로 담보대출 또는 보증부대출을 병행하며, 지원절차로는 자금지원신청을 하면 사업성평가를 거쳐 자금지원 결정 및 통보 후 대출을 행하고 있다.

(3) 창업투자회사의 자금지원

창업예정자나 창업 후 7년 이내의 벤처중소기업이 증자 시 자본 참여를 하거나, 중소기업이 전환사채 발행 시 이를 창업투자회사가 인수하여 직접금융을 제공하거나 창업기업의 일시적 자금부족에 대해 대여금을 지원한다.

(4) 금융기관의 창업관련 대출제도

기업은행의 기술창업자금대출 등 각 금융기관별로 마련된 창업관련 각종 대출제도가 있다.

(5) 신용보증기금·기술보증기금의 보증지원제도

지원대상은 중소기업창업지원법의 규정에 의한 창업준비 중이거나 사업개시일로부터 7년 이내에 있는 기업으로써 중소기업창업지원법 및 벤처기업육성에 관한 특별조치법상의 업종을 영위하는 기업을 대상으로 심사 후 결정한다. 지원조건은 동일기업당 5억 원 이내(운전자금 3억 이내)로 5년 이내(거치2년)로 하며, 신청자의 기술성, 사업타당성 및 신용보증가능금액 등을 평가하여 지원금액 등을 결정한다.

(6) 소상공업 창업자금

소상공인 지원센터에서 운용하는 자금으로, 소상공업을 창업하고자 하는 자 및 창업한 지 6개월이 경과되지 않은 자로서 상담을 통하여 사업타당성 검토 후 정책자금 지원이 필요하다고 인정되는 경우에 창업자금을 지원한다. 그러나 사치성향적 소비나 투기를 조장하는 업종과 금융기관의 불량거래자 또는 불량거래처로 규제중인 사람은 지원대상에서 제외하고 있다.

지원규모는 업체당 최고 5천만 원 한도이며 상환기간은 5년 이내이다. 자금의 집행은 약정은행을 통해 지원함으로 대출취급은행에서 채권 확보하는 데 부동산 담보의 제공, 보증서를 담보로 제공, 기타 약정은행이 요구하는 신용상태를 충족하는 경우에 창업자금의 대출이 가능하다.

(7) 기타 창업자금 지원
- 지방자치단체의 창업자금 지원
- 장애인 자영업 창업자금 지원
- 장기실업자 자영업 창업자금 지원
- 실직여성가장 자영업 창업자금 지원
- 여성기술인력 창업자금 지원
- 저소득층 여성가장 창업자금 지원

제10장
상권분석과
입지선정

제1절 상권분석의 목적

소매업의 대부분은 점포판매의 형태를 취하고 있으며, 점포 판매의 특징은 특정지역의 영업장소에 고정적 입지를 취하고 고객을 흡인함으로써 영업이 성립된다는 데 있다. 점포의 입지는 구매자의 입장에서 보면 상품을 구매하러 오는 구매위치가 되므로 다수의 상권내 잠재구매자의 입장에서 해당 점포에 접근하기가 얼마나 용이 하느냐는 점포의 성패를 가르는 매우 중요한 요소이다.

점포의 입지선정과 관련된 의사결정은 해당 점포의 전반적인 영업성과에 지속적으로 영향을 미치고, 문제발생 시 신속한 변경이 어렵다는 점에서 소매업 전체에서 가장 중요한 의사결정 중의 하나이다. 이러한 중요성 때문에 소매기업이 특정 지역에의 출점을 결정하기까지는 여러 단계의 상권분석 및 타당성 분석의 단계를 거치게 되는데, 이러한 상권분석을 통해 다음과 같은 효과를 달성할 수 있다.

1.1 업종선택의 기준 설정

일반적으로는 상권분석을 통해 상권 내 유동인구 혹은 상주인구의 구매성향을 분석함으로써 상권의 특성에 맞는 특정재화 혹은 서비스군선정이 가능해진다. 이 경우 상권의 질적 특성이 비교적 중요한데, 주로 잠재고객의 연령층, 남녀구성비, 구매단가, 구매시간, 구매빈도, 업종경쟁력 등을 파악함으로써 전략수립이 가능하다.

소점포창업 시 업종이나 품목이 정해져 있는 경우가 대부분이고, 이 경우에는 해당업종의 특성과 성격에 맞는 상권의 선정이 중요하다. 업종과 품목에 따라서 주 고객층과 구매주기가 다양하게 나타나며, 소비행태가 다르게 나타나므로 상품 및 서비스별로 적합한 상권이 다를 수밖에 없다. 즉, 전개하려는 상품이나 서비스에 적합한 상권의 선정이 창업사업의 성패를 좌우하는 가장 중요한 요인이 된다.

1.2 매출추정 및 타당성 분석 근거

상권분석 및 수요분석을 통해 해당 점포 개설 시 매출액을 추정할 수 있다. 상권의 특성 및 당해 사업의 성격, 점포 입지특성 등을 고려하여 상권의 범위를 설정하고 상권 내 상주인구 및 유동인구를 추정하며 1인당, 혹은 1가구당 당해사업관련 소비지출을 산출하여 매출을 추정할 수 있다. 이때, 동일 상권 내에 경쟁업체가 존재할 경우에는 시장점유율을 토대로 매출액을 산출하게 된다.

이렇게 추정된 매출액을 근거로 하여 투자비, 영업관련비용, 기타 시장요인 등을 감안하여 사업의 타당성을 분석하게 된다.

1.3 마케팅전략 토대

　시장분석을 통하여 상권 내 고객의 구매성향을 분석하여 이에 따른 마케팅 전략의 수립이 가능해진다. 예를 들어 여성유동인구가 많고, 주간 유동인구층이 20대이고, 유동인구가 집중되는 첨두시간 대가 5~6시인 상권에 미용실을 창업할 경우 해당상권의 주 고객층이 성향이 감각적 소비가 강할 것으로 예상되기 때문에 젠(Zen)스타일의 인테리어와 마일리지서비스 및 남성헤어디자이너 고용, 파머보다는 칼라링 전문화 등의 전략을 전개하는 것이 바람직하다.

1.4 임대료 평가척도

　상권분석을 실시하면 특정 업종에 대한 해당 상권 내 시장수요를 산출해 낼 수 있고 이를 근거로 개략적인 월평균 매출액을 추정할 수 있다. 이렇게 추정된 매출을 통해 프랜차이즈가 점포를 개설할 때 지급 가능한 임대료 수준을 추정할 수 있고, 점포 확보 시 임대료 평가기준으로 활용할 수 있다.

　일반적인 소규모 점포의 손익분석을 해보면 월평균 매출액의 약 10% 내외를 월 임대료로 지급하는 것이 보통이고, 또 이 수준이 합리적인 임대료 수준이다. 또한 월 매출액에서 추정지출을 제외한 순익을 1년간 환산한 금액이 권리금 수준과 비슷하게 형성되어야 한다.

제2절 입지와 상권의 개념

2.1 입지(立地)

일반적으로 대지나 물건(점포)이 소재하고 있는 위치적인 조건을 입지(location)라 한다. 일반적으로 소매업의 분석은 입지에서 시작하여 입지에서 끝난다는 얘기가 있을 정도로 매우 중요하다. 그러면서도 입지전략은 한번 결정되면, 전략의 변경이 매우 힘들다는 점에서 그 중요성은 아무리 강조해도 지나치지 않다.

현대에 와서 산업이 발달하면서 산업입지론이 대두되게 되고 이로부터 본격적인 입지론이 발달하게 된다. 산업입지란 생산 활동의 위치를 말하는 것으로써 어떤 곳에 위치하는 것이 생산주체에게 최대이윤을 가져오는가에 관한 이론을 말한다.

(1) 튀넨의 농업입지론

1826년 튀넨은 자신이 경작해 온 농장경영의 경험을 토대로 『고립국』이라는 저서를 썼으며, 지대(地代)를 매상고에서 생산비와 수송비를 뺀 것으로 보았다. 또한 이전의 단순한 가정에 가항(街巷)하천의 등장으로 임업이 조방지역으로 물러나 입지함을 설명하였고 제2중심시장이 등장할 경우, 지형이 다를 경우, 교통로가 개설될 경우, 무역이 이루어질 경우, 인간의 행태가 변화할 경우 등에 따라 입지점이 변화한다는 원리도 설명하였다.

(2) 공장입지론

1909년 베버(Alfred Weber)는 공장입지는 생산과 판매에 있어서 최소 운송비가 드는 지점에서 이루어지며, 수송비는 원료와 제품의 무게, 원료와 제품이 수송되는 거리에 의해 결정된다는 원칙을 적용하여 이론을 전개하였다. 이를 최소비용이론이라고 한다. 고전적 입지론의 시조라고 할 수 있는 베버는 입지인자로서 운송비, 노동비, 집적의 3가지를 고려하였다.

비용최소화의 원리에 입각한 베버의 입지론은 기업이 궁극적으로 꾀하는 이윤극대화의 원칙에 배치되므로 로쉬는 이윤극대화를 꾀하기 위해 공장의 입지는 시장 확대 가능성이 가장 풍부한 곳에 이루어져야 한다고 했다. 이를 최대수요이론이라고 한다.

(3) 서비스업 입지론

소매업의 입지론에 가장 큰 영향을 미친 것이 서비스업 입지론이다. 대표적인 서비스업 입지론으로는 크리스탈러의 중심지이론과 허프의 이론이 있는데, 구체적인 사항은 상권분석이론에 기술되어 있다.

2.2 상권(商圈)

(1) 상권의 정의

상권(trading area, market area)이란 마케팅단위나 집단이 상품이나 서비스를 판매 내지 배달하는 데 있어 판매량과 코스트 면에서 보아 경제적인 경계에 의해 그 크기가 결정되는 지구이다. 즉, 상권이란 점포와 고객을 흡인하는 지리적 영역이며, 모든 소비자의 공간

선호(space preference)의 범위를 의미하기도 한다. 여러 가지 측면으로 볼 때 상권과 입지조건의 개념은 상당한 차이가 있으며, 입지는 점포가 입점해야 할 조거이라면 상권은 구매력이 미치는 범위를 말하다고 할 수 있다. 일반적으로 상권의 개념은 크게 다음과 같이 나누어진다.

- 총상권(General Trading Area, GTA): 특정 지역 전체가 가지는 상권으로 지역상권이라고도 함
- 지구상권(District Trading Area, DTA): 총상권 내에서 후보 입지가 속하는 상업집적지가 가지는 상권
- 점포상권(Individual Trading Area, ITA): 지구상권 내에서 점포의 후보입지가 가지게 되는 상권

한편 상권을 해당점포 고객의 지리적 분포에 따라 다음과 같이 나눌 수도 있다.

- 1차상권(Primary Trading Area): 점포고객의 60~70%를 포괄하는 상권범위를 말하는데, 점포에 가장 근접해 있고 또한 고객수나 고객 1인당 판매액상 밀도가 가장 높은 지역
- 2차상권(Secondary Trading Area): 점포 고객의 나머지 15~20%를 포괄하는 상권범위로 1차상권의 외곽에 위치하며 고객 분산도가 아주 높음
- 3차상권(Fringe Trading Area): 1, 2차 상권에 포괄되는 고객 이외의 나머지 고객을 포함하는 상권범위로 고객은 아주 분산적이며, 전체고객의 약 5~10%를 포괄하는 것으로 봄

이때 상권구분을 고객 수 대신 판매액의 비율을 고려하여 생각할수도 있다. 이와 같이 상권이란 상거래의 세력이 미치는 범위를 말하며 사업주의 입장에서 보면 고객의 공간적 분포와 관련이 있다. 그러므로 고객의 구매빈도가 낮고 구매단가가 높은 업종일수록 넓은 상권을 가져야 하고 구매빈도가 높고 구매단가가 낮은 업종일수록 좁은 상권 내에서도 영업이 가능하다. 예를 들어 백화점의 경우 구매빈도가 낮고 구매단가가 높은 업종이며 광역적인 상권범위를 갖는다. 반면 편의점의 경우에는 구매빈도가 높으며 구매단가가 낮은 품목을 주로 취급하기 때문에 상권범위가 수십 미터 이내의 유동객에 제한된다.

한편 업종의 연계성 측면에서 볼 때, 다양한 업종이 분포한 상권에 비해 동일한 업종이 집적된 상권이 비교적 멀리 있는 고객을 흡수하는 힘이 강하다. 대표적으로 용산전자상가는 가전 및 IT판매기능이 집적되어 있는 대표적인 시설이며, 그 상권범위는 서울 및 경기권을 포함하는 초광역상권을 형성하고 있다. 식음시설의 경우에도 자체집객력을 가지고 있는 일부 업체를 제외하고는 '먹자골목' 등의 형태로 집적되어 있는 곳의 영업이 활성화되는 것이 일반적이다.

그러나 이러한 상권의 크기는 절대적인 크기나 법칙이 존재하는 것이 아니라 업태, 점포규모, 경합도, 이동시간, 장애물 등 여러 요인의 영향을 받아 형성되므로 이러한 점을 모두 고려하여 분석하여야 한다.

(2) 개별점포 상권의 설정

특정점포의 상권범위는 입지하고 있는 상권의 특성이나 규모 외에도 각 점포의 소매전략 믹스요인에 따라 달라질 수 있다. 일반적으로 동일한 조건하에서 상업 집적도가 높고 철도나 전철역 따위 보행자출구에 가까이 입지해있는 점포의 상권이 그렇지 않은 경우보다 점포상권의 범위가 더 넓어진다. 그러나 동일한 위치에 입지한다 하더라도 점포의 규모, 취급상품 계열의 구성 등에 따라 점포의 상권이 달라질 수 있다. 상품의 특성은 일반적으로 다음과 같이 구분이 가능하다.

- 전문점, 선매품점: 상권이 넓은 반면 상권 내에서 동업태의 다른 점포와 고객 흡인 경쟁을 벌이게 되기 쉬움
- 편의품점: 상권이 좁은 반면 상권 내 구매력을 어느 정도 독점 가능

한편 동일한 전문점이라도 개성이 강한 상품, 유명상표 제품 및 그것을 중심으로 한 점포의 상권은 더 넓어지게 된다. 또한 개성적이고 매력적인 점포설비, 진열장식, 인상적이고 완벽한 접객서비스를 하는 점포의 상권은 더 넓어지며, 배달서비스나 주차시설 서비스 등이 충실한 상점의 상권도 그렇지 않은 점포에 비해 더 넓어지게 된다.

(3) 상권의 확정

점포의 상권을 확정할 때 기존에 영업하고 있는 점포와 신규로 개점하는 경우로 나누어 생각해 볼 수 있다. 기존 점포의 경우에는 아래와 같은 자료를 통하여 상권범위를 추정하여 마케팅 전략을 수립/적용할 수 있다.

- 특정 점포의 구매고객 주소
- 특정 점포에서 상품구매 빈도

- 일정한 지역 내에 있는 고객의 평균구매액
- 일정한 지역 내의 크레디트카드 소유자의 집중 정도

한편 신규로 출점하는 점포의 경우에는 신설점포의 경우에는 기존 구매동향 자료가 없으므로 기존 점포의 경우와는 다른 기법이 추가적으로 사용된다.

- 경향(추세)분석: 일반적인 과거 유사 실적에 입각하여 앞으로 마케팅 기회를 분석하는 것인데, 이때에는 인구분포, 자동차 등록대수, 신규건축, 대중교통수단, 도로, 구획정리 등에 관한 조사 자료에 의존하게 됨
- 고객(실사)조사: 인근 소비자의 구매성향, 구매빈도, 선호시설 및 입지 등을 조사하고 인근의 경쟁점포에 대한 점두조사(CST)를 실시하여 상권의 범위를 유추함

다음은 창업을 준비할 때 창업자들이 가장 많이 신경 쓰이는 부분이 무엇인지를 조사한 내용이다. 점포라인이 홈페이지를 통해 최근 한 달간 진행한 설문조사 결과 창업자들이 가장 먼저 고려하는 것은 지역 또는 상권인 것으로 나타났다. 설문에 참여한 131명 중 53명(40%)이 지역 또는 상권을 가장 먼저 본다고 응답했다. 통상 창업과정 시 업종을 먼저 정한 뒤 적합한 상권을 찾는 순서로 진행되어 왔지만 설문 결과에 따르면 실제로는 상권과 지역을 먼저 정한 뒤 업종을 고르는 자영업자가 조금 더 많은 셈이다. 이에 대해 전문가들은 영업하려는 점포를 거주지 근처에서 찾는 것이 유리하다는 사실을 자영업자들이 잘 알고 있기 때문이라고 분석했다. 창업자 본인이

살고 있는 지역은 스스로 잘 알고 있기 때문에 전문가의 도움 없이도 좋은 자리를 선택할 수 있다는 것이다. 또 거주지와 영업지가 가까우면 교통비용 설감, 긴급사대 대처용이 등 장점이 많다. 업종 또는 아이템을 먼저 생각한다고 답한 자영업자는 48명(37%)으로 지역 또는 상권 선택자보다 약간 적었다. 그러나 지역/상권을 선택한 숫자와 거의 비슷한 만큼 이 부분 역시 중요하게 고려되고 있음을 시사한다. 이어 창업자금의 조달 가능 여부를 먼저 생각한다는 응답자가 19명(15%)을 기록했다. 창업 시 자금이 예상보다 모자라거나 갑자기 조달이 끊길 경우 의외의 부분에서 손해가 발생할 수 있기 때문에 이 부분에 대한 고려도 중요하다는 것이 전문가들의 조언이다. 이 밖에 프랜차이즈 선택 여부는 창업 과정에서 우선적으로 고려되지는 않는 것으로 조사됐다. 응답자가 6명(5%)에 불과했다. 프랜차이즈 선택 문제는 상권과 아이템을 모두 결정한 뒤에 고려해도 늦지 않기 때문으로 보인다.

가족 또는 주변인의 의견을 고려한다는 응답자도 5명(4%)으로 예상보다 미미했다. 자영업을 처음 하는 경우에는 가족 또는 주변인 의견을 가장 먼저 참고하는 경우가 종종 있지만 이번 조사에서는 상대적으로 자영업 경험이 풍 부한 응답자가 많아 주변의 의견을 먼저 고려한다는 답변이 적은 것으로 파악됐다.

제3절 상권분석관련 이론

3.1 상권분석 이론의 분류

(1) 이론적 접근방법에 의한 분류

유통시설의 타당성을 분석하기 위해 개발된 많은 모델이 있으나 이론적 접근방법에 의해 크게 규범적 어프로치와 실증적 어프로치의 두 가지로 분류할 수 있다.

- 규범적 어프로치: 이론적인 산식이나 모델에 의하여 규모를 추정함
- 실증적 어프로치: 이론적인 것보다 실증측면을 강조하며, 계획지와 특성이 유사한 지역의 유통

시설분포상황이나 그에 관한 데이터를 사용하여 계획지 유통시설의 규모를 유추함

(2) 내용에 의한 모델 분류

유통시설의 규모추정은 여러 단계를 걸쳐 수행되는데 각 단계에 직접 혹은 간접으로 관련되어 있는 이론이나 모델이 수없이 많이 개발되어 있으며, 이는 크게 아래와 같이 세 가지로 분류 가능하다.

<표 10-1> 내용에 의한 모델분류

구 분	내 용
중심지 이론	Chrystaller와 Losche의 이론과 그 이론을 보정/발전시킨 모델이나 개념
점포선택 모델	소비자들의 점포선택이 어떠한 동기와 메커니즘에 의해 이루어지는가를 설명하는 모델로서 유통 시설 규모를 규정하는 데 있어 근본적인 접근방법을 제시해줌
점포입지 모델	여러 가능한 유통시설 계획지 중에서 어느 지역이 가장 적합한 지역인가의 문제 또는 주어진 지역에 어느 정도 규모의 시설을 계획하는 것이 적정한가의 문제를 설명하는 모델임

(3) 이론적 포괄범위에 의한 모델의 분류

상권분석의 절차는 정성적 분석과 정량적 분석이 혼재되어 있다. 일반적으로 거시적인 환경분석 단계는 주로 정성적 분석방법, 상권규모 및 매출추정 단계는 주로 정량적 분석방법의 비중이 강하다고 볼 수 있다. 이 중 상권추정 및 매출추정 과정은 정량적 방법에 의존하는 바가 강하기 때문에 이를 단계별로 세분화할 수 있다.

1) 상권확정: 우선 계획지가 확정되면 계획지의 유통시설이 흡수할 수 있는 주변상권의 범위를 확정한다. 이때 상권은 1차상권, 2차상권 등으로 구분하는 것이 좋다.

2) 경쟁상업지구 분석: 계획지 시설과 거의 대등한 업종과 규모로 경쟁할 수 있는 주변상업지구들을 선정하고 이를 분석한다.

3) 상권별, 항목별, 소비지출액 추정: 상권분석이 완료되면 분류된 상권별로 그 주민의 소비지출총액을 추정하게 되는데 이를 위해서는 상권별로 세대수와 소득수준을 또한 추정해야 한다.

4) 상권별, 항목별, 소비점유율 산정: 상권별로 그 주민의 총소비지출액이 추정되면 계획지유통시설이 상권별 총소비지출액 중 어느 정도 비율을 흡수할 수 있는가 하는 점유율을 추정해야 한다. 이 점유율은 항목별로 큰 차이를 나타내므로 항목별 점유율에 특히 유의해서 결정해야 한다. 또한 상권범위가 비교적 큰 경우에는 계획지 유통시설의 위계(Hierarchy)를 2단계 이상으로 분류할 필요가 있으므로 위계별 점유율을 계산해야 할 때도 있다.

5) 상권별, 업종별, 소비점유율별 산정: 3)단계에서 상권별 소비지출총액이 추정되고 4)단계에서 점유율이 산정되면 소비지출총

액에 점유율을 곱하여 계획지유통시설이 흡수할 수 있는 소비
점유액이 산정된다.

6) 업종별 단위면적당 적정매출액 산정: 단위면적당 적정매출액은
   점포운영자가 정상이윤(normal profit)을 확보할 수 있는 수준에
   서 결정되어야 하는데 업종마다 큰 차이가 있음을 유의한다.

7) 업종별 적정매장면적의 산정: 5)단계에서 소비지출액과 6)단계
   에 단위면당 적정매출액이 산정되면 5)/6)으로서 적정매장면적
   이 산정된다.

8) 업종별 매장면적의 보정; 7)단계에서 업종별 적정매장면적이
   산정된 후 계획지의 지역특성, 주민특성, 경영특성 등을 감안
   하여 7)단계에서 계산된 수치를 가감할 필요가 있다.

제4절 상권분석의 범위 설정

창업에 성공하기 위해서는 좋은 점포를 얻어야 하며 좋은 점포를
얻기 위해서는 사전에 철저한 상권분석을 해야 한다. 이때 어느 정
도까지 분석의 범위를 설정하는 것이 바람직한지가 문제가 된다. 상
권분석의 범위를 고려하지 않으면 많은 시간과 경비를 소모하게 되
고, 정작 중요한 의사결정을 내려야 할 시기를 놓쳐 분석만 하고 점
포를 구하지 못하는 우를 범할 수 있기 때문이다. 따라서 상권분석
의 범위를 설계하는 것은 매우 중요한 과정에 속한다.

4.1 공간적 범위

공간적 범위는 상권이 범위를 의미하며, 대상점포가 있는 경우에는 점포를 중심으로 최소 2차상권까지 설정하는 것이 바람직하다. 점포가 없는 경우에는 중심점에 해당하는 건물 혹은 점포를 중심으로 반경을 설정하는 것이 좋다. 정사각형이나 최근 상권분석의 공간적 개념으로 등장한 폴리건(polygon)을 사용하는 것도 좋지만 일반적으로 원을 사용하는 것이 효과적이다. 1차상권과 2차상권을 구분하는 것이 좋지만 시간적 여유가 없다면 1차상권만을 대상으로 공간적 범위를 제한할 수도 있다.

4.2 내용적 범위

공간적 범위를 결정하면 다음으로 결정할 사항은 상권분석에 포함되어야 할 내용이다. 일반적으로 상권분석에 포함되어야 하는 내용은 업종(상품)에 대한 분석, 시장규모 분석, 매출 예측, 수익성분석, 고객 라이프스타일 분석 등이다.

내용적 범위는 상권분석의 목적에 따라 달라지는데, 소비패턴에 대한 파악을 목적으로 한다면 업종이나 시장규모분석 정도에 그치지만 정확한 매출예측을 통해서 수익성을 파악하고자 한다면 내용적 범위에 포함된 전 분야를 범위로 하여야 한다.

대상점포가 존재하는 경우에는 점포에 대한 조사는 필수 항목으로써, 점포의 외형적 특성뿐만 아니라 입지조건, 동선, 미학적 측면까지도 고려해야 하며, 임대료와 권리금과 같은 금전적 가치도 평가

대상에 포함되어야 한다.

4.3 절차적 범위

절차적 범위란 상권분석의 방법론적 범위를 설정하는 것이다. 상
권분석에서 통계조사, 현장방문, 2가지 방법의 혼용 등 어떠한 방법
을 택할 것인지 선택하여야 한다. 일반적으로 인구분포, 성별분포,
주거특성, 소득수준 등과 같은 라이프스타일은 대체로 통계자료를
이용한다. 한편 업종분포, 유동인구 측정, 경쟁점포 조사 등은 현장
을 직접 방문하여 조사하는 것이 원칙이다.

제5절 상권분석 절차

일반적으로 특정점포의 상권분석을 위해서는 여러 단계에 걸친
분석이 필요하며, 이러한 분석과정에서는 여러 정량적, 정성적 변수
들이 혼합되어 사용된다.

5.1 점포의 콘셉트 및 포지션 확립

상권분석을 하기 위한 첫째 단계가 출점점포의 콘셉트를 먼저 명
확히 설정하고 점포의 포지션을 확립하는 것이다. 시장에서 점포영
업을 영위하기 위해서는 점포의 색깔을 분명히 해야 한다. 이는 특
별한 제품을 진열하고 목표고객을 유인하는 이미지를 그리며, 마케

팅욕구에 적합한 환경과 외관을 창출하도록 소매점을 맞추어야 함을 의미한다. 또한 일반적으로 소매점포는 유형별로 요구되는 입지의 조건이 다르나. 그러므로 점포의 유형(혹은 콘셉트)의 선정이 우선석으로 정확히 선정되어야 한다. 이를 위해서는 현재 출점하려는 점포의 산업 및 취급 상품에 대한 이해와 소비자에 대한 이해가 필수불가결한 요소이다.

먼저 점포의 산업 및 취급 상품에 대한 이해에는 사업의 구체적인 형태, 현존 유사사업체(경쟁) 수, 해당사업형태의 수명 등이 있다. 이외에도 다음과 같은 점에 유의하면서 해당 산업 및 상품을 분석하여야 한다.

* 그 산업이 제공하는 상품 및 서비스에 전반적으로 어떤 문제점이 있는지 조사하고 인식하고 있어야 한다.
* 산업이 발전되어 가는 진화 방향을 지속적으로 감지하고 있어야 한다. 이러한 이해를 통해 즉각적이고도 장기적인 마케팅 전략 방향의 수립이 가능하다.
* 시장상황을 항상 고려하여야 한다. 시장은 지리적, 인구통계학적, 문화적, 행동적 요인에 따라 다양하게 존재한다.
* 이때 점포에서 제공하는 제품 및 서비스가 어떠한 형태가 될 것인가를 항상 염두에 두고 산업 및 상품을 분석하여야 한다.

해당 산업 및 상품에 대한 분석과 함께 해당점포의 제품이나 서비스를 구매할 것으로 예상되는 고객의 특성 및 구매동기에 대해 이해하는 것도 점포의 콘셉트나 포지션을 확정하는 데 매우 중요하다.

고객으로 하여금 특정점포에서 상품이나 서비스를 구매하도록 동기 유발시키는 데 있어서 입지적인 요소는 극히 일부분에 지나지 않는다. 소비자가 상품이나 서비스를 구매하는 가장 큰 동기는 욕구를 충족시키는 것이므로 소비자의 이러한 욕구파악을 통해 점포의 포지셔닝에 대한 아이디어를 얻을 수 있다. 일반적으로 소비자의 구매 동기(욕구)는 일상생활에서의 필요, 여가활동이나 재미, 개인적인 만족으로 구분할 수 있는데 이러한 소비자의 욕구를 분석하여 소비자를 여러 가지 형태로 분류 가능하다.

소비자 분류에 있어서 가장 일반적인 형태는 특정점포의 고객을 구매액(소비액)을 기준으로 구분하는 경우인데, 점포의 입장에서는, 각 집단별로 차별화된 마케팅 노력을 필요로 한다.

* 시장상황을 항상 고려하여야 한다. 시장은 지리적, 인구통계학적, 문화적, 행동적 요인에 따라 다양하게 존재한다.
* 이때 점포에서 제공하는 제품 및 서비스가 어떠한 형태가 될 것인가를 항상 염두에 두고 산업 및 상품을 분석하여야 한다.

해당 산업 및 상품에 대한 분석과 함께 해당점포의 제품이나 서비스를 구매할 것으로 예상되는 고객의 특성 및 구매동기에 대해 이해하는 것도 점포의 콘셉트이나 포지션을 확정하는 데 매우 중요하다. 고객으로 하여금 특정점포에서 상품이나 서비스를 구매하도록 동기 유발 시키는 데 있어서 입지적인 요소는 극히 일부분에 지나지 않는다. 소비자가 상품이나 서비스를 구매하는 가장 큰 동기는 욕구를 충족시키는 것이므로 소비자의 이러한 욕구파악을 통해 점포의 포지셔닝에 대한 아이디어를 얻을 수 있다. 일반적으로 소비자의 구매 동기(욕구)는 일상생활에서의 필요, 여가활동이나 재미, 개인적인 만족으로 구분할 수 있는데 이러한 소비지의 욕구를 분석하여 소비자를 여러 가지 형태로 분류 가능하다.

소비자 분류에 있어서 가장 일반적인 형태는 특정점포의 고객을 구매액(소비액)을 기준으로 구분하는 경우인데, 점포의 입장에서는, 각 집단별로 차별화된 마케팅 노력을 필요로 한다.

<표 10-2> 소비자의 분류

구분	내 용
다량소비자	일반적으로 고객의 약 20% 정도이나 소비의 약 80%를 차지함
소량소비자	고객의 약 40~50% 정도이다. 그들은 판매액의 소수를 차지하나 마케팅적용기회를 즉각적으로 제공한다. 적절한 마케팅 노력을 기울이면 소량사용자는 보다 쉽게 대량소비자가 될 수 있음
무소비자	마케팅전략상 마지막 기회이다. 최상의 시나리오는 그들을 점포로 끌어들여 우리의 상품이나 서비스를 구매하도록 하는 것이나 이를 위해서는 많은 마케팅 노력이 소비됨

앞서 설명된 소비액에 따른 분류로는 마케팅 노력의 대상을 명확히 분류하기가 힘들기 때문에 일반적으로는 인구통계학적 변수를 통해 소비집단을 분류한다. 소비자 분류를 위해 일반적으로 사용하는 인구통계학적 변수는 연령, 성별, 결혼상태, 가구유형, 소득수준 등이 있다.

자신의 현시고객과 잠재고객을 파악했다는 것은 소비자 행태를 좀 더 잘 이해할 수 있는 기반이 마련되었다는 것이다. 예를 들어, 주 고객의 쇼핑행태가 주말 드라이브 유형인지, 오후시간의 도보고객인지, 아니면 오전시간대의 아이쇼핑객인지를 파악할 수 있으며, 이에 대응한 입지전략 및 마케팅 전략 수립이 좀 더 용이해질 수 있다.

그러므로 이러한 조사를 근거로 고객의 프로파일을 개발하여 사용할 수도 있다. 이렇게 개발된 프로파일은 점포출점 타당성분석뿐만 아니라 향후 다양한 마케팅 전략 적용에도 사용된다. 일반적으로 소비자 및 상권고객의 분류는 공공자료 및 정부발간 통계자료가 많이 쓰이고 있으나, 이러한 자료로는 소비자 및 상권고객의 주요 특성을 파악하는 데 한계가 있기 때문에 필요시에는 설문조사 등 2차 자료를 이용하기도 한다.

5.2 경쟁구조 분석

경쟁구조를 파악하는 것은 경쟁점에 대한 대응전략차원에서는 말할 것도 없고 상권설정의 측면에서도 매우 중요하다. 일반적으로 데이터의 활용목적에 따라 조사방법이 달라지는데, 상권설정이 주된 목적인 경우에는 경쟁점 대책을 위한 조사에 비해 비교적 간단하게 수행된다. 일반적으로 경쟁은 아래의 표와 같이 다양한 방법으로 나눌 수 있다. 그러나 이러한 분류는 고정적으로 적용되지 않는다는 점을 주의해야 한다. 입지한 지역의 상권 변화나, 기타 신규경쟁시설의 진입 등으로 인해 기존 경쟁점의 성격은 언제든지 바뀔 수 있기 때문이다.

<표 10-3> 경쟁자의 분류

분 류	내 용
시간	· 현시경쟁: 현재 실제로 운영 중인 경쟁자 · 잠재경쟁: 현재 운영 중이지는 않지만 향후 개발되어 경쟁관계가 형성될 것으로 예상되는 경쟁자
경쟁력	· 상위경쟁: 자사점포에 비해 경쟁력이 우위에 있는 경쟁사 · 수평경쟁: 자사점포와 비슷한 경쟁력을 보유한 경쟁자 · 하위경쟁: 자사점포에 비해 낮은 경쟁력을 보유한 경쟁자
경합정도	· 보완경쟁: 자사점포의 영업과 보완되어 같이 동일상권 내에 같이 출점할 경우 시너지가 발생하는 경쟁자. 예를 들어 다수의 경쟁브랜드가 인접지역에 밀집되어 출점할 때 매출이 상승하는 경우 · 대체경쟁: 상품이나 서비스가 다르나 제공하는 상품이나 서비스가 상황에 따라 자사의 상품이나 서비스를 대체할 수 있는 경쟁자

<표 10-4> 경쟁자 조사 항목

분 류	내 용
입점객 조사	· 입점객의 거주지, 방문시간, 구매가격, 입점객수 등을 조사 · 이러한 조사는 주로 점두조사(CST)를 통해 실시되는데, 경쟁점포의 상권 및 객단가, 매출액 등을 알 수 있는 매우 중요한 자료가 됨
상품 조사	· 상품구색의 폭과 깊이, 가격대, 상품의 배치상태, 상품관리력(MD력) 등을 중점적으로 조사 · 상품에 대한 조사는 경쟁점과 자사점포의 차별화를 위해서도 필요하지만, 해당상권에서의 경쟁력을 추정하는 데도 반드시 필요한 자료가 됨
영업현황조사	· 입지, 점포의 면적, 주차장, 점포디자인과 같은 하드웨어 측면 · 종업원 수, 운영시간, 판촉방법 등과 같은 Soft Ware적인 측면

5.3 입지여건 분석

일반적으로 상권분석은 지역→지구→지점의 순서, 즉 거시적 상권분석/평가에서 미시적으로 구체적인 토지와 장소를 선정하는 순서를 밟아 진행된다.

Site analysis는 가시성, 접근성, 부지형상, 접면상태, 경사도, 유해시설존재 여부 등의 부지조건을 검토하는 절차와 주변인구, 도로 및 경쟁점과 주변 각종 상업시설 따위를 포함하는 상권의 형태 등 입지 조건을 검토하는 절차를 모두 포함하며 주로 부지를 포함한 인근 현황을 조사하는 미시적 분석절차이다.

이 중 부지조건에 대한 조사는 가장 기본적인 조건에 대한 검토일 경우가 많으므로 많은 설명이 필요 없으나 입지조건의 경우에는 미시적으로 점포에 미치는 영향이 크므로 세밀한 조사가 필요하다. 입지조건은 여러 가지 요인이 복합적으로 영향을 미치는 바, 이들 요인이 복합적으로 입지여건에 영향을 미치기는 하지만 한 가지 요인의 부정적인 면이 다른 모든 요인의 긍정적 요인을 상쇄시킬 수 있다. 입지조건에 영향을 미치는 중요 요인으로는 다음과 같은 것들이 있다.

(1) 가시성과 접근성

소매점포의 입장에서 보면 위의 모든 요인 중 가시성과 접근성의 요인이 가장 중요하다. 하지만 어떠한 경우가 접근성과 가시성이 우수한 경우인지를 간단히 판단하기는 매우 어려우며 많은 훈련이 필요하다. 일반적으로 가시성과 접근성은 도로체계 등과 매우 관련이 높다.

(2) 지역노출도

지역 자체가 상권 내 인구 및 유동인구에 어느 정도 눈에 띄는지는 상권을 인지한다는 측면에서 매우 중요하다. 이러한 측면에서 전이상권은 되도록 피하는 것이 바람직하다. 전이상권이란 교통량은 많으나 고객들로 하여금 멈추어 서게 하는 유발시설이 없는 지역이다. 이런 지역에는 아무리 가시성이 높아도 고객들의 방문을 유도하기 어려운 경향이 있다.

미시적으로는 고객의 점포이용패턴에 맞추어 입지를 선정하는 것도 중요하다. 원칙적으로 고객은 점포 방문 시 복잡한 동선을 통해 가는 것을 싫어한다. 그러므로 점포의 구조 및 점포의 향도 매우 중요하다.

(3) 인구밀도

인구밀도가 높은 지역에서는 동일매출을 가정할 때 상권이 좁아질 수 있으며, 이는 곧 상권주민의 도보방문이 가능하다는 것을 의미한다. 밀도가 낮은 지역에서는 상권주민의 차량방문이 주를 이루며, 이는 곧 고객의 편의성 저하와 직결된다.

(4) 영업편의성 확보

소매점의 경우 때론 상품의 질이나 가격보다 이용편의성이 더 중요한 경우도 있다. 영업지원시설 및 동선이 고객의 동선과 상충되는 경우가 있을 수 있는데 이러한 경우는 피하는 것이 좋다. 고객은 운영상의 문제나 어려움 등은 고려하지 않고 단지 그들 자신의 편의성만 고려하여 점포를 선택하고 이용한다.

(5) 주차장의 확보

현대사회에서 쇼핑시설 내 주차장의 중요성은 더욱 중요시되고 있다. 특히 일부 업종의 경우에는 주차장의 확보가 필수일 수도 있다. 주차장 확보 시에도 고객의 주차습관을 파악하여 주차장을 확보해야 한다.

일반적으로 고객이 자가용을 이용해 점포를 방문했을 경우에는 되도록 입구에서 가까운 위치에 주차하려고 하며, 날씨에 상관없이 많은 거리를 걷는 것은 꺼린다. 또한 야간에는 조명이 밝은 곳을 선호하며, 건물 뒤편에 부설된 주차장은 이용을 꺼린다.

5.4 상권의 범위 및 규모추정

입지분석까지 완료되면 해당점포의 상권범위를 추정하고, 그 규모를 추정하여 판매예측을 실시하여야 한다. 상권범위의 추정이란 목표시장(목표고객)과 상권 내 주민의 부합 여부를 분석하는 과정이라고 할 수 있다. 이때에는 앞에서 살펴본 인구통계특성, 경제력 특성, 도시 및 상권특성, 경쟁상황, 입지특성 등의 요인을 종합적으로 고려하여야 한다. 한편 상권규모의 계산과 판매 예측이란 추정된 상권의 구매력 규모를 추정하고 이와 아울러 동일상권 내의 경쟁시설의 흡인력을 파악한 후 자사 점포의 상권점유율 및 매출을 추정하는 과정이라고 할 수 있다.

일반적으로 출점하려는 계획연도의 권역 내 소비 지출총액은 다음과 같이 계산한다.

$$E = C \cdot I \cdot F$$

where E＝상권 내 소비지출 총액

C＝평균 소비성향

I＝평균가처분 소득액

F＝총 가구 수

점유율을 추정하는 데 있어서는 동업점간 고객 흡인력이나 영업력, 상권 간 경쟁구조 등 여러 가지가 고려되어야 하나, 경험상으로 점포 점유율은 매장면적에 비례한다는 경험률이 있으므로 일반적으로 전체 매장면적 중 자사 점포의 매장면적비로 흡인율을 계산한다. 하지만 어디까지나 이러한 방법은 간이계산법이고 정확한 상권 내 점유율의 계산을 위해서는 앞서 조사된 각종 변수를 복합적으로 사용하여야 한다.

5.5 점포전략의 전개

일반적으로 적용하는 상권에 대한 점포전략은 다음의 표와 같이 나눌 수 있으며, 이는 주로 입지하고 있는 상권의 특성 및 업종특성에 의해 분류된다.

<표 10-5> 상권별 점포전략

상권전략유형	업태	취급상품	전략내용
초광역 상권전략	특수전문점 특수업종의 집적상가	고급수입품, mode상품 특수 디자인상품	초광역권 내의 간헐적 수요를 대상으로 하는 전략
광역 상권전략	도시형백화점 전문점, 할인점	고급유행품 (High Fashion)	10~20km권 내의 수요를 대상으로 하는 점유 전략
대상권전략	준도심형 백화점, GMS	고급유행품 (High Fashion)	6~10km권 내의 수요를 대상으로 하는 점유 전략
중상권전략	양판점, 대형전문점 일반전문점	문화잡화, 가정잡화, 대중 유행품 (mass fashion)	5~6km권 내의 수요를 대상으로 하는 점유 전략
준중상권 전략	복합점, 슈퍼스토어	문화잡화, 가정잡화 대중 유행품(mass fashion)	2~4km권 내의 수요를 대상으로 하는 점유 전략
소상권전략	슈퍼마켓, 시장	식료품, 서비스계, 일용잡화, 실용잡화, 음식	1~2km(편의권)권 내의 수요를 대상으로 하는 점유 전략
초소상권전략	편의점, 일반점	식료품, 일용잡화, 서비스계	500m~1km권 내의 수요를 대상으로 하는 점유 전략

제6절 상권 영향요인

6.1 주거패턴과 상권의 관계

상권분석을 함에 있어 고객의 라이프스타일을 일일이 규명하는 것은 매우 어려우므로 일반적으로 주 타깃 고객의 주거성향을 파악하여 문제의 본질에 접근하는 것이 유용하다.

상권을 '경제활동을 하는 사람들의 경제적 공간'이라고 하면 중심주체는 사람 즉, 경제인을 의미한다. 경제인 모두가 당장 구매력을 갖는 것은 아니지만 잠재적인 고객임을 잊어서는 안 된다. 점포의 활성화에 유동인구가 매우 중요한 요인이기는 하지만 유동인구 자체만으로 출점 여부를 판단하여서는 안 된다. 업종에 따라서 유동인구가 결정적인 역할을 하기도 하지만 때로는 극히 미미한 영향을 미치기도 한다. 연령층이나 성별분포에 따라 거리의 활동성이 달라지고, 시간적인 변화에 따라 소비의 변화가 생기므로 유동인구의 분포성향이 출점의 중요한 잣대로 활용되어야 한다.

고객의 성향은 매출실적과 직결되며, 공간적인 차이를 분명히 나타낸다. 상식적인 차원에서 사람 개개인의 씀씀이는 삶의 방식에 의해 결정되며 삶의 방식은 소득수준이나 주거성향에 의해 만들어진다.

주택생애주기이론(housing lifestyle theory)에 의하면 소유연령층에 따라 주거패턴의 공간이동이 극명하게 나타난다고 하는데, 실제로 결혼과 동시에 신도시의 아파트를 구입하여 정착하고 자녀교육 문제로 대도시로 귀경하였다가 노년이 되면 다시 주변으로 밀려나는 경향이 있다. 상권분석의 일환으로 주택소유 형태를 분석하는 데 있어서 가장 중요한 것은 단순히 언제 주택을 구입하느냐 보다는 이들의 연령층이 소비에 미치는 영향을 분석하는 것이다. 젊은 부모들은 생활 관련한 소비에 주력하기 때문에 여유가 없지만 중년층은 상황이 다르며, 따라서 이들의 분포 여부가 업종의 성패를 좌우하는 결정적인 변수로 작용할 수 있다.

<표 10-6> 주거유형별 고객성향

아파트	일반적으로 아파트 밀집지역의 주민은 지역연대감이나 소비성향에 있어 일반주거지보다 높다. 그렇기 때문에 소비의 선이속도가 빨라시 일단 소문만 나면 매우 빨리 자리를 잡을 수 있다. 이웃과 문화의 동질화가 두드러져 높은 수준에서 소비패턴이 비슷해지는 경향이 있다.
빌라/연립주택	자신의 소비수준보다 소득수준이 상회하는 경우가 빈번하다. 생활밀착형 소비도 왕성하게 일어나지만 여유적인 소비도 만만찮다. 활동시간대가 휴식시간 대보다 많기 때문에 저녁시간 대는 물론 야간에도 소비가 꾸준히 지속된다. 이러한 상권에서는 비디오대여점, 배달음식점 등이 출점하기에 적합하다.

6.2 배후상권 인구성향과 상권의 관계

배후상권 인구의 성향은 상권의 특성을 반영하는 주된 배경이 되므로 어떤 연령층이 지배하느냐에 따라 업종의 성쇠가 결정되어질 수 있다. 쇼핑센터 주변에는 주부들의 활동이 가장 왕성하게 이루어져 주간 시간대에 판매의 중심이 되는 업종이 성업을 하게 된다. 반면 청소년층이 많이 유입되는 지역은 오후 4시 이후부터 저녁 9시까지가 피크타임으로 주말에도 높은 매출을 기대할 수 있다.

일반적인 도심 오피스가 배후상권에는 점심 시간대를 전후해서 20~30대 인구가 폭발적으로 증가하다가 저녁 6~7시에 다시 정점을 이룬다. 반면 다른 시간대에는 사람들의 통행이 거의 없어 한적한 느낌을 준다. 평일에는 북적이지만 주말이 되면 공동화가 일어나 한산한 느낌을 준다. 이러한 지역은 점심 시간대 식사와 저녁 술자리를 겨냥한 외식업종과 유흥업소가 강세이다.

같은 도심에 있다고 하더라도 판매 및 서비스가 중심이 되는 시내 중심가에는 오후 4시 이후부터 사람들이 증가하다가 저녁 6~9시까지 꾸준하게 발길이 이어진다. 10대 후반에서 20대 후반까지의 젊은 층으로 남성보다는 여성의 비율이 많은 편이다. 이러한 상권은 주말에도 인파가 줄지 않는다. 특정한 식사시간대가 없으며, 2~3명 정도의 인원으로 구성되어 있고 직종도 상이하다.

6.3 쇼핑거리와 상권의 관계

입지이론에서 가장 기본적인 출발점은 쇼핑거리이다. 산업입지에서는 생산지와 시장의 거리가 중요하듯, 서비스업에서는 고객이 방문하는 거리가 가장 중요하다. 대부분의 입지관련이론의 기본적인 전제는 상권 내 고객이 특정 점포에 방문할 확률이 거리에 반비례한다는 가정에 기초하고 있다. 일반적으로는 쇼핑거리가 짧아야 유리하지만 경우에 따라서 오히려 거리가 먼 경우가 유리한 업종도 있다. 객단가가 높고 이용시간대가 긴 상품 혹은 맛이나 상품의 질보다는 쾌적함이나 정서적 가치를 추구하는 고객은 쇼핑거리를 의식하지 않는다. 대표적인 예로 일식, 카페, 근교의 전통음식점을 들 수 있다.

상품이나 브랜드에 대한 정보획득이 용이하고 판단력이 자유로운 소비자 선택의 시대에는 결국 고객의 비용편익함수 관계를 고려치 않을 수 없는데, 이러한 함수관계 안에는 교통비용이라는 근원적인 전제가 깔려 있음을 명심해야 한다.

6.4 경쟁점포와 상권의 관계

독점적 상황에서 이윤의 폭을 넓히려면 가격을 높이던가 아니면 시장수요를 높이는 방법이 있을 수 있다. 경쟁상황에서 성공하기 위해서는 기술적인 요인들(브랜드인지도, 상품과 서비스의 질, 점포 평형과 인테리어 등)을 배제하면 저가정책과 가장 접근성이 뛰어난 입지점에 점포를 얻는 2가지 방법으로 요약할 수 있다.

경쟁적 상황에서 전체시장의 크기는 해당 상권에서 적정 점포의 수를 결정하는 데 매우 중요한 인자로 작용하게 된다. 한계점포수란 해당 점포의 한계순익이 zero가 되는 지점이다. 협소한 시장에서 경쟁의 의미는 단순히 이익의 많고 적음이 아니라 살기 아니면 죽기식의 적자생존의 법칙이 작용함을 명심해야 한다.

6.5 집객시설의 효과

사람들의 유입을 만드는 시설물을 집객시설이라 한다. 상권 혹은 상가 내의 동선이란 고객이 움직이는 선, 움직임을 만드는 방향의 의미로 이는 고객들이 비슷한 통행방향을 이용하면서 형성된다.

일반적으로 사람은 한 번의 방문으로 최대한의 방문 목적을 달성하기를 원하는 심리를 갖고 있다. 예를 들면 식사와 간단한 음주, 2차 호프집, 노래방이나 단란주점, 룸싸롱이나 숙박시설로의 소비패턴의 이동이 먹자골목을 형성하는 근간이 된다. 가능한 동일 공간 내에 연관성을 갖는 업종이 몰려 있을 때 고객의 방문을 유도할 수 있으나, 때로는 특정 시설물(유명백화점, 할인점, 극장, 종합병원, 학교 등)에 의해 동선 자체가 바뀔 수도 있으므로, 출점 시 반드시 집객시설의 존재 여부와 향후 집객시설의 철수 혹은 진입여부를 예상할 수 있는 노력이 필요하다.

6.6 동질성과 이질성

업종의 동질성과 이질성의 문제는 단순히 업종의 분포에 국한된 것이 아니라 소비자의 경제적 수준이나 구매목적, 소비효용, 심리적 가치 등을 포괄하는 광의 수준으로 이해해야 한다. 종로의 귀금속점, 제기동의 한약재, 아현동의 웨딩숍과 가구, 신림동의 순대, 압구정동의 뷰티숍 등과 같이 동종업종이 몰려있는 경우에는 상권의 흡인력이 상대적으로 크다. 이는 쇼핑거리가 멀수록 교통비(단순 교통비+시간+신체적 부담 등)가 늘어나지만 쇼핑이 용이하고 가격이 저렴하며, 신뢰할 수 있고 다양한 상품을 비교할 수 있다는 점에서 상대적으로 효용가치가 높기 때문이다. 보통 구매빈도가 낮고 가격이 높은 상품이나 재화일수록 이런 특성이 강하다.

간혹 동질성을 깨뜨리는 침입자(invader)가 나타나는데 이 경우에는 십중팔구 실패를 보게 된다. 보통 침입(invasion), 격리(segregation), 승계(succession), 유지(maintenance), 다시 침입의 과정의 반복을 통해서 상권이 변모하게 된다. 상권은 정적인 것이 아니라 살아 숨 쉬는 동적인 시스템이며, 동질성과 이질성이 무수히 교차하는 퍼즐과도 같은 것이다. 아무리 좋은 상권이라 할지라도 이질성과 동질성의 원리를 무시한 업종선정은 화(禍)를 부를 수 있다.

중소기업청은 예비창업자 입지선정에 따른 해소를 위해 상권정보시스템(sg.smba.go.kr)을 개설하여 운영하고 있다(중소기업청(소상공인진흥원) 상권정보시스템 http://www.sbdc.or.kr/).

현장감 넘치는 자료제공을 위해 상권지도의 로드뷰 기능을 가지고 있어서 실제 상권모습을 360도 파노라마로 골목까지 생생하게 확인할 수 있다. 한편 콜센터도 도입하여 상권정보시스템 사용에 어려움을 느끼는 창업자들에게 1:1 상담도 제공하고 있다.

제11장
창업과 마케팅

제1절 마케팅 개념

마케팅은 생산자가 상품 또는 서비스를 소비자에게 유통시키는데 관련된 모든 체계적 경영활동을 말한다. 미국 마케팅 학회에서는 "마케팅이란 개인 및 조직의 목표를 만족시켜주는 교환을 창출하기 위하여 아이디어와 상품·재화 및 서비스·용역의 개념 정립·창안, 가격 결정, 촉진, 그리고 유통을 계획하고 실행하는 과정이다"라고 설명하고 있다.

창업초기 기업이 신제품과 서비스 출시를 통해 시장에서 기존 기업과의 치열한 경쟁을 극복하고 생존과 지속가능한 경쟁우위를 확보하는 것은 매우 어려운 일이다. 대다수 목표시장에는 이미 충분한 경쟁자와 다양한 제품군의 신제품 공급 및 특정기술의 보편화로 인해 창업기업의 차별화된 가치를 고객에게 인식시키는 매우 어려운 실정이다. 따라서 창업환경을 보다 체계적으로 이해하여 고객에게 보다 효과적으로 신제품을 마케팅할 수 있는 전략을 개발하여야 한다.

(1) 전통적인 마케팅의 개념

마케팅의 기본적인 개념은 시장에서의 교환을 통해 인간의 필요와 욕구 충족, 그리고 기업의 생존과 성장이라는 목적을 달성하는 과정이다. 1차적 욕구(needs)는 인간에게 기본적으로 충족되어야 할 만족이 결핍된 상태이고 2차적 욕구(wants)는 인간에게 만족을 제공해주는 보다 구체적인 욕구라 할 수 있다.

(2) 창업 마케팅의 개념

창업 마케팅(entrepreneurial marketing)은 가치창조, 자원배분, 위험관리에 대한 혁신적인 접근을 통해 신규 고객 확보와 기존 고객 유지를 위해 기회추구와 진취적인 규명(identification)으로 정의할 수 있다.

창업 초기 기업은 전형적으로 모든 경영 자원의 한계를 가지고 있다. 특히 마케팅 활동을 지원할 재무적 자원이 턱없이 부족한 실정에서 조직 내 경험이 풍부한 마케팅 전문가는 거의 없다. 이에 대다수 창업가(entrepreneur)는 다양한 조사와 전략을 검증하고 신중하게 설계된 마케팅 활동을 전개할 수 없다. 또한 대다수 창업기업은 브랜드 인지도, 고객 충성도, 시장점유율과 같은 확고한 시장 영역을 확보하지 못하고 있다. 도소매를 포함한 유통경로의 이해관계자와의 접근성 또한 극히 제한적이다.

이에 따라 성공하는 창업가는 고객지향성(customer oriented) 관점과 관계지향성(relationship oriented) 관점을 필수적으로 가져야 한다. 구체적으로 고객지향성이란 지속적인 시장에 대한 이해를 하기 위해 노력하는 것이다. 이에 반해 관계지향성은 모든 이해관계자와 구조적이고 감성적인 결속이 필수적이다.

제2절 마케팅 전략

마케팅 전략이란 다양한 내외부적인 환경변화에 따른 시장기회의 모색을 통해 시장에서의 경쟁우위를 차지하기 위한 기업의 활동을 말한다. 기업은 환경 분석을 통해 자사에게 제공하는 기회와 위협을 파악하고 자사의 강점과 약점을 파악하여 적절히 대응함으로써 시장에서의 경쟁우위를 확보하게 된다.

마케팅 활동이 시작은 마케팅 전략의 수립이다. 마케팅 전략을 세우기 위해서는 먼저 외부분석과 내부분석을 하여야 하는데 외부분석의 주된 요소로 고객, 경쟁, 산업, 환경을 들 수 있다. 또한 내부분석 요소로는 성과, 원가, 조직, 전략을 들 수 있다. 한편, 이와 맞물려 SWOT분석을 하게 된다. SWOT이란 회사의 강점(Strength), 약점(Strength), 기회요소(Opportunity), 위협요소(Threat) 등을 분석하는 작업을 말한다.

환경 분석이 끝나면 본격적으로 마케팅 전략 실행을 위한 STP분석이 이루어지고 최종적으로 어떠한 마케팅 방법을 사용할지 4P 전략을 수립하게 된다. 이를 마케팅 믹스 전략이라 한다.

그 이후에는 마케팅 활동을 위한 매체들, 예를 들면 브랜드, 상품, 가격, 유통, 고객과의 관계, 협력업체들과의 관계, 광고나 웹 사이트 등을 비롯한 마케팅 커뮤니케이션들에 대한 보다 구체적인 활용 방법과 규칙 등의 전술 내지는 세부 시행 계획을 수립한다. 그리고 이를 실행하고, 이 과정에서 고칠 부분은 고치게 되고 추가할 부분은 추가해서 실행을 완료한 후 이에 대한 전체적인 평가를 하고 다시 새로운 계획을 수립하는 순환구조를 가지게 된다.

<표 11-1> 전통적인 마케팅과 창업 마케팅의 비교

구 분	전통적 마케팅	창업 마케팅
기본 견제	거래 촉진과 시장 통제	가치-창조 혁신을 통한 지속 가능한 경쟁 우위
지향점	객관적, 이상적 과학적 관점의 마케팅	마케팅에서 열정, 열의, 지속성, 창조성의 주요 역할
내용	이미 구축된 상대적으로 안정적인 시장	높은 수준의 역동성 단계의 분열, 떠오르는 시장
마케팅 관리자 역할	마케팅 믹스의 조정자 브랜드 개발자	내·외부 변화 에이전트: 새로운 카테고리 창시자
시장 접근	점진적 혁신으로 현재 시장상황에 대한 반사적이고 조정적 접근	진취적인 접근, 역동적 혁신으로 고객을 선도함
고객 욕구	서베이 조사를 통해 고객에 의해 명확히 표현, 추정, 표현됨	선도 고객을 통해 명확히 표현되지 않고, 발견되고, 정의됨
위험 관점	마케팅 활동에서 위험 최소화	계산된 위험감수로서 마케팅: 위험 공유 완화하는 것을 강조
자원 관리	기존 자원의 효율적 사용 부족한 사고방식	다른 자원의 창조적인 활용, 균형 (한정된 것으로 더 많이 하는 것) 현재 제한된 자원에 의해 활동이 제한되지 않음
신제품/서비스 개발	마케팅은 연구기술개발부서의 신제품과 서비스개발활동을 지원	마케팅은 혁신의 시작: 고객은 공동의 활동적인 생산자
고객의 역할	정보와 피드백의 외부 자원	기업의 제품, 가격, 유통, 의사소통에서 마케팅 결정 과정의 활동적인 참여자

(1) 환경변화와 영향평가

외부환경의 변화를 명확하게 인식하면 새로운 마케팅 기회를 발견하고 그 기회에 보다 빠르게 반응할 수 있다. 기업은 마케팅 전략에 영향을 미치는 기업 내·외부의 상황을 분석하여 마케팅 전략에 필요한 전략을 세우게 된다. 마케팅 기회는 특정 환경의 변화, 주요 사업 분야에서 기업의 강·약점 간의 상호관계에 따라 결정되며, 이러한 마케팅 기회는 기업의 자원능력으로 보완될 수 있어야 한다.

외부요인: 기업외부에서 통제할 수 없는 일반적인 시장 여건으로 수요, 경쟁, 경제적 여건 등을 분석한다.

내부요인: 기업내부에서 통제할 수 있는 내부자원으로 인적자원, 재무적 자원 등을 분석한다.

내·외부요인: 기업 내·외부에서 마케팅 성과에 영향을 미치는 요소로 제품수명주기, 산업의 원가구조, 법적 제약 등을 분석한다.

(2) 상황분석: SWOT 분석

기업의 환경 분석을 통해 강점(strength)과 약점(weakness), 기회 (opportunity)와 위협(threat) 요인을 찾아내고 이를 토대로 마케팅 전략을 수립하는 경영기법을 말한다. 즉, 어떤 기업의 내부환경을 분석하여 강점과 약점을 발견하고, 외부환경을 분석하여 기회와 위협을 찾아내어 이를 토대로 강점은 살리고 약점은 없애거나 줄이고, 기회는 적극 활용하고 위협은 억제하거나 피하는 마케팅 전략을 수립하는 것을 말한다.

① 외부 환경분석(기회와 위협분석)

외부환경은 거시적 환경과 미시적 환경으로 나뉜다. 거시적 환경요인에는 인구 통계적, 경제, 기술, 정치, 법률, 사회, 문화적 환경 등이 있다. 미시적 환경요인에는 시장, 경쟁사, 고객, 유통업자, 공급업자 등이 있다. 특정 제품이 대중화의 단계에 있다 하더라도 거시적인 환경을 제대로 파악하지 못하면 기업은 장기적인 관점에서 수익 창출이 어려워지게 된다.

② 내부 환경분석(강점과 약점분석)

환경 내에서 매력적인 기회를 발견하는 것과 성공할 수 있는 역량을 보유하고 있는 것은 별개의 것이다. 각 사업부는 주기적으로 강점과 약점을 평가해야 한다. 또한 사업의 마케팅, 재무, 제조 및 조직 능력을 검토하며 또한 각 요인들을 아주 강함, 강함, 중간 수준, 약함, 아주 약함 등에 따라서 평가한다.

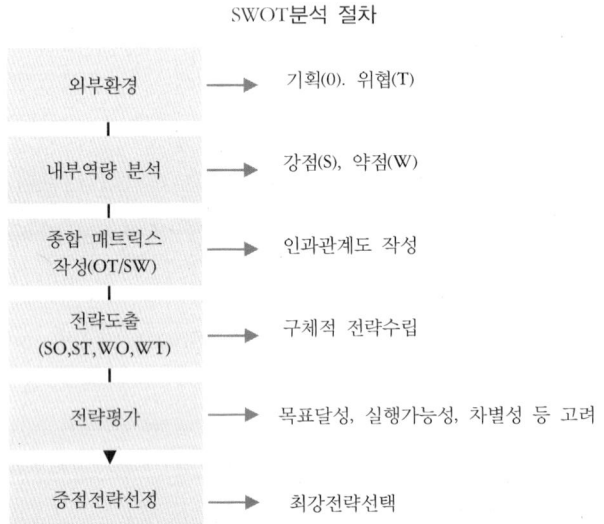

SWOT분석 절차

(3) 표적시장: STP

다양해진 소비자의 요구에 대응하여 대량 마케팅을 포기하고 시장의 특정변수를 설정해 시장을 카테고리별로 세세하게 구분함으로써 새로운 시장을 탐색하려는 시장세분화(market segmentation)를 통하여 표적시장을 선정(targeting)한 다음 고객이나 잠재고객이 그 산업

내에서 다른 경쟁자와 자사를 식별할 수 있도록 자리매김(positioning) 히려는 전략을 수립하는 것을 말한다.

기업의 마케팅 믹스 수립을 위한 전략적 사고는 STP전략을 통해 개발된다. 즉, 기업은 시장 세분화(market segmentation), 표적시장 선정(targeting), 포지셔닝(positioning)의 세 단계로 구분되는 STP전략을 기반으로 제품(product), 유통(place), 촉진(promotion)의 4P로 구분된 전술적 마케팅 전략의 도구인 마케팅 믹스(marketing mix)를 개발하고 실행한다.

STP는 시장조사를 통해 각기 다른 욕구를 가진 소비자들이 존재하는 세분시장을 발견하면 기업은 자사의 강점을 고려하여 어느 특정한 세분시장을 목표시장으로 선정하고 공략할 것인지를 결정한다. 그 다음에 표적시장 내에 위치한 고객들에게 자사가 제공하는 제품이나 서비스의 핵심 혜택들을 알리기 위해 제품을 포지셔닝(positioning)하게 된다. 즉, 기업은 STP를 기반으로 마케팅 계획을 실행함으로써 결과를 얻고 피드백을 통해 STP전략이나 마케팅 전략을 수정 또는 개선하는 과정을 거치면서 마케팅 계획 수립과정을 순차적으로 진행하게 된다.

1) 시장세분화(Market Segmentation)

시장세분화란 기업이 일정한 기준에 따라 시장을 몇 개의 동질적인 소비자 집단으로 나누는 것을 말한다. 모든 소비자의 욕구가 상이하기 때문에 한 제품만으로 전체 소비자의 욕구를 동시에 충족시켜줄 수는 없다는 가정 아래 전체 시장을 일정한 기준에 따라 욕구가 유사한 몇 개의 시장으로 나누는 과정이다. 시장세분화가 성공적으로 이루어지기 위해서는 최대한 동질적인 소비자들로 세분시장을 구분 지어야 한다.

시장세분화의 목적은 다음과 같다. 첫째, 시장세분화를 통해 각각의 시장의 요구에 맞는 제품과 마케팅 믹스의 개발을 통해 비용-편익의 불균형을 극복하고 소비자의 욕구에 적절히 대응함으로써 소비자와의 지속적인 관계 구축을 형성할 수 있는 가능성을 높인다. 둘째, 기업은 자사가 보유하고 있는 경영자원의 유한성을 극복하고 자사만의 특성화된 강점을 살려 최대의 효과를 낼 수 있는 시장을 선택한다. 셋째, 효과적인 반응을 얻을 수 있는 시장을 선택하여 경쟁자와의 경쟁에서 시장점유율을 높여 나가기 위한 경쟁력을 강화한다. 넷째, 정확한 표적시장을 설정한다.

시장세분화의 장점은 다음과 같다. 첫째, 세분화된 소비자들의 욕구를 파악하여 마케팅 전략을 구사하기 때문에 제품 및 서비스 개발 시 소비자의 욕구를 충족시킬 수 있는 결과를 얻게 되어 소비자의 만족을 높일 수 있다. 둘째, 세분화된 시장을 요구하는 소비자의 요구에 부응하여 기업 및 브랜드에 대한 인지도의 증가와 애호도의 제고를 통해 충성고객을 확보할 수 있다. 셋째, 시장의 세분화를 통해 기업의 정확한 경쟁적 포지션을 파악할 수 있고, 자사의 강점과 약점을 파악하여 강점을 최대한 활용할 수 있는 시장을 선택할 수 있다. 이를 통해 경쟁회사 대비 시장에서 유리한 위치를 선점할 수 있다. 넷째, 정확한 시장의 규모와 소비자의 세분화된 욕구를 파악할 수 있으므로 마케팅 자원을 효과적으로 배분할 수 있다.

이처럼 기업의 시장세분화는 한정된 시장과 자원을 최적화되게 활용하기 위한 것으로 기업은 성공적인 시장의 세분화를 위해 세분시장 내의 동질적인 소비자 집단에게 적합한 마케팅 믹스 전략을 개발해야 한다.

마케팅 믹스의 여러 요인들이 제 기능을 발휘하기 위해서 세분시장은 다음과 같은 요건을 갖추어야 한다. 첫째, 측정 가능성으로 세분시장은 크기와 구매력을 측정할 수 있어야 하며, 정보의 측정 및 획득이 용이해야 한다. 둘째, 수익성으로 기업의 시장세분화에 대한 노력을 통해 얻을 수 있는 수익성이 보장되어야 한다. 셋째, 접근 가능성으로 접근의 용이성과 전달성이 높아 소비자들에게 효과적으로 접근하여 소비자가 제품 및 서비스를 보다 쉽게 구매할 수 있어야 한다. 넷째, 세분시장은 명확히 구분되어야 하며 차별성이 있어야 한다. 효율적이기 위해서는 각 세분시장별로 동질적 특성을 지닌 소비자 집단으로 묶여져 있어야 하고 각각의 세분화된 시장은 이질적 특성을 나타냄으로써 차별화가 이루어져야 한다. 다섯 째, 일관성과 지속성을 지니고 있어야 한다. 기업의 마케팅 전략 실행이 성과를 거둘 때까지 지속적으로 일관성을 유지함으로써 세분화된 시장에서 효율적 기업 활동이 이루어질 수 있어야 한다.

2) 표적시장 선정(Targeting)

표적시장 선정은 소비자를 동질적 집단으로 세분화한 시장에서 기업이 가장 효과적인 경영 활동을 펼칠 수 있는 한 개 또는 복수의 세분시장을 선택하고 세분시장을 구성하고 있는 소비자를 구분하여 정의하는 과정이라 할 수 있다.

기업의 마케터는 세분시장이 갖고 있는 매력도를 분석하고 평가하기 위해 3C분석을 활용한다. 3C분석은 자사(Company), 경쟁사

(Competitor), 고객(Customer)의 세 가지 변수를 이용하여 자사가 가지고 있는 강점과 약점의 분석과 경쟁사가 지닌 생산능력, 기업규모, 주요 고객 및 판매 전략, 인지도 등의 분석을 통해 자사가 진입하려고 하는 시장에서 시장경쟁력의 강도가 어느 정도인지를 판단하는 것이다.

세분시장을 3C 분석에 의해 평가한 후 진출할 가치가 있는 전략시장을 선택하고, 몇 개의 잠재적 시장으로 나눈 후 각 세분시장별로 3C 분석과 수요 예측 등을 통해 기업이 최대의 효과를 발휘할 수 있는 가장 유리한 하나 또는 그 이상의 표적시장을 선정하게 된다.

3) 포지셔닝(Positioning)

마케팅 관리자가 자사 제품이 경쟁 제품과는 다른 차별적인 특징을 보유하여 표적시장 내에서 소비자들의 욕구를 보다 잘 충족시킬 수 있다는 것을 소비자들에게 인식시켜 주어야 하며 이 과정을 제품 포지셔닝(Positioning)이라고 한다. 제품 포지셔닝은 경쟁 기업들과 효과적으로 경쟁하기 위해, 마케팅 믹스를 사용하여 소비자의 의식에 제품의 정확한 위치를 심어 주는 과정을 의미한다. 소비자의 마인드에 제품과 브랜드에 대한 차별화된 위치를 선정하게 하는 것이다.

포지셔닝에 사용되는 전략의 유형은 다음과 같다.

- 자사의 제품이 경쟁 제품과 비교하여 차별적 속성 및 특징을 지니고 있음으로 인해 소비자에게 보다 많은 편익을 제공한다고 소비자에게 인식시키는 것이다. 제품의 속성과 관련된 것으로는 제품의 무게, 색깔, 브랜드, 성능 등이 있다.

<표 11-2> 3C 분석의 평가 요소 및 분석 기준

3C	평가 요소	분석 기준
고객 (Customer)	시장 규모 시상 성상률	세분시장은 적절한 규모인가? 성장 가능성은 높은가? 각 세분시장별 잠재 수요는 충분한가?
경쟁사 (Competitor)	현재의 경쟁사 잠재적 경쟁사	현재 시장의 경쟁 강도는 어느 정도인가? 미래 시장의 경쟁 강도는 어느 정도인가?
기업 (Company)	기업 목표 자원 시너지 효과	기업이 목표로 하고 있는 시장인가? 해당 시장 진입을 위한 경영자원(인적, 물적, 기술적)은 충분한가? 세분시장 진입 시 기존 브랜드의 마케팅 전략과 결합한 시너지 효과가 창출될 수 있는가?

- 광고 시 제품의 적절한 사용 상황을 묘사 또는 제시함으로써 포지셔닝하는 것이다.
- 특정한 제품 사용자들이 가지는 가치관, 라이프스타일 등을 고려하여 그들에게 가장 잘 소구할 수 있는 제품 속성이나 광고 메시지를 통해 이루어지게 된다.
- 경쟁 제품과 명시적 혹은 묵시적으로 비교함으로써 자사 제품의 차별화된 혜택을 강조하는 방법이다.
- 기존의 제품이 충족시키고 있지 못하는 시장기회를 이용하는 방법으로 비교적 소규모 기업이 사용된다.
- 소비자들이 특정 제품군에 대해서 좋게 평가하고 있는 경우에 자사의 제품을 그 제품군과 동일한 것으로 포지셔닝하고, 소비자들에게 나쁜 평가를 받는 특정 제품에 대해서는 자사의 제품을 그 제품군과 다른 것으로 포지셔닝하는 방법이다.

(4) 마케팅 믹스

1) 마케팅 믹스(Marketing Mix)의 개념

마케팅 믹스란 마케팅의 목표를 합리적으로 달성하기 위하여 경영자가 일정한 환경적 조건을 전제로 하여 일정한 시점에서 전략적 의사결정으로 선정한 마케팅 수단들의 적절하게 결합 내지는 조화되어 있는 상태를 가리킨다. 이는 표적시장에서 마케팅 목표를 달성하기 위해 필요한 요소들의 조합으로, 일정한 시점을 전제로 하여 작성된 마케팅 계획과 같은 뜻이다.

2) 마케팅 믹스의 구성요소(4Ps)

마케팅믹스는 특징 상품에 대한 소비자들의 기환 욕구를 파악하는 마케팅 전략기법으로써 제품(product), 가격(price), 유통(place), 촉진(promotion)이 있는데 이른바 4P를 합리적으로 결합시켜 의사결정하는 것을 말한다.

마케팅믹스는 시장에서의 경쟁력 확보에 초점을 두고 있다. 전통적인 개념에서 제품(product), 가격(price), 유통(place), 촉진(promotion)이라는 구성요소를 통해 기업에서 통제 가능한 전략적 도구로 활용되며, 이를 통해 마케팅 전략을 수립하는 데 이용된다. 특히, 마케팅믹스는 세분화된 시장의 고객을 대상 활용되기 때문에 가장 우선적으로 표적시장을 선정할 필요가 있다. 마케팅의 효과를 높이기 위해서는 이러한 모든 요소들을 마케팅 목표에 결합시키고, 그 목표에 입각하여 각 부문의 기능을 유기적으로 결합하여 동원하면서, 전체적인 마케팅 활동을 실시해야 한다.

① 제품믹스(Product Mix)

제품이란 잠재적 구매자의 욕구를 충족시키기 위해 판매자가 제공하는 유·무형의 가치를 말한다. 제품믹스란 한 기업이 가지고 있는 모든 제품의 수를 전부 합한 것을 말하며 제품라인이란 한 기업이 보유한 제품믹스 중 물리적 특징이나 사용상의 용도 또는 유통경로가 비슷하여 동일한 마케팅 전략을 적용시킬 수 있는 제품의 집합을 말한다. 기업은 소비자의 욕구나 니즈를 반영하여 제품을 기획하고 시장의 경쟁상황에 따라 제품을 출시하여 시장에서 경쟁력을 갖도록 해야 한다.

② 가격믹스(Price Mix)

가격이란 상품과 서비스의 효용 및 가치를 금액으로 표시한 것으로써 상품과 화폐의 교환비율을 말하며, 다른 마케팅믹스에 비해 경쟁에 민감하게 반응한다. 가격결정방법으로는 원가기준 가격결정방법, 수요기준 가격결정방법, 경쟁자기준 가격결정방법이 있다. 기업은 시장 확대 및 수익 확보를 위한 시장의 경쟁적 가격을 설정한 후 소비자의 반응에 따라 다양한 가격전략을 세워야 한다.

③ 유통믹스(Place Mix)

유통이란 상품과 서비스가 생산자로부터 최종 소비자에게 전달되는 구조적인 과정을 의미한다. 유통경로는 특정 제품이나 서비스의 흐름을 돕는 중간상인 및 매개인으로 이루어진다. 기업은 고객의 잠재적 숫자, 제품 및 서비스의 종류, 구매빈도, 제도적·법적 제약 등을 고려하여 유통전략을 세워야 한다.

④ 촉진믹스(Promotion Mix)

촉진활동이란 기업의 제품이나 서비스를 소비자가 구매하도록 유도할 목적으로 해당제품이나 서비스의 성능에 대하여 실제 및 잠재고객을 대상으로 우호적이고 설득적인 정보를 제공하는 마케팅 활동을 말한다. 촉진활동은 광고, 판매촉진, 인적 판매, PR 등으로 구성되는데 이들 간의 일관성과 보완성을 고려하여 시너지 효과를 창출하는 것이 중요하다.

촉진수단은 광고, 판매촉진, 인적판매, PR로 구분된다. 광고는 기업이 돈을 지불하고 제품, 서비스, 아이디어를 비인적 매체를 통해 널리 알리고 촉진하는 활동을 말하며, 판매촉진은 기업이 제품이나 서비스의 판매를 증가시키기 위해 단기간에 중간상이나 최종소비자를 대상으로 벌이는 광고, 인적판매, PR을 제외한 모든 촉진활동을 말한다. 인적판매는 판매원이 고객과 직접 대면하여 자사의 제품을 구매하도록 권유하는 활동을 말하며, PR은 제3자인 신문, 방송에 의해 제품, 서비스, 기업이 뉴스나 논설로 다루어지게 되는 것으로 고객에게 높은 신뢰감을 주는 장점을 가지고 있다.

3) 마케팅 믹스의 전략수립 과정

마케팅 믹스는 우선 제품믹스, 프로모션 믹스, 판매경로 믹스 등 하부믹스를 먼저 형성하고, 이들 하부 믹스들을 통합, 구성하여 가장 효율적인 마케팅믹스를 실현하게 된다. 실제로 이러한 믹스는 기업의 종류, 상태에 따라 전략적으로 변경되며, 시장표적에 따라 달리 형성된다.

마케팅 믹스가 완성되면 그 마케팅 믹스의 경제성을 평가해 보고,

경제성이 있으면 전략대로 추진, 그렇지 않으면 다시 앞 단계로 되돌아가 새로운 마케팅 믹스를 만드는데 이런 순환 과정이 바로 마케팅 전략 수립과정이다.

제1절 신규 창업자의 기본적 세무

새로운 소득을 창출하게 되는 기업이나 개인은 반드시 세금을 납부 하여야만 한다. 정부에서는 중소·벤처 기업의 창업을 활성화하기 위하여 여러 가지 세금 혜택을 부여하고 있다. 기업의 유형별로 사업의 규모별로 다른 세율이 적용되고 있으므로 관련법규를 잘 알아 철저히 활용하여야 한다. 따라서 사업타당성의 검토 시 세금문제도 고려해야 한다. 기업으로서는 최대한 절세를 할 수 있는 방안을 강구하되 탈세는 하지 말아야 한다. 사업과 관련한 세금에는 소득세, 부가가치세, 특별소비세 및 원천징수하는 세금이 있다. 모든 사업자는 소득세 납세의무가 있다. 본장에서는 사업자가 알아두어야 할 세금상식과 부가가치세, 소득세에 대하여 공부한다. 신규 창업자가 창업과정에서 알아야 할 기본적인 세무 관련 내용을 사업계획수립단계, 법인 설립단계 사업자 등록단계, 기업경영단계로 나누어 살펴본다. 먼저 개인기업과 법인기업의 일반적인 특징은 <표 12-1>과 같다.

<표 12-1> 개인기업과 법인기업

개인기업	법인기업(주식회사)
기업과 기업주가 동일하기 때문에 기업이윤은 곧 기업주의 이윤이 된다.	설립 시 자본조달이 용이하고 대자본을 형성하기가 쉽다.
기업설립이 용이하며 초기 창업자금이 적게 소요된다.	투자자본의 범위 내에서 유한책임을 진다.
기업 활동상의 의사결정이 신속하다.	전문경영인을 두어 소유와 경영이 분리가 가능하다.
긴밀할 인적조직체로 이루어지기 때문에 기밀 유지가 가능하다.	법인에 대한 공신력이 높아 영업활동에 유리한 경우가 많다.
기업경영상 발생하는 모든 부분에 기업주가 무한책임을 진다.	설립절차가 복잡하고 초기 창업비용이 개인기업에 비해 많이 소요되는 경우가 일반적이다.
투자 및 차입 등 자본조달 능력에 한계가 있다. 일정업종의 경우 법인만이 가능한 경우가 있다.	경영의사 결정시 주주총회, 이사회의 결정이 있어야 되는 경우가 많아 의사결정이 신속하지 못하다.

개인기업과 법인기업의 세법상 취급은 다음과 같다.

<표 12-2> 개인기업과 법인기업의 세법상의 차이

내 용	개 인 기 업	법 인 기 업
적 용 세 법	소득세법	법인세법
과 세 소 득	총수입금액에서 필요경비를 차감한 금액	익금의 총액에서 손금의 총액을 차감한 금액
과 세 범 위	법에서 열거한 소득만 과세되며 특정소득에 대해서는 원천징수만으로 분리과세	법에서 제외하지 않는 한 모든 소득에 대해 과세되며 분리과세가 인정되지 않음
이 중 과 세 여 부	하나의 원천소득에 대해 이중과세 되지 않음	부동산등의 양도 시 법인세와 특별부가세가 과세되고, 주주의 경우 배당소득에 법인세와 소득세가 이중과세되는 경향이 있음
과세표준 확정방법	사업자의 자진신고에 의해 결정됨	사업자의 자진신고에 의해 결정됨
세 율	소득금액에 따라 9~36%의 초과누진세율구조 소득세의 10%를 주민세로 납부	소득금액에 따라 15~27%의 초과누진세율구조 법인세의 10%를 주민세로 납부
납 세 지	개인기업주의 주소지 또는 거소지	법인등기부상의 본점 또는 주사무소
기 장 의 무	수입금액에 따라 간이기장의무자, 복식기장의무자로 구분	수입금액에 관계없이 복식기장의무자
대차대조표 공고의무	대차대조표공고의무 없음	외부감사대상 법인의 경우 법인세법상 삭제되었으나 상법상 남아 있음
과 세 기 간	1월 1일부터 12월 31일까지	정관에서 정하는 회계기간

(1) 사업계획 수립단계

사업계획 수립 단계에서부터 세금효과와 감면제도 등을 이해하여야 한다. 사업의 타당성의 검토 시 세금효과도 고려해야 한다. 신규 창업자의 경우에는 기업을 경영하는 단계에서 예상하지 못한 각종의 세금고지서를 받고 세금 때문에 사업에 지장을 받는 경우가 많다. 세금과 사업은 필수 불가분의 관계가 있으므로 사업아이템 선정과 사업타당성 조사단계부터 철저히 고려하여야 한다. 창업자는 조세 감면제도를 검토하고, 철저히 활용하여야 한다.

정부에서는 국가경제의 기반이 될 수 있는 중소기업 창업자에 대한 세제상의 지원제도를 두고 있다. 또한 창업 시 특정업종, 특정지역에 대하여도 세제상의 지원제도가 있으니 미리 중소기업 창업관련 기관, 세무사, 공인회계사 등과 협의하여야 한다. 그리고 개인기업과 법인기업의 세제상의 차이점을 이해하고 기업의 형태를 결정하여야 한다.

(2) 법인설립등기단계(법인에 한함)

첫째, 법인설립 등시기에 필요한 서류와 사업자 등록 시 필요한 서류를 함께 준비한다. 서로 중복되는 서류가 있기 때문에 한 번에 준비하여 신속한 창업절차를 진행할 수 있도록 하여야 한다.

둘째, 주주명부의 작성 시에 적당히 타인의 이름으로 등재하지 않도록 하여야 한다. 현행 세법상 주식의 명의신탁은 증여로 추정되며 후에 주식의 소유권에 관한 분쟁이 발생할 수도 있기 때문이다.

또한 주주에 대한 자금출처조사 시, 자금출처를 입증하지 못하면 이를 증여받은 것으로 추정하기 때문이다.

셋째, 법인 설립등기 완료까지 발생하는 비용은 창업비로 인정받기 때문에 관련 증빙서류를 철저히 챙긴다. 그러나 기업설립 시 발생하는 모든 비용을 창업비로 인정되는 것은 아니므로 비용의 지출 전에 전문가와 상의하도록 한다.

(3) 기업경영단계

첫째, 장부의 기장 및 비치의무를 준수하여야 한다. 의무 불이행 시에는 높은 표준소득률의 적용, 가산세의 적용 등으로 세부담이 상당히 증가하게 된다.

둘째, 각종 신고, 납부의무를 준수하여야 한다. 대부분의 세법에서는 각종 신고, 납부의무의 이행이 하루만 늦는 경우에도 관련 세금의 10% 이상 가산세를 부과하는 등 각종 불이익을 당하게 된다.

셋째, 각종 세제상의 혜택을 이용한다. 조세 면제 또는 감면의 대부분은 신청에 의하여 감면되는 경우가 많다. 즉, 감면신고를 하지 않으면 세감면을 받을 수 없다.

신규창업자는 이상과 같은 단계별 기본적인 사항을 파악하고 있어야 한다. 물론 복잡한 많은 사항을 일일이 알 수는 없겠지만 수시로 전문가와 상담하는 것이 좋다. 기본적으로 사업자는 각종 의무를 이행하여 불이익을 받지 않도록 하고, 각종의 조세지원제도를 이용하여 절세하는 것이 합리적인 세무에 관한 접근방식이다.

1) 사업자가 알아두어야 할 세금상식

① 사업자 등록신청 작성 시 세금 유의할 사항

사업자 등록을 신청할 때에는 사업자 유형을 먼저 생각해야 한다. 사업자 유형에 따라 다음과 같이 신고 방법, 세부담 등이 달라지므로 사업자의 사업에 맞는 유형을 잘 판단하여 신청하여야 한다.

<표 12-3> 사업자 유형별 세금문제

구 분	부가가치세 과세사업자		부가가치세 면세사업자
	일반과세자	간이과세자	
신고 · 납부	부가가치세 신고 · 납부: 1.25, 7.25		사업장현황신고: 1.31
	종합소득세 신고 · 납부: 5.1~5.31		
매입세금계산서 공제여부	전액공제	부분공제	불공제
발행영수증	세금계산서	영수증	계산서

② 폐업하는 경우의 세무처리 절차

사업을 그만두는 경우에는 폐업신고를 해야 더 이상의 세금을 물지 않는다. 사업을 그만두면 폐업신고서를 작성하여 사업자 등록증과 함께 사업장 관할 세무서에 제출해야 한다. 폐업신고를 하는 경우는 부가가치세 확정신고도 함께 하는 것이 절차가 간편하다. 이때에는 부가가치세 확정신고서에 폐업 연월일 및 사유를 적고 신고서와 함께 사업자등록증을 제출하면 따로 폐업신고서를 작성하지 않아도 폐업신고를 한 것으로 본다.

③ 사업과 관련한 세금의 종류

사업과 관련한 세금에는 소득세, 부가가치세, 특별소비세 및 원천 징수하는 세금이 있다. 모든 사업자는 소득세 납세의무가 있다. 사업을 해서 얻은 소득에 대하여는 다음해 5월 1일~5월 31일 사이에 소득세를 신고·납부하여야 한다.

그러나 소득세는 여러 가지 공제제도가 있어 영세사업자의 경우는 소득세 확정신고를 하면 공제혜택을 받아 소득세를 내지 않는 때가 많이 있다. 사업을 위해 종업원을 채용하여 급여를 지급하는 경우에는 근로소득세를 원천징수하여 다음달 10일까지 납부해야 한다.

한편 과세사업자(일반과세자, 간이과세자)는 부가가치세를 내야 하는데 과세사업자는 매년 1월 25일과 7월 25일까지 부가가치를 신고·납부하여야 하며, 4월과 10월에는 세무서에서 고지한 부가가치세 예정고지세액을 납부하여야 한다.

특별소비세 과세사업자는 특별 소비세를 내야 하는데 특별소비세는 부가가치세와는 별도로 매월 신고·납부해야 한다. 또한 면세사업자는 사업장 현황신고를 해야 하는데 면세사업자는 1월 1일~12월 31일간의 면세수입금액(매출액)을 다음해 1월 31일까지 신고하여야 한다.

<표 12-4> 사업 관련 세금의 신고·납부기간

세 목	신고대상자	신고·납부기한		신고·납부할 내용
종합소득세	모든 개인사업자	확정신고	다음해 5월 1일~ 5월 31일	1월 1일~12월 31일간의 연간소득
		중간예납	11월 30일까지	전년도 부담세액의 1/2
부가가치세	일반과세자 간이과세자	1기 확정	7월 1~7월 25일	1월 1일~6월 30일간의 사업실적
부가가치세	일반과세자 간이과세자	2기 확정	다음해 1월 1일~ 1월 25일	7월 1일~12월 31일간의 사업실적
		4월 25일, 10월 25일까지 예정고지 받은 세액을 납부 시뉴사업자 및 사업부진자는 예정신고		
특별소비세	특별소비세 과세사업자	매월 말일까지		1개월간의 특별소비세
사업장현황 신고	부가가치세 면세사업자	다음해 1월1일~1월31일		1월1일~12월31일간의 면세수입금액(매출액)
원천징수 이행상황 신고	원천징수 실적이 있는 모든 사업자	매월 10일		매월 원천징수한 세액

2) 중소기업의 세금혜택

정부에서는 중소기업을 지원하기 위해 세금혜택을 부여하고 있다. 중소기업에 대한 세금혜택은 중소기업만이 적용되는 세금감면과 일반기업과 함께 적용되는 세금감면이 있다. 즉, 중소기업 경영안정을 지원하기 위해 창업중소벤처기업에 대하여 세액감면, 중소기업의 설비투자 지원, 기타 세제 우대 지원, 기타 지방세 등 감면해주고 있다.

이러한 내용을 표로 요약하면 다음과 같다.

<표 12-5> 중소기업에 대한 세금지원 내용

구 분	지 원 내 용
중소기업 특별세액감면	· 제조업 등 소득에 대한 법인세(소득세)의 10~30%를 매년 납부할 세금에서 공제
상장·협회등록 중소기업의 사업손실준비금	· 주권상장 또는 협회등록 중소기업의 연간 소득금액의 30%를 사업손실준비금으로 하여 손금 인정
기업구매전용카드 사용 등에 대한 세액공제	· 물품구입자가 중소기업이거나, 판매자가 중소기업인 경우 물품 대금 결제를 위해 기업구매 전용카드 등을 사용할 때 사용액의 0.5% 세액공제
설비투자 지원	· 사업용자산 등 가액의 20%를 중소기업투자준비금으로 설정하여 미리 비용으로 인정함
설비투자 지원	· 사업용자산 및 판매시점정보관리시스템, 정보보호시스템설비 투자금액의 3% 세액공제 · 정보화사업지원금의 과세 유예
지방이전 지원	· 수도권안의 본사와 공장이 함께 지방으로 이전 시 4년간 법인세(소득세) 면제, 그 후 5년간 50% 감면
최저한세 적용한도 우대	· 법인이 최소한 부담해야 하는 최저한세 적용기준을 일반법인에 비해 3% 우대 · 각종 감면 적용하기 전 과세표준×12%(일반법인 15%)
결손금 소급공제	· 직전사업연도 및 직전 전사업연도에 납부한 세금 중 당해 사업연도에 발생한 결손금만큼을 소급해서 환급 적용 가능
접대비 인정한도 우대	· 접대비 인정한도 (①+②) ① 기본금액: 1,800만 원(일반기업: 1,200만 원) ② 수입금액×적용률(0.03~0.2%)
구조조정 지원	· 중소기업간 통합 시 양도소득세 과세유예, 이전에 따른 취득세·등록세 면제
원천징수 방법 특례	· 상시 고용인원이 10인 이하인 사업자는 관할세무서장의 승인을 받아 반기(6개월)별로 원천징수 신고 및 납부 가능
지방세 감면	· 영세중소기업에 대한 사업소세 면제 · 저당권 설정 시 국민주택채권 매입의무 면제

제2절 부가가치세

(1) 개요

1) 부가가치세

부가가치세(value added tax)는 상품(재화)의 거래나 서비스(용역)의 제공하는 과정에서 부가된 가치(added value)에 대하여 내는 세금이다. 부가가치세 과세대상 사업자는 상품을 판매하거나 서비스를 제공할 때 거래금액에 일정금액의 부가가치세를 납부하여야 한다. 일반적으로 다음과 같이 계산된다.

부가가치 = 매출액 - 매입액

우리나라의 부가가치세는 다음과 같이 계산한다.

부가가치세 = 매출세액 - 매입세액
(매출액×세율10%) (매입 시 부담한 세액)

부가가치세는 물건을 구입하는 사람(소비자)이 부담하는 세금이다. 소비자가 물건을 구입할 때 지불하는 물건 값에는 부가가치세가 포함되어 있기 때문에 사실상 세금은 소비자가 부담하는 것이며, 사업자는 소비자가 부담한 세금을 부담하는 사람과 세금을 내는 사람이 다른 세금을 간접세라 한다. 부가가치세는 사업자가 얻은 수입 중에

서 내는 세금이 아니다. 즉, 소득세는 사업결과 얻어진 수입에서 수입을 얻기 위하여 정당하게 사용된 비용을 공제한 소득에서 내는 세금이므로 소득이 발생하지 않으면 내지 않을 수도 있지만, 부가가치세는 상품을 판매하거나 서비스를 제공하는 과정에서 거래상대방으로부터 받아 놓은 세금이므로 결손이 나더라도 세금을 내야 한다.

부가가치세가 과세되는 거래를 할 때에는 반드시 세금계산서를 주고받아야 한다. 세금계산서는 판매자가 구매자로부터 부가가치세를 징수하였다는 세금영수증인 것이다. 따라서 부가가치세를 부담하고 물건을 구매하였더라도 세금계산서를 받지 않았으면 매입세액을 공제받을 수 없다. 우리나라에서는 부가가치세는 6개월을 단위로 하여 과세한다.

한편 부가가치세는 사업장 단위로 과세해야 한다. 사업장이 2곳 이상이 있는 경우에는 각 사업장마다 부가가치세를 신고·납부하여야 한다. 다만, 주사업장이 총괄납부승인을 받은 경우에는 주된 사업장에서 총괄하여 납부 또는 환급받을 수 있다.

2) 부가가치세 과세와 면세

사업을 하는 경우에는 원칙적으로 모든 재화(상품)나 용역(서비스)의 공급에 대하여는 부가가치세가 과세되나, 예외적으로 저소득층의 세금부담 경감 또는 기타 조세정책적 목적으로 일부 재화와 용역의 공급에 대하여는 부가가치세가 면제되고 있다. 부가가치세가 면제되는 재화와 용역은 다음 표와 같다. 부가가치세의 납세기간은 6개월을 과세기간으로 하여 신고·납부하게 되며 각 과세기간을 다시 3개월로 나누어 중간에 예정신고기간을 두고 있다.

<표 12-6> 부가가치세 납부기간

과세기간	과세대상기간		신고납부기간	신고대상자
제1기 1.1~6.30	예정신고	1.1~3.31	4.1~2.25·	법인사업자
	확정신고	1.1~6.30	7.1~2.25	법인·개인사업자
제1기 7.1~12.31	예정신고	7.1~9.30	10.1~2.25	법인사업자
	확정신고	7.1~12.31	다음해 1.1~1.25	법인·개인사업자

주: 일반적인 경우 법인사업자는 1년에 4회, 개인사업자는 2회 신고
자료: 국세청(www.nts.go.kr), 신고납부 부가가치세, 2012.8

3) 부가가치세 사업자 구분

부가가치세 과세사업자는 일반과세자와 간이과세자로 구분되며 그 유형에 따라 세금의 납부절차와 세부담에 차이를 두고 있다. 부가가치세 과세사업을 하면 일반과 세자로 되는 것이 원칙이나, 영세한 소규모 사업자의 신고편의 및 세부담 경감을 위하여 간이과세제도를 두고 있다. 그러나 영세 소규모 사업이라도 <표 12-7>의 업종은 부가가치세를 납부해야 한다.

<표 12-7> 간이과세 배제업종

업 종	비 고
제조업	과자점업, 도정업, 제분업(떡 방앗간 포함), 양복점업(양화점업은 간이과세 적용 가능)
도매업	소매업을 겸업하는 경우를 포함
부동산매매업	
일정지역의 과세유흥장소	특별시·역시 및 시지역 소재 과세유흥장소 국세청장이 업황·사업규모 등을 고려하여 정하는 지역에 소재한 과세유흥장소
일정규모 이상의 부동산임대업	특별시·광역시지역에 소재하는 국세청장이 정하는 규모 이상의 부동산임대업
전문인적용역 제공업	변호사업, 심판변론인업, 변리사업, 법무사업, 공인회계사업, 세무사업, 경영지도사업, 기술지도사업, 통관업, 기술사업, 건축사업, 도선사업, 측량사업 및 기타 이와 유사한 사업서비스업
기타	국세청장이 정한 간이과세 배제기준에 해당하는 사업자

자료: 국세청(www.nts.go.kr), 신고납부 부가가치세, 2012.8

<표 12-8> 부가가치세 사업자 구분

구 분	기준금액	세약계산
일반과세자	1년간의 매출액 4,800만 원 이상	매출세액(매출세액의 10%)-매입세액(매입액의 10%)=납부세액
간이과세자	1년간의 매출액 4,800만 원 미만	(매출액×업종별부가가치율×10%)-공제세액=납부세액 공제세액=세금계산서에 기재된 매입세액 해당 업종의 부가가치율

<표 12-9> 간이과세자의 업종별 부가가치율

업 종	부가가치율
소매업	15%
제조업, 전기가스, 증기 및 수도사업, 재생용재료 수집 및 판매업	20%
농업, 임업 및 어업, 건설업, 부동산임대업, 기타서비스업	30%
음식업, 숙박업	30%
운수 및 통신업	40%

4) 사업자 유형의 변경

사업자 유형은 사업의 규모가 달라지거나 사업자의 선택에 의하여 변경될 수 있다. 간이과세자에서 일반과세자로 변경되는 경우는 첫째, 사업자의 신청에 의하여 변경하는 경우로서 일반과세자 적용을 받고자 하는 달의 전달 20일까지 간이과세포기 신고서를 사업장 관할세무서에 제출하면 된다. 둘째, 법에 의하여 변경되는 경우로 사업규모가 커져 연간 매출액이 4,800만 원 이상이 되면 일반과세자로 변경된다. 이때는 세무서에서 과세유형이 바뀌기 전에 그 사실을 사업자에게 통지하여 준다.

5) 세금계산서, 계산서, 신용카드매출전표

사업자는 거래를 할 때 세금계산서, 계산서, 신용카드 매출전표 또는 영수증을 발행하거나 교부받아야 한다. 세금계산서, 계산서, 신용카드(직불카드) 매출전표를 정규 영수증이라 한다.

① 세금계산서

세금계산서는 물건을 판매한 사업자가 구매자로부터 부가가치세를 징수하였음을 증명하기 위하여 구매자에게 교부하도록 법에서 정하고 있는 세금영수증이다.

간이과세자는 세금계산서를 교부할 수 없으며, 주로 소비자를 상대로 영업하는 일반과세자(소매업, 음식·숙박업, 서비스업 등)는 영수증을 교부하면 된다.

② 계산서

계산서는 부가가치세가 면제되는 거래를 할 때 판매자가 구매자에게 교부하도록 법에서 정하고 있는 영수증이다. 주로 소비자를 상대로 영업하는 사업자는(소매업 등) 영수증을 교부하면 된다. 과세사업자(간이과세자 포함)도 부가가치세가 면제되는 거래를 할 때는 계산서를 교부하여야 한다. 계산서를 주고받으면 일반과세자와 음식업을 영위하는 간이과세자는 의제매입세액 공제(매입액의 3/103 또는 5/105)를 받을 수 있으며, 또한 모든 사업자의 소득세를 계산할 때 필요경비 증빙자료로 인정되는 등 혜택이 있다.

③ 신용카드 매출전표(직불카드 포함)

신용카드 매출전표를 발행하면 다음과 같은 혜택이 있다.

첫째, 신용카드 매출전표에 의한 매출액의 2%를 부가가치세에서 공제하여 주며 둘째, 신용카드에 의한 매출액 증가분에 대하여는 소득세 부담을 줄어 준다. 셋째, 신용카드 가맹점을 대상으로 매월 추첨에 의하여 당첨금을 주고 있다. 한편, 신용카드로 구매하면 다음과 같은 혜택이 있다. 첫째, 일반과세자는 신용카드 매출전표에 공제받을 수 있다. 둘째, 모든 사업자의 소득세를 받을 수 있다. 셋째, 또한 신용카드 사용자를 대상으로 매월 추첨에 의하여 당첨금을 주고 있다.

(2) 신고, 납부 방법

1) 예정 신고

사업자는 예정신고 기간에 대한 부가가치세 예정신고 기간 종료 후 25일 이내에 신고·납부하여야 한다. 예정 신고 대상자는 첫째, 직전 과세기간에 대한 납부세액이 없는 자, 둘째, 각 예정신고기간에 신규로 개업한 자, 셋째, 각 예정신고기간의 공급가액 또는 납부세액이 직전과세기간의 공급가액 또는 납주세액의 1/3에 미달하는 자, 넷째, 예정신고 기간 분에 대하여 조기환급을 받고자 하는 자 등이다.

2) 확정 신고

모든 사업자는 각 과세기간에 대한 부가가치세를 과세기간 종료 후 25일 이내에 신고 납부하여야 한다. 신고 시 우편을 이용하면 편리하다.

(3) 세액 계산방법

1) 과세표준

과세기간의 매출액을 과세표준으로 한다. 부가가치세의 과세 표준은 과세기간 중에 상품을 판매하거나 용역을 제공하고 받은 대가 즉 매출액의 합계액으로 한다. 재화 또는 용역을 공급하고 그 대가로 받은 금액에 공급가액과 세액이 별도로 표시되어 있지 않은 경우와 부가가치세가 포함되어 있는지의 여부가 불분명한 경우에는 거래금액의 100/110에 해당하는 금액의 과세표준이 된다.

2) 영세율제도

영세율제도란 부가가치세 과세표준에 영(0)의 세율을 적용함으로써 부가가치세 부담을 완전히 면제하는 제도이다. 영세율이 적용되면 매출세액은 발생되지 않는 반면 물건을 구입할 때 부담한 부가가치세는 전액 환급받게 되므로 부가가치세 부이 전혀 없게 된다. 영세율을 적용받을 수 있는 경우는 첫째, 수출하는 재화(내국신용장과 구매승인서에 의하여 공급하는 재화 포함), 둘째, 국외에서 제공하는 용역, 셋째, 선박 또는 항공기의 외국항행용, 넷째, 주한 외국정부기관, 미국군 등에게 공급하는 재화, 용역, 다섯째, 농어민 등에게 공급하는 농·축산·임·어업용 기자재 등은 영세율을 적용받을 수 있다.

3) 대손세액공제

대손세액공제란 사업자가 공급한 재화 또는 용역에 대한 외상매출금 등 매출채권을 거래상대방의 파산 등으로 회수할 수 없는 경우에 그 매출채권에 관련되어 거래징수하지 못한 부가가치세액을 공급자의 매출세액에서 차감하여 주는 것을 말한다.

공급받는 자는 동일한 세액을 매입세액에서 차감하여야 한다.

대손세액은 다음과 같이 계산한다.

$$대손세액 = 대손금액(부가가치세 \ 포함) \times 10/100$$

대손세액공제를 받고자 하는 사업자는 부가가치세 확정신고서에 대손세액 공제신고서와 대손사실을 증명할 수 있는 서류를 첨부하여 관할세무서에 제출하여야 한다. 대손세액공제는 대손이 확정되는 날이 속하는 과세기간의 매출세액에서 차감하여야 한다. 부도수표·어음의 경우에는 부도발생일로부터 6월이 되는 날을 대손이 확정되는 날로 본다.

대손세액 공제 후 대손금액의 전부 또는 일부를 회수한 경우에는 공급자는 회수한 날이 속하는 과세기간의 매출세액에 가산하고 공급받는 자는 변제한 날이 속하는 과세기간의 매입세액에 가산하여야 한다.

4) 매입세액

매입세액이란 사업자가 재화 또는 용역을 공급받을 때 부담한 부가가치세액을 말하며, 매입세액으로 공제받기 위해서는 공급받는 재화 또는 용역을 사업자 본인의 과세사업에 사용하였거나 사용할 것, 세금계산서를 교부받을 것 등의 요건을 갖추어야 한다.

다음의 경우에는 매입세액을 공제받을 수 없다.

첫째, 세금계산서를 교부받지 않거나, 필요적 기재사항이 누락 또는 사실과 다른 경우, 둘째, 매입처별세금계산서합계표를 미세출하거나, 부실 기재한 경우, 셋째, 사업과 직접 관련이 없는 매입세액, 넷째, 비영업용 소형승용자동차의 구입과 유지에 관련된 매입세액, 다섯째, 접대비 등의 지출에 관련된 매입세액, 여섯째, 면세사업 관련 매입세액, 일곱째, 등록 전 매입세액 등의 요건을 갖추어야 한다.

5) 기타 공제매입세액

① 신용카드 매출전표 수취명세서 제출분 매입세액공제

공급자(일반과세자)가 신용카드 매출전표 또는 직불카드 영수증에 공급받는 자와 부가가치세액을 별도로 기재하여 교부한 경우에는 신용카드 매출전표 수취명세서를 제출하고 매입세액공제를 받을 수 있다.

② 의제매입세액공제

면세로 구입한 농·축·수 임산물을 원재료로 사용하여 부가가치세가 과세되는 재화·용역을 공급하는 경우에는 다음과 같이 계산한 세액을 공제받을 수 있다.

의제 매입세액＝면세매입가액×3/103(음식업은 5/105)

③ 재활용폐자원 등 매입세액공제

재활용폐자원 및 중고품을 수집하는 사업자가 일반과세자가 아닌 자로부터 재활용폐자원 등을 수집하여 이를 판매하는 경우에는 다음과 같이 계산한 세액을 공제받을 수 있다.

간주매입세액 = 재활용·폐장원 등 취득가액×10/110

④ 재고매입세액공제

간이과세자가 일반과세자로 변경된 경우에 변경일 현재의 재고품 등에 대한 매입세액을 일반과세자 부가가치세 신고 시 다음과 같이 계산한 세액을 공제받을 수 있다.

·재고품(상품·제품·재료)의 경우

재고매입세액=재고금액×10/110×(1-당해업종의 부가가치율)

·건물·구축물인 감가상각자산

재고매입세액=취득가액×(1-10/100×경과된 과세기간의 수)

10/110×(1-당해업종의 부가가치율)

·기타의 감각상각자산

재고매입세액=취득가액×(1-25/100×경과된 과세기간의 수)

10/110×(1-당해업종의 부가가치율)

재고매입세액 공제를 받으려면 변경일 현재의 재고품 및 감가상각자산을 변경일의 직전과세기간에 대한 확정신고(간이과세자의 확정신고)와 함께 일반과세전환시의 재고품 및 감가상각자산신고서에 의하여 신고하여야 한다.

⑤ 변재대손세액공제

대손확정으로 매입세액을 불공제받은 후 대손금액의 전부 또는 일부를 변제한 경우에 변제한 대손금액에 관련된 대손세액을 공제받을 수 있다.

6) 경감-공제세액

① 신용카드매출전표 발행공제

신용카드매출전표를 발행한 개인사업자는 신용카드매출전표 발행 금액의 2%를 공제받을 수 있다.

② 기타의 공제, 경감세는 예정고지세액, 예정신고 미환급세액, 택시 운송사업자 경감세액, 성실신고사업자 경감세액 등과 같은 것이 있다.

7) 가산세

① 사업자미등록가산세

사업자가 사업개시일로부터 20일 이내에 사업자등록을 신청하지 않은 경우에는 공급가액의 가산세로 내야 한다.

② 매출세금계산 관련 가산세는 다음과 같은 것이 있다.
- 세금계산서 교부불성실 가산세=공급가액×1%
- 매출처별 세금계산서 합계표 제출불성실 가산세

③ 매입세금계산서 관련 가산세는 다음과 같은 것이 있다.
- 매입처별세금계산서합계표상의 공급가액을 사실과 다르게 과다 기재하여 신고한 경우: 공급가액×1%
- 공급시기까지 세금계산서를 교부받지 않았으나 당해 공급일이

속하는 과세기간 내에 세금계산서를 교부받아 매입세액을 공제
받은 경우: 공급가액×1%

④ 신고불성실가산세

부가가치세 신고를 아니하거나 미달하게 신고한 경우에는 미달한
납부세액의 10%를 가산세로 납부해야 한다.

⑤ 납부불성실가산세

신고와 함께 납부하여야 할 세액을 납부하지 아니하거나 미달하
게 납부할 경우

납부불성실가산세＝무납부·과소납부세액×0.05%×경과일수

⑥ 영세율 과세표준 신고불성실가산세

영세율이 적요되는 과세표준을 신고하지 아니하거나 미달하게 신
고하는 경우에는 미달한 과세표준의 1%를 가산세로 내야 한다.

제3절 소득세

(1) 소득세란

소득세는 여러 가지 경제활동을 통하여 얻는 소득에 대하여 내는
세금이다. 소득이란 연간 총수입금액(매출액)에서 그 수입을 얻기 위
하여 지출한 경비(비용)를 뺀 금액을 말한다.

소득금액	=	연간총수입금액	−	필요경비

소득세는 장부를 기장하지 않은 사업자의 경우에는 다음에 의하여 소득금액을 계산한다.

1) 기준경비율제도

기준경비율제도의 적용대상자는 직전과세기간의 수입금액이 다음 금액 이상인 무기장자이다.

<표 12-10> 기준경비율제도 적용대상

연 도 별	2006~2007	2008~
농업 및 임업, 어업, 광업, 도매업 및 소매업, 부동산 매입업 및 아래에 해당되지 아니하는 업	7천2백만 원	6천만 원
제조업, 숙박·음식업, 전기·가스·수도사업, 건설업, 운수업 및 통신업, 금융·보험업	4천6백만 원	3천6백만 원
부동산임대업, 사업서비스업, 교육서비스업, 보건 및 사회복지사업, 사회 및 개인서비스업, 가사서비스업	3천6백만 원	2천4백만 원

자료: 국세청(2007), 중소기업 창업과 알기 쉬운 세금

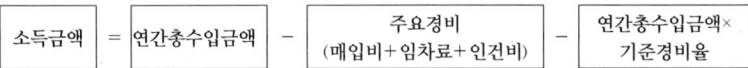

소득금액	=	연간총수입금액	−	주요경비 (매입비+임차료+인건비)	−	연간총수입금액× 기준경비율

* 기준경비율 적용 시 사업의 주요경비는 증빙서류를 수취하여야 필요경비로 인정받을 수 있다.
* 정규증빙서류: 세금계산서, 계산서, 신용카드매출전표, 현금영수증

2) 단순경비율제도(소규모 사업자)

단순경비율제도는 소규모 사업자로서 적용대상자는 기준경비율 적용대상에 미달하는 자로서 무기장자이다.

소득금액	=	연간총수입금액	−	연간총수입금액×단순경비율

우리나라의 소득세는 종합과세 방법을 채택하고 있다.

이자소득, 배당소득, 부동산임대소득, 사업소득, 근로소득, 일시재산소득, 연금소득, 기타소득은 개인별로 종합하여 과세하고 있다. 다만, 수년에 걸쳐 형성되는 퇴직소득 및 산림소득과 불로소득인 양도소득에 대하여는 소득별로 별도로 과세하고 있다. 종합소득세는 1년을 단위로 과세된다. 종합소득이 있는 사람은 매년 1월 1일부터 12월 31일까지의 소득을 합하여 다음해 5월 1일부터 5월 31일까지 신고·납부해야 한다.

부가가치세는 사업장 소재지를 납세지로 하고 있으나, 소득세는 주소지를 납세지로 하고 있다. 따라서 소득세와 관련한 각종 신고·신청 등은 주소지 관할세무서에 해야 한다. 소득세는 개인별로 과세하는 것을 원칙으로 하지만 다만, 자산소득(이자소득, 배당소득, 부동산임대소득)은 부부 중 주된 소득자에게 합산하여 과세하고 있다. 소득세는 누진세율 구조로 되어 있다. 부가가치세는 누구나 동일하게 10%의 세율이 적용되나, 소득세는 소득이 적으면 낮은 세율이 적용되고 소득이 많으면 높은 세율이 적용된다.

[소득세의 기본세]

과세표준금액	세율(%)	누진공제액
1,000만 원 이하	8	0
1,000만 원 초과	17	900,000
4,000만 원 초과	26	4,500,000
8,000만 원 초과	35	11,700,000

소득세는 자진 신고·납부하는 세금이므로 납세자가 스스로 신고서를 작성하여 주소지 관할 세무서에 신고·납부하여야 한다.

(2) 장부의 비치·기장

1) 개요

모든사업자는 장부를 비치·기장하여야 한다. 소득세는 납세자 스스로 본인의 소득을 계산하여 신고·납부하는 세금이다. 소득의 계산은 납세자 임의의 방법으로 하는 것이 아니고 세법에 의한 장부를 기록 보관하고 이를 토대로 계산하여야 한다. 따라서 사업자는 사업규모에 따라 복식부기장부 또는 간편장부를 비치·기장하여야 하고, 이를 이행하지 않으면 여러 가지 불이익을 받게 된다.

우리나라의 현행 세법은 복식부기에 의한 기장을 원칙으로 하고 있다. 복식부기에 의한 기장은 거래활동, 재산상태, 자본과 부채, 수익과 비용 등을 대차의 원리에 따라 복식으로 인식·기장하고 전표와 이에 관련된 증빙서류를 첨부하도록 되어 있다. 기록·보관해야 할 장부로는 손익계산서, 총계정원장, 보조원장, 보조기입장 등이 있다.

총계정원장을 모든 보조장의 기록을 이기하여 합계잔액 시산표에 계정과목을 순서에 따라 기장한 것이다. 각 계정과목에 대한 기장은 전표에 의존하게 되며 회사의 사정에 따라 자산과목, 부채과목, 자본과목, 손익과목들이 기장된다.

보조원장은 각 계정의 명세를 나타내는 장부로써 거래내용을 자세한 기록으로 남길 수 있으며, 지정된 계정만을 처리하므로 기장업무의 수월성을 유지할 수 있는 장점을 가지고 있다. 보조원장의 종류로는 현금출납장, 예금출납장, 당좌예금출납장 등 여러 가지가 있다.

보조기입장은 보조원장과 마찬가지로 각 계정의 명세장부로서 유가증권기입장, 받을어음기입장, 지급어음기입장 등 보조장부를 말한다.

<표 12-11> 계정과목별 보조장부의 종류

구 분	계정과목	보조원장/보조기입장	기 재 내 용
자 산	현금	현금출납원장	현금의 수입과 지출
	당좌예금	당좌예금출납원장	당좌예금의 예입·인출
	유가증권	유가증권기입장	국·공채, 주식 등의 매입·매각
	외상매출금	거래처원장	거래처별 외상채권의 발생과 소멸
	받을어음	받을어음기입장	어음의 수취와 결제 사항
	재고자산	재고원장	재고자산의 입·출고사항
	비유동자산	고정자산대장	비유동자산의 취득과 감가상각 내용
	기타자산	기타자산보조장부	기타자산의 취득과 감가상각 내용
부 채	외상매입금	매입처원장	외상매입금의 발생과 지출
	지급어음	지급어음기입장	상거래에서 발행한 어음의 발생과 소멸
	기타부채	기타부채보조장부	기타 부채의 발생과 소멸
자본금	자 본 금	매출원장	주식회사의 주식발행 및 이동사항
	기타자본	매입원장	기타 자본의 증감
수익과 비용	매 출	제조원가대장	매출품목, 수량, 단가
	매 입	판매비와일반관리비원장	매입품목, 수량, 단가
	제제조원가가	제조경비원장	기간별 원가원장
	판매비와일반관리비	제조경비원장	급료, 여비, 교통비 등 항목별 기재
	제조경비	제조경비원장	통신비, 보험료 등 항목별 기재
	영업외수익과 비용 등	기타손익보조장부	영업외 수익·비용 등을 항목별 기재

간편장부대상자는 당해연도에 신규로 사업을 시작하였거나, 직전 연도의 수입금액이 아래에 해당하는 사업자를 말한다.

[간편장부 대상자]

업종구분	수입금액 기준
① 농업, 임업, 어업, 광업, 도매업, 소매업, 부동산매매업, 그 밖의 아래의 ②, ③에 해당하지 않은 사업	3억 원 미만
② 제조업, 숙박·음식업, 전기·가스·증기·수도사업 하수·폐기물처리·원료재생 및 환경복원업, 건설업, 운수업, 출판·영상, 방송통신 및 정보서비스업, 금융·보험업	1억 5천만 원 미만
③ 부동산임대업, 전문·과학·기술서비스업, 사업시설관리·사업지원서비스업, 교육서비스업, 보건 및 사회복지사업, 예술·스포츠·여가관련 서비스업, 협회 및 단체, 수리 및 기타 개인서비스업, 가구 내 고용활동	7천5백만 원 미만

2) 간편장부

간편장부는 중·소규모 개인사업자를 위하여 국세청에서 특별히 고안한 장부이다. 간편장부는 회계지식이 없는 사람이라도 쉽고 간편하게 작성할 수 있으며 이에 의하여 소득세와 부가가치세의 신고가 가능하다. 거래가 발생한 날짜순으로 기록만 하면 장부를 기장한 것으로 인정한다. 간편장부를 사용할 경우 간편장부를 통해 소득세 신고를 하면 세금의 10% 공제, 비용이 수입을 초과할 때는 결손금으로 인정받아 다음과세기간에 공제 받을 수 있다.

① 일자	② 거래내용	③ 거래처	④ 수입		⑤ 비용		⑥ 고정자산증감		⑦ 비고
			금액	부가세	금액	부가세	금액	부가세	

(3) 장부의 기장순서

장부의 기장은 증빙서류의 취합, 전표의 작성, 일계표의 작성, 총계원장에 이기, 보조부의 기장 등의 기장 순서에 따라 이루어진다.

1) 증빙서류의 취합

거래가 발생하면 각 거래내용별로 증빙서류를 취합해야 한다. 그러나 모든 거래가 증빙이 가능한 것은 아니다. 예를 들어 감가상각비의 계상, 이익잉여금의 처분, 이익잉여금의 자본금대체 등은 증빙을 할 수 없는 거래이다. 증빙서류는 주문서, 납품서, 영수증, 청구서, 세금계산서, 간이 계산서, 계산서 등 거래상대방인 제3자가 작성한 자료를 말한다. 그러나 지출결의서 등 자기 자신의 내부활동과정에서 작성되는 증빙 서류도 있다.

증빙서류는 장부를 기장하는 기초자료이므로 이를 근거로 전표에 기표하고, 전표에 근거하여 장부를 작성하게 된다. 따라서 회사가 발행하거나 수령하는 증빙서류는 신중하게 다루어야 한다. 회사가 발행하는 거래증빙서류는 다음 내용을 참고하여 관리해야 한다.

① 회사가 발행하는 영수증은 부본을 두거나 복사를 해 두어야 하며, 일련번호를 기재하여 분실이나 누락에 대비해야 한다.

② 기재사항을 면밀히 확인하고 잘못 기장된 경우에는 취소절차를 밟아야 한다.

그리고 세금계산서, 간이세금계산서, 계산서, 간이계산서, 입금표, 금전등록기 영수증, 신용카드 매출표 등 제3자가 발행한 증빙서류를 수령할 때에는 다음과 같은 내용을 주의해야 한다.

첫째, 수취한 영수증이나 증빙서류는 날짜와 내용, 그리고 누구 앞으로 발행된 것인지를 확인해야 한다.

둘째, 증빙서류는 수령한 날짜 순서대로 보관해야 하며, 대금지급이 끝난 영수증은 이중지불을 방지하기 위해 지급필이나 압인으로 날인해 두는 것이 좋다.

2) 전표의 작성

증빙서류를 근거로 하여 전표를 적성하게 된다. 전표는 분개장 대신에 작성되는 가장 원초적인 기장 형식을 말한다. 전표에는 입금전표, 출금전표, 대체전표가 있다.

① 입금전표의 작성

입금전표는 붉은 색으로 인쇄되어 있기 때문에 일명 적색전표라고도 하며, 과목란에는 차변의 감소항목이나 대변의 증가항목이 기재된다.

② 출금전표의 작성

출금전표는 청색으로 인쇄되어 있기 때문에 일명 청색전표라고도 하며, 과목란에는 차변의 증가항목이나 대변의 감소항목이 기재된다.

③ 대체전표의 작성

대체전표는 현금의 수지가 없는 대체거래를 처리하기 위한 전표로서 보통 검정색으로 인쇄되어 있다.

④ 일계표(과목별 전표집계표)의 작성

전표가 작성되면 주요 장부인 총계정원장에 기장하기 전에 과목별로 전표집계표(일계표)를 작성한다. 일계표는 과목별로 전표를 집계하여 금액을 집계한 표다.

⑤ 총계정원장에 이기

일계표가 작성되면 이를 토대로 총계정원장에 이기한다. 총계정원장에는 기업에서 발생되는 모든 자산, 부채, 자본에 속하는 재무상태표 항목과 매출액, 매출원가, 판매·일반관리비, 영업의 수익과 비용, 특별손익, 법인세 등의 항목이 있다. 이들 항목에 해당하는 일계표의 합계액을 이기하게 된다.

3) 신고·납부 방법

① 종합소득세 확정신고

종합소득이 있는 모든 사람은 다음해 5월 1일부터 5월 31일까지 종합소득세를 신고·납부하여야 한다. 그러나 종합소득이 있더라도 다음의 경우에 해당하면 신고를 하지 않아도 된다.

[종합소득세 신고를 하지 않는 경우]

종합소득세 신고를 하지 않아도 되는 경우
○ 연말정산을 마친 근로소득만 있는 경우 　(연도 중 근무처가 2이상인 경우에 이를 합산하여 연말정산 하지 않은 때에는 종합소득 　세를 신고하여야 한다.)
○ 소속회사에서 연말 정산한 사업소득만 있는 경우 　(연도 중 2이상의 회사에서 소득이 발생한 경우에는 종합소득세를 신고하여야 한다.)
○ 비과세 또는 분리과세되는 소득만 있는 경우 　(부부의 금융소득이 4천만 원 이상일 때는 종합소득세를 신고하여야 한다.)
○ 연 300만 원 이하의 기타소득이 있는 사람이 분리과세를 원하는 경우
○ 일용근로소득만 있거나 농지세가 과세되는 소득만 있는 경우

신고서는 사업자 스스로 작성하여야 한다. 종합소득세는 자진 신고·납부하는 세금이므로 장부를 토대로 사업자가 스스로 작성하거나 세무대리인의 도움을 받아 작성하여 관할세무서에 신고하여야 한다. 신고서는 첨부서류와 함께 우편을 이용하면 편리하다. 소득할 주민세도 소득세 신고 시 함께 신고하여야 한다.

소득세를 자신 신고·납부하면 다음과 같은 혜택이 있다.

첫째, 소득공제(기본공제, 추가공제, 특별공제 등)를 받는다. 둘째, 각종 세액 공제 및 감면을 받는다. 셋째, 기장을 한 납세자가 그 내용에 따라 소득금액을 계산한 결과 결손이 나거나 소득공제액에 미달한 경우에도 반드시 신고하여야 그대로 인정받을 수 있다.

② 중간예납

소득세법에서는 연간소득에 대한 세금을 한 번에 납부할 경우 부담이 크므로, 중간예납제도를 두어 일부를 매년 11월에 내도록 하고 있다. 중간예납고지의 대상자는 연도에 종합소득이 있는 거주자이다.

③ 종합소득세 신고를 잘못한 경우

수정신고를 하면 되는데, 수정신고란 이미 신고한 과세표준 및 세액 등이 실제보다 적게 신고된 경우 이를 정정하여 신고하는 것을 말한다. 따라서 신고를 하지 않은 사업자는 수정신고를 할 수 없다. 수정신고는 잘못 신고된 내용에 대해 세무서에서 결정 또는 경정하여 통지하기 전까지 관할세무서에 하면 된다.

경정청구를 할 수도 있는데 경정청구란 이미 신고·결정·경정된 과세표준 및 세액 등이 과다한 경우 이를 정정하여 줄 것을 촉구하는 납세의무자의 청구를 말한다. 경정청구는 법정 신고기한이 지난 후 2년 이내에 관할세무서에 하면 된다.

④ 신고기한 내에 신고를 하지 못한 경우

기한 후 신고 제도가 있는데 기한 후 신고란 종합소득세 신고기한 내에 신고를 하지 아니한 경우에 관할세무서장이 종합소득세를 결정하여 통지하기 전까지 과세표준과 세액을 신고하는 것을 말한다. 기한 후 신고를 하는 때에는 신고·납부불성 실가산세는 부가되나, 공제 및 경감세액을 적용받을 수 있다.

(4) 세액 계산방법

1) 소득금액

소득세 신고를 하기 위해서는 먼저 소득종류별로 소득금액을 알아야 한다. 이자소득, 배당소득, 근로소득, 기타소득은 지급자가 발행한 원천징수영수증을 참고하면 된다. 부동산임대소득, 사업소득, 일시재산소득은 기록·보관한 장부에 의하여 소득금액을 계산한다.

소득금액은 총수입금액에서 필요경비를 공제하여 계산한다.

> 기장자의 소득금액=총수입금액－필요경비

총수입금액이란 매출액 등을 말하는 것으로 부가가치세 과세사업자는 부가가치세 매출과표를, 면세사업자는 사업장현황신고서에 기재한 총수입금액으로 소득세 신고 안내문에 기재된 총수입금액을 참고하면 된다. 필요경비란 매출을 얻기 위하여 지출된 비용을 말하며, 이를 인정받기 위해서는 장부 및 증빙서류를 기록·보관하여야 한다.

장부가 없을 때는 표준소득률을 적용하여 소득금액을 계산한다.

> 무기장자의 고득금액=총수입금액×표준소득률

표준소득률은 장부가 없을 경우에 소득금액을 계한하기 위해 업종별로 정한 것으로, 이렇게 계산한 소득금액을 추계소득금액이라고 한다. 장부를 기장하지 않으면 적자가 났거나 실제 소득이 추계소득금액보다 적더라도 이를 인정받지 못하고, 추계소득에 의하여 계산된 소득세를 내야 한다.

2) 필요경비

필요경비란 영업활동 등을 통하여 발생하는 수입금액(매출)을 얻기 위해 지출된 비용을 말하며, 소득금액을 계산하는 기본요소이다. 영업활동 등에 쓰인 비용이라도 이를 인정받기 위해서는 증빙서류를 갖추어야 한다.

필요경비로 인정되는 비용으로는 수입금액을 얻기 위해 직접 쓰인 원료·급료·수선비 등, 사업과 관련한 각종 보험료로는 사업용 자산에 대한 손해보험료, 사용인의 퇴직을 보험금의 지급사유로 하는 단체퇴직보험의 보험료, 의료보험·고용보험료 등이며, 또한 여러 가지 간접적인 비용으로는 총수입금액을 얻기 위해 직접 사용된 부채의 이자, 사업용 고정자산의 감가상각비, 회수할 수 없는 채권(대손금)과 재고자산의 평가차손, 거래수량 및 거래금액에 따라 상대편에게 지급하는 장려금 등과 직장훈련비, 공공목적으로 지출한 금액, 중소기업 준비금, 퇴직급여충당금 등의 각종 준비금과 충당금, 기타 이와 비슷한 성질이 있는 것으로 해 총수입금액에 대응되는 경비 등이 있다.

3) 소득공제와 과세표준

<표 12-12>의 소득공제 금액을 소득금액에서 차감하여 과세표준이 된다.

$$\boxed{소득금액 - 소득공제 = 과세표준}$$

<표 12-12> 소득공제 종류

구 분	공제 금액	비 고
기본공제	1인당 100만 원	
추가공제	1인당 50만 원	
소수공제자추가공제	기본공제자수가 1인일 때 100만 원, 2인일 때 50만 원	근로자만 해당
표준공제(특별공제)	60만 원	특별공제는 근로자만 해당
개인연금저축	불입액의 40%(72만 원 한도)	2000년 이전 가입분
	불입액 전액(240만 원 한도)	2001년 이후 가입분
국민연금 보험료 공제	불입액의 40%(72만 원 한도)	2000년 불입분
	불입액의 50%	2001년 불입분
	전액	2002년 불입분

* 특별공제 중 기부금공제는 근로소득이 없는 사람도 공제

기본공제는 종합소득이 있는 사람에게는 다음에 해당하는 가족 수에 1인당 100만 원을 곱한 금액을 소득금액에서 공제한다.
- 거주자(납세자 본인)
- 거주자의 배우자(배우자의 자산소득을 제외한 소득금액이 100만 원 이상이면 제외)
- 거주자와 생계를 같이하는 부양가족

제4절 법인세

(1) 법인세의 의의

개인기업이 사업소득과 사업 이외의 소득에 대해 소득세를 내야 하듯이 법인기업도 각 사업연도의 영업소득과 부동산 양도차익 및 청산소득에 대해 세금을 납부해야 하는데, 이를 법인세라 한다. 즉, 법인세는 유한회사나 주식회사와 같이 법인형태로 사업을 하는 경

우 그 사업에서 생긴 소득에 대하여 내는 세금이다.

　내국 영리법인은 구내외의 모든 소득에 대해 법인세를 내야 하며, 내국 비영리법인은 구내의 수익사업에서 생긴 소득과 부동산 양도차익에 대하여 법인세를 내야 하고, 청산소득에 대해서는 법인세가 면제된다. 한편, 국내에 거주하는 외국 영리법인은 국내에서 득한 원천소득과 부동산 양도차익에 대해 법인세를 내야 하며, 청산소득에 대해서는 법인세가 면제된다. 그리고 국내에 거주하는 외국의 비영리법인은 국내의 원천소득 중에서 수익사업으로 생긴 소득과 부동산 양도차익에 대해 법인세를 내야 하며, 청산소득에 대해서는 법인세가 면제된다. 그리고 법인세의 과세기간은 법령 또는 법인의 정관과 규칙 등에서 정하는 1회계기간이다.

　법인구분별 납세의무의 차이를 살펴보면 다음 표와 같다.

[법인구분별 납세의무 차이]

법인의 종류		각 사업연도 소득에 대한 법인세	토지 등 양도소득에 대한 법인세	청산소득
내국법인	영리 법인	국내외 모든 소득	○	○
	비영리 법인	국내외 수익사업에서 발생하는 소득	○	X
외국법인	영리 법인	국내원천소득 중 열거된 수익사업에서 발생한 소득	○	X
	비영리 법인		○	X
국가·지방자치단체		납세의무 없음		

[법인세 납부 기간]

구분	법정 신고기한	제출대상서류
12월 결산법인	4월 2일	법인세과세표준 및 세액신고서
3월 결산법인	7월 2일	재무상태표 포괄손익계산서
6월 결산법인	10월 2일	이익잉여금처분계산서(결선금처리계산서) 세무조정계산서
9월 결산법인	12월 2일	세무조정계산서 부속서류 및 현금흐름표

주: 신고기한이 공휴일, 토요일인 경우 공휴일, 토요일의 다음날을 신고기한으로 함

[법인세 과세표준 및 세액 신고서 작성 절차]

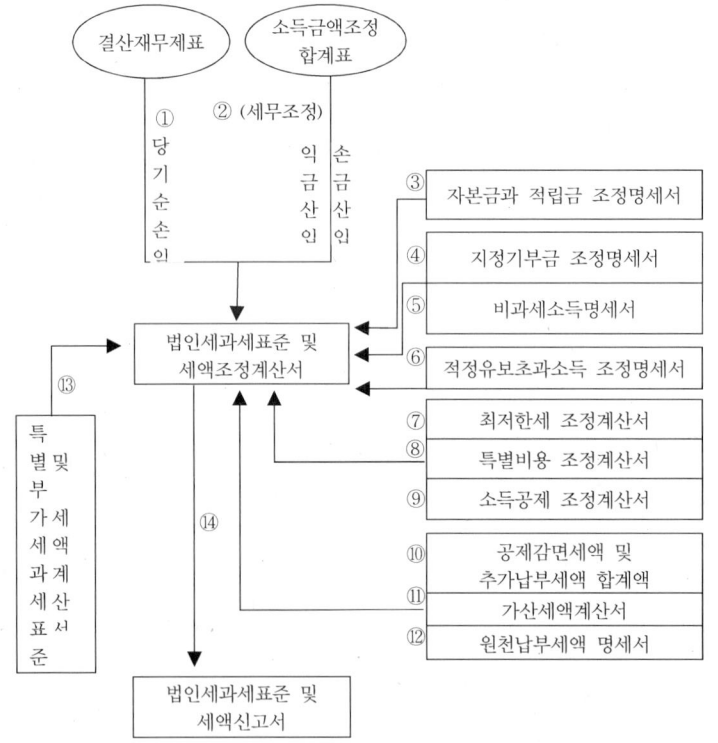

자료: 국세청(2002), 법인세 신고안내

(2) 법인세 계산 및 신고방법

각 사업연도 소득에 대한 법인세가 과세되고, 토지 등 특정 자산을 양도할 때 생긴 소득에 대하여는 법인세와 별도로 특별부가세를 추가로 납부해야 한다.

각사업연도 소득	=	총익금	−	총손금

익금은 사업에서 생기는 수익금액외에 사업과 관련하여 발생하는 자산의 양도금액, 자산의 평가차익, 무상으로 받은 자산의 가액 등도 익금에 포함된다. 손금은 제품의 원가 및 인건비 외에 사업과 관련하여 지출한 접대비, 복리후생비 등을 포함하며 세법에서 특별히 인정하는 특정손금이 있다.

법인세 과세표준 및 세액 신고서를 작성하는 절차는 다음 표와 같다.

(3) 법인세의 신고 및 납부절차

법인세를 신고, 납부하는 절차를 요약하면 다음의 표와 같다

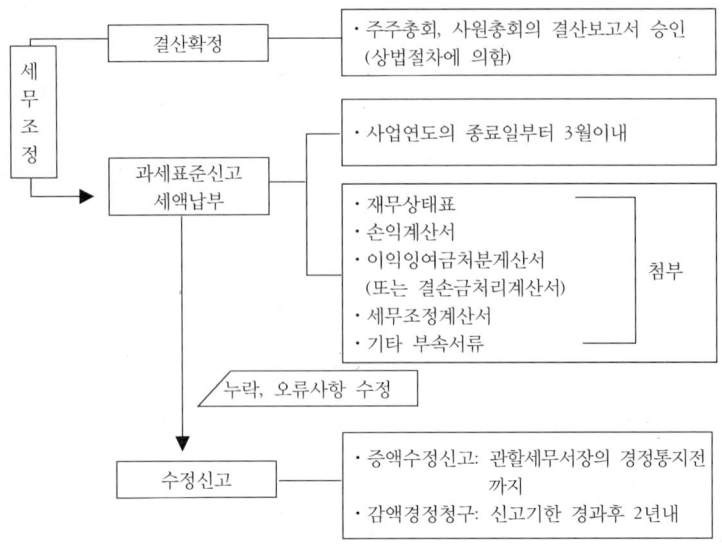

[법인세를 신고, 납부하는 절차]

결산확정 → ・주주총회, 사원총회의 결산보고서 승인 (상법절차에 의함)

세무조정

과세표준신고 세액납부 →
・사업연도의 종료일부터 3월이내

・재무상태표
・손익계산서
・이익잉여금처분계산서 (또는 결손금처리계산서)
・세무조정계산서
・기타 부속서류   첨부

누락, 오류사항 수정

수정신고 →
・증액수정신고: 관할세무서장의 경정통지전 까지
・감액경정청구: 신고기한 경과후 2년내

자료: 국세청(2002), '법인세 신고안내', p.17

1) 세무조정

세무조정이란 기업이 일반적으로 공정, 타당하다고 인정되는 기업회계기준에 의하여 작성한 재무제표상의 당기순손익을 기초로 하여 세법의 규정에 따라 익금과 손금을 조정함으로써 정확한 과세소득을 계산하기 위한 일련의 절차를 말한다. 즉, 익금산입, 손금산입, 익금불산입, 손금불산입사항을 가감하는 절차를 '협의의 세무조정'이라 하고 과세소득과 과세표준의 산정에서부터 납부할 세액의 계산까지를 포함하는 절차를 '광의의 세무조정'이라 하며 일반적으로 세법상 세무조정이라 함은 후자의 경우를 말한다.

이러한 세무조정은 절차상의 특성을 기준으로 결산조정과 신고조정으로 나눌 수 있다. 첫째, 경산조정은 사업연도 말의 결산을 통하여 장부에 반영하여야 하는 사항, 둘째, 신고조정은 결산서상 당기순이익의 기초가 되는 회사장부에 계상함이 없이 법인세 과세표준 및 세액신고서에만 계상해도 되는 사항이다. 이와 같이 구분하는 이유는 이들 양자 간에 조정절차상의 차이가 있을 뿐만 아니라 종정형태에 따라 각 사업연도의 소득금액이 달라지게 되기 때문이다.

2) 과세표준 신고 및 세액의 납부

법인세의 신고기한은 법인은 [법인세 과세표준 및 세액신고서]를 작성하여 각사업연도의 종료일부터 3월 이내에 관할세무서에 신고하고 세금을 납부해야 한다.

법인세 신고 시 꼭 제출해야 할 수류는 다음과 같다.

① 기업회계기준을 준용하여 작성한 재무상태표와 손익계산서
② 기업회계기준을 준용하여 작성한 이익잉여금 처분(결손금처리) 계산서
③ 세무조정계산서
④ 기타 부속서류

3) 수정신고의 변경

법정신고 기한 내에 제출한 신고서상에 기재된 과세표준 및 세액(환급세액포함) 또는 결손금액이 사실과 달라 증액 수정신고를 하여야 할 경우 세무서에서 과세표준과 세액을 경정하여 통지하기 전까지 수정신고서를 제출할 수 있으며, 추가로 납부하여야 할 세액은

납부하여야 한다.

수정신고의 요건은 과세표준신고서에 기재된 과세표준 및 세액이 세법에 의하여 신고하여야 할 정당한 과세 표준 및 세액에 미달하는 때와 과세표준신고서에 기재된 결혼금액 또는 환급세액이 세법에 의하여 신고하여야 할 정당한 결손금액 또는 환급세액을 초과하는 때이다.

4) 국세 전자납부

국세청에서는 현금 및 수표는 물론 은행의 예금잔고와 신용카드사의 대출(카드론)을 이용하여 세금을 납부할 수 있도록 하였다. 인터넷, 전화 등을 이용하여 계좌이체 방신(인터넷뱅킹, 폰뱅킹)으로 가정이나 사무실에서 편리하게 납부할 수 있으며, 이용절차는 현재 인터넷뱅킹 또는 폰뱅킹을 이용하는 법인은 거래은행의 인터넷사이트 또는 ARS에 바로 접속하면 된다.

납부절차 및 요령은 다음과 같다.

① 고지서 또는 납부서 준비

국세납부는 입력항목이 다소 많으므로 반드시 고지서나 내용이 기재된 납부서를 준비한 후 납부신청(입력)하여야 한다.

② 납부할 방법을 선택

은행잔고를 이용한 계좌이체를 하고자 할 때에는 인터넷, ARS전화에 의하여 접속하거나 은행창구의 자동출금기(ATM)를 이용한다. 카드사에서 대출을 받아 세금을 납부하고자 하는 경우에는 인터넷,

ARS전화에 의하여 카드사에 접속하면 된다.

③ 납부절차

인터넷에 의한 납부 절차는 다음과 같다.

[인터넷에 의한 납부 절차]

은행 또는 카드사의 사이트 접속

⇩

첫화면에서의 [인테넷뱅킹], [국세납부]배너 선택

⇩

본인 확인 절차(ID, 계좌번호, 비밀번호 등)

⇩

잔고 또는 대출한도액 확인

⇩

국세납부 신청

⇩

국세납부 신청내용 확인

⇩

국세납부신청확인서 발급

④ 국세전자납부확인서 발급

전자납부 신청 종료시점에서 '국세납부신청확인서'를 출력하여 영수증으로 사용할 수 있다. 또한 납부 후 10일 이내에 세무서가 '국세전자납부확인서'를 납부자에게 송부해주고 있다.

⑤ 과세표준, 세율 및 산출 세액

(과세표준×세율)－누진공제액＝산출세액

산출세액은 과세표준에 세율을 곱하고 누진공제액을 차감해서 계산한다. 세율은 10%에서 40%까지 4단계 누진세율 구조로 되어 있어 소득이 많을수록 더 높은 세율을 적용한다.

중·소규모 개인사업자들이 소득세를 정해진 기일 내에 신고할 경우는 세금의 10%를 공제해 준다. 당해연도 결손금을 다음 사업연도에 공제가 된다. 무기장시 10%의 무기장가산세가 적용되므로 유의하여야 한다.

홈택스서비스 가입

전자신고를 이용하기 위해서는 먼저 홈택스서비스에 가입하여 사용자등록을 하여야 한다.

인터넷으로 가입하기위해서는 본인 확인이 가능한 공인인증서를 보유한 경우에는 홈택스서비스 홈페이지에서 가입할 수 있다.

① 홈택스서비스 홈페이지(www.hometax.go.kr) 접속
② [회원가입] 클릭
③ [공인인증서로 가입] 클릭
④ 개인은 주민등록번호, 법인은 사업자등록번호를 입력하고 [조회] 클릭
⑤ 가입자 본인의 공인인증서를 선택하고 인증서 비밀번호를 입력
⑥ 사용자 아이디, 비밀번호 등 인적사항을 입력하고 서비스 이용범위의 '전자신고' 항목을 반드시 선택하여 [저장] → [가입완료]

제13장
창업회계

제1절 창업회계의 정의

(1) 회계의 의의와 목적

회계는 "정보이용자가 사정을 잘 알고서 판단이나 의사결정을 할 수 있도록 경제적 정보를 식별·측정·전달하는 과정"이라고 정의한다. 재무회계는 "회계 정보의 이용자가 기업실체와 관련하여 합리적인 의사결정을 할 수 있도록 재무상의 자료를 일반적으로 인정된 회계원칙에 따라 처리하여 유용하고 적정한 정보를 제공하는 것을 목적으로 한다"고 정의할 수 있다.

(2) 회계정보의 대상

회계정보는 여러 가지 기업 활동 중 재무자원과 관련되는 경제적 정보를 말한다. 재무자원이란 쉽게 '돈'이라 표현할 수 있으며, '돈'으로 교환 가능한 가치를 갖는 모든 것이라 할 수 있다. 아무리 중요한 정보라 할지라도 화폐액으로 표시할 수 없는 정보는 회계의 대상이 될 수 없다.

(3) 회계의 기본용어

기업경영은 새로운 가치를 생산하기 위하여 기업이 소유한 인적 자원과 물적 자원을 적절히 배합하고 지휘 통제하는 과정이다. 여기에서 인적자원은 화폐적 측정이 불가능하기 때문에 회계의 대상이 되지 않고, 화폐측정이 가능한 물적 자원은 회계의 대상이 된다. 회계정보처리의 대상으로 하는 회계내용은 자산, 부채, 자본, 수익, 비용의 다섯 가지로 요약할 수 있다.

1) 자산

자산(assets)이란 특정 경제실체가 소유·사용·통제하는 재무자원의 구체적 형태를 화폐로 측정한 것이다.

2) 부채

부채(liability)는 경제적 사건을 통하여 '남에게 진 빚'으로 경제가치를 지급하여야 할 일체의 의무를 화폐로 측정한 것이다.

3) 자본

자본은 자산에서 부채를 차감한 것을 의미한다. 따라서 자본은 자산에 대한 자본주의 몫이 된다.

4) 수익

수익(revenue)이란 특정 경제실체가 일정기간 동안 재화나 용역을 제공하는 경제활동의 결과로 획득한 경제 가치이다. 즉, 한 회계기간 동안 고객에게 상품을 판매한다든가 서비스를 제공한 것이 얼마인가를 화폐액으로 측정한 것이다.

5) 비용

비용(expense)이란 수익을 획득하기 위하여 소비된 경제 가치를 의미한다.

(4) 회계 정보이용자

1) 투자자

투자자는 기업의 재무자원을 조달하였으므로 그 기업의 소유주 또는 자본주라고 할 수 있다. 소유주(Principle)에 의해 조달된 재무자원으로 기업이 경영되는 것이므로 경영자는 소유주와 대리인(agency)의 관계에 있게 된다. 기업은 그 자원을 수탁 관리한 결과로써의 보고책임(accountability)을 수행한다.

2) 채권자

기업에 여신을 제공한 금융기관이나 신용거래처, 기업이 발행한 회사채를 구입한 사람은 기업의 채권자이다. 여신이란 수신의 반대말로 은행이 돈을 빌려주는 것을 말한다. 기업의 채권자는 우리나라의 금융기관뿐만 아니라, 외국자본가의 투자펀드(fund)가 우리나라 기업에 돈을 빌려주고 채권자가 되어 있다. 이들은 새로운 여신의 공여여부, 채권의 회수 등 의사결정을 위해기업의 지급능력 판단, 기업의 안전성을 평가할 수 있는 기업의 재무정보에 관심을 갖는다.

3) 경영자

경영자는 회계정보의 생산자로서 기업경영에 필요한 재무자원의 효율적인 지휘와 통제를 위하여 재무정보를 필요로 한다. 기업경영은 인적자원과 물적자원을 잘 관리하여 새로운 가치를 창조하는 것이므로 가치창조의 극대화를 위하여 많은 정보를 필요로 하며 그중에서도 회계정보를 필요로 한다.

4) 조세당국과 정부기관

정부는 국가전반의 정책의 수립과 수행에서 회계정보를 필요로 한다. 기업의 성장과 국가전체의 산업배분, 고용정책, 재정정책 등의 수립을 위해 산업 전반에 걸친 통계는 물론 개별 기업실체의 재무정보를 정책결정의 정보로 삼는다. 무엇보다도 조세당국은 조세 입법과 조세정책, 개별기업의 담세능력, 과세표준의 계산과 세액의 납부, 조세회피 등에 관한 특별한 정보를 필요로 하기 때문에 국가권력으로 별도의 정보제공을 요구할 수 있다.

5) 근로자와 노동조합

기업실체에 노동력을 제공하고 그 대가로 임금을 받는 근로자와 그들 단체인 노동조합은 임금과 관련하여 기업의 급여지급능력, 기업의 생산성 등에 관한 정보를 필요로 하며, 임금협상의 주요한 정보로 재무정보를 이용한다.

6) 기타의 정보이용자

직접적인 이해관계자는 아니지만 대학 등 각종 연구기관이나 분석기관, 특정기업과 관련된 납품업자 및 잠재적 이해관계자 등 대단히 다양하고 광범하다.

제2절 회계정보의 이용

현대사회는 개인이나 집단, 국가를 막론하고 그 근본적 가치관이 자기 이익을 위한 실리추구에 두고 있다. 이러한 과정에서 사람들은 이해하기 쉽고 사용하기에 편리한 경제적 정보를 필요로 하게 된다. 그 필요성을 충족시켜주는 회계정보는 다음과 같이 이용된다.

(1) 한정된 자원의 효율적 이용에 관한 의사결정

투자자, 채권자, 경영자 등 기업의 많은 이해관계자 집단은 자신의 자원을 이용한 효용을 증대시키기 위한 의사결정의 국면에 부딪치게 된다. 재무정보는 한정된 자원의 효율적인 이용을 위한 의사결정에 유용한 정보를 제공하는 것을 목적으로 한다. 이 목적을 위하여 중요한 의사결정의 영역을 파악하여 그에 적합한 재무정보를 제공하여야 한다.

(2) 조직 내 인적·물적 자원의 효율적 지휘·통제에 관한 의사결정

경영자는 경영활동과정에서 계획과 통제에 필요한 재무정보를 필요로 한다. 인적·물적 자원의 효율적 지휘와 통제를 위한 의사결정에는 실적분석정보 등에 필요한 회계정보를 제공하여야 한다.

(3) 재무자원의 보전과 관리에 관한 보고

재무자원의 소유주로부터 기업은 그 자원의 보전과 효과적인 관리를 위탁받은 수탁자의 입장이며 그에 대한 보고책임(accountability)을 지게 된다. 소유주로부터 위탁받은 재무자원을 운용한 성과와 재무상태 및 필요한 정보를 주기적으로 보고할 책임이 부여되는 것이며, 이것은 상법에도 규정되어 있다.

(4) 사회적 기능과 통제의 촉진

정의사회가 구현되기 위해서는 사회적 환경이 진실되어야 하고, 복지사회가 구현되기 위해서는 구성원의 의식이 깨어 있어야 하며, 경제부국이 되기 위해서는 노사 간부의 배분이 균형 있게 이루어져야 하며, 기업이 발전되기 위해서는 정당한 노력에 대한 성과가 보장되어야 한다. 균형 있는 사회발전을 위한 국가의 기능과 사회적 통제를 위해 재무정보를 필요로 한다.

제3절 회계의 구분

(1) 재무회계(financial accounting)

재무회계는 모든 정보이용자에게 필요한 일반적인 재무 정보를 제공하며, 기업회계기준에 의하여 정형화된 정보를 제공한다.

(2) 관리회계(managerial accounting)

관리회계는 경영자의 경영활동에 필요한 분석적 재무정보를 제공하며, 경영자의 의사결정을 위한 정보는 매우 다양하고, 각 실체에 따라 다를 것이므로 일정한 기준이 없다.

(3) 세무회계(tax accounting)

세무회계는 각종 세법에 의거하여 조세당국이 요구하는 세무정보를 제공하며, 적절한 세무회계정보를 위해서는 회계 및 관련 세법에 준거해야 한다.

제4절 회계공준

회계공준(postulations)은 회계정보를 제공하는 기본구조의 형성을 위해서 관습적으로 인정하는 기본적 전제가 되는 것이다. 회계공준은 엄격한 논리적 적용은 불가능하지만, 그 사실을 부정하면 회계의 존재가 불가능하다. 회계이론의 정립을 위한 전제는 기업실체의 공준, 계속기업의 공준, 화폐평가의 공준들이다.

(1) 기업실체의 공준

기업 그 자체가 독립적으로 존재한다는 사회적 가정을 기업실체의 공준(postulate of business entity)이라고 한다. 기업의 존재는 실체로서 존재하는 것은 아니지만 기업을 의인화하여 기업이 하나의 실체로서 존재하고, 기업실체가 권리의무의 주체가 되어 독자적으로 회계행위를 수행한다고 전제하는 것이다. 따라서 회계의 주체는 자본주도 아니고 경영자도 아닌, 기업 그 자체가 독립적인 실체로써 회계행위자가 되고, 회계보고의 주체가 되는 것이다.

(2) 화폐단위측정의 공준

회계측정과 보고의 기준으로 화폐단위를 이용한다는 전제를 화폐단위 측정의 공준 또는 화폐평가의 공준(Postulate of monetary valuation)이라고 한다. 따라서 회계에서는 회계정보의 대상이 되는 경제적 사건이라는 양의 크기를 화폐라고 하는 측정도구를 이용하여 화폐단위를 기준으로 재는 것이다.

(3) 계속기업의 공준

현대의 기업은 특별한 반증이 없는 한 경영활동을 영속적으로 수행할 것이라고 가정하는 것을 계속기업의 공준(Postulate of going concern)이라고 한다.

(4) 기간별 보고의 공준

계속기업을 전제할 때 기업실체의 존속기간을 일정기간의 인위적 단위로 분할할 필요가 있다. 이것을 회계기간이라 한다.

제5절 회계정보의 전달

회계정보의 전달은 회계정보의 공시(disclosure)라는 용어로 대신하기도 한다. 재무정보를 전달하는 수단으로 재무제표(financial statements)가 이용된다.

재무제표는 재무정보의 전달수단으로써 그 시대의 경제사회 환경에 따라 달라질 수가 있다. 우리나라의 현행 기업회계기준에서 정하고 있는 재무제표는, 대차대조표, 손익계산서, 이익잉여금 처분계산서 또는 결손금처리계산서, 현금 흐름표, 자본 변동표, 주기와 주석으로 하고 있다.

재무제표는 작성 시기에 따라 연차재무제표와 중간재무제표로 구분한다. 재무제표는 한 회계기간이 종료된 이후 작성·보고되는 것이 일반적이었는데, 급변하는 경제사회의 적시성과 신뢰성 있는 정보제공을 위해 중간 재무제표를 작성하도록 하고 있다.

(1) 대차대조표

대차대조표(balance sheet)는 일정 시점의 기업의 재무상태를 보고하는 재무보고서로써 기업 실체가 소유한 모든 재무자원의 형태와 금액 그리고 조달 원천을 표시하는 전통적인 재무제표이다.

(2) 손익계산서

손익계산서는 일정기간의 기업실체의 경영성과를 보고하는 재부보고서로 수익과 비용의 내용을 표시하는 전통적인 재무제표이다.

(3) 이익잉여금 처분계산서 또는 결손금처리계산서

이익잉여금 처분계산서는 이월 이익 잉여금의 총 변동사항과 이익잉여금의 처분내용을 보고하는 재무보고서이다.

(4) 현금흐름표

현금흐름표는 기업의 현금흐름을 나타내는 재무보고서로써 현금의 변동내용을 보고하기 위하여 당해 회계기간에 속하는 현금의 유입과 유출내용을 보고하는 재무제표이다.

제6절 기업회계기준

회계기준은 "기업이 회계행위를 수행할 때 준수하지 않으면 안 되는 지침이며, 회계행위의 기준"이다. 그 내용을 보면 신뢰성의 원칙, 명료성의 원칙, 충분성의 원칙, 계속성의 원칙, 중요성의 원칙, 안전성의 원칙, 경제적 실질의 원칙이다.

(1) 신뢰성의 원칙

회계처리 및 보고는 신뢰할 수 있도록 객관적인 자료와 증거에 의하여 공정하게 처리하여야 한다고 규정하고 있다. 정보의 이용에 있어 신뢰할 수 없는 정보는 이용하지 않을 것이기 때문에 신뢰성을 가장 중시하고 있다. 이것은 회계정보는 검증가능성이 있어야 한다는 속성에 기초하는 것으로 검증 가능성이 확보될 수 있도록 객관적인 증거를 요구하고 있고, 이에 의하여 회계실무에서 증빙서류를 갖추도록 하는 것이다.

(2) 명료성의 원칙

재무제표의 양식 및 과목과 회계용어는 이해하기 쉽도록 간단·명료하게 표시하여야 한다고 규정하고 있다. 회계정보를 제공함에 있어 기초저인 전제가 되는 것은 정보이용자가 회계의 기본구조와 기본용어를 이해하고 있다는 것이다. 회계정보의 전달수단인 재무제표는 정보이용자가 의사결정의 정보로 이용하는 데 있어 이해할 수 있어야 유용한 정보가 되는 것이다. 유용성은 회계정보의 기초적인 속성이며, 회계의 제1의 목적이기도 하다. 명료성의 원칙은 이러한 유용성을 제고하기 위한 것으로 정보이용자의 이해가능성을 위한 것이다.

(3) 충분성의 원칙

중요한 회계방침과 회계처리기준·과목 및 금액에 관하여는 그 내용을 재무제표상에 충분히 표시하여야 한다고 규정하고 있다. 이 원칙도 재무정보의 유용성을 제고하기 위한 원칙으로 정보이용자가 재무제표를 의사결정의 자료로 이용하기 위하여서는 재무제표에 대한 해석이 용이하도록 충분한 설명과 해석을 요구하고 있다.

(4) 계속성의 원칙

회계처리에 관한 기준 및 추정은 기간별 비교가 가능하도록 매기 계속하여 적용하고 정당한 사유 없이 이를 변경하여서는 아니 된다고 규정하고 있다. 회계는 계속기업의 공준에서 출발하여 인위적인 회계기간을 설정하고, 적정기간 손익계산을 목표로 하고 있기 때문에 수익과 비용의 기간 귀속문제에 있어 추정을 요구하는 많은 내용들이 있기 때문이다.

(5) 중요성의 원칙

회계처리와 재무제표 작성에 있어서 과목과 금액은 그 중요성에 따라 실용적인 방법에 의하여 결정하여야 한다고 규정하고 있다. 회계정보의 제공에서 유용성과 함께 고려되어야 할 것은 정보생산에 대한 비용과 편익의 비교이다. 정보이용자가 자세한 정보를 요구한다고 해도 실용성이 없는 정보까지도 제공한다는 것은 과다한 정보비용을 지출하게 하는 것이다. 따라서 과목의 중요성과 금액의 중요성을 고려하여 재무제표를 작성할 것을 요구하는 것이다.

(6) 안전성의 원칙

회계처리 과정에서 2개 이상의 선택 가능한 방법이 있는 경우에는 재무적 기초를 견고히 하는 관점에 따라 처리하여야 한다고 규정하고 있다. 이것은 회계의 보수주의라고 하는 전통적인 회계 관습에서 유래되는 원칙으로 기업실체를 보호한다는 관점에서 회계 처리한다는 것이다.

(7) 경제적 실질의 원칙

이 원칙은 회계뿐만 아니라 모든 인간과 사회관계에 당면한 신뢰성 회복을 위한 기본적인 대안이다. 실질거래 원칙에 입각한 회계처리가 이루어져야 하며, 그로 인한 재무제표는 경제적 사실을 반영할 수 있는 것이다.

제14장
창업기업의
재무계획

제1절 창업비용

창업비용은 사업을 시작하기 위해서 필요한 비용이다. 이 비용의 대부분은 기업이 사업을 시작하기 전에 발생된 것이다. 창업비용은 산업에 따라 다양하지만 대부분의 사업에서 다음과 같은 유형으로 발생된다.

1) 재고(inventory)

재고는 창업자가 구매하고 소비자에게 되팔게 될 품목으로 구성된다. 재고비용의 추정은 공급업자가 될 업체로부터 얻을 수 있다.

2) 집기와 비품(furniture and fixtures)

집기와 비품은 사무실 책상 및 의자, 선반, 카운터, 진열장 등을 포함한다. 비용의 추정은 이들 아이템의 소매상으로부터 얻을 수 있다.

3) 기계장치(machinery and equipment)

이들 품목은 컴퓨터, 현금등록기, 복사기, 팩스 등과 제조장비 또는 건설장비와 같이 특정 산업에서 요구되는 품목을 포함한다.

4) 선급비용(prepaid expenses)

기업이 사업을 시작하기 전에 서비스를 위해서 지불되는 비용을 말한다. 이러한 선급비용의 예로는 선급보험료, 미경과 임차료, 미경과 이자, 개업광고 등이 해당된다. 기업은 각 항목의 추정된 자료에 의하여 얼마의 비용이 지불되어야 하는지를 결정하게 된다.

5) 종업원 교육비용(training costs for employee)

사업이 개시될 때 종업원은 업무를 어떻게 효율적으로 수행해야 하는지를 알아야 한다. 기업이 운영되기 전에 종업원을 고용하고 훈련하는 것은 필수적이다. 만약 사업시작 일주일 또는 이주일 전에 종업원이 고용되었다면 제품이 판매되기도 전에 임금을 지불해야 하는 사태가 벌어질 수도 있다.

6) 보증금(deposits)

많은 창업자들은 보증금이 몇천만 원의 큰 단위가 아니고서는 창업비용에 포함하는 것을 종종 망각하는 경우가 있다. 건물이나 공간을 임대하였다면 임대보증금, 시설이나 장비를 임대하였다면 이들에 대한 보증금이 포함될 것이다.

7) **임차자산 개량 또는 빌딩구입**(renovation or building purchase)

사업을 가정에서 운영하지 않는다면 장소에 관련된 비용이 필요한 것이다. 장소나 빌딩을 임대하였다면 구조변경을 위한 비용이 소요될 것이다. 시설을 구입하였다면 구입가격이 창업비용에 포함될 것이고 구조변경이 필요하게 된다.

8) **운영자금**(working capital)

일반적인 사업들은 대부분 어느 정도의 고객을 확보할 때까지 적어도 몇 개월이 소요된다. 이 기간 동안의 매출액은 예외적인 사례를 제외하고는 대부분 사업에 소요되는 모든 비용을 지불할 만큼 충분하다고 볼 수 없다. 운영자금은 회사나 공장에서 임금의 지불, 원료의 구입 등에 필요로 하는 자금을 말하며 기업이 사업을 추진하는 데 필요불가결한 자금이며, 말하자면 경영자금이다. 운영자금은 적어도 3개월에서 6개월 정도는 확보되어야 한다.

제2절 소요자금의 조달

왜 자금이 필요한가? 즉, 자금소요의 원인은 무엇인가? 이러한 질문은 이상하게 들릴 수도 있을 것이다. 도대체 자금이 왜 필요한지를 묻는 것은 바보 같지 않은가?

사업을 새로 시작하는 마당에 자금이 필요한 부분이 어디 한두 군데인가?

공장도 지어야 하고 기계설비도 구입하여야 하고, 각종 집기 비품도 사 넣어야 하고 원자재도 주문하여야 하고…… 이렇듯이 자금이 필요한 곳은 끝이 없는데 "왜 자금이 필요한가?"라니 답답하지 않은가?

아마도 여러분이 이와 같이 생각한다면 여러분은 어느 정도는 옳다. 그러나 왜 자금이 필요한가의 문제를 심각하게 고민하여야 할 시기는 사업을 처음 시작할 때가 아닌, 사업 중에서인 것이다. 방금 여러분이 의문을 품었던 것처럼 사업을 처음 시작할 때는 자금의 소요처가 명확하게 나타나기 때문에 소요자금의 규모를 산정하기가 그리 어렵지 않다.

반면 사업의 중간에 자금의 소요처를 생각한다는 것은 공장을 증설한다거나 시설을 확충하는 등의 특수한 경우를 제외하고는 간과하기 쉬우며 정확한 규모를 산정하기도 어렵다. 그러나 이런 점 때문에 소요자금산정을 게을리 하다가는 기업의 도산이라는 불행한 결과와 맞닿게 된다. 경우에 따라서는 흑자도산이라는 안타까운 현상이 벌어지기도 한다.

일반적으로 사업 중에 발생하는 자금소요의 원인은 소위 잘 나갈 때와 그렇지 않을 때가 차이가 있다. 잘 나갈 때의 자금소요는 매출확대로 인한 것이다. 매출이 확대되는 경우는 필연적으로 재고자산이 증가되고 매출채권이 증가되며, 매입채무도 늘어나게 된다. 또한 인건비 등 각종 경비가 증가되기 때문에 여러분의 생각보다는 훨씬 더 자금이 필요하게 되는 것이다. 따라서 철저한 자금계획이 뒷받침되지 않음 매출확대는 무모하다고까지 말할 수 있다.

(1) 부채에 의한 자금조달

1) 은행대출

사업자금을 마련하기 위해서 가장 손쉽게 생각할 수 있는 자금조달방법의 하나가 은행대출이라고 생각할 것이다. 그렇지만 사업자 및 창업자가 그들의 사업계획서에 의해서 신용대출을 받는 경우, 어떤 은행은 쉽게 받아들여질 수 있지만 대부분은 까다롭거나 거부되는 경우가 많다.

창업자금을 고려하는 경우, 은행은 다음과 같이 많은 것을 고려할 수 있을 것이다.

· 사업을 위한 시장은 충분한가?
· 어떤 담보물을 가지고 있는가? 여기에는 주택, 토지와 같은 개인자산과 기계설비, 시설과 같은 사업자산을 포함한다.
· 얼마나 많은 자금이 회사에 투자될 것인가? 즉, 총 창업비용에서 사업자가 투자하는 비중은 얼마나 되는가를 판단하게 된다. 현존하는 기업이라면 과거에 얼마나 많은 자금을 투자했는가? 수익의 얼마만큼을 회사에 재투자했는가?
· 좋은 신용기록을 가지고 있는가?
· 기업을 경영하기 위한 교육 및 경험은 가지고 있는가?
· 사업영역에서 일반적인 경제적 여건은 어떠한가?
· 기업이 대출금을 상환할 능력을 가지고 있는가?

2) 정부에 의한 자금조달 프로그램

정부는 중소기업을 위한 다양한 자금지원프로그램을 가지고 있다.

중소기업청은 중소기업에게 다양한 서비스를 제공하는 정부기관이다. 중소기업을 위한 다양한 형태의 대출프로그램을 가지고 있으며 대출을 위한 자금은 정부예산을 통하여 제공되며 시기에 따라서 자금의 규모와 형태가 다르다.

정부의 창업자금을 지원받기 위해서는 '창업교육'을 필수적으로 이수하게 되어 있으며 창업교육과정을 이수하지 않은 경우에는 자금지원신청서를 제출하면 창업교육과정과 자동으로 연계돼 교육을 이수할 수 있다. 정부지원기관으로부터 지원받기 위해서 중요한 심사기준이 될 수 있는 것이 사업계획서라고 볼 수 있다. 내가 이 자금의 지원을 받기 위해서 중요한 심사기준이 될 수 있는 것이 사업계획서라고 볼 수 있다. 내가 이 자금의 지원을 받을 만한 자격요건에 적합하며 어떻게 해서 투자금을 상환하겠다는 구체적이고 현실성 있게 제시하는 것이 중요하다. 주요 창업자금지원기관으로는 중소기업청, 중소기업진흥공단, 소상공인진흥원, 한국여성경제인협회, 한국장애인공용공단, 미소금융중앙재단, 신용보증재단 등이 있다.

3) 금융회사

금융회사는 은행으로부터 자금을 조달할 수 없는 기업들에게 대출을 제공한다. 이들은 높은 실패율을 가진 산업의 기업 또는 한계 자금상태에 있는 기업등과 같이 높은 위험을 가지는 사업체를 대상으로 한다. 이자율은 금융회사에서 책정되지만 일반적으로 은행에 의해서 부과되는 이자율보다 높다.

(2) 자본에 의한 자금조달

1) 개인출자

개인출자는 은행계좌로부터 투자된 개인자금을 포함한다. 많은 금융기관과 투자자들은 창업자가 다른 곳에서 자금조달을 찾기보다는 개인적인 자금을 투자하기를 기대한다.

2) 개인투자자

투자자는 친구, 가족구성원, 개별자금소유자, 파트너 등을 포함한다. 친구와 가족구성원은 기꺼이 자금을 제공하지만 사업이 성공하지 못하거나 사업운영에 불만을 가지는 경우에는 부담이 된다.

개별자금소유자는 기업이 성공했을 때 고수익을 기대하고 중소기업에 투자를 하게 된다. 이들 개별투자자들은 그들이 제공하는 자금지원 때문에 엔젤(angel)로 구분하기도 한다. 창업자는 어떻게 적정한 투자자를 찾을 수 있는지, 반대로 투자자는 어떻게 창업자를 찾을 수 있는지에 대해서 모르는 경우가 많기 때문에 미국의 경우 정부와 지방자치단체를 중심으로 많은 중개서비스가 이루어지고 있다.

3) 파트너(동업자)

파트너는 기업에서 일을 하는 실질적인 파트너일 수도 있고 회사의 일부분을 소유하면서 매일 근무는 하지 않지만 자금을 투자한 간접적인 파트너일 수도 있다.

4) 벤처투자회사

벤처투자회사는 급속도로 성장하고 큰 수익을 창출할 수 있는 잠재력을 가진 중소기업에 투자하는 회사를 말한다. 이러한 회사는 연 25~40%의 투자수익률을 올리고 투자한 후 5~7년 이내에 기업공개를 할 수 있는 기업을 선호한다. 또한 우수한 경영팀을 가진 기업을 찾는다. 따라서 벤처투자회사가 선호하는 기업은 바이오기술, 데이터커뮤니케이션, 헬스케어 등과 같은 특정 산업의 벤처기업에 특화되는 경향이 많다.

창업자는 벤처투자회사가 자본 성격의 자금을 제공하기 때문에 본질적인 소유권을 포기해야 한다는 사실을 알아야 한다. 창업자는 필요한 자금을 조달함으로써 회사가 급속하게 성장할 수 있다는 장점과 창업자에 의해서 소유된 주식은 액면 그 이상의 가치를 가질 수도 있다.

5) 주식

주식회사의 형태로 창업하는 경우, 다른 회사와는 달리 새로운 주식을 발행하여 이를 주주나 일반투자자들에게 판매함으로써 필요한 자금을 조달할 수 있다. 그런데 우리나라에 '상법'상 수권자본제를 도입하여 정관에 발행할 주식의 총수를 정하여 회사설립 시에는 그중 4분의 1 이상을 발행하고 나머지는 자금이 필요할 때 수시로 이사회의 의결로 주식을 발행할 수 있도록 되어 있다.

제3절 추정재무제표

(1) 추정재무상태표

재무상태표는 특정 시점에서 기업의 재무상태를 나타내는 것으로서 '자산＝부채＋자본'이라는 재무상태표등식에 의해서 작성된다. 차변에 표시되는 자산항목은 기업소유의 재산 운용상태를 나타내고, 대변에 표시되는 부채 및 자본항목은 기업의 자본조달상태를 나타낸다. 사업계획서에서 추정재무상태표는 추정손익계산서에 비해서 각 항목금액들의 구체성이나 현실성이 크게 떨어지기 때문에 이를 생략하는 경우가 있다.

자산은 여러 가지 기준에 따라 분류가 가능하나 회계상으로는 유동자산, 고정자산으로 나뉜다. 유동자산은 고정자산에 대응되는 개념으로 1년 이내에 환금할 수 있는 자산으로 현금화가 매우 신속하게 이루어질 수 있는 '당좌자산'과 복잡한 제조과정이나 판매과정을 거쳐야한 현금화가 가능한 '재고자산'으로 구분된다.

비유동자산은 판매 또는 처분을 목적으로 하지 않고 비교적 장기간에 걸쳐 영업활동에 사용하고자 취득한 각종 자산, 일반적으로 장기간(1년 이상) 회사가 소유하고 사용할 수 있는 자산을 말한다. 자산의 주요 항목별 계정과목은 다음과 같다.

1) 유동자산

· 당좌자산: 대차대조표일부터 1년 이내에 현금화될 수 있는 유동자산 중에서 판매과정을 거치지 않고 바로 환금이 가능하며 유동부채의 지급에 충당될 수 있는 자산을 말한다. 우리나라의

'기업회계기준'에서는 현금, 예금, 유가정권, 외상매출금, 받을 어음, 당기대여금, 미수금, 미수수익, 기타의 당좌자산을 당좌자산으로 규정하고 있다.

· 재고자산: 재고자산이란 정상적인 기업활동과정에서 판매하기 위하여 보유하는 자산이나 또는 판매를 목적으로 제조과정 중에 있는 것, 판매에 이용될 제품이나 용역의 생산에 현실적으로 소비하기 위하여 보유하고 있는 자산을 말한다. 재고자산은 취득방법이나 존재형태 또는 사용목적에 따라 여러 가지로 구분될 수 있다. 일반적으로 상품, 제품, 제공품, 원재료, 소모품 등으로 구분할 수 있다.

2) 비유동자산

· 투자자산: 일반적으로 투자유가증권, 관리회사에 대한 출자금, 장기금융상품, 장기대여금, 전세권, 임차보증금 등을 가리킨다.
· 유형자산: 재화의 생산, 용역의 제공, 타인에 대한 임대 또는 자체적으로 사용할 목적으로 보유하는 물리적 형체가 있는 자산을 말하며 토지, 건물(냉난방, 전기, 통신시설 등 포함), 구축물, 기계장치, 건설 중인 자산, 기타자산(차량운반구, 선박, 비품, 공기구 등) 등으로 구분하여 표시한다.
· 무형자산: 기업경영에 유용하나 물리적 형태가 없는 자산을 말한다. 영업권, 광업권, 특허권, 실용신안권, 공업소유권 등이 있다.

3) 부채

· 유동부채: 1년 이내에 지급되리라 기대되는 부채로 단기부채라

고 한다. 유동부채는 기업회계기분에 당좌차월, 외상매입금, 지급어음, 단기차임금, 미지급금, 선수금, 예수금, 미지급비용, 미지급법인세, 관계회사 단기차입금, 주주·임원·종업원 단기차입금, 유동성 장기부채, 선수수익, 부채성충당금, 기타의 유동부채 등 15항목으로 구분된다.

- 고정부채: 대차대조표 작성일로부터 가산하여 1년 이내에 상환기일(지불기일)이 도래하지 않는 부채를 말하며 장기부채라고도 한다. 고정부채에 속하는 항목으로 사채, 장기차입금, 관계회사의 장기차입금, 퇴직급여충당금, 특별수선충당금 등 장기적 부채성충당금과 주주, 임원, 종업원으로부터의 장기차입금이 있다.

4) 자본

- 자본금: 자본금이랑 발행주식의 액면총액을 말하며 기업회계기준은 자본금계정에 보통주자본금, 우선주자본금 등을 포함하여 기재하도록 하였다.
- 자본잉여금: 기업회계상 회사의 순자산액이 법정자본액을 초과하는 부분을 잉여금이라고 하는데, 그중 자본거래에 의한 재원을 원천으로 하는 잉여금을 자본잉여금이라고 한다. 주식발행초과금, 감자차익, 자기주식처분이익, 재평가적립금 등이 이에 해당된다.
- 이익잉여금: 유보이익이라고도 불리는 것으로 영업활동이나 재무활동 등 기업의 이익창출 등에 획득된 이익으로서 이익준비금, 기타법정적립금, 임의적립금, 당기말 미처분이익잉여금(또는 당기말 미처리결손금) 등이 포함된다. 이익잉여금은 배당의 형식으로 주주에게 분배되거나 또는 사내에 유보시킨 후 결손

보전, 사업확장 등의 목적에 사용된다.

· 자본조정: 자본조정이란 당해 항목의 특성상 소유주지분에서 가감되어야 하거나 또는 아직 최종결과가 미확정상태여서 자본의 구성항목 중 어느 것에 가감해야 하는지 알 수 없어서 회계상 자본총계에 가감하는 형식으로 기재하는 항목을 말한다. 주식할인발행차금, 배당건설이자, 자기주식, 주식매수선택권, 출자전환채무, 자기주식처분손실, 감자차손 등이 있다.

새로운 사업을 위해서 추정된 재무정보를 가지고 예를 들어 설명해 보자. 창업년도의 추정대차대조표는 <표 14-1>의 창업비용과 부합될 것이다. 예를 들어 선물쇼핑센터를 창업하기 위한 창업비용이 다음과 같이 1억 4천만 원이라고 가정하자.

<표 14-1> 창업비용

과목	금액
재고자산	60,000,000
집기와 비품	15,000,000
기계장치	10,000,000
선급이용	4,000,000
저장품	2,000,000
보증금	4,000,000
임차자산개량	25,000,000
운영자금	20,000,000
창업비 총계	140,000,000

창업자는 4천만 원을 사업을 위해서 출자하고, 1억은 은행에서 10%의 이율로 7년 동안 대출받은 것으로 계획하고 있다. 대략적으로 매월 1,712,000원이 상환될 것이며, 창업하는 첫해에 총대출비용

은 원금 10,540,000원과 이자 10,000,000원을 포함해서 20,540,000원을 지불하게 된다. 아울러 추정재무상태표를 작성을 위한 경영기획팀이 제시하고 있는 가정은 다음과 같다.

- 안정적인 경영활동을 위해서 현금과 예금/매출액의 비율을 2차년도부터 20%로 유지하기로 하였다.
- 저장품은 창업년도 대비 5년 동안 매년 10% 감소할 것으로 예상된다.
- 선급비용/매출액의 비율은 2차년도부터 4%로 예상된다.
- 재고자산/매출액의 비율은 2차년도에는 5%, 그 이후에는 6% 수준으로 유지하기로 하였다.
- 매출액이 증가함에 따라서 자동저장시스템 및 저장공간의 확충이 요구된다고 판단되었다. 따라서 자산증가액/매출증가액의 비율은 2차년도에는 0.6%, 그 이후에는 0.7%로 상승할 것으로 판단하였다. 따라서 2차년도의 고정자산항목을 산출할 때 집기와 비품의 경우, 15,000,000+(1,050,000,000-700,000,000)×0.6=17,100,000이며, 기계장치의 경우, 10,000,000+(1,050,000,000--700,000,000)×0.6=12,100,000이 된다.

이를 근거로 3년간의 추정재무상태표를 작성하면 <표 15-2>와 같다.

<표 14-2> 추정재무상태표

과 목	1차연도	2차연도	3차연도
유동자산			
현금과 예금	132,672,500	210,000,000	315,000,000
저장품	1,800,000	1,600,000	1,400,000
선급비용	4,000,000	42,000,000	63,000,000
재고자산	60,000,000	52,500,000	78,750,000
유동자산 합계	198,472,500	306,100,000	458,150,000
고정자산			
집기와 비품	15,000,000	17,100,000	20,775,000
기계장치	10,000,000	12,100,000	15,775,000
임차자산 계량	45,000,000	60,000,000	70,000,000
고정자산 합계	70,000,000	89,200,000	106,550,000
기타자산			
보증금	4,000,000	54,000,000	104,000,000
자산총계	322,472,500	499,300,000	718,700,000
유동부채			
유동성 장기부채	10,540,000	10,540,000	10,540,000
고정부채			
장기차입금	78,920,000	68,380,000	57,840,000
부채총계	89,460,000	78,920,000	68,380,000
자본	40,000,000	40,000,000	40,000,000
이익잉여금	193,012,500	380,380,000	610,320,000
자본총계	233,012,500	420,380,000	650,320,000
부채와 자본총계	322,472,500	499,300,000	718,700,000

(2) 추정손익계산서

손익계산서란 일정기간 동안 영업활동을 통해 얼마의 이익 또는 손실을 보았는가를 보여주는 보고서이다. 즉, 일정기간 동안 기업이 생산한 제품이나 매입한 상품을 얼마나 판매하였으며, 그와 관련된 원가는 얼마이고, 판매활동이나 관리활동을 위해 지출한 비용은 얼마인가를 보여주게 된다.

따라서 추정손익계산서를 작성하는 행위는 기업 각 부문의 운영계획을 집대성하는 것이라고 할 수 있다. 다시 말해서 마케팅부문, 생산부문, 자금부문 등 제반 부문이 어우러져 기업의 예상 성적표로 나타난 것이 바로 추정손익계산서인 것이다.

추정손익계산서를 작성할 때에는 매출액, 매출원가, 판매비 및 일반관리비, 지급이자를 포함한 영업 외 수입/비용, 법인세 등 손익계산서 항목별로 작성하게 되는데, 이때 중요한 것은 각 항목별로 논리적인 산출근거가 있어야 한다는 것이다. 아울러 이러한 산출근거를 첨부자료 형태로 요구하는 기관이 점점 늘어나고 있다는 것을 염두에 두어 객관적이고 공정하게 각 항목들을 작성한다.

한편 동종사업을 영위하고 있는 동 업계의 상황도 향후 추정 과정에서 반드시 반영되어야 한다. 만일 동 업계에 비하여 특정 항목의 구성비율이 지나치게 차이를 보인다면 이에 대한 원인과 대책을 강구하여야 한다. 추정손익계산서를 구성하는 주요 항목별 계정과목과 손익의 계산방법은 다음과 같다.

- 매출액: 상품과 제품의 기간 중 매출액을 산출한다.
- 매출원가: 판매업의 경우, '기초상품재고액＋당기상품매입액－기말상품재고액' 제조업의 경우, '기초제품재고액＋당기제품제조원가－기말제품재고액'에 의해서 산출한다.
- 매출총이익: '매출액－매출원가'로 산출한다.
- 판매비와 관리비: 상품의 용역의 판매활동 또는 기업의 관리와 유지에서 발생하는 비용으로 매출원가에 속하지 아니하는 모든 영업비용을 포함한다. 급여, 퇴직급여, 복리후생비, 임차료, 접대

비, 감가상각비, 제세공과금, 광고비, 연구개발비 등으로 산출한다.
- 영업이익: '매출총이익-판매비와 관리비'에 의해서 산출된다.
- 영업외수익: 주된 영업활동 이외로부터 발생한 수익으로 반복적·경상적으로 발생하는 것을 말한다. 이에 속하는 항목으로 이자수익, 배당금수익, 임대료수익, 외환차익, 투자자산처분이익, 유형자산처분이익, 사채상환이익 등이 있다.
- 영업외비용: 회사의 활동에서 생기는 수익 중 정규 영업에 기인하지 않는 것으로 이자비용, 이연자산상각, 유가증권처분손실, 재고자산평가손실, 외환차손, 유형자산처분손실, 사채상환손실 등이 있다.
- 경상이익: '영업이익+영업외수익-영업외비용'에 의해서 산출한다.
- 특별손익: 경상손익 이외의 임시적 손익으로 정상적인 경영활동과는 무관한 손익이다. 특별이익은 고정자산처분이익, 투자유가증권처분이익, 상각채권추심이익, 법인세환수액, 대손충당금환입액 등이 있으며, 특별손실에는 고정자산처분손실, 투자유가증권처분손실, 재해손실, 법인세 등이 있다.
- 법인세비용차감전순손익: '경상이익+특별이익-특별손실'에 의해서 산출한다.
- 법인세비용: 소득에 대해서 부과되며, 과세표준의 크기에 따라서 차등세율을 적용하는 누진세인 법인세와 법인세에 부가되는 세액의 합계액에 당기이연법인세 변동액을 가감하여 산출한다.
- 당기순이익: '법인세비용차감전순손익-법인세비용'으로 산출한다.

위에서 설명한 바와 같이 추정손익계산서의 기본구조는 수익(매출액, 영업외수익, 특별이익)과 비용(매출원가, 판매비와 관리비, 영업외비용, 특별손실, 법인세)을 상호 대응하여 차감하는 형식으로 당기순손익을 기재하게 된다.

창업자는 최근의 경제여건과 사업확장을 고려하여 1차년도의 매출액을 7억으로 예상하고 있으며 향후 매년 50%의 성장을 기대하고 있다. 아울러 추정손익계산서를 작성하기 위한 경영계획팀이 제시하고 있는 가정은 다음과 같다.

- 매출원가는 매출액의 30%로 추정한다.
- 판매비와 관리비/매출액 비율은 2차년도에 15%, 그 이후는 10%로 낮아질 것으로 예상한다.
- 이자비용은 장기차입금의 평균잔액에 대해서 연간 10%의 이자율로 지급하는 것으로 가정한다.
- 법인세율(법인세비용/경상이익)은 연간 25%로 적용한다.
- 감각상각비는 연말기계설비(취득원가)의 10%로 예상된다.

<표 14-3>은 이를 근거로 3년 동안의 추정손익계산서의 예를 보여주고 있다.

<表 14-3> 추정손익계산서

과목	1차연도	2차연도	3차연도
1. 매출액	700,000,000	1,050,000,000	1,575,000,000
2. 매출원가	280,000,000	315,000,000	427,500,000
기초상품(또는 제품)재고액	60,000,000	50,000,000	52,500,000
당기매입액	270,000,000	300,000,000	430,000,000
운송비	10,000,000	17,500,000	23,750,000
기말상품(또는 제품)재고액	50,000,000	52,500,000	78,750,000
3. 매출총이익	420,000,000	735,000,000	1,147,500,000
4. 판매비와 관리비	127,650,000	143,704,200	151,727,350
관리자 급여	22,000,000	24,200,000	26,520,000
종업원임금	34,000,000	37,400,000	41,100,000
회계/법률자문비	1,500,000	1,500,000	1,500,000
광고비	9,300,000	10,000,000	11,000,000
임차료	30,500,000	26,000,000	26,000,000
감가상각비	10,000,000	15,000,000	26,840,000
소모품비	200,000	200,000	200,000
전기/수도요금	6,250,000	7,000,000	8,000,000
통신비	2,300,000	3,000,000	3,500,000
수선비	1,300,000	1,500,000	1,700,000
세금과공과	6,200,000	7,200,000	8,200,000
보험료	2,500,000	2,500,000	2,500,000
예비비	1,500,000	-	-
접대비	7,100,000	7,504,150	3,167,350
기타경비	500,000	700,000	500,000
5. 영업이익	284,850,000	591,295,800	985,772,650
6. 영업외비용	27,500,000	10,000,000	10,000,000
이자	10,000,000	10,000,000	10,000,000
구조변경 및 인테리어비용	17,500,000	-	-
7. 경상이익	257,350,000	580,295,800	975,772,650
8. 법인세	64,337,500	145,323,950	243,943,162
9. 당기순이익	193,012,500	435,971,850	731,829,488

(3) 추정현금흐름표

현금흐름표는 일정기간 동안의 기업의 현금흐름을 나타내는 표이다. 즉 현금의 변동내용을 명확하게 보고하기 위하여 당해 회계기간에 속하는 현금의 유입과 유출내용을 적정하게 표시한 표이다. 현금이 어떻게 창출되어 어디에 얼마만큼 쓰였는가를 보여주는 표라고 할 수 있다. 재무상태표가 기초에서 기말로 변천해 간 과정을 현금흐름의 측면에서 관찰한 것이 현금흐름표라고 할 수 있다.

따라서 기간별 현금의 유입과 유출내용을 표시함으로써 향후 발생할 기업자금의 과부족현상을 미리 파악할 수 있다. 현금흐름은 영업활동현금흐름, 투자활동현금흐름, 재무활동현금흐름 등으로 나뉜다.

- 영업활동으로 인한 현금흐름: 기업 고유활동인 생산제품의 판매, 원재료와 상품의 구입에 따른 현금 유출입 상황을 나타낸다.
- 투자활동으로 인한 현금흐름: 유가증권 및 토지의 매입 매각, 예금 등에 따른 현금 유출입 상황을 나타낸다.
- 재무활동으로 인한 현금흐름: 단기차입금, 회사채 및 증자 등에 따른 현금 유출입 상황이다.

현금 흐름표는 다음과 같은 유용성이 있다.

첫째, 기업의 미래 현금흐름 혹은 현금창출능력을 예측할 수 있게 한다. 따라서 현금흐름정보는 기업의 도산예측이나 신용등급 결정에 아주 유용하다.

둘째, 기업의 부채상환능력과 배당금지급능력, 외부자금조달의 시기와 규모 등을 예상할 수 있게 된다.

셋째, 일정기간 중 발생한 현금의 증가와 감소에 대한 원인을 영업활동, 투자활동, 재무활동 등으로 구분하여 파악할 수 있게 된다.

넷째, 이익의 질에 관한 정보를 제공한다. 예를 들어 매출채권의 증가로 이익이 증가한 기업은 영업활동으로 인한 현금흐름이 감소하게 되며, 이 경우 현금매출의 증가로 이익이 증가한 기업에 비하여 이익의 질이 떨어진다.

<표 14-4> 추정현금흐름표

과목	1차연도	1차연도	1차연도
1. 영업활동으로 인한 현금흐름	203,212,500	420,671,850	711,619,488
당기순이익	193,012,500	435,971,850	731,829,488
감가상각비	10,000,000	15,000,000	26,840,000
재고자산 증가	-	7,500,000	-26,250,000
선급비용의 증가	-	-38,000,000	-21,000,000
저장품의 감소	200,000	200,000	200,000
2. 투자활동으로 인한 현금흐름	80,000,000	-84,200,000	-94,190,000
임차자산개량의 증가	-25,000,000	-25,000,000	-30,000,000
집기비품/기계장치증가	-5,000,000	-9,200,000	-14,190,000
보증금의 증가	-50,000,000	-50,000,000	-50,000,000
3. 재무활동으로 인한 현금흐름	-10,540,000	10,540,000	-512,419,488
장기부채의 상환	-10,540,000	-259,144,350	-10,540,000
배당의 지급	-	-248,604,350	-501,889,488
4. 현금의 증가(감소)	112,672,500	77,327,500	105,000,000

제4절 재무비율분석

재무비율이란 재무재표를 구성하는 구성항목(제정과부)간의 관계를 비율로 계산한 것을 뜻하는데 이를 통하여 기업의 경영상태 파악하고 미래를 예측 하기위해서 기업의 채무 상환능력, 수익성, 효율성, 성장성, 현금지급 능력 등도 측정하게 된다. 측정 재무재표가 완성 된 후에는 이를 이용하여 회사의 미래 경영성과 및 재무상태를 분석하게 되는데 대표적인 재무비율은 다음과 같다.

(1) 유동성비율

단기 채무 상환능력을 측정한다.

- 유동비율: 유동자산/유동부채
- 당좌비율: 당좌자산/유동부채
- 매출액 단기차 입금비율: 매출액/단기차입금
  (유동성장기차입금 포함)

(2) 성장성비율

외형과 자산의 증가율을 측정한다.

- 매출액증가율: (당기매출액 − 전기매출액)/전기매출액
- 총자산증가율: (당기말자산총계 − 전기말자산총계)/전기말자산총계

(3) 레버리지비율

자본구조 및 장기채무 상환능력을 측정한다.

- 부채비율: 부채총계/자본총계
- 자기자본비율: 부채총계/자본총계
- 차입금의존도: (단기차입금 + 장이차입금 + 사채)/부채의 자본총계
- 이자보상비율: (법인세차감전순수익 + 이자비용)/이자비용 또는
  영업이익/이자비용
- 고정장기적합률: 고정자산/(고정부채 + 자본총계)

(4) 수익성비율

경영성과 및 수익성, 금융부담능력을 측정한다.

- 총자산순이익률: 당기순이익/자산총계
- 자기자본순이익률: 당기순이익/자기자본총계
- 매출액영업이익률: 영업이익/매출액
- 매출액이익률: 단기순이익/매출액
- 금융비용부담률: 이자비용/매출액

(5) 효율성비율

자산의 물리적 활용도를 측정한다.

- 총자산회전율(회): 매출액/자산총계
- 매출채권회전율: 매출액/매출채권
- 재고자산회전율: 매출액/재고자산

(6) 현금흐름비율

현금흐름을 이용한 지급능력을 측정한다.

- 현금흐름부채비율: 영업활동으로 인한 현금흐름/부채통계
- 현금흐름기준 이자보상비율: (영업활동으로 인한 현금흐름+ 이자비용)/이자비용

<표 14-5> 측정재무제표에 의한 주요 재무비율의 추이

항목	1차연도	2차연도	3차연도
유동비율	1,883%	2,904%	4,347%
부채비율	38%	19%	11%
자기자본비율	72%	84%	90%
매출액영업이익률	41%	56%	63%
총자산 회전율	0.76회	0.64회	0.65회
재고자산회전율	2.92회	4.67회	6.00회
현금흐름부채비율	227%	533%	1,041%

<표 15-5>에서 보와 같이 3개년 동안 유동비율 본 기업의 재무구조는 매우 양호한 수익성으로 인하여 부채비율이 감소하고 자기자본비율이 증가하여 기업의 재무구조가 매우 건전해지고 있다. 매출영업이익률이 상승하고 있는 추세를 보이고 있어 영업상의 이익이 증가하고 있고 경성성과 높은 것으로 판단된다. 자산이 얼마나 효율적으로 이용되고 있는지, 즉 얼마나 빠른 속도로 매출액이나 현금 등으로 변화되었는가를 측정하는 데 이용되는 효율성비율(총자산회전율, 재고 자산회전율)은 동종업계의 평균치와 비교함으로써 판단할 수 있을 것이다. 또한 영업활동으로 인한 현금흐름으로 총부채를 상환할 수 있는 능력인 현금흐름 부채 비율은 매우 양호한 상승추세를 보이고 있다.

제4부

창업 환경

제1절 창업지원제도의 체계와 대상

1.1 창업 지원체계

새로운 기업을 창업하고 이를 성공적인 기업으로 성장·발전시키는 일은 결코 쉬운 일이 아니다. 개인적으로는 창업자 개인의 자질이 뛰어나고 창업 아이디어가 우수하며 창업 자본을 조달할 수 있는 자체능력을 갖추고 있어야 할 뿐만 아니라 창업자로 하여금 복잡한 창업 과정 및 열악한 환경에 적절히 대처할 수 있도록 지원할 수 있는 정부의 각종 제도가 뒷받침되어야 한다.

창업의 중요성 및 창업지원제도의 필요성을 구체적으로 반영하여, 우리나라에서도 1986년 5월 12일 중소기업창업지원법을 제정하고 이를 모법(母法)으로 창업기업에 대한 조세지원, 창업 기업을 위한 각종 투자 및 융자, 창업절차 대행, 경영상담, 경영·기술지도 등을 위한 각종 지원제도를 시행하고 있다.

「중소기업창업지원법」은 제조업 등 중소기업의 창업을 촉진하고 중소기업을 창업한 자가 성장·발전할 수 있도록 지원하며, 특히 농어촌 지역에서의 중소기업 설립 및 기술집약적 중소기업의 창업을 촉진함으로써 지역 간 균형 있는 성장과 건실한 산업구조를 구축하는 데 그 목적이 있다. 이 법은 창업자에 대한 자금 및 세제지원 등 종합지원체제와 함께 이를 뒷받침하여 창업지원을 효율적으로 추진하기 위한 중소기업창업투자회사의 육성 및 창업투자조합의 지원, 중소기업 상담회사의 육성, 창업보육센터의 설립 및 지원 등 다양한 제도들로 구성되어 있다. 중소기업 창업 지원체계는 아래와 같다.

(1) 조세지원제도

창업 중소기업에 대해 국세인 소득세와 법인세를 감면해 주며, 지방세인 취득세, 등록세, 재산세 및 종합토지세 등을 감면해 주는 제도

(2) 자본지원제도

시·도 등 지방자치단체와 은행 등 금융기관, 창업투자회사, 신용보증기금, 기술신용보증기금 등을 통해 창업 중소기업의 자본을 지원해 주는 제도

(3) 기타 지원제도

창업절차간소화와 입지확보를 위한 시·군·구의 창업 민원실, 창업절차 및 경영상담 등을 지원하는 각종 창업보육센터, 창업기업의 경영과 기술 지도를 지원하는 각종 지원기관 등의 지원제도

1.2 창업지원대상

우리나라 창업지원법에는 그 지원대상을 제조업, 광업, 건축, 엔지니어링, 기타 기술 서비스업, 정보처리 및 기타 컴퓨터 운용 관련법, 기계 및 장비임대업을 창업한 기업으로 제한하고 있다. 또한 이 법은 창업에 관한 개념을 분명하게 정의함으로써 그 지원대상을 구체적으로 규정하고 있다. 즉, 창업 지원법 제2조에는 창업을 "새로이 중소기업을 설립하는 것"으로 규정하고, 법인기업은 설립등기일을, 개인 기업은 사업 개시일(법에 의거 사업계획의 승인을 받아 사업을 개시하는 경우), 사업자 등록일 을 창업일로 간주하도록 하고 있다.

창업지원법 시행령 제2조에서는 창업이라 간주할 수 없는 경우로 다음의 규정을 규정하고 있다. 여기서 동법 시행규칙 제2조에는 동일한 사업에 대한 정의를 한국표준산업분류의 4가지 숫자로 하고 있다.

(1) 타인의 사업을 승계하여 승계 이전의 사업과 동일한 사업을 계속하는 경우

상속이나 양도에 의해 사업체를 승계하여 동일한 사업을 계속하는 경우, 기존의 공장을 임차하여 기존의 제품과 동일한 제품을 계속 생산하는 경우 등은 창업지원법상 창업이라 보지 않는다.

(2) 법인전환 또는 법인 간에 기업형태를 변경하여 동일한 사업을 계속하는 경우

개인기업을 법인기업으로 전환하여 개인 기업 시와 동일한 사업

을 계속하는 경우, 기존의 법인기업의 형태(합명회사, 합자회사, 유한회사, 주식회사만을 변경하여 동일한 사업을 계속하는 경우, 기존의 두 기업 이상이 서로 합병하여 동일한 사업을 계속하는 경우) 등은 창업지원법상 창업이라 보지 않는다.

그러나 타인사업의 승계, 법인전환 및 기업형태 변경, 폐업 등의 후에 동일한 사업을 계속하는 경우라 할지라도, 기존 업종과 다른 업종(4자리 산업 분류)을 추가하여 추가시킨 업종이 전체 매출에서 50/100이상을 차지하는 경우라면 동일한 사업이라 보지 않으므로 창업이라 인정된다.

나아가 최근 사회적으로 그 필요성이 크게 대두되고 있는 벤처창업에 대한 체계적 지원을 위하여 1997년 8월 「벤처기업육성에 관한 특별조치법」을 제정·시행해 오고 있다. 여기서는 기존 기업의 벤처기업으로의 전환과 벤처기업의 창업을 촉진하여 벤처기업의 양적 증가를 고무하고 질적 건전성을 도모하여 우리 산업의 구조조정을 원활히 하고 경쟁력을 제고하기 위해 보다 광범위하고 실질적인 지원체계를 마련해 놓고 있다.

그러나 이러한 지원체계는 사업목적·성격에 따라 주관부서가 매우 다양하고 또 사업내용이 매년 동일한 것이 아님을 유의해야 한다. 즉, 정책적 필요에 따라 지원사업의 내용 및 대상이 자주 바뀌고 예산확보 내역에 따라 지원사업의 규모도 달라진다. 따라서 창업희망자는 중소기업의 창업지원이 주요 사업의 하나인 중소기업청 및 중소기업진흥공단에서 매년 기획·시행하는 중소기업지원사업의 내용에 주의를 기울이고 그 밖에도 기획재정부, 지식경제부, 고용노동부 등 각종 경제관련 행정부서들의 지원사업 내용을 전화나 직접방문 또는 공고 등을 통해 확인·문의하고 지원대상 여부, 지원 신청 계획 등을 마련해야 한다. 또한 시, 군, 구등 각 지방자치단체에도 나름의 중소기업 창업지원 사업이 기획·실시되는 경우도 많으므로 이에도 관심을 가지는 것이 좋다. 그리고 은행, 보험회사, 투자 신탁 회사 및 창업투자회사 등의 금융기관에서도 사업성이 있다고 판단 될 경우 각종 자금지원을 받을 수 있다.

제2절 창업지원제도

2.1 벤처·창업 자금생태계 선순환 방안

(1) 현재 벤처자금 생태계의 문제점

1) 초기창업자금 부족

기술창업에 충분한 자금이 투입될 수 있는 고위험, 고수익 구조에 상응하는 투자 인센티브 부족하고, 시중에 유동자금은 넘쳐나지만, 정작 기술창업 등에 대한 자금지원은 부족하여 현장의 벤처인들은 자금공급에 대한 불만이 지속되고 있다.

2) 중간 회수시장 부재

코스닥 상장이외에 벤처자금을 회수할 수 있는 통로가 갖추어지지 못해 벤처투자를 주저하게 만들고, 코스닥 상장에 14년이 소요되어 초기 투자자의 자금회수 시장역할을 못하고 있다.

3) 재투자, 재도전 미흡

성공 벤처기업인의 재투자 여건 및 실패, 기업인의 재기기회가 부족하여 벤처자금의 생태계 내 환류를 저해하고 있다.

(2) 대책 주요내용

벤처 1세대 등 성공한 선배들의 후배 세대에 대한재투자 및 멘토링 기반을 견고히 구축하고, 벤처·창업기업의 '고위험·고수익' 구조에 부합한 지원이 되도록, 창업기업의 자금조달 구조를 '융자→투자' 중심으로 변경한다. 또한 엔젤투자 활성화, 기술혁신형 M&A 활성화, 코넥스 신설 등을 통해 성장 단계별 맞춤형 투자·회수 시스템을 갖추어 나가면서, 창업 플랫폼 다양화, 우수인력 유입, 기술탈취 방지, 재도전 환경개선 등 벤처생태계의 하부 인프라 확충할 계획이다.

대책내용의 주요 골자를 살펴보면 다음과 같다.

1) 벤처투자 자금의 선순환 촉진

① 융자에서 투자 중심 전환
· 크라우드 펀딩 제도 신설
· 투자위험 부담 완화를 위해 세제혜택 대폭 확대
· 전문적 엔젤투자가 양성을 위한 인센티브 도입
· 민간자금 시장실패 분야의 정책금융 역할을 강화

② 투자 수익의 조기회수 촉진

· 기술혁신형 M&A 제도 및 세제지원 신설

· M&A 관련 규제완화

· M&A, 설장투자형 정책자금 공급 확대

· 벤처, 기술혁신형 기업 친화적 자본시장 육성

③ 회수자원의 생태계 재유입 여건 확충

· 투자금 회수자에 대한 부담 완화 및 재투자 유인 강화

· 국내외 성공벤치인의 후배세대 양성기반 확충

2) 벤처, 창업 인프라 확충

① 창업 플랫폼 구축 확대

② 국내외 우수 기술인력의 벤처, 창업 유입 촉진

③ 기술 보호 및 도용 방지 강화

④ M&A, 기술평가 관련 정보유통 확대

⑤ 재도전 환경 개선

(3) 기대효과

향후 5년간 벤처, 창업 생태계로 유입되는 투자자금이 당초 6조 3천억 원에서 4조 3천억 증가한 10조 6천억 원으로 확대한다.

초기/창업단계 엔젤 등을 통한 초기 투자는 당초 전망치 2.4조에서 7,400억이 증가된 3.2조로 확대하고, 중간/성장 단계 벤처캐피탈 등을 통한 성장기 투자는 당초 전망치 3.9조 원에서 1.8조 원 증가한 5.7조 원으로 확대하며, 회수/재투자 단계 M&A, 코넥스 등을 통해 4.4조 원 회수, 회수된 자금 중 1.7조 원 창업성장단계로 환류될

것으로 기대된다.

벤처기업의 매출과 고용은 각각 1.7%p, 0.8%p 증가하고, 엔젤투자자는 12년 2,608명에서 17년 12,000명으로 확대되며, 연간 벤처투자도 12년 1.2조 원에서 17년에는 2조 원에 달할 것으로 예상된다. 세수측면에서도 엔젤투자 소득공제, M&A 세제 감면 등에 따른 감소 요인이 있음에도 불구하고, 벤처기업의 성장 등에 따라 향후 5년간 1.6조 원의 세수 순증이 있을 것으로 전망된다.

(4) 벤처·창업 자금 생태계 선순환 방안 개관

		초기/창업 단계 (0년~3년)	중간/성장 단계 (4년~9년)	회수/성숙 단계 (10년~15년)
세제 지원	민간 투자	엔젤투자 활성화 *5천만원까지 50% 소득공제 (종합한도 40%→50%, 캡 예외) *기술형 창업기업까지 확대	기출혁신형 M&A 활성화 *매수기업 법인세 감면혜택 (직접R&D투자에 준하는 감면) *매도기업 중에서 부담완화 (특수관계없는 정상거래 M&A의 경우 증여세 대상에서 원칙 제외)	재투자 유인확대 *회수금 재투자시 양도세 이연 *주식교환시 새주식 매각까지 양도세 과세 이연
	규제 완화	크라우드 펀딩 신설 *공시부담 등 규제완화 *온라인 펀딩플랫폼 허용	M&A 절차,부담 간소화 *계열사 편입 부담 완화(3년) *중소기업 졸업유예(3년) *소규모간·간이합병 적용대상 확대	코넥스 신설 *심사·공시, 투자제한 완화 *거래세 인하, 양도세 면제 등 코스닥 독립성,전문성 강화 *조직·상장심사 제도개편 등
정책 자금	예산	미래창조펀드(초기형) *모태정책금융 등, 2,000억원 전문엔젤 대칭R&D 예비창업자 특례보증 *기보,500억원	미래창조펀드(M&A 성장형) *3,000억원 지식재산권 보호펀드 *성장사다리서, 1,000억원 추가 M&A보증/응복합 맞춤형보증 *신보, 1,000억원/기보, 3,000억원	재기기업 투자 엔젤매칭 펀드 *성장사다리, 1,000억원 활용 성장사다리 펀드 *정책금융＋민간, 2조원 재창업자금 *400억원(→17,1,000억원)

멘토링, 컨설팅, 재투자

2.2 성장사다리펀드

민관이 함께 조성하는 '성장사다리펀드'는 창업·혁신기업이 '창업→성장→회수' 등 3단계 성장 과정에서 필연적으로 맞닥뜨리는 '(자금의) 죽음의 계곡'을 벗어날 수 있도록 자금을 맞춤형으로 지원하는 데 초점이 맞춰져 있다. 각 단계별로 3~4개씩 11개 펀드를 만들어 창업·혁신기업이 겪는 돈가뭄을 적기에 해결해 주겠다는 취지다. 이를 통해 '대박'을 내는 벤처기업을 만들어 창조경제를 구현하겠다는 구상이다.

(1) 11개 펀드 적기에 자금 공급

정부가 정책금융과 민간투자자를 통해 조성하는 성장사자리펀드는 모(母)펀드와 11개의 자(子)펀드로 구성된다. 창업단계에서는 창업기업과 엔젤투자자, 벤처캐피탈의 자금 수요를 통합적으로 장기간 제공하는 스타트업 펀드, 엔젤 투자자와 매칭펀드 형태로 돈을 대는 '엔젤 공동투자 펀드', 다수의 소액투자자들에게 돈을 모아 기업에 자금을 대는 '크라우드펀딩 공동투자 펀드' 등이 만들어진다. 또 초기에 실패하는 기업의 잔여 자산을 인수해 재기를 돕는 '창업자산 활용 펀드(초기 실패기업 M&A펀드)'도 구성한다.

정부는 특히 성장단계 기업 지원을 위한 펀드에 중점을 뒀다. 인수·합병(M&A)으로 큰돈을 버는 미국 벤처기업들의 성공사례를 국내에서도 만들어내겠다는 구상이다. 페이스북이 모바일 사진공유 프로그램 개발회사인 인스타그램을 10억 달러(약 1조 1,000억 원)에 인수하고, 야후가 소셜네트워크서비스(SNS) 업체 텀블러를 11억 달러(약 1조 2,000억 원)에 사들인 게 대표적인 사례다.

정부는 창업 기업이 좋은 기술을 갖고도 사업화에 실패하고 대기업에 기술을 빼앗기는 것은 M&A 시장이 제대로 형성되지 않은 탓이라고 보고 있다. 또 중소기업들이 회사채를 발행하거나 매출채권·특허·상표권 등을 유동화해 돈을 마련하기 쉽도록 구조화금융, 자산기반 금융 펀드도 조성키로 했다. 기업 분할, 성장 지원, 프로젝트 사업화 등 용도별 펀드도 만든다.

창업자와 투자자가 기업 투자자금을 회수할 수 있는 길도 열어준다. '세컨더리 펀드'는 투자자의 지분을 인수하는 것이 목적인 회수 전용 펀드다. 현재 창업투자법 등에서는 창투조합 등이 투자자 지분 인수를 금지하고 있어 회수가 쉽지 않은데 이를 보완한다는 구상이다.

(2) '정책자금+민간자금' 매칭

성장사다리펀드의 가장 큰 특징은 '실패할 경우 정책금융기관이 손실을 먼저 부담하도록' 했다는 점이다. 정책금융기관은 3년간 민관이 함께 조성할 6조 원 중 5,000억 원을 후순위로 투입하기로 했다. 첫해만 해도 정책금융공사와 산업은행 기업은행 청년창업재단이 모두 6,000억 원을 펀드 재원으로 넣게 되는데, 이 중 1,500억 원은 후순위 투자자로 참여한다.

이렇게 되면 펀드에 돈을 태우는 민간 투자자들은 실패하더라도 정책금융기관이 먼저 손실을 볼 테니 부담을 훨씬 덜 느끼게 된다는 게 정부의 생각이다. 예컨대 펀드가 총 100억 원을 여러 벤처기업에 나눠 투자했다가 일부 기업의 실패로 20억 원(20%) 손실을 본다고 가정하자. 이 펀드에 정책금융기관이 10% 손실을 우선부담(후순위 투자)키로 했다면, 나머지 민간 투자자들은 총 20% 손실 가운데 절반만 부담하면 된다. 대신 '대박'이 나면 그로 인한 이익은 후순위 투자자가 먼저 누린다. 정책금융기관은 '고위험 · 고수익', 민간 투자자는 '중위험 · 중수익'을 노리도록 설계하는 셈이다.

정책금융기관으로서도 감당키 어려운 부담은 아니다. 김용범 금융위 금융정책국장은 "후순위 투자 규모가 1,500억 원으로 제한돼 있어 손실이 무제한 커지는 것은 아니다"고 설명했다.

제3절 창업지원기관

3.1 중소기업진흥공단

중소기업이 겪는 만성적인 자금난 문제를 해결하기 위해 중소기업 전문 지원기관 '4총사'가 팔을 걷어붙였다. 중소기업진흥공단, 기술보증기금, 신용보증기금, SGI서울보증이다. 이들 기관은 지난해보다 정책자금을 대폭 늘리고 지원 대상과 상황에 따라 각기 다른 '4인4색' 맞춤형 프로그램을 선보이고 있다.

중소기업진흥공단은 올해 중기 · 벤처 지원을 위한 정책자금으로 추가경정예산을 포함해 총 4조 8,700억 원을 마련해 놓고 있다. 지난해보다 1조 2,470억 원(34.4%) 늘어난 규모다. 종류는 창업기업지원자금 개발기술사업화자금 신성장기반자금 긴급경영안정자금 수출금융지원자금 사업전환자금 투융자복합금융자금 경영안정자금(이차보전) 소공인특화자금 소상공인지원자금 등 10개다. 이 중 창업기업

지원자금은 우수한 기술력과 사업성은 있으나 자금력이 부족한 중소·벤처기업의 창업을 활성화하고 재창업을 지원하기 위한 자금이다. 융자 조건은 업력 5년 미만의 중소기업 및 창업을 준비 중인 예비 창업가로 정책자금보다 0.3% 포인트 낮은 금리로 지원된다. 실패한 중소기업인들을 위한 자금도 400억 원 배정돼 있다. 사업 실패로 전국은행연합회의 신용정보관리규약에 따라 연체 등의 정보가 등재(등록 및 해제사실)돼 있거나 신용등급이 떨어져 저신용자로 분류돼 있는 기업인이 대상이다. 사업 실패로 자금조달에 애로를 겪는 기업인 중 재창업을 준비하고 있거나 재창업일로부터 5년이 경과하지 않은 기업인이 대상이다. 중진공이 기업 내용과 기업인의 도덕성을 평가한 뒤 직접 대출하거나 은행을 통해 대출한다. 신용불량인 경우는 신용회복위원회의 신용회복심사를 통과해야 지원받을 수 있다. 이 밖에 소공인의 시설투자 및 경영안정 지원을 위해 2,500억 원, 소상공인의 창업과 경영안정 지원을 위해 5,000억 원이 마련돼 있다.

중소기업진흥공단은 올해 중기·벤처 지원을 위한 정책자금으로 총 4조 8,700억 원을 마련해 놓고 있다. 추가경정예산 1조 200억 원이 추가된 금액이다. 이는 지난해(3조 6,230억 원)보다 1조 2,470억 원(34.4%) 늘어난 규모다.

정책자금은 창업기업지원자금과 개발기술사업화자금 신성장기반자금 긴급경영안정자금 수출금융지원자금 사업전환자금 투융자복합금융자금 경영안정자금(이차보전) 소공인특화자금 소상공인지원자금 등 10개다. 추경 예산이 이들 사업에 구체적으로 얼마가 배정될지 아직 결정되지 않았다.

창업기업지원자금은 우수한 기술력과 사업성은 있으나 자금력이 부족한 중소·벤처기업의 창업을 활성화하고 재창업을 지원하기 위해 지원된다. 융자 조건은 업력 5년 미만의 중소기업 및 창업을 준비 중인 예비 창업가로 정책자금보다 0.3% 낮은 금리로 지원된다. 대출기간은 시설자금의 경우는 8년 이내(거치 3년 포함), 운전자금은 5년 이내(2년 포함)이며 업체당 연간 30억 원(운전자금은 5억 원) 이내에서 지원된다. 단 20억 원 이상 시설 투자한 기업의 경우 운전자금을 7억 원까지 융자해준다.

창업기업지원자금 중 청년창업가 몫으로 따로 때놓은 게 청년전용창업자금이다. 올해 1,300억 원이 배정돼 있다. 융자 대상은 만 39세 이하로 사업 개시일 3년 미만의 지식서비스산업, 문화콘텐츠산업, 제조업 영위기업 또는 동종 업종 창업을 준비 중인 사람이다. 기업당 1억 원 이내에서 융자되며 연 2.7%의 저리(고정금리)로 지원된다. 대출기간은 시설자금이나 운전자금 구분 없이 거치 기간 1년을 포함해 3년이다.

실패한 중소기업인들을 위한 자금도 400억 원 배정돼 있다. 대상은 사업 실패로 전국은행연합회의 신용정보관리규약에 따라 연체 등의 정보가 등재(등록 및 해제사실)되어 있거나 신용등급이 떨어져 저신용자로 분류돼 있는 기업인이다. 또 사업실패로 자금조달에 애로를 겪는 기업인 중 재창업을 준비하고 있거나 재창업일로부터 5년이 경과하지 않은 기업인도 대상이다. 중진공이 기업내용과 기업인의 도덕성을 평가한 후 직접 대출하거나 은행을 통해 대출한다. 신용불량인 경우는 신용회복위원회의 신용회복심사를 통과해야 지원을 받을 수 있다.

개발기술사업화자금은 중소기업이 보유한 우수한 기술이 사장되는 것을 방지하고, 개발기술의 제품화·사업화를 지원하기 위한 정책자금이다. 올해 총 3,000억 원로 시설 자금은 업체당 20억 원 이내(운전자금은 5억 원 이내)에서 지원된다. 대출기간은 시설자금은 8년 이내(거치 3년 포함), 운전자금은 5년 이내(2년 포함)다. △정부출연 연구개발사업에 참여해 개발한 기술, △특허·실용신안·저작권 등록 기술, △국내외 대학, 연구기관, 기업, 기술거래기관 등으로부터 이전받은 기술, △부설연구소에서 개발한 기술이나 기술평가기관에서 기술평가 인증한 기술을 보유하고 있는 기업들이 융자대상이 된다.

신성장기반자금은 사업성과 기술성이 우수한 성장 유망 중소기업의 생산성 향상과 고부가가치화 등을 지원하기 위한 자금으로 올해 총 6,350억 원이 배정돼 있다. 업력 5년 이상의 중소기업에 업체당 30억 원 이내(운전자금은 5억 원)서 지원된다.

자연재해나 경영환경 변화로 일시적 경영애로를 겪고 있는 중소기업을 위해 긴급경영안정사업 未250억 원도 배정돼 있다. 대출금리는 정책자금 기준금리보다 0.6% 높다. 업체당 연간 10억 원 이내에서 지원된다.

수출금융지원자금은 시중은행에서 무역금융을 조달하기 힘든 창업및 수출초기 중소기업을 위해 연간 700억 원이 지원된다. 중소기업의 사업전환과 무역조정 지원을 위해 '사업전환자금' 1,700억 원도 지원된다. 사업전환에 1,475억 원, 무역조정에 275억 원이 배정돼 있다.

사업전환계획 승인을 받은 기업과 자유무역협정(FTA) 체결로 피해를 입은 중소기업(무역조정지원기업)이 지원 대상이다. 업체당 연 30억 원의 한도(운전자금은 5억 원) 내에서 시설자금은 8년, 운전자금은 5년 기간으로 대출해준다.

미래성장 가능성이 큰 기업을 대상으로 1,500억 원의 투융자복합금융 자금이 지원된다. 투융자복합금융은 자금융자와 함께 지분투자도 병행하는 지원방식이다. 융자로 1,100억 원, 투자로 350억 원이 배정돼 있다.

이익공유형 융자는 기업결산 때 이익연동이자로 영업이익의 3%를 받는 방식이다. 성장공유형 투자는 중기가 발행한 전환사채(CB)를 인수하는 방식으로 이뤄진다. 기업공개 가능성 등을 판단해 중진공이 전환시기를 결정해 행사할 수 있다.

3.2 기술보증기금

기술보증기금은 2006년부터 지식재산 기반의 기술금융 제도인 '특허기술가치연계보증'을 도입해 시행 중이다. 특허권을 보유한 중소기업에 대해 기술가치평가금액(최대 10억 원) 범위 내에서 사업화 자금을 지원하는 선진형 기술금융의 대표적인 지원 방식이다. 시행 첫해인 2006년엔 보증공급 금액이 302억 원에 불과했으나 지난해 1,794억 원으로 늘어났다. 그동안 총 7,866억 원의 기술가치연계보증을 공급한 셈이다. 또 지식재산의 사업화 촉진을 위해 올해 2,000억 원가량의 신규보증 지원을 계획하고 있다. 이 밖에 '기술·산업융합특례보증'을 올해 3,000억 원 규모로 시행할 계획이다. 기술·산업 간 융합을 계획, 진행하고 있거나 융합 성과를 활용해 사업 중인 중소기업을 대상으로 한다. 기술융합 단계별로 세분화된 맞춤형 보증을 지원하는 시스템이다. 지원 대상 기업은 정부의 융합 관련

기술개발 과제를 수행하고 있거나 최근 3년 이내 성공 판정을 받은 융합 관련 기술의 사업화를 추진하는 기업 또는 국가산업융합지원 센터나 기보의 융합성! 평가 결과 기술 융합이 확인된 기업이다. 보증료를 0.3% 감면하고 부분보증 비율 우대를 통해 은행의 금리 인하를 유도, 중소기업 금융비용 부담을 줄여준다. 지원 신청은 기보의 '융합 R&D 센터'를 비롯한 전국 영업점에서 가능하다.

기술보증기금은 기술이 있는 중소기업의 지원에 업무 중점을 두고 있다. 이를 통해 박근혜정부의 첫 번째 국정목표인 '일자리 중심의 창조경제' 실현에 이바지한다는 목표다.

기보는 2006년부터 지식재산 기반의 기술금융 제도인 '특허기술 가치연계보증'을 도입해 시행 중이다. 특허권을 보유한 중소기업에 대해 기술가치평가금액(최대 10억 원) 범위 내에서 사업화 자금을 지원하는 선진형 기술금융의 대표적인 지원방식이다. 2012년 7월부터는 지원 대상을 특허권을 포함한 유·무형의 기술 노하우 전반으로 확대해 우수 지식재산의 사업화를 전방위적으로 지원하고 있다.

기술가치연계보증 시행 첫 해인 2006년엔 보증공급 금액이 302억 원에 불과했으나 지난해에는 1,794억 원으로 확대됐다. 6년간 총 7,866억 원의 보증을 공급했다. 또 지식재산의 사업화 촉진을 위해 올해 2,000억 원가량의 신규보증 지원을 계획하고 있다.

기보는 2012년 9월 기술사업 인프라가 취약한 지식재산 보유 창업기업에 대해 초기 사업화 자금을 집중 지원하는 '특허창업 특례보증' 제도를 도입했다. 올해 상반기 중엔 지식재산 가치금액 내에서 보증을 제공하고 은행은 대출 및 기술평가료를 지원하는 '지식재산 협약보증'을 시행할 계획이다.

기보 관계자는 "기술평가시스템은 유럽 일본 등 해외 선진국에서도 벤치마킹한 정도로 선진화되고 차별화된 시스템"이라며 "15년 이상의 기술평가 노하우를 바탕으로 날로 치열해지는 지식재산 경쟁과 기술사업화에서 우리 중소기업이 소외되지 않도록 하겠다"고 말했다.

기보는 '기술·산업융합특례보증'을 올해 3,000억 원 규모로 시행할 계획이다. 대상은 기술·산업 간 융합을 계획하고 있거나 진행하고 있는 중소기업이다.

기술·산업융합이란 과학기술과 인문학, 사회학 등 모든 분야에 있어 산업 간, 기술·산업 간, 기술 간의 창의적인 결합과 복합화를 통해 기존 기술을 혁신하거나 새로운 사회적, 시장 가치가 있는 기술을 창출하는 활동을 일컫는다.

예컨대 서로 다른 기술을 융합 새로운 가치와 시장을 창출한 애플의 '아이폰' 같은 것이다. 새 정부 역시 '고용 없는 성장'을 극복하고 '일자리 중심의 창조경제'를 달성할 핵심 과제로 '기술·산업 간 융합'을 꼽고 있다. 이 제도를 통해 기술도입자금, 연구개발 자금, 사업화·양산 자금 등 융합 전 과정에서 소요되는 자금을 종합 지원할 계획이다.

기술을 발굴·도입하는 단계부터 연구개발 단계, 사업화 단계, 사업화 이후 제품 양산 등 모든 단계에 걸쳐 맞춤화된 전문 기술평가를 통한 융합기술의 사업 타당성, 경제성 등을 평가해 지원여부를 결정한다.

지원 대상기업은 정부의 융합관련 기술개발 과제를 수행하고 있거나 최근 3년 이내 성공 판정을 받은 융합 관련 기술의 사업화를 추진하는 기업, 또는 국가산업융합지원센터나 기보의 융합성 평가 결과 기술융합이 확인된 기업이다. 보증료를 0.3% 포인트 감면하고 부분보증 비율 우대를 통해 은행의 금리 인하를 유도해 중소기업 금융비용 부담을 완화하는 등 우대 지원한다. 지원 신청은 기보의 '융합 R&D 센터'를 비롯한 전국 영업점에서 가능하다.

기보는 창업을 준비 중인 예비 창업자에게 창업자금 지원 규모·가능성을 창업 전에 미리 제시하고, 창업 즉시 창업자금을 지원하는 '예비창업자 사전보증'을 시행하고 있다. 창업 전 기술평가, 창업 중 창업멘토링, 창업 후 보증지원 등 창업 단계별로 지원되는 원스톱 창업지원 제도다.

창업 전에는 예비창업자가 제시한 기술사업계획을 바탕으로 기술평가를 실시해 창업 자금 지원 가능금액을 결정한다. 창업 중에는 보증지원이 결정된 예비 창업자에 대해 멘토로 지정된 기보 전담직원이 각종 창업정보를 제공해 준다. 창업 후에는 창업 전에 기보에서 제시한 창업자금을 신속하게 지원한다.

지원 대상은 우수 기술과 아이디어를 보유한 예비창업자다. 최대 5억 원 이내(기술평가등급에 따라 차등)에서 100% 전액보증 지원하고 보증료도 0.5% 감면해준다.

기보 관계자는 "사전보증 지원 대상으로 결정된 예비 창업자에 대해 자체 운용 중인 벤처창업교실, 새싹기업 성공창업강좌, 스마트워킹센터, 창업멘토링 등 창업준비단계부터 창업 초기까지 다양한 성공 사다리! 프로그램을 연계해 성공적인 안착을 집중 지원할 계획"이라고 말했다.

3.3 신용보증기금

신용보증기금은 '온라인 대출장터'를 이용해 금리가 싼 은행을 골라 대출받을 수도 있다. '온라인 대출장터'는 중소기업과 은행이 상호 대출 정보를 교환할 수 있는 시스템을 갖췄다. 기업은 대출 희망 내역을 등록한 뒤 은행들이 제시한 금리 등 대출 조건을 비교해 가장 유리한 곳을 고르면 된다. 은행 지점별로도 비교할 수 있다. 신보는 '온라인 대출장터'를 통해 지난해 말까지 2년간 2조 7,074억 원을 지원했으며 대출 평균금리는 제도 도입 전 연 6.22%에서 5.52%로 0.7% 낮췄다. 신보가 운영하는 '금리캐스터'를 통해 대출금을 낮출 수도 있다. 금리캐스터는 대출 희망기업이 적용받을 수 있는 적정 금리를 예측해 주는 프로그램이다. 이를 통해 기업은 은행들이 더 합리적인 금리를 제시하도록 유도할 수 있다. 또 엔저가 지속되면서 수출 중소기업의 어려움이 가중될 것으로 보고 이들 기업에 대한 보증을 지난해보다 9,000억 원 늘리기로 했다. 특히 아직 수출실적이 없어도 개별신용장이나 수출계약서 등을 보유하고 있는 '잠재수출기업'을 위한 특별보증 프로그램을 도입해 내수시장 침체로 성장 정체 상태에 있는 중소기업의 수출을 촉진할 계획이다.

부동산 경기 침체에 따라 어려움을 겪고 있는 건설사에 대한 보증도 늘릴 방침이다. 지난해 394개 기업에 8,350억 원 규모의 회사채 담보부증권(P-CBO) 발행을 지원한 신보는 올해 2조 원으로 목표를 늘려 잡았다. 올해는 또 건설사 자금난 완화를 위해 예년보다 빠른 2월부터 증권 발행을 시작했다.

신용보증기금은 중소기업들이 원활히 사업을 영위할 수 있도록 도와주는 중소기업 종합지원기관이다. 담보능력이 모자라거나 신용도가 낮은 기업, 막 창업해 자금력이 부족한 기업에 보증 등을 통해 금융을 지원하고 균형 있는 국민경제발전을 이루는 것을 목표로 한다.

신보는 최근 우리 경제 전반의 상생 분위기에 보조를 맞춰 올해 신용보증(일반) 규모를 지난해보다 1조 2,000억 원 늘린 40조 5,000억 원으로 잡았다. 유동화보증과 시장안정특별보증(건설사유동화보증 등)은 각각 작년보다 5,000억 원, 2조 1,000억 원 더 늘린다. 신보의 보증에는 신용보증 유동화보증 창업보증 등이 있다. 신용보증은 담보능력이 부족한 기업에 대해 신보가 신용도를 심사하고 보증서를 제공해 금융회사에서 대출받을 수 있도록 해 주는 제도다. 영리 목적으로 사업을 영위하는 개인 및 법인 등이 보증 대상이다. 유동화보증은 신용등급이 좋지 않은 개별기업이 발행하는 회사채 등을 기초로 발행되는 유동화증권에 신보가 보증을 더해 우량등급을 높이는 것을 말한다. 등급이 상향된 유동화증권의 매각대금으로 중소기업은 자금난을 해소할 수 있다.

신보는 원활한 창업을 위해 사업 단계별 맞춤형 창업보증도 지원하고 있다. 사업 개시일부터 보증신청 접수일까지 기간이 1년 이내인 기업은 최대 3억 원 또는 사업 3차연도 예상 매출의 50%까지 보증받을 수 있다. 1년 초과 3년 이내 창업 기업은 보증 한도가 더 늘어난다.

창업한 지 3년 이내인 기업의 대표가 만 29~39세로 젊으면 '청년창업특례보증'을 받을 수 있는 대상이다. 보증한도는 3억 원이며 이 중 운전자금은 1억 원까지 가능하다.

신보는 올해 신규 보증으로 모두 14조 원을 지원한다. 이 중 일반 신규보증 공급액의 66%(7조 원)를 상반기에 지원하게 된다. '상저하고'로 예상되는 경기 흐름에 맞춰 기업들이 더 어려운 시기에 보증지원을 집중하기 위해서다.

또 엔저가 지속되면서 수출 중소기업의 어려움이 가중될 것으로 보고 이들 기업에 대한 보증을 지난해보다 9,000억 원 늘리기로 했다. 특히 아직 수출실적이 없어도 개별신용장이나 수출계약서 등을 보유하고 있는 '잠재수출기업'을 위한 특별보증 프로그램을 도입해 내수시장 침체로 성장정체 상태에 있는 중소기업의 수출을 촉진할 계획이다.

부동산경기 침체에 따라 어려움을 겪고 있는 건설사에 대한 보증도 늘릴 방침이다. 지난해 394개 기업에 8,350억 원 규모의 회사채담보부증권(P-CBO) 발행을 지원한 신보는 올해 2조 원으로 목표를 늘려 잡았다. 올해는 또 건설사 자금난 완화를 위해 예년보다 빠른 지난 2월부터 증권 발행을 시작했다.

매출채권보험 지원도 확대한다. 매출채권보험은 중소기업이 물품이나 용역을 외상으로 판매한 후 구매기업의 채무불이행으로 발생한 손실을 보전해 주는 상품이다. 지난해에는 626개 기업에 747억 원의 보험금을 지급했다. 올해는 업체당 최고 보험한도를 20억 원에서 30억 원으로 높이고, 보험인수총액은 전년보다 3조 2,000억 원 늘린 10조 원 규모로 확대할 예정이다.

신보가 홈페이지(www.kodit.co.kr)를 통해 운영하는 '온라인 대출장터'를 이용해 금리가 싼 은행을 골라 대출받을 수도 있다. '온라인 대출장터'는 중소기업과 은행이 상호 대출 정보를 교환할 수 있는 시스템을 갖췄다.

기업은 대출 희망 내역을 등록한 후 은행들이 제시한 금리 등 대출 조건을 비교해 가장 유리한 곳을 고르면 된다. 은행 지점별로도 비교할 수 있다. 신보는 '온라인 대출장터'를 통해 지난해 말까지 2년간 2조 7,074억 원을 지원했으며 대출 평균금리는 제도 도입 전 연 6.22%에서 5.52%로 0.7% 낮췄다.

신보가 운영하는 '금리캐스터'를 통해 대출 금리를 낮출 수도 있다. 금리캐스터는 대출 희망기업이 적용받을 수 있는 적정 금리를 예측해 주는 프로그램이다. 이를 통해 기업은 은행들이 더 합리적인 금리를 제시하도록 유도할 수 있다. 안택수 신보 이사장은 "신용평가시스템을 더 발전시켜 국가경제의 성장동력인 중소기업이 세계적인 강소기업으로 성장할 수 있도록 하겠다"고 말했다.

3.4 SGI서울보증재단

SGI서울보증은 사무실·공장 등을 지방으로 옮기거나 지방에 투자를 계획하는 중소기업이 해당 지방자치단체로부터 보조금을 지원받아 재원으로 활용할 수 있도록 돕고 있다. 보조금 반환채무에 대한 보증상품을 통해서다. 2011년 보험료율을 15% 인하한 뒤 보증금액이 꾸준히 늘고 있다. 가맹점 사업자의 창업 지원 업무도 돕는다. 자영업자의 생계 안정화와 서비스산업 활성화를 위해서다. 가맹점 사업 창업 시 원자재 대금이나 로열티 등에 대한 담보로 제공되는 부동산·연대보증인을 대체하는 보증상품을 운영하고 있다. 가맹점 사업자들의 관심이 높아지면서 2010년 81억 원에 그쳤던 보증액이 2011년 2,188억 원, 2012년 2,750억 원으로 급증세다. 보증 건수도

2010년 505건에서 작년에는 9,421건으로 크게 증가했다.

소상공인의 신용관리도 무상으로 해주고 있다. 신용등급에 대한 이해도가 낮고 금융 관리능력이 부족한 소상공인들의 경제 활동을 지원하기 위한 활동이다. 작년 한 해 동안 6,000명이 넘는 소상공인에게 신용정보조회와 신용변동 알람 등의 관리 프로그램을 지원했다. 해외영업을 확대하고 싶은 중소기업에도 각종 담보를 제공한다. 작년 말 출시된 복보증(Counter Guarantee Bond)은 해외 진출이 쉽지 않은 중소기업들에 인기를 끌고 있다. 작년 11월 출시 이후에만 515억 원의 보증이 지원됐다. 김병기 SGI서울보증 사장은 "국가 경제의 경쟁력을 높일 수 있는 중소기업에 대한 보증 서비스를 확대하고 성공적인 경제 활동을 지원하겠다"고 말했다.

'보증을 통한 경제 활성화' 44년간 보증업무를 하고 있는 SGI서울보증의 설립 목적이다. 보증상품만 69개에 달하며 작년까지 216조 원의 보증을 맡았다. 기업 간 각종 계약을 해 주는 이행보증에서부터 중소기업에 대한 유동성 지원, 소상공인의 신용관리 상담까지 보증 내용도 다양하다.

계약 관련 이행보증이란 중소기업이 거래업체와 체결하는 도급계약과 매매계약 등을 보증해 주는 것을 말한다. 계약의 발주, 체결, 진행, 완료 단계의 전 과정에서 신용이 부족한 중소기업이 어려움을 겪지 않도록 도와주는 것이다. 입찰보증과 하자보증, 상품판매대금 지급보증 등이 주요 업무다. 이행보증 상품만 약 27조 원이다. 해외 영업을 확대하고 싶은 중소기업에도 각종 담보를 제공한다. 작년 말 출시된 복보증(Counter Guarantee Bond)은 해외진출이 쉽지 않은 중소기업들에 인기를 끌고 있다. 작년 11월 출시 이후에만 515억 원의 보증이 지원됐다. 해외 발주 건설공사 등에 국내사가 참여하게 되면 일반적으로 해외 발주처가 계약이행 관련 현지 은행의 보증서 제출을 요구한다. 하지만 해외 현지은행은 신용도가 좋은 금융사의 복보증서가 없으면 보증서 발급을 거부한다. 국제 신용평가사 피치에서 신용등급 AA-를 받은 서울보증은 이럴 때 국내 기업의 현지 은행에 대한 구상채무이행을 보증하는 복보증서를 발급한다. 실제로 국내 한 디젤엔진 수출 기업은 미국에 산업용 디젤엔진을 수출하려고 했지만 미국 현지 금융사에서 보증서를 발급받지 못해 어려움을 겪었다. 서울보증이 발급한 복보증서로 수출절차를 무사히 마무리했다. 대기업과 협력업체의 동반성장도 서울보증의 주요 업무다. 대기업이 중소 협력업체에 자금을 지원하고, 협력업체는 대기업과의 공급계약에서 발생하는 수익으로 지원자금 상환을 보증하는 방식이다. 지방으로 옮기거나 지방에 투자하는 중소기업에 대한 지원도 강화하고 있다.

서울보증은 사무실·공장 등을 지방으로 옮기거나 지방에 투자를 계획하는 중소기업이 해당 지방자치단체로부터 보조금을 지원받아 재원으로 활용할 수 있도록 돕는다. 보조금 반환채무에 대한 보증상품을 통해서다. 2011년 보험료율을 15% 인하한 뒤 보증금액이 꾸준히 늘고 있다.

가맹점 사업자의 창업지원 업무도 서울보증의 영역이다. 자영업자의 생계 안정화와 서비스산업 활성화를 위해서다. 가맹점 사업 창업 시 원자재 대금이나 로열티 등에 대한 담보로 제공되는 부동산·연대보증인을 대체하는 보증상품을 운영하고 있다. 가맹점 사업자들의 관심이 높아지면서 2010년 81억 원에 그쳤던 보증액이 2011년

2,188억 원, 2012년엔 2,750억 원으로 급증세다. 보증건수도 2010년 505건에서 작년에는 9,421건으로 크게 증가했다.

소상공인의 신용관리도 무상으로 해주고 있다. 신용등급에 대한 이해도가 낮고 금융 관리능력이 부족한 소상공인들의 경제활동을 지원하기 위한 활동이다. 작년 한 해 동안 6,000명이 넘는 소상공인에게 신용정보 조회와 신용변동 알람 등의 관리 프로그램을 지원했다.

제16장
창업의 새로운
형태

제1절 1인 창조기업

1.1 1인 창조기업의 의의

'1인 창조기업'이란 1인이 독자적으로 창업하고 부가가치를 창조하는 기업이라 할 수 있다. 1인이 창업한다는 관점에서만 보면, 기존의 1인 기업 또는 일반 자영업자와 동일하지만 '창조'라는 용어를 사용함으로써 차별화된 개념이라 할 수 있다. 물론 기존의 일반자영업자도 창조행위를 할 수는 있지만, 특별히 '창조'라는 용어를 사용한 것은 지적 노동과 전문직이라는 의미가 포함되어 있다는 것을 강조하는 것이라고 할 수 있다. 결국 1인 창조기업은 '창의적 아이디어나 특정기술 및 전문적 지식을 기반으로 부가가치를 창조하는 1인 기업'을 말한다. 따라서 이러한 1인 창조기업이 주변에서 흔히 보는 호프집, 치킨점, PC방 등의 자영업자와 다른 점은 '생계형 창업'이 아니라 '지속 가능형 창업'이라는 점이다.

PC방이나 호프집, 분식점등은 자신의 전공이나 선호도와 무관한 경우가 대부분이다. 단지 생계를 해결하기 위해 그 업종에 종사하여 소득을 획득하는 행위이다. 따라서 시간이 경과되고 세월이 흘러가도 전문성이 축적되거나 경쟁력이 높아지는 일도 아닌 경우가 대부분이다. 인근에 대규모 점포가 개설되거나 더 인기 있는 유사업종이 진출한다면 단순간에 치명적 영향을 받을 위험이 매우 큰 창업의 형태라는 단점도 지니고 있다.

반면 1인 창조기업은 시간이 흐를수록 전문성이 축적되면서 경쟁력도 강화된다. 시대 변화와 기술발달에 따라 어느 정도 사업위상에 대한 변화는 있겠지만 전문성을 기반으로 하여 대응해 나아간다면 지속적으로 사업을 영위할 수 있다. 그러므로 기업의 요건이라 할 수 있는 수익성과 지속가능성을 유지할 수 있는 가능성이 매우 높다고 할 수 있다.

1.2 1인 창조기업의 등장

'1인 창조기업'이란 말이 최근 창업시장의 핵심 키워드로 부상하고 있다. 실업난 극복을 위한 일자리 창출을 국가의 주요과제로 설정한 정부도 1인 기업 활성화 방안을 마련하면서 창업시장에 커다란 관심을 쏟고 있다.

1인 창조기업이라는 말이 정부 차원에서 언급된 계기는 정부산하 조직으로 2008년에 대통령 직속기구로 설치된 조직으로 국가의 미래발전방향에 대한 주요과제를 연구하는 '미래기획위원회'에서 1인 창조기업에 관련된 주제를 수립하면서부터였다.

이후 정당 등 관계기관을 중심으로 협의를 계속하여 1인 창조기업을 "회사 설립 형태로 만드는 것으로 하되, 최소 자본금을 가볍게 하고 아이디어에 대한 평가 시스템을 갖추어 아이디어만 좋으면 성공할 수 있는 모델을 만드는 것"이라고 정의했다. 이때 언급된 1인 창조기업은 창의성과 전문적인 지식은 있지만 자금력 등을 이유로 활동하지 못하는 전문가 그룹의 창업 활동을 지원하여 작은 기업 형태로 시작하는 경우를 의미했다.

이후 2009년 '신년 국정 연설'에서 이명박 대통령이 1인 창조기업을 언급하면서부터 본격적인 실행에 박차를 가하게 되었다. '경제 살리기'를 위해 정부는 비상경제정부체제 구축을 선언하면서, 그해 결과 중 하나로 '1인 창조기업 지원'을 제시했다. '1인 창조기업 지원'이라는 과제는 새로운 개념으로써 언론 및 관련기관과 정책 당국 자들의 주목을 받게 되었다.

2011년 4월 1인 창조기업 육성에 관한 법률이 제정·공포되어 11월부터 시행됨으로써 체계적 개념의 정립과 더불어 본격적인 지원과 육성정책을 행할 수 있게 되었다.

1.3 1인 창조기업 육성에 관한 법률

이 법은 창의성과 전문성을 갖춘 국민의 1인 창조기업 설립을 촉진하고 그 성장기반을 조성하여 1인 창조기업을 육성함으로써 국민경제의 발전에 이바지함을 목적으로 하고 있다. 1인 창조기업을 "창의성과 전문성을 갖춘 1인이 상시근로자 없이 대통령령으로 정하는 지식서비스업, 제조업 등을 영위하는 자"로 정의하고 있다. 특히 1인 창조기업이 규모 확대의 이유로 1인 창조기업에 해당하지 아니하게 된 경우에는 그 사유가 발생한 연도의 다음 연도부터 3년간은 1인 창조기업으로 보는 유예기간을 두고 있다. 그리고 1인 창조기업의 육성을 위하여 중소기업청장은 3년마다 1인 창조기업 육성계획을 문화체육관광부 장관 등 관계중앙행정기관의 장과 협의를 거쳐 수립·시행토록 규정하고 있다. 또한 1인 창조기업 및 1인 창조기업을 하고자 하는 자를 지원하기 위하여 필요한 전문인력과 시설을 갖춘 기관이나 단체를 1인 창조기업 지원센터로 지정할 수 있다. 아울러 교육훈련지원과 연계형 기술개발지원 및 아이디어의 사업화지원, 해외진출지원과 홍보사업 등을 추진토록 하고 있다.

<표 16-1> 1인 창조기업 업종별 분류(8개 업종, 84개 직종)

제조업	
관련업종	세부직종
제조업	수산물 건조 및 염장품 제조업 떡류 제조업 장류 제조업 탁주 및 약주 제조업 청주 제조업 기타 발효주 제조업 장식용 목제품 제조업 나전칠기 가구 제조업 모조귀금속 및 모조장식용품 제조업 국악기 제조업
지식서비스업	
연구개발업	물리·화학 및 생물학 연구개발업 농학 연구개발업 의학 및 약학 연구개발업 기타 자연과학 연구개발업 전기·전자공학 연구개발업 기타공학 연구개발업 경제학 연구개발업 기타 인문 및 사회과학 연구개발업
전문서비스업	광고대행업 옥외 및 전시 광고업 광고매체 판매업 광고물 작성업 그 외 기타 광고업 시장조사 및 여론조사업 경영컨설팅

기타전문·과학 및 기술 서비스업	인테리어 디자인업 제품 디자인업 시각 디자인업 기타 전문 디자인업 인물사진 및 행사용 비디오 촬영업 상업용 사진 촬영업 사진 처리업 번역 및 통역 서비스업 사업 및 무형 재산권 중개업 물품감정, 계량 및 견본 추출업 그 외 기타 분류 안 된 전문과학 및 기술 서비스업
사업지원서비스업	전시 및 행사 대행업
창작, 예술 및 여가관련 서비스업	연극단체 무용 및 음악단체 기타 공연단체 공연 예술가 비공연 예술가 공연 기획업 공연 및 제작 관련 대리업 그 외 기타 창작 및 예술 관련 서비스업
출판·영상·방송통신 및 정보서비스업	
출판업	교과서 및 학습서적 출판업, 만화 출판업, 기타 서적 출판업, 신문 발행업, 잡지 및 정기간행물 발행업, 정기 광고간행물 발행업, 기타 인쇄물 출판업, 온라인·모바일 게임소프트웨어 개발 및 공급업, 기타 게임 소프트웨어 개발 및 공급업, 시스템 소프트웨어 개발 및 공급업, 응용 소프트웨어 개발 및 공급업
영상·오디오 기록물 제작 및 배급업	일반 영화 및 비디오물 제작업, 애니메이션 영화 및 비디오 제작업, 광고 영화 및 비디오물 제작업, 방송 프로그램 제작업, 영화·비디오물 및 방송프로그램 제작 관련 서비스업, 음악 및 기타 오디오물 출판업, 녹음시설 운영업
컴퓨터 프로그래밍, 시스템 통합 및 관리업	컴퓨터 프로그래밍 서비스업, 컴퓨터시스템 통합 자문 및 구축 서비스업, 컴퓨터시설 관리업, 기타 정보기술 및 컴퓨터운영 관련 서비스업
정보서비스업	처리업, 호스팅 및 관련 서비스업, 토털 및 기타 인터넷 정보매개 서비스업, 뉴스 제공업, 데이터베이스 및 온라인정보 제공업, 그 외 기타 정보 서비스업

2012년 '1인 창조기업' 수가 29만 6,000개로 전년보다 13% 늘어난 것으로 나타났다. 1인 창조기업은 2010년 제정된 '1인 창조기업

육성법'에서 규정한 용어로 '부가가치가 높은 영화·예술 등 지식기반 서비스업이나 전통식품·공예품 등의 일부 제조업 분야에서 혼자 또는 5인 미만으로 공동 창업한 기업'이다.

중소기업청은 지난해 1인 창조기업 수가 미등록 사업자를 포함해 전년(26만 2,000개)보다 3만 4,000개(12.9%) 늘었다고 7일 발표했다. 1인 창조기업은 정부가 통계를 잡기 시작한 2009년(20만 3,000개) 이후 3년 만에 9만 3,000개(45.8%) 증가했다. 1인 창조기업은 전체 경제활동인구(2,550만 명)의 1.2%를, 전체 1인 기업(445만 5,000개, 2011년 기준)의 6.6%를 차지하고 있다.

1인 창조기업을 업종별로 보면 전문과학 및 기술서비스업(23.7%), 출판·영상·방송통신 및 정보서비스업(8.3%), 사업지원 서비스업(17.6%) 등 지식기반 서비스업종이 전체의 54.2%를 차지, 제조업(45.8%)보다 우세한 것으로 나타났다.

창업자 연령별로는 40~50대가 75.9%로 60대(16.5%)와 30대(7.5%), 20대(0.2%)를 압도했다.

기업 형태는 대부분(87.1%)이 개인 사업체였으며 법인(12.7%)은 소수였다. 이들의 평균 창업자금은 5,500만 원이었으며 지난해 평균 매출은 1억 2,000만 원이었다.

학력별로는 창업자의 49.9%가 고졸 이하였고, 학사(32.2%), 전문학사(11.8%), 석사 (5.0%) 순이었다.

창업자의 93.4%는 창업에 대한 전문적인 교육·훈련을 받지 못했다. 이들이 창업하면서 겪은 가장 큰 어려움은 자금조달(60.5%)과 판로개척(14.3%)인 것으로 파악됐다. 창업에는 업체당 평균 5천500만 원이 들어갔으며 대부분 자기 자금(72.2%)으로 조달했다. 한편 지난해 창조기업 수는 29만 6천137개로 전년 대비 13% 증가했다. 창조기업의 증가가 취업보다는 창업 선호, 아웃소싱의 증가, 정부의 창업정책 강화 등에 기인한 것으로, 업종별로는 제조업(45.8%), 전문과학·기술서비스업(23.7%), 사업지원 서비스업(17.6%), 출판·영상·방송통신 및 정보서비스업(8.3%) 등이었다.

1.4 1인 창조기업 창업 전략

(1) 정부나 관련기관의 창업강좌 활용

1인 창조기업을 창업하기 위하여는 먼저 창업에 대한 기초지식을 확보하는 것이 중요하다. 창업과정이나 행정절차 및 창업세무 등 구체적이고 실무적인 지식습득을 위해 정부에서 지원하는 다양한 창업 관련 강좌나 교육을 이수하는 것이 매우 유용하다. 정부 지원 창업 강좌의 장점은 최신 경향의 파악은 물론 정부가 지정한 특정창업이나 직업교육을 받을 시에는 정부로부터 지원금혜택과 각종 서비스를 지원받을 수 있는 장점도 있다. 특히 중소기업청 홈페이지(www.smba.go.kr) 또는 비즈인포(www.bizinfo.go.kr) 사이트를 통해서도 1인 창조기업에 관한 도움을 받을 수 있다. 결국 중소기업청 등 관련기관이나 단체의 지원 정책을 이용하면 '아이디어 상업화 지원 사업' 등 다양한 지원 사업을 통한 사업의 성공가능성을 한층 높일 수 있다.

(2) 창업관련 전문지식과 경험의 축적

성공적인 창업을 위해서는 본격적인 창업 전에 창업과 관련된 전문지식과 간접 경험을 다양하게 쌓는 노력이 필요하다. 이를 위해서는 먼저 창업한 사람을 찾아가 성공담이나 실무적 조언을 듣거나 혹은 창업관련 강좌나 창업 관련 전문서적을 섭렵하는 것이 중요하다. 특히 창업과정이나 기업설립 및 사업자등록, 각종 세금과 법률관계 등에 대한 전문적이고 실무적인 지식에 대한 자료의 확보 및 이해와 더불어 창업아이템과 창업전략에 대한 지식의 확보도 매우 중요하다. 타인의 실패에 대한 경험담 역시 유용한 지식이라 말할 수 있다.

(3) 최적의 분야와 업종의 선택

1인 창조기업을 창업과 운영을 성공적으로 하기 위해서는 본인이 최선을 다할 수 있는 분야의 선택이 매우 중요하다. 이 경우 반드시 전공 분야이거나 기존에 하던 업종이어야 하는 것은 아니지만, 자신이 잘할 수 있고 경험이 많으며, 유망한 분야를 선택하는 것이 유리하다. 직장인이라면 자기가 속한 직장에서의 경험을 살릴 수 있는 업종으로 창업해야 하고, 교수, 학생이나 연구원이라면 자신의 전공분야, 은퇴자라면 퇴직 전까지의 경험을 통해 업무가 가능한 분야로 창업하는 것이 적합하다. 아무나 할 수 있는 업종의 경우 창업은 쉬우나 진입장벽이 없기 때문에 상대적으로 경쟁이 치열하여 창업소득도 낮을 뿐더러 안정적이지 않다는 점도 인식해야 할 것이다.

(4) 창업 및 운영 자금의 최소화

1인 창조기업은 창업절차의 간소화와 아이디어의 활용으로 이루어지는 것으로 중후장대형 창업과는 거리가 먼 창업이다. 따라서 1인 창조기업은 창업에 실패하더라도 커다란 손실 없이 마무리할 수 있어야 하며 창업 시 그러한 업종을 선택하는 것이 중요하다. 실패를 통한 새로운 창업의 시도를 하는 과정에서 경험을 쌓고 자신에게 적합한 아이템을 찾아 안정적으로 창업에 성공해야 한다. 따라서 창업 초기 때부터 실패했을 때의 충격 및 피해를 최소화할 수 있는 방법을 찾아 최대한 활용해야 한다.

따라서 사장의 지식과 노동력을 위주로 창업하는 것이 좋으며, 사무실 등의 운영도 재택근무를 통한 최소한의 경비로 운영하도록 하는 노력이 바람직하다.

1.5 1인 창조기업 육성 정책

(1) 정부의 지원 방안

정부는 1인 창조기업 지원을 위해 각종 법령을 개정하고 있다. 최저 자본금의 폐지를 비롯하여 전통식품, 발효식품 제조업의 경우 창업 기준을 완화해 1인 또는 소규모 사업장에서도 제조할 수 있도록 할 예정이다. 따라서 식품위생법에 규정한 즉석 판매 및 제조 가능 식품의 범위도 넓히고, 전통 음식 제조에 필요한 옻의 사용도 허용하려 하고 있다. 그 외에도 등록세 중과 대상 제외, 고용보험의 실업급여 인정, 창업 자금 지원, 1인 창조기업 특례보증제도 등 다양한 지원이 잇따르고 있다. 정부에서는 지식 노동자 형태의 1인 기업을 1인 창조기업으로 보고 있다. 중소기업청에서는 1인 창조기업의 유망 아이템 20개 과제에 대해 마케팅부터 유통까지 '원스톱' 서비스를 지원한다. 마케팅 플랫폼 지원 사업은 좋은 아이디어나 우수한 제품을 개발하고도 사업화에 어려움을 겪고 있는 1인 창조기업에게 전문기업들로 구성된 플랫폼 협업체가 상품 기획부터 디자인, 마케 딩, 유통망 진출 등을 종합적으로 지원하는 정책이다. 중기청은 지난 4월 초까지 총 85개 과제를 접수받았으며, 이 중 5개 분야 총 20개 과제가 선정됐다.

이번 사업에 선정된 20개 플랫폼 협업체는 총 사업비의 80%가 최대 5,000만 원까지 지원되며, 나머지 20%는 플랫폼 기업과 1인 창조기업이 절반씩 부담하게 된다. 사업화 성공 시 1인 창조기업은 향후 2년간 발생한 수익의 최대 30%를 플랫폼 기업·협업기업과 공유하게 된다.

지난해 시범 실시한 마케팅 플랫폼 지원사업은 3개월간 6개 기업에서 8,700만 원의 매출과 15명의 일자리를 창출한 바 있다.

(2) 지자체의 지원책

지방자치단체에서도 1인 창조기업 지원 방안을 실시하고 있다. 특히 서울특별시는 '2030 청년 창업 프로젝트'를 통해 20~30대 예비 창업자 1천 명을 선발하고 있으며, 경기도는 'G-창업프로젝트'를 시행하고 있다.

1인 창조기업의 육성은 심각한 일자리부족으로 경제가 어려운 지방자치단체의 일자리 창출 및 세수확대로 이어지고, 나아가 국내뿐만 아니라 해외시장 개척이 이루어진다면 훌륭한 산업성장 동력으로 발전할 수 있을 것이다. 따라서 각 지방자치단체는 거래장터의 개설이나 국내 및 해외를 대상으로 적극적인 홍보지원도 필요하다.

아울러 1인 창조기업이라고 해서 1인 창조기업 특유의 지원 정책이나 지원금에만 집착하지 않고, 기존의 소상공인이나 중소기업 창업 정책을 눈여겨보는 것도 중요하다. 소상공인지원센터에서는 신용보증지원을 통해 창업 자금을 저리로 빌릴 수 있을 뿐더러, 신용보증기관의 청년창업특례보증을 이용하면 임대 보증금 등을 지원받을 수도 있다. 그 외에도 다양한 기관에서 창업 자금 및 창업 사무실 무상 임대 등을 지원하므로 1인 창조기업을 창업하고자 하는 경우 창업 전에 정부 기관의 창업 지원 현황을 폭넓게 점검하는 것이 현명한 창업의 길이다.

다음은 박근혜·이명박정부의 청년실업정책을 비교 정리한 것이다.

박근혜·이명박 청년실업정책 비교

박근혜		이명박
K-Move - 해외 벤처캐피털 유치 등 벤처 육성 - KOTRA의 KOICA의 현지 정보를 바탕으로 해외 인력 채용 데이터베이스 구축 운용 - 정부의 해외취업장려금제도 도입 - 멘토와 연결해 글로벌 인재로 양성	해외 취업	글로벌 리더 10만명 양성 프로젝트 - IT(정보기술)와 BT(생명기술)등 전문 분야 인력 매년 3000명 선발해 개발도상국에 봉사단 파견 - 해외인턴제도로 청년 10만명 해외 파견
학벌 아닌 능력 중심 사회 구현 직무능력 표준화한 '직무능력표준'개발 및 제공 능력중심사회 구현을 위한 직무능력평가제 도입 민관 합동으로 스펙 초월 취업센터 설립 멘토 통해 양성된 인재를 인재은행에 등록해 취업지원	고용 지원	우량 중소기업 인증 시스템 도입해 '분야별 100대 우량 중소기업'선정 종합취업포탈 구축 산학협동체제 구축 대학과 외국기업 간 인재양성협력 협정을 체결할 수 있도록 지원 기업가정신, 소기업창업전략 등 창업교육 확대
관련 부처 지자체 및 산업체가 함께하는 특성화고 집중 육성 제조업 이외의 특수 분야 마이스터고 지정 다양화 산업현장 중심 교육과정 편성 운영의 완전 자율화 취업을 위한 위탁교육 제도개선 및 기회 확대 전문대학 특성화 100개교 집중 육성	고졸 및 전문대 취업 지원	한국형 마이스터 양성을 위한 50개 마이스터고 육성 마이스터 학교단위 자율성 보장 학생에게 학비면제, 외국어교육, 해외연수 지원 및 취업진학 지원 전문대 일반대 구분 없이 취업률에 비례해 재정지원

대학의 창업기지화를 통한 청년창업가 양성 엔젤투자 활성화를 위한 세제 및 금융지원 확대 콘텐츠펀드 규모 확대 및 프로젝트 개발 지원 시언과학과 인문사회괴학을 체계적으로 통섭한 융합인재 양성 산학공동연구물의 소유권 합리적 조정, 직무발명에 대한 보상의무화 등 창조적인재 보호 정부와 대기업이 공동기금 조성해 '창업기회사'설립 정부와 기업 공동출연으로 청년창업펀드 조성 경찰, 소방관, 복지 분야 등 공공 일자리 대폭 확충 공공부문에 컴퓨터 통신보안을 위한 인력채용 기준을 제시해 공공부문 통신보안강화 및 청년층 일자리 확대	창업 및 고용 창출	벤처 및 중소기업 육성 혁신형 중소기업 5만개 육성 및 50만개 일자리 창출 중소기업 창업절차 간소화 마이스터고 졸업자의 혁신형 중소기업 근무시 병역근무 대체 벤처중소기업에 대한 기술개발 (R&D) 지원을 2조원 이상 수준으로 증액

제2절 기업의 분할과 분사

2.1 기업 분할

(1) 기업분할의 개념과 유형

기업분할이란 새로운 회사를 설립하거나 타 회사와 합병 등을 하기 위하여 기존회사의 일부를 분리시키는 기업구조재편의 수단이다. 기업의 분할 방법에는 완전분할과 불완전분할, 분할합병 등이 있다. 완전분할은 기존회사의 2개 이상의 영업부문을 분리하여 2개 이상의 새로운 회사를 설립하고 기존회사는 해산하는 방법이다. 불완전분할은 기존회사의 2개 이상의 영업부문을 분리하여 타 회사(기존 또는 신설회사)에 출자하지만 기존회사는 존속하는 방법을 말하며, 기존회사의 2개 이상의 영업부문을 분리하여 2개 이상의 타 회사에 합병시키고 기존회사는 해산하는 방법을 분할합병이라 한다. 분리설립(spin-offs) 및 분할설립(split-offs)은 불완전분할의 예라 할 수 있는데, 분리설립(spin-offs)란 분할회사가 현물출자 등의 방법을 통해 자회사를 신설하고, 취득한 주식을 모회사의 주주에게 배분하는 것을 말한다. 분할설립(split-offs)은 분리설립을 약간 변형한 형태이다.

결국, 기업분할은 기업이 사업부를 분할해서 기업효율을 강화시킬 수 있는 여러 대안 중 한 방법이다. 분할은 기업의 주주에게 기업의 자회사의 주식을 안분(pro-rata distribution)하는 것이다. 현행 주주들로부터 소유권의 이전이나 지분의 희석(dilution)이 없으며 분배 후 자회사의 운영이나 경영은 모회사로부터 분리된다. 또한 기업분할은 현금거래를 수반하지 않는다는 점에서 다른 구조조정형태에 비해 독특하다. 이는 부채상환을 위한 구조조정으로 기업분할을 이용할 수 없다는 것을 의미한다.

기업분할의 일반적인 정의는 특정회사(분할회사)의 영업이 수개의 부문으로 구성되어 있는 경우에 그 각 부문을 분리하여 기존 또는 신설의 수개회사(양수회사)에 이전시키고 그 자신은 소멸하면서 분할회사의 기존주주들에게 양수회사의 주식을 배분하는 현상이다.

광의의 기업분할이란, 기업의 영업 또는 재산을 분할하는 효과를 가져오고 양도된 영업부문이 양도회사 또는 양도회사의 주주와의 관계를 계속 유지하는 기업의 구조변경이라고 할 수 있다.

한편, 기업분할과 유사한 용어로 쓰이는 분할매각(sale divestitures)은 광의의 기업분할로 볼 수 없다. 분할매각은 자산, 생산라인, 자회사 등 회사의 일부를 분할한다는 면에서는 광의의 기업분할과 유사하지만, 영업양도 후에는 양도된 영업부문이 양도회사는 물론 양도

회사의 주주와도 관계가 단절된 다는 면에서 기업분할과 다르기 때문이다.

(2) 기업분할의 대상

기업분할의 대상은 회사의 영업재산은 물론이거니와 종업원 및 부채도 될 수 있다.

1) 영업재산

영업재산은 영업과 관련된 회사의 재산으로써, 부동산과 그 임차권이 대표적이다. 회사명의의 부동산은 영업재산으로써, 분할출자하면 되지만, 회사가 타인으로부터 임차한 부동산은 임대인의 승낙을 받아야만 분할출자가 가능하다. 또한 상호권과 영업권도 기업분할의 대상인 영업재산이며, 특허권, 실용신안권, 상표권, 의장권, 저작권, 출판권 등의 무형재산권도 기업분할의 대상인 영업재산이다. 무형재산권은 존속기간이 법률로 한정되어 있기 때문에 기업분할이 이 법률적 보호기간 중에 이루어져야 분할대상이 될 수 있다. 이 외에도 상품과 원재료 및 비품도 기업분할의 대상인 영업재산에 해당한다.

2) 종업원과 임원

종업원과 임원도 기업분할의 대상이다. 사용자는 근로자의 동의 없이 그 권리를 제3자에게 양도하지 못한다는 민법의 규정에 의해 기업분할을 위해서는 종업원의 승낙을 필요로 한다. 그 반면에 임원의 경우에는 분할회사가 소멸함과 동시에 임원의 직무도 종료되므로 양수회사의 주주총회에서 임원으로 다시 선임되지 않는 한 임원의 지위는 자동적으로 종료된다.

3) 부채

분할회사의 부채도 기업분할의 대상이다. 부채를 포함하지 않는 영업양도와는 달리 기업분할에 있어서는 부채까지 포함된 회사의 모든 재산이 포괄적으로 분할회사로부터 양수회사로 이전된다.

(3) 우리나라의 기업분할제도

기업분할이 상법에 신설되기 이전에는 현물출자에 의한 자회사의 설립이나 우회적 기업분할을 통해 기업분할과 유사한 효과를 얻을 수 있었다. 그러나 이와 같은 방법은 절차가 매우 복잡하고, 주주와 채권자의 보호가 충분하지 못하다는 문제점이 있었다. 이에 따라 1998년 신설된 상법조문에서는 기업 분할제도를 도입하여 이러한 문제점을 해결함으로써 기업분할이 쉽게 이루어질 수 있도록 하였다.

1) 기업분할의 정의

우리나라 상법상 기업분할은 회사가 분할에 의하여 1개 또는 수개의 회사를 설립하는 것이라고 정의할 수 있다. 이 중에서 회사가 분할에 의하여 1개 또는 수개의 존립 중의 회사와 합병하는 것은 흡수분할합병, 회사가 1개 또는 수개의 회사를 설립함과 동시에 분할합병하는 것은 신설분할합병이라고 구분할 수 있다. 이와 같이 우리나라의 상법에서는 기업분할을 분할과 분할합병(흡수분할합병, 신설분할합병)으로 나누어 정의하고 있다.

2) 주주보호제도

상법상 주주보호의 절차는 상법상의 합병 시 시행되고 있는 주주보호의 절차를 기본적으로 준수하도록 하고 있으며 필요한 경우 분할에만 적용되는 주주보호의 절차를 마련하고 있다.

상법에 의하면 회사를 분할하기 위해서는 주주총회의 특별결의를 얻어야 하고, 분할계획서를 작성하여 주주총회의 승인을 얻어야 한다. 분할계획서에서는 주주를 보호하기 위해서 일정한 사항을 의무적으로 기재하여야 하며, 분할대차대조표를 공시하여야 한다. 분할합병의 경우 제374조 제2항의 규정을 준용하도록 하고 있다. 그 내용은 영업의 전부 또는 중요한 일부의 양도 등의 행위에 관한 주주총회의 소집의 통지 또는 공고를 하는 때에는 상법의 규정에 의한 주식매수청구권의 내용 및 행사 방법을 명시하도록 하고 있다. 즉, 분할에 반대하는 주주는 주주총회 전에 회사에 대하여 서면으로 그 결의에 반대하는 의사를 통지한 경우에는 그 총회의 결의일부터 20일 내에 주식의 종류와 수를 기재한 서면으로 회사에 대하여 자기가 소유하고 있는 주식의 매수를 청구할 수 있다. 그리고 회사를 청구를 받을 날로부터 2개월 이내에 그 주식을 매수하도록 주식매수청구권의 내용 및 행사방법을 명시하도록 하고 있다. 그러나 상법에서는 주식의 매수 가격이 어떻게 결정되는지를 규정하지 않고 있으며 양수 회사의 주식의 분배에 대한 규정이 없다.

3) 채권자보호제도

상법에서는 분할 또는 분할합병으로 인하여 설립되는 회사 또는 존속하는 회사가 분할 또는 분할 합병 전의 회사채무에 관하여 연대하여 변제할 책임을 지도록 하고, 분할등기가 있은 날로부터 6개월 내에 채권자가 분할무효의 소를 제기할 수 있도록 함으로써 채권자를 보호하고 있다. 다만, 기업분할은 분할회사의 담보가치를 감소시키는 행위이므로 채권자의 보호와 관련하여 분할계획서의 주주총회 승인뿐만 아니라 개인사채권자 및 사채권자단체로 구성된 사채권자집회의 승인을 얻도록 해야 한다는 주장도 있다.

2.2 기업분사

(1) 분사기업의 정의

분사기업이란 기존회사의 전부 또는 일부를 분할하거나 신규사업부문을 독립시켜 자회사나 관계 회사화하는 것을 말한다. 분사 경영이란 이렇게 형성된 복수의 기업들이 각자의 사업영역을 독립채산제로 운영토록 함으로써 업적책임을 강화시켜 나가는 분권경영방식을 의미한다.

분사기업이란 일반적으로 자회사(특히 100%의 완전자회사)를 의미하며 사실상 자회사에 준하는 관계회사를 포함시키기도 한다.

통상 관계회사나 별도법인(오너 경영자나 대주주의 동일자본계열에 의해 설립된 회사), 그리고 계열사를 포함시킨 기업집단을 '그룹경영'이라고 한다.

통상 다른 회사 발행주식총수의 100분의 40을 초과하는 주식을 보유하고 있는 회사를 모회사, 그리고 다른 회사를 자회사로 규정하고 있다. 즉 40%를 초과하는 자본금을 출자하고 있는 측이 모회사이며 상대방이 자회사이다. 또 모-자회사가 공동으로 또는 자회사가 단독으로 과반수의 주식이나 출자지분을 소유하고 있을 경우 이를 손지회사(기술자회사)라고 하는데 이 회사도 법적으로는 모두 자회사로 간주된다.

이는 자회사에 의한 모회사의 주식취득을 제한하기 위하여 일단 모-자회사 관계가 성립되는 기준을 세워놓은 것이다.

이와 같이 모-자회사의 기준이 법률로 제정되어 있다는 점에서 모-자회사의 개념을 일반적인 지배회사나 종속회사와 다르고 기업회계기준상의 관계회사와도 그 성립기준이 다르다.

관계회사란 회사 간에 100분의 20이상의 출자를 하거나 동일인이 2개 이상 회사자본의 과반수를 각각 소유한 경우라고 정의를 내리고 있다. 관련회사는 관계사 이외의 회사로서 재무제표 작성회사와 직접 또는 간접으로 상당한 이해관계가 있다고 인정되는 회사라고 규정되어 있다.

한편 연결재무제표(모-자회사 등의 그룹기업을 하나의 조직체로 간주하여 기업그룹 전체로서의 대차대조표나 손익계산서 등을 작성하는 것)를 작성하는 양식이나 방식 등을 규정한 '연결재무제표규칙'에서는 모회사를 지배회사로 자회사는 종속회사로 규정하고 있다.

상법이나 기업회계기준 및 연결재무제표 규칙에서 규정하고 있는 모-자회사, 지배-종속회사의 표현은 다르지만 그 내용은 유사하다고 할 수 있다. 따라서 분사경영이란 기업조직의 일부 또는 전체를 몇 개의 소회사로 분할하여 자회사나 관계회사화하고, 기존회사는 이들의 모회사 또는 지배회사의 역할을 함으로써 기업집단의 경영성과 제고를 추구해 나가는 경영기법이라고 할 수 있다.

(2) 분사기업의 등장배경

우리나라에 경영전략으로서 분사가 등장하게 된 것은 우리 경제가 고도로 성장한 1960년대 이후부터 1980년대까지이다.

대기업들은 업종을 불문한 다각화전략을 수립하고 이에 따라 적극적으로 분사를 추진하기 시작했는데, 주로 사업확장이나 다각화, 신규사업 진출을 위한 방편으로 활용했다. 이 시기는 모든 산업 분야가 성장잠재력을 갖고 있었고 사업에 대한 효과를 충분히 기대할 수 있는 경제환경을 갖고 있었다. 따라서 소규모 주변사업이 아니라 대규모 전략적인 사업이나 성장성이 높고 유망한 신규사업을 중심으로 분사가 활발하게 추진되었다.

대기업들은 이런 방식으로 사업을 다각화하여 계열사를 구축해 그룹을 형성하기에 이르렀다. 이렇게 성장 발전한 우리 기업들은 해외로 진출해서 경쟁력을 갖춰나가게 되었다. 하지만 모든 사업을 끌어안은 그룹 체제로는 정보 및 기술 발달에 따른 고객 욕구의 빠른 변화와 글로벌 경쟁이 격화된 상황에서 국제경쟁력을 유지시키는 데 한계가 있다는 것을 알게 되었다. 산업사회가 성숙해짐에 따라 시장규모를 확대하는 데 초점을 맞추는 기존의 경영전략은 이제 최선의 방법이 될 수 없게 된 것이다.

IMF 구제금융 상황이 되고 새 정부가 들어서면서 구조조정이 본격적으로 박차를 가하게 됨에 따라 그룹들은 주력사업과 본업으로 회귀하기 위해 대대적인 개혁을 추진하게 되었다. 이에 따라 부실기업의 퇴출과 대규모의 인원감축이 불가피해져 기업들은 구조조정 전략의 일환으로 다시 기업분할이나 기능의 분사화를 추진하게 되었다.

이렇게 해서 분사가 우리나라 기업의 역사에 재등장하게 되었다.

하지만 현재 실시되는 분사기업은 과거 경제성장기에 성장전략으로서 시행된 것과는 그 내용이 다르다. 후자의 경우 대체로 유망 분야에 속하는 신규 사업을 계열사로 분리하여 독립시킴으로써 지속적인 성장을 도모하기 위해 실시하였다면, 전자의 경우는 수익성이 없거나 전략상 중요도가 떨어지는 사업 부문이나 지원기능을 모회사로부터 떼어내는 데 중점을 두어 추진하고 있다.

국제경쟁력을 갖추기 위한 필요성에 따라 리엔지니어링 등 혁신기법을 도입해 조직의 규모를 작고 효율적으로 만들기 위한 구조조정을 단행하였지만 이는 전면적인 개혁이었다기보다는 업무의 생산성제고 등 주로 내부효율을 높이는 데 치중해왔기 때문에 구조적으로 커다란 변화가 일어난 것은 아니었다.

이제 각 기업들은 핵심사업 이외의 모든 사업이나 아웃소싱이 가능한 모든 분야의 업무와 인력을 분사 등의 방법으로 줄여 몸집을 가볍게 함으로써 환경변화에 대응이 쉬운 조직으로 새롭게 태어나고 있다. 또한 이와 함께 수익과 부가가치 등 성과에 중점을 둔 핵심사업 위주로의 기업재편작업이 진행되고 있는 추세이다.

<표 16-2> 국내 분사기업의 개념변화

	1960∼1980년대	1990년대(IMF) 이후
목적	− 사업확장, 다각화 − 신규사업 진출	− 구조조정
대상	− 대규모 전략적인 사업 − 성장 가능한 높은 유망사업	− 소규모 주변사업 − 수익성 없속, 중요하지 않은 사업
결과	사업다각화→계열사 확대→그룹형성→ 해외시장 진출	− 조직의 슬림화 − 내부비용의 절감(고정비→변동비)

(3) 분사기업의 특성

1) 조직의 활성화

우리나라기업은 성장둔화에 따른 조직규모의 축소와 연공서열 및 종신고용을 바탕으로 한 인사관리체계로 인해 기업조직의 인사정체가 심화되고 있다. 특히 관리직포스트의 부족과 평균임금의 급속한 상승으로 종업원들의 사기가 저하되고 있으며 경영자는 인건비 부담증대로 기업의 수익력과 성장력이 저하되는 악순환 현상이 계속되고 있다.

따라서 기업이 수행하고 있는 사업활동의 일부 또는 상당부분을 자회사나 관계회사로 분사하면 자회사나 관계회사의 관리직포스트가 늘어나기 때문에 종업원의 창의성과 자율성이 최대한 발휘될 수 있다.

더욱이 신상품과 신규사업개발능력이 향상될 수 있기 때문에 기업의 지속적인 성장이 가능하게 된다. 이와 같이 기업이 본사의 조직을 분사화함으로써 슬림(slim)화된 본사를 구심점으로 분할된 그룹 기업 전체의 발전을 도모하는 것이 분사경영의 가장 중요한 조직적 특성의 하나라고 말할 수 있다.

분사경영은 모기업을 여러 개로 분할하여 각각 법인격을 갖는 소회사들에게 큰 폭의 법적 책임과 권한을 부여하여 독립재산체로 운영하기 때문에 기업그룹 전체에 활력을 불어넣어준다.

이런 의미에서 분사경영은 조직의 활성화를 기할 수 있는 효율적인 경영전략이라고 할 수 있다.

2) 환경변화에 신속한 대응

분사경영은 지적한 조직의 인사정체, 창의성과 자율성의 결여, 비

효율적인 인재개발 등과 같은 기업 내의 환경변화뿐만 아니라 다음과 같은 기업 외의 환경변화에 신속한 대응할 수 있는 조직적 특성을 가지고 있다.

첫째, 시장세분화(market segmentation)에 의한 생산과 유통의 다품종 경영을 들 수 있다. 특히, 전자기술이 발달로 등장하게 된 전자 및 사무품을 석유화학제품이나 자동차와 같이 대량생산 및 대량판매를 할 수 없으므로 소규모시장을 대상으로 할 수밖에 없는 것이다.

이와 같은 소규모시장을 대상으로 하는 상품분야에 진출하기 위해서는 대기업보다는 오히려 조직의 유연성과 기동성을 살릴 수 있는 소조직경영체인 소기업이 보다 유리하다는 점을 중시해야 할 것이다.

둘째, 고학력사회와 근로자의 고령화현상이 심화됨에 따라 사회적 지위나 안정성보다는 일의 보람 특히, 자기실현을 추구할 수 있는 중소, 중견기업을 선호하는 경향이 높아지고 있다는 점을 들 수 있다.

셋째, 지식집약형 및 벤처형 기업이 크게 증가하고 있다는 점을 들 수 있다. 특히 정보, 지식산업이나 서비스산업은 기계설비나 장치보다는 인적요소가 대부분을 차지하기 때문에 규모의 경제(economy of scale)를 향유하기 어렵다. 오히려 이런 분야에는 신상품과 신기술 개발에 신속히 대응할 수 있는 소규모기업이 유리하다.

3) 소조직경영의 효율성

조직이 비대해지면 관료화되고 경직화되기 마련이다. 또 모든 조직은 자연적으로 소수가 지배하게 되고 의사결정을 독점해 버리기 때문에 모든 일이 정형화되고 표준화되어 기발한 아이디어나 기술혁신욕구는 좌절되어 버리게 되는 것이다.

따라서 기업이 조직을 분할하고 기업조직을 소규모화하여 소조직 경영을 효율적으로 수행하게 되면 조직구성원들은 성과에 대한 책임뿐만 아니라 이에 상응한 권한도 위양받기 때문에 창의성과 자율성을 바탕으로 소신껏 사업활동을 수행할 수 있게 되어 신상품개발 능력은 물론 인재육성과 영업력강화를 추구할 수 있게 된다.

4) 분권경영을 통한 업적강화와 인재육성

분사경영에서 자회사란 모회사의 자본적인 지배를 받으며 경영방침이나 인사 등의 주요사항의 대해서는 모회사나 기업 그룹전체의 주주총회와 이사회의 방침 및 결정사항을 준수하는 회사를 말한다.

자회사는 어디까지나 독립된 법인격을 갖는 회사이므로 자율적으로 사업활동을 수행할 수 있는 권한은 물론 업적에 대해 엄격한 책임을 부여받는다.

따라서 모회사는 자회사의 경영간부에게 사장, 상무, 이사와 같은 경영자의 직분을 맡겨 경영자로서 책임의식을 고취시킴으로써 이들의 일할 의욕을 향상시킬 수 있을 뿐만 아니라 이런 과정을 통해 유능한 인재를 확보할 수 있는 효과도 기대할 수 있다.

조직의 인사정체로 인한 관리직포스트 부족문제는 대기업에만 국한된 것이 아니고 중소·중견기업에도 해당되는 문제이다.

이상과 같이 분사경영은 조직의 비대화, 경직화예방을 통해 조직의 활성화를 기할 수 있음은 물론 유능한 인재의 확보와 능력개발을 효율적으로 수행할 수 있는 조직적 특성을 가지고 있다고 할 수 있다.

제3절 사내벤처

3.1 사내벤처의 정의

사내벤처(Internal Corporate Venture)에 대한 일반적인 정의는 이질적인 시장에 진출하거나 이질적인 제품 및 서비스를 개발할 목적으로 기업이 자사내의 통상 라인조직에서 분리하여 자율적이며 독립적인 사업체를 설립하여 사업 활동을 수행하는 경영시스템을 의미한다. 다시 말해서 사내벤처는 첫째로 사내외의 혁신적 개발을 감지하고, 둘째, 신규벤처의 기회를 선별 및 평가하고, 셋째, 신규벤처의 조직 내부에 자율적인 조직 단위를 창설하는 것을 의미한다.

외국의 사내벤처에 대한 대표적 학자인 로버츠(Roberts, 1980)는 "사내벤처를 기존시장과 다른 시장에 진출하거나 또는 근본적으로 이질적인 제품을 개발할 목적으로 기업이 사내에 별개의 사업부 또는 그룹과 같은 독립체를 설립하는 상태"라고 정의하고 있으며 히펠(Hippel, 1973)은 "신제품을 개발하고 이를 도입하여 판매활동 초기 단계까지의 모든 업무를 수행하는 개인 또는 그룹이 기업 내부에 존재하는 경우"라고 정의하고 있다.

돌링거(Dollinger, 1995)는 "사내 자원들을 활용하여 제품, 서비스, 기술을 생산하는 비교적 작은 규모의 자치적 또는 반자치적인 사업 단위"로 정의를 내리고 있다.

Block and Macmillan(1993)은 사내벤처의 정의를 "어떤 활동이 조직에 새로움을 포함할 때, 내부적으로 주도되거나 수행될 때, 조직의 기존의 사업보다 실패에 대한 위험이 높거나 큰 손실을 포함할 때, 기존 사업보다 더 큰 불확실성이 있을 때, 매출, 이익, 생산성 또는 품질을 향상시킬 목적으로 수행될 때"를 포함하여 다른 학자들과 달리 포괄적인 범위로 정의를 내리고 있다.

국외와 달리 국내의 정의를 살펴보면 김종인과 한인구(2003)는 일반적 의미의 사내벤처 제도를 "사원들의 참신한 사업 아이디어를 발굴 또는 공모하여 사업성이 있다고 판단되는 경우 그 아이디어를 낸 사원에게 직접 경영권을 부여하여 사업을 독립시키는 제도"로 설명하고 있다. 이장우(1998)는 "사내의 자원을 활용해 다른 새로운 사업을 창조하기 위해 기업 내에 설립한 자율적이고 독립적인 기업 내 독립적 조직체"로 정의하고 있으며 배종태(1998)는 "기업이 새로운 시장으로의 진입이나 기존 사업과 매우 다른 제품의 개발을 위해 조직 내에 기존 사업부와는 별도로 만든 독자적인 조직"으로 정의내리고 있다. 정승화(1999)는 "주요한 신제품 개발, 신시장개척, 신기술의 상업화, 주요 혁신 프로젝트 등을 추진하는 기존 회사 내의 사업 위험 감수 활동"으로 정의하고 있다.

학문적 정의와는 달리 국내기업들이 사용하는 사내벤처에 대한 정의를 살펴보면 LG그룹은 "사원이 자신의 사업기회를 회사에 제안하거나 회사의 신사업 기회에 자원하여 승인을 얻은 후, 회사로부터 투자 및 지원을 받아 독립회사 또는 회사 내 별도의 사업 단위를 만들어 자기 책임하에 경영을 하는 것"으로 정의하고 있으며 CJ(제일제당)는 "대기업이 사내의 기술혁신 결과나 창의적인 아이디어를 중심으로 신규 사업에 진출하기 위해 만든 독립적인 사업단위"로 정의하고 있다. SK텔레콤은 사내 벤처에 대해 "사원이 자신이 사업기회를 회사에 제안하거나 회사에 신사업 기회를 자원하여 승인을 얻은 후 회사로부터 투자 및 지원을 받아 사내에 기존조직과는 별도의 사업단위를 만들어 독자적으로 경영하는 것"이라고 정의하고 있다. SK텔레콤과 달리 삼성물산은 사내벤처는 "창의적이고 도전적인 기업 내부의 잠재적인 창업자들에게 직접 신사업 및 신상품을 전개할 기회를 제공하는 것이며, 외부벤처는 벤처투자자의 입장에서 외부벤처기업에 투자 및 자원을 제공하고 시장에 대한 기회의 창을 확보, 우수기술 및 상권의 확보, 자본이득을 목적으로 하는 것"이라고 정의하고 있다.

이처럼 사내벤처에 대한 정의는 연구자와 기업에 따라 각기 다르지만 일반적으로 기존사업과 다른 새로운 사업 창조를 추구하며, 대기업 조직내부에 독립성이 높은 사업창조단위의 설립이라는 공통적인 요소를 포함한다. 위의 다양한 정의를 종합해보면 어떤 요소가 강조되든 사내벤처는 제품의 개발 그 자체보다는 오히려 제품 개발을 통해 창출된 지식을 이용하여 시장성 있는 신규사업을 창조하기 위한 조직이라고 정의할 수 있다.

3.2 사내벤처의 등장배경

사내벤처가 등장한 배경에는 크게 기업 외부요인과 내부요인으로 설명할 수 있다. 외부요인으로는 크게 경제·사회환경 변화, 국제화 시대와 기술혁신시대의 도래를 들 수 있다.

경제·사회환경의 변화 측면에서 보면 경제사회가 고도성장을 지속하던 1980년대까지만 해도 상품과 사업의 수명주기가 완만하고 길었기 때문에 한국의 대부분의 업종은 호황을 누리면서 고도성장의 혜택을 누릴 수가 있었다. 그러나 1990년대에 진입하면서 세계무역기구 무역협상과 후발선진국들의 급속한 경쟁력 증대 등으로 인해서 국제적으로 경쟁이 가속화되었으며, 이와 더불어 인터넷, 정보기술(IT), 생명공학기술(BT) 등 첨단기술의 출현으로 인해 하이테크(High-Tech)시대로 경제구조가 전환함으로써 새로운 기회와 위협에 직면하게 되었다.

또한 시장의 구조와 고객의 수요 다양화에 의해 소비자의 욕구가 고차원화되어 가고 있는데 이와 같은 욕구의 고차원화는 소비생활 수준의 향상으로 경제의 소프트화, 서비스화를 부추기는 등 신규사업의 시장성을 높여 기업들에게 큰 매력적인 요소로 작용하게 되었다. 1997년에는 외환위기로 국내의 모든 기업들에 있어서 새로운 경영활로의 모색을 불가피하게 만들었다.

정부는 대기업 편중의 국내 경제구조의 위험성을 인식하고 중소기업 육성 장려정책을 실시하였는데 그 일환으로 중소기업청 신설, 코스닥 시장 개설 등은 사내벤처를 활성화시키는 데 큰 공헌을 하였다. 국제화시대와 기술혁신측면에서 보면 세계경제의 지역주의, 블록화추세 등으로 인한 무역장벽의 붕괴로 무한경쟁시대에 진입하였다. 이로 인해 국내 기업들도 기업환경의 변화에 능동적으로 대처할 수 있는 새로운 기업경영 패러다임의 확립이 필요하였으며 이에 대한 전략적 대안으로 새로운 환경에 유연하게 대처할 수 있는 사내벤처의 필요성이 증대되었다.

기업 내부요인측면에서 보면 경영환경의 불확실성 증대로 인해 대기업들은 변화에 대한 빠른 대응력이 요구되는 속도경영이 필요하게 되었다. 또한 신기술 사업화, 조직슬림화, 심리적·경제적인 직원들의 사기진적, 새로운 조직문화 형성 및 비즈니스 모델의 필요성이 증대되었다. 이러한 대내외적 환경 변화에 대처하기 위한 생존전략의 일환으로 사내벤처가 등장하게 되었다.

3.3 사내벤처의 유형

국내외 사내벤처에 대한 연구를 통해 사내벤처는 다음과 같이 4가지 유형으로 구분할 수 있다.

<표 16-3> 사내벤처 유형 분류

유형	주요내용
1. 조직활성화형	-조직원의 자아실현 욕구 충족 기회 제공 -벤처기업가형 인재양성 -신사업 활성화를 위한 여건 조성 -조직원의 창의성 발휘 여건 조성
2. 사업다각화 및 성장형 (기존역량을 활용한 사업성장)	-사업다각화 -장기적 성장 -신기술 개발 결과의 활용
3. 신제품 및 신기술 개발형 (기존역량을 비활용한 사업성장)	-시작역량과 신기술을 개발 -기반사업 성숙에 따른 사업 발굴
4. 경영효율성 제고형 (핵심역량이 아닌 부분을 재구조화)	-비핵심 활동의 매각 -유휴인력 및 시설의 활용 -제품개발 비용과 리스크의 분산 -구조조정

3.4 사내벤처의 추진과정

국내의 사내벤처 추진과정에 대한 연구를 통해 사내벤처 추진과정은 정의단계(아이디어 발굴 및 평가), 연합구축단계(벤처팀 구성), 자원동원단계(사업계획 수립), 프로젝트 실행단계(벤처 활동), 벤처완성단계(성과평가 및 보상)로 총 5단계로 제시할 수 있다.

단계	주요활동 및 고려사항
문제정의단계 (아이디어 발굴 및 평가)	−산업/기술의 변화에 민감하고, 고객의 요구를 파악함으로써 아이디어를 발굴하는 단계(성공 시 신사업 창출의 기회 확보) −벤처 아이디어의 원천 및 기회의 파악이 매우 중요함 −벤처추진전략 및 방법을 결정함
연합구축단계 (벤처팀 구성)	−사내기업가가 회사 내에 벤처 프로젝트를 공동으로 개발할 사업파트너 와 벤처를 지원해줄 후원자들을 찾는 단계 −벤처조직을 사내 어디에 위치시킬 것인가에 대한 문제와 벤처조직과 기존 조직 간의 연계활동과 분리는 어떻게 할 것인가에 대한 문제가 제기됨(기존 부서의 배타성으로 인해 팀의 위치와 자원 조달에 어려움을 겪을 수 있음)
자원동원단계 (사업계획수립)	−사내기업가가 사업계획을 수립하고 프로젝트를 추진하는 데 필요한 설 비, 인력, 자금 등을 사내에서 조달하는 단계 −새로운 벤처의 계획과 성과의 측정은 마일스톤(Milestone)을 세우고, 주 요 가정을 파악하고 시험하며, 새로운 정보를 지속적으로 수용하는 등 의 프로젝트 기획·관리를 통해 크게 개선될 수 있음
프로젝트실행 단계 (벤처활동)	−프로젝트를 공식적으로 활동하는 단계 −활동전략(활동의 초점 및 조직 내 연계활동)과 활동하는 데 방해될 수 있는 요소들을 파악하고, 프로젝트를 진행하면서 산업환경의 변화에 따 라 적절한 대응전술도 마련해야 함 −사내벤처팀이 외부자원, 외부인력과 기술들을 활용할 수 있도록 지원함
벤처완성단계 (성과평가 및 보상)	−벤처의 성과를 평가하여 결실을 수확하는 단계 −벤처가 성공했으면 추가적인 자원 투입을 하여 사내로 흡수하든지 별도 법인(spin-off)으로 독립 할 수 있음 −벤처가 실패하면, 팀이 해체되고 기존 조직 내로 흡수됨

제4절 아웃소싱

4.1 아웃소싱의 개념

아웃소싱 시장이 점차 커지고 있으며 이에 대한 관심도 높아지고 있지만 아직 학문적으로나 실무적으로 아웃소싱의 개념이 명확히 정립되어 있지 않은 상태이다. 단순하게는 외부 기능이나 자원을 전략적으로 활용, 재화와 서비스의 외부 구매 특정 업무를 자회사 이외의 외부 업체에 장기적으로 위탁하는 것 등 아웃소싱은 다양한 의미로 사용되고 있다.

아웃소싱이란 자신이 수행하는 다양한 활동 중 전략적으로 중요하면서도 가장 잘할 수 있는 분야나 핵심역량에 모든 자원을 집중시키고, 나머지 활동들의 기획에서부터 운영까지 일체를 해당 분야에서 세계적으로 가장 뛰어난 전문기업에게 아웃소싱함으로써 기업의 경쟁력을 제고시키는 전략이라 할 수 있다. 즉 네트워크를 통해 자사의 핵심역량을 공급업체의 핵심역량과 상호 연계시켜 기업 전체의 시너지 효과를 극대화하는 전략이다.

즉 아웃소싱을 가장 간단히 보면 외부 전문가에게 내부의 단순한 업무를 맡기는 일부터 내부의 기능 전체를 제3자가 맡아서 수행하는 것까지 포함되기도 한다. 그리고 아웃소싱이 실제 실현되고 있는 모습 또한 계약에 의한 일부 업무의 위임, 외부업체와의 프랜차이즈 관계, 전략적 제휴, 컨소시엄 등 다양한 형태로 나타나고 있다.

<표 16-5> 아웃소싱의 개념변화

	전통적 아웃소싱	새로운 아웃소싱
명 칭	하청 OEM	전략적 아웃소싱 프로세스 아웃소싱
등장시기	1950년대 말	1980년대 말
도입목적	인건비, 간접비 등의 비용절감	기업의 조직과 자원을 핵심역량 중심으로 새롭게 구축하여 경쟁우위를 확보
공급업체와의 관계	단기적, 거래적	장기적, 동반자적
대상분야	생산, 전산, 홍보 등 단순 업무 및 간접지원 부문 중심 전체 업무 프로세스 중 일부	간접지원 부문을 포함한 R&D, 마케팅, 판매, 인사, 물류 등 기업 전 분야 해당 업무프로세스 전체

처음 아웃소싱이라는 용어가 등장하였을 때는 이는 단지 현재 내부적으로 수행하고 있는 업무나 기능을 외부로 떼어 낸다는 의미가 강했으나 최근 들어 점차 새로 설립된 기업들이 처음부터 자신의 핵심 역량을 제외한 모든 업무나 기능을 외주하는 사례가 늘어남에 따라 아웃소싱의 개념도 변하여 이제는 외부로부터 일상적인 업무에 대해 도움을 받는 것까지도 아웃소싱의 개념에 포함하게 되었다.

외부에 맡긴다는 아웃소싱의 의미를 좀 더 신축적으로 본다면 거대 기업 내에서 다른 사업 조직들의 업무를 공동으로 위탁받아 대행하는 내부 조직을 두는 형태도 아웃소싱으로 볼 수 있을 것이다. 현재 국내 대기업들도 신입사원의 선발을 계열 회사가 독립적으로 하기보다는 그룹 전체적으로 그룹의 본부에서 행하는 경우가 있는데 이 경우가 이와 유사하다고 할 수 있다. 그러나 국내 기업들의 인력 채용 경우도 최근에는 헤드헌터나 인력 파견업체에 의존하는 경향이 커지고 있어 순수한 의미의 아웃소싱 형태가 확산되고 있다.

이와 같이 인력 채용의 아웃소싱이 본격화되고 있는 배경에는 여러 가지 이유가 있겠으나 국내 대기업의 인원 선발을 내부조직이 일괄적으로 행하면서도 각 계열 회사가 원하는 자격 또는 조건을 신입사원 선발에 반영하기 어렵기 때문인 것으로 보인다. 즉 전문성 인력 선발 등이 기존의 방법으로는 한계가 있기 때문에 인력시장을 보다 잘 아는 제3자에게 맡기는 경향이 커지고 있는 것으로 판단된다.

<표 16-6> 아웃소싱의 개념구별

개 념	내 용
외주	기업의 외부자원 활용이라는 점에서 아웃소싱 개념에 일치하지만 하청과 업무대행 등을 포함하는 포괄적 개념이다.
하청	업무의 일부를 외부에 위임하는 것으로 부품과 기능의 일부를 외부기업에 발주하는 것이 포함된다. 넓은 의미에서 아웃소싱의 일종이지만 기획 등 업무의 중심 부분이 발주 기업에 있는 경우이다.
업무대행	공급업체가 이미 결정된 설계 하에서 업무의 운영만을 맡는 것이다.
분사화	기업 내의 일부분을 분리시켜 별개의 회사로 만드는 것으로, 원래 기업 내에 소유하던 경영자원을 활용하여 모기업에 대해서만 서비스를 행하는 형태이다.
컨설팅	공급업체가 업무의 설계와 기획은 하지만 운영은 하지 않는 경우이다.
인력파견	업무지원 목적의 인적자원으로 공급업체는 업무의 운영과 설계를 행하지 않으면 업무 수행과 관리만 책임을 지는 것이다.

4.2 아웃소싱의 등장배경

1990년대에 들어와 선진 우량기업, 특히 미국에서는 아웃소싱이 급격히 확산되었다. 아웃소싱의 범위도 전통적인 간접부분 중시에서 점차 직접부문으로까지 확대되고 있다. 미국 기업들이 아웃소싱의 중요성에 눈을 뜨게 된 것은 1980년대 말 장기적인 불황을 경험했기 때문이다. 전통적으로 미국 기업들도 규모의 경제를 중시했기 때문에 1970~1980년대에 많은 기업들이 대규모 M&A를 통해 수직통합을 이루었다. 그러나 1980년대 중반 이후 세계경제가 침체 국면으로 접어들면서 큰 덩치는 오히려 짐이 되기 시작해 수요의 감소로 재고비용이 급격히 증가하였을 뿐 아니라 많은 자금이 고정자산에 묶임으로써 환경변화에 대한 신속한 적응이 어려워졌다.

아웃소싱을 통해 비슷한 품질의 제품을 훨씬 싼 가격으로 생산함으로써, 불황에 아랑곳없이 높은 성장세를 유지하고 있던 일본의 자동차 회사들이 미국 기업들의 관심을 끈 것이 바로 이때였다. 당시 도요타는 닛산과 같은 일본 기업의 아웃소싱 비율이 70% 수준인 데 반해 미국의 자동차 빅3의 평균 아웃소싱 비율이 30~40% 수준에 지나지 않았다. 이때부터 아웃소싱이 미국 기업들에 의해 본격적으로 도입되기 시작했다.

오늘날과 같이 치열한 경쟁 환경 하에서 한정된 자원을 가진 기업이 모든 기능 분야에서 최고의 위치를 유지하기란 거의 불가능하다. 따라서 자신이 수행하는 다양한 활동 중에서 전략적으로 중요하면서도 가장 잘할 수 있는 기능이나 프로세스에 집중하고 나머지 활동들을 해당 분야에서 가장 뛰어난 전 세계 전문 기업들에 아웃소싱하여 이들과의 전략적 통합을 통해 경쟁력을 강화해야 한다. 여기서 주의해야 할 사항은 아웃소싱이 소기의 성과를 거두기 위해서는 반드시 자사의 핵심역량 강화와 더불어 활용되어야 한다는 사실이다. 아웃소싱 공급업체나 경쟁사가 쉽게 모방할 수 없는 핵심역량을 강화하지 않은 채 아웃소싱에만 의존하면 심각한 문제를 발생시킬 수 있기 때문이다. 아웃소싱을 전략적으로 활용할 수 있는 능력을 갖추는 것, 그것은 미래 초우량 기업의 기본조건이며 성공적인 네트워크 기업, 가상 기업을 향한 첫걸음이라고 할 수 있다.

4.3 아웃소싱의 목적

글로벌 경쟁의 격화, 저성장 경제, 고객 요구의 소프트화 등에 기업들이 적극적인 변신을 하지 않을 수 없는 현 상황에서 아웃소싱이 유효한 생존 수단의 하나로 등장하고 있다.

우리나라에도 전통적으로 외부기능을 이용하였던 분야(물류, 시설
관리 등)와 사내에서 하기 어려웠던 분야(소프트웨어 개발, 법무, 광
고 등) 그리고 주변 업무 중에서 외부 기능을 이용하기 쉬운 분야(청
소, 문서정리, 기기보수, 경비 등) 등은 오래전부터 아웃소싱을 이용
해 왔다. 그러나 선진국의 마케팅과 설계, 제조, 연구개발, 경영기획
등 전 분야로 확대되고 있다.

<표 16-7> 아웃소싱의 대상분야

분야	대상업무
총리	총무업무 및 구매업무대행, 운전대행, 차량관리, 출장관리 대행서비스, 여행·렌터카·항공권의 예약, 출장경비처리대행
경리	재무제표의 작성, 회계, 재무분석, 기장
복지후생	회사 내 휴양소 운영대행, 회사 내 보육소 운영, 사원식당
인사	인사관리, 퇴직자관리, 인사제도, 인사정보시스템, 급여계산
인재교육	사원교육, 사원연수
인재관련	인재공급, 인재파견, 재취알선
경영컨설팅	기업전략설계, 기업분석, 시장조사
정보기술	시스템기획, 설계, 개발, 운용, 유지보수
세일즈 및 마케팅	판매촉진대행, 광고, 시장조사, 고객서비스, 텔레마케팅, 직접마케팅대행, 판매정보시스템
제조	개발 및 설계대행, 생산공정대행, 구조분석대행
물류관리	수주발주관리, 재고실사대행
안전관리	경비보안, 시설관리
환경	청소, 폐기물수거, 폐기물처리
의료	의료기관 사무대행, 임상검사, 병원급식, 병원보험청구
이벤트	각종 이벤트, 행사기획 및 행사운영
정보제공	정보처리, 각종 정보제공
기타서비스	우편물 발송, 배달

기업 내부적 목적	외부 환경적 목적
경쟁력 강화	조직의 스피드 및 유연성 제고
↑	↑
고객 가치 극대화	공급업체와 네트워크를 통한 시너지
↑	
핵심역량 강화	조직기능의 슬림화, 단순화·전문화
↑	
저비용, 고효율	공급업자를 통한 리엔지니어링

 아웃소싱의 내부적인 저비용, 고효율을 기대하여 핵심역량을 강화
시키고 고객가치를 극대화하여 경쟁력을 강화하기 위함이다. 한편 외
부적인 목적으로 공급업자를 통한 리엔지니어링을 통해 조직기능을
슬림화, 단순화, 전문화하여 공급업체와의 네트워크를 통한 시너지 효
과를 얻음으로써 조직의 유연성을 제고하고 스피드를 내기 위함이다.
 기업은 아웃소싱을 활용하여 외부환경에 빠르게 대응할 수 있는
유연한 조직을 구축함으로써 시장, 경쟁환경, 기술 등의 변화가 기
업경영에 미치는 영향을 최소화할 수 있다. 그때문에 기업경영상에
항시 존재하는 리스크를 감소 혹은 분산시킬 수 있게 되고, 이에 따
라 기업의 유연성을 강화하고 조직을 슬림화할 수 있게 된다. 아웃소
싱은 기존의 하청이나 외주와 같은 개념들의 단순한 외부자원 활용
에 그치지 않고, 공급자 측과 활용자 측의 파트너십이 가져오는 시너
지효과에 의해 새로운 부가가치 창출과 이의 사업화가 가능해진다.
그로 인해 복수의 주체가 상호의 자원을 활용하는 개방적인 기업 간
의 제휴로 인해 조직끼리의 유연성 창출과 협력이 가능하게 된다. 아
웃소싱을 함으로써 고정비가 변동비화 되고 초기진입 시의 막대한

투자자금을 줄일 수 있어 비용이 절감된다. 또한 적은 비용으로 전문성 있는 외부업체를 이용할 수 있기 때문에 경비절감 효과는 대단히 크다고 할 수 있다.

아웃소싱은 비효율적인 부문의 재구축 등 구조조정과 기존의 비즈니스 프로세스를 수정하는 기업의 리엔지니어링의 수단으로 활용될 수 있기 때문에 기업의 혁신과 변화를 가속화할 수 있게 한다. 최근 정보화의 진전으로 인한 국경 없는 기업전쟁에서 기업 혼자의 힘만으로는 전 세계적으로 퍼져 있는 고객에 대한 정보를 얻고 분석하기란 매우 힘들다고 할 수 있다. 따라서 아웃소싱을 활용하여 외부 전문기관이 보유하고 있는 기업경영에 유효한 외부정보(고객욕구, 기술정보, 해외정보 등)를 얻게 되어 자사제품을 더욱 고도화하여 더 큰 부가가치를 창출할 수 있게 된다.

아웃소싱을 하는 또 다른 목적은 기업이 업무나 기능을 자체적으로 제공, 유지하기에는 수익성이 부족하여 조직 내부 갈등들을 해결하기 우해서 제3자에게 문제를 위임하여 해결하는 것이다. 내부적인 전문성은 없지만 당장 그 기능이 필요하여 그 부분을 외부에서 조달하기 위함이며, 기업환경이 갈수록 빠른 속도로 변화하기 때문에 예측이 어렵다. 따라서 기업조직의 전 부문에 투자를 하는 것보다 핵심적인 부분에만 투자를 하는 것이 예측할 수 없는 미래상황과 위험에 재빠르게 대처할 수 있다. 그렇기 때문에 아웃소싱은 기업의 생존전략이라고 할 수 있다. 아웃소싱에서는 소유권이 이전되기 때문에 구매자가 공급자에게 업무수행 방법을 설명하지 않고, 구매하고자 하는 결과에 집중할 뿐 그 과정은 공급자에게 위탁하고 권한과 책임을 부여하는 것이 핵심이다. 바람직한 모습에 비추어 지금의 상태가 매우 뒤떨어져 있으며 또 이러한 격차를 긴급히 해결해야 하는 영역에 사용하는 기법이 바로 아웃소싱인 것이다.

인사, 경리 등의 관리 부문과 연구개발, 디자인, 상품기획, 사업전략 입안, 생산과 판매부문 등 이제까지 사내에서 행해 왔던 모든 업무가 아웃소싱의 대상이 되고 있다. 이러한 상황에서 기업들은 핵심 역량 강화와 리스크 감소, 경영 효율화 추구, 외부 전문성 활용을 위해 아웃소싱을 도입하고 있다. 아웃소싱을 추진하는 목적은 다음과 같다.

(1) 핵심역량 강화

아웃소싱으로 인력, 자금이라는 경영자원이 재분배되어 결과적으로 보다 적절한 자원배분이 가능해진다. 즉 비효율, 고비용 부문과 주변 업무를 외부 전문기관에 아웃소싱하고 핵심역량에 내부의 경영자원을 집중함으로써 경쟁사와의 차별성을 더욱 부각시켜 주력 업무의 전문성과 품질향상, 경영 체질의 강화를 도모할 수 있게 된다.

(2) 리스크 분산

아웃소싱을 활용하여 유연한 조직을 구축함으로써 시장 경쟁 환경, 기술 등의 변화가 기업 경영에 미치는 영향을 최소화할 수 있다. 예를 들어 우리는 제품 개발 능력만 보유하고 생산이나 영업을 아웃소싱한다면 고정비가 변동비화 되기 때문에 리스크가 감소되고 기업의 유연성이 강화될 것이다.

(3) 조직 슬림화

아웃소싱의 활용에 의해 단순하고 반복적인 업무 등이 외부화됨에 따라 기업 내 조직이 슬림화된다. 따라서 아웃소싱을 통해 유연성 있는 고용형태와 직무급 등의 급여체제 실현도 가능해진다.

(4) 새로운 부가가치 창출

단순한 외부자원 활용에 그치지 않고 공급 측과 활용 측의 파트너십이 가져오는 시너지효과에 의해 새로운 부가가치의 창출과 이의 사업화가 가능해진다. 복수의 주체가 상호자원을 활용하는 개방적인 기업 간 제휴로 인해 조직의 유연성 창출과 협력이 가능해진다.

(5) 비용 절감

아웃소싱을 함으로써 비용이 절감된다. 즉 여러 기능을 비대화되고 전문 능력이 부족한 기업 내부에 서 행할 때보다 전문기업에 아웃소싱함으로써 적은 비용으로 업무추진이 가능하다. 또한 전문역량을 기업이 스스로 구축하려면 많은 인적자원의 투입과 자금이 필요하기 때문에 경비절감 효과가 크다.

(6) 경기변동 대응

사내에서 부담하고 있는 생산, 판매, 관리 등의 경비를 외부화함으로써 결과적으로 고정적인 인건비의 변동비화가 이루어지고 리스크분산이 가능해져 경기변동에 강한 기업체질이 구축된다. 즉 고정비가 변동비화되고 손익분기점이 낮아져서 보다 적은 매출로도 이익을 창출할 수 있으므로 저성장기에 기업의 생존을 담보할 수 있게 된다.

(7) 혁신 가속화

아웃소싱은 비효율적인 부문의 재구축 등 구조조정과 기존의 비즈니스 프로세스를 수정하는 리엔지니어링의 수단이기 때문에 이를 통해 기업혁신, 변신을 가속화시킬 수 있다.

(8) 전문성 확보

총무, 인사, 경리 등 관리부문 업무를 전문기업에게 아웃소싱함으로써 업무의 신속성과 전문성의 향상으로 이어진다. 특히 정보시스템, 법무, 디자인 등 고도의 전문성을 요구하는 업무는 독자적 수행이 어렵기 때문에 아웃소싱이 더욱 활성화되고 있다.

(9) 정보네트워크 확대

정보화의 진전은 국경 없는 기업 활동을 촉진시켜 기술혁신을 선동하고 고객욕구 변화를 남보다 빨리 파악하는 것을 필요로 하게 하였다.

특히 외부의 보다 광범위한 기술 및 고객 정보를 입수하기 위해서는 기업 혼자의 자원만으로는 한계가 있다. 따라서 아웃소싱을 활용하여 외부 전문기관이 보유하고 있는 다양한 정보네트워크와 기업 간 네트워크를 형성할 수 있다.

더 나아가 이러한 정보 네트워크를 통해 기업경영에 유효한 외부 정보(고객 욕구, 기술정보, 해외 정보 등)를 입수하여 자사 제품을 고도화하여 더 큰 부가가치를 창출할 수 있게 된다.

(10) 복지후생 강화

종업원의 건강관리, 사택, 휴양소 관리, 연금과 보험 업무의 처리, 직원 식당 운영 등의 복지후생 분야에서는 전문성이 높은 외부서비스를 이용하는 것이 경비절감뿐만 아니라 서비스 제고 측면에서 큰 효과가 있다.

4.4 아웃소싱의 기대효과

아웃소싱의 기대효과는 크게 세 가지 측면, 즉 기업적인 측면과 산업적인 측면 그리고 국가적인 측면에서 살펴볼 수 있다. 먼저 기업적인 측면에서 살펴보게 되면, 비용절감 효과, 외부자원활용, 핵심역량 강화 등 기업의 경쟁력 강화 전략 방안이 된다. 기술력으로 일단 성공한 벤처기업이 관련서비스에 대한 대처능력이 없어 실패하는 경우가 빈번하지만, 아웃소싱으로 이를 보완할 때 벤처역량이 강화될 수 있다. 아웃소싱이 활성화되고, 기업 간의 연결재무제표, 분식회계 문제 등이 보완된다면, 기업 투명성 제고 가능성이 높게 되는 효과를 기대할 수 있는 것이다.

산업적인 측면에서 살펴보게 되면 제조업과 서비스업의 관련성 제고를 통해 산업전반의 경쟁력이 강화되며, 이는 제조업의 생산성을 제고할 뿐 아니라, 아웃소싱업체인 부품업체 및 비즈니스 서비스 기업의 육성에도 도움이 된다. 현재 산업구조가 빠르게 변화하고, 경기 변동의 폭이 커짐에 따라 기업이 장기고용에 따른 위험을 회피하고자 한다. 하지만 아웃소싱은 산업구조조정, 경기변동 과정에서 유연적인 윤활유로써 산업 내에서 기업이 그 맡은 바를 다할 수 있는 여건을 마련해 줄 수 있다.

마지막으로 국가적인 측면에서 볼 수 있는데, 이는 아웃소싱을 통한 네트워크가 국가 전략적으로 필요하며, 경쟁력 전략은 네트워크 강화와 밀접한 관련이 있다. 우리의 전략이 과거에는 일본의 재벌 전략과 유사하였으나, 최근에는 미국의 아웃소싱을 통한 네트워크 전략에 관심을 두고 있다. 대기업과 대기업, 대기업과 중소기업, 중소기업과 중소기업 간의 네트워크 강화를 통한 전략과 정책이 필요하게 된 것이다. 특히 대기업 집단의 개편문제에서도 아웃소싱 정책을 통한 접근이 가능하다. 또한 아웃소싱의 활성화는 새로운 아웃소싱관련 부문의 창출, 서비스 질의 개선, 가격인하 등의 긍정적 효과가 유발되어 국민경제의 생산성을 높이고, 경제구조의 고도화를 가능케 하는 효과가 있을 수 있다.

이러한 아웃소싱의 활성화는 중국진출 지연, 청연실업문제완화, 고용창출 등 사회 안전망 역할을 충실히 하면서 서비스산업 전반을 활성화시킬 뿐만 아니라 특히 비즈니스 서비스 산업의 육성에 지대한 영향을 끼친다.

<표 16-9> 아웃소싱의 장점과 단점

장점	- 핵심업무에 조직자원을 집중, 부가가치가 높은 기능에 자원을 집중할 수 있음 - 비용절감, 최신의 전문기술 및 지식 활용 - 기초 및 기반기술에의 투자 없이 응용기술의 활용 - 교육되고 훈련된 전문 인력활용 - 새로운 업무 개발 및 운영비용을 구체화시켜 예측성과 통제성 증진 - 고정자산에 대한 투자를 회피함으로써 유동성 증진 - 환경이나 기술변화에 곧바로 대응가능 - 추가적인 부가서비스의 활용

단점	- 환경변화 및 조직의 요구변화에 능동적으로 대응하기 어려움 - 계약중단이나 파기, 그리고 공급업체의 변경이 어렵고 변경 시 높은 교체비용 　이 발생할 수 있음 - 외주업무의 개발과정이나 개발된 업무의 질에 대한 통제가 곤란 - 사내정보나 데이터에 대한 보안유지의 어려움 - 공급자가 계약을 준수하도록 하기위한 추가적인 비용과 노력이 필요함 - 협력관계 관리에 추가적인 비용이 소요 - 내부 전문 인력의 직업 안정성을 위협 - 공급업체에 과도한 의존으로 기업의 유연성 결여 - 실제 효과 검증의 어려움 - 내부의 외주도니 기능의 약화, 공급업체에 종속될 가능성

제5절 M&A

5.1 M&A의 정의

M&A(Mergers & Acquisitions)는 대상기업들이 하나로 합쳐서 단일
회사가 되는 기업합병(Merger)과 한 기업이 다른 기업의 자산 또는
주식의 취득을 통해 경영권을 획득하는 기업매수(Acquisitions)를 합
친 개념으로 실무적으로 형성된 용어이다. 기업들이 자신의 존속을
위하여 끊임없이 자신의 내부 자원들을 이용하여 원가절감, 생산시
설 확충, 품질향상, 신제품 및 신제품 개발 등을 하며 성장을 모색한
다. 그러던 중 내부자원들의 이용 및 결합에 의한 성장이 순조롭지
못하거나 어려움을 느끼게 되면 자연히 외부 경영자원들을 활용하
게 되는데 이러한 외부경영자원 활용의 방법이라 할 수 있다.

기업매수는 좁은 의미로는 피매수기업이 독립된 회사로서 존재할
경우만을 지칭하나, 넓은 의미로는 두 개 이상의 회사가 법률상 하

나의 법인격으로 되는 합병의 경우까지 포함하는 의미로도 사용되며 합병도 실질적으로는 기업매수의 과정을 거쳐 이루어진다. M&A 또는 기업매수와 관련하여서 「독점규제 및 공정거래에 관한 법률」에서는 '기업결합'이라는 용어를 사용하여 '다른 회사의 주식취득 또는 소유, 임원 겸임, 합병, 영업의 양수, 새로운 회사 설립에의 참여 등'을 포괄하는 의미로 사용되며 최근에는 M&A가 넓은 의미로 쓰이고 있어서 기업합병, 기업매수와 금융적 관련을 맺는 합작관계 또는 전략적 제휴 등 까지 포함시켜 M&A의 개념으로 보고 있다.

그리고 대내외적인 경제여건의 변화와 소속 산업에서의 치열한 경쟁에 대응하여 지속적으로 변화, 적응하여야 하며 끊임없는 성장, 발전을 도모하여야 하는 기업의 입장에서는 기존산업을 바탕으로 매출과 이익을 증대시키고 새로운 투자나 신규사업을 통해 사업을 다각화하여 자산과 사업규모를 확장하는 데 한계가 있다. 그러므로 M&A를 통해 타 기업의 주식과 자산을 인수 또는 합병하여 기업규모를 팽창시키는 외적 경로를 통해 성장과 다변화를 추구하게 된다. 즉 M&A는 기업 전략의 일환으로 이해해야 한다.

우리나라에서는 1980년대부터 특히 1990년대 들어와 실무계와 학계는 M&A에 대한 높은 관심을 보이고 있고 M&A 활동이 활발해지고 있으나, 국내에는 아직까지 보수적인 기업 경영관과 엄격한 규제로 인하여 M&A가 미미하였을 뿐 아니라 일반적인 견해도 부정적이었다. 실제 전 세계적으로 M&A의 역사는 결코 짧지 않은 것으로 미국의 경우엔 약 100년 전부터, 영국의 경우에는 18세기경부터 성행한 것으로 세계적 추세에서의 M&A란 주식회사 제도와 증권시장 기능을 활용하여 개방적인 자유로운 자본이동을 통하여 이루어지는 현대자본이론의 대상이자 자본주의 극치라고 할 수 있다.

세계적으로 M&A 전통을 갖춘 국가 대비 국내 기업들이 M&A의 세계적 추세와 동떨어진 이유는 우리나라의 기업합병은 정부 또는 금융기관에 의한 부실기업 정리와 산업구조 일환으로만 사용되어 왔으며, 경쟁력이 약화된 기업이라도 다른 기업에 매수합병 되기보다는 정책금융을 받아 생존해 왔기 때문이다. 하지만 최근에는 국내 기업의 해외 기업에 대한 인수합병도 증가하고 있으며 외국기업의 국내기업에 대한 인수합병 및 국내기업간의 인수합병도 점차 증가 추세를 보이고 있다. 특히 국내기업의 외국기업에 대한 M&A 증가 현상이 최근 증가되는 이유는 양질의 노력과 고급기술의 습득, 빠른 현지화로 시간의 단축, 경영기술 확보, 상품 브랜드의 획득, 영업망의 조기안정, 기존업체와의 마찰회피 등 많은 이점이 있기 때문이다. 향후 국내에서도 M&A에 대한 효율적 활성화가 기대되며 특히 기업간 M&A를 통한 기업경쟁력 및 브랜드파워의 극대화하는 전략이 필요하다고 생각된다.

5.2 M&A의 장단점

M&A를 통해 기업이 얻고자 하는 장점으로는 피인수기업이 사전에 확보해 놓은 시장을 단시간 내에 확보할 수 있으므로 시간절약을 할 수 있다는 점이다. 만약 인수기업이 신규설립으로 시간에 진입한다면, 피인수기업이 달성해 놓은 것과 유사한 정도의 성과달성을 하기 위해서만 3~5년 정도의 시간이 소요가 될 것이다. 또한 피인수기업과의 M&A를 통해 피인수기업이 속한 카테고리 내의 전문적 노

하우 및 지식을 사업 초기단계부터 획득 가능하며 단기간 내 많은 인재를 확보하는 등의 장점으로 인해 많은 기업이 M&A를 위한 노력을 하고 있다. 마지막으로 인수기업의 경영전략 및 브랜드 로열티에 대한 기업 간의 시너지 효과를 기대해볼 수도 있다.

그러나 다른 기업 간의 만남인 만큼 어려움도 있다. 즉 인수기업에서는 피인수기업의 카테고리에 대한 전문적 지식이 부족한 이유로, 피인수기업의 장래성과 관련한 이익과 위험의 예측이 어려울 수밖에 없다. 즉 스스로 만들어간 기업이 아닌 만큼 M&A 실행 이후에 그 전에 표면화되지 않았던 문제가 야기될 수 있는 것이다. 자사의 경영방침과 관리방식을 조기에 피인수기업의 사업영역에 도입하기가 어려우며, M&A 이전의 기업문화와 풍토, 회사를 둘러싼 환경을 M&A 이후에도 어느 정도 이끌어 가야 한다는 제약이 있다. 이렇게 M&A는 원활하게 이루어졌다 할지라도, 인수기업과 피인수기업 간의 예측하지 못한 마찰 및 시설, 인력의 중복 등으로 인해 오히려 통합 후 많은 시간이 소요되는 경우가 종종 발생하기도 한다. 신규사업과 비교하여 M&A의 장단점을 살펴보면 다음의 표와 같다.

<표 16-10> M&A와 신규설립의 장단점

	신규설립	인수합병
장점	-초기 사업입지 선정 및 계획의 융통성 -투자금액 결정의 유동성 -기업통제 용이 -기존 기업이 지닌 문제점 제거	-상업착수까지의 시간단축 -인력, 기술, 경영노하우의 흡수 -상품, 브랜드, 영업망 확보 -시너지효과
단점	-브랜드 및 영업기반 구축에 상당시간 소요 -능력 있는 인력채용 어려움 -투자의 안전성 결여 -기존업체와의 마찰 야기	-세제상 이점 -막대한 인수자금 필요 -이질적인 문화의 조기해소 어려움 -절차의 복잡성

M&A를 거론할 때 기업활동을 막는 규제를 걷어내고 M&A로 투자금 회수에 수월한 실리콘밸리형 생태계는 우수한 모범 사례이다. 실리콘밸리는 새너제이, 샌타클래라 등 20여 개 도시로 구성된 샌프란시스코만 서남부지역이다. 1960년대를 전후해 컴퓨터 회사들이 들어섰고, 1971년 언론인 돈 회플러가 '미국의 실리콘밸리'란 기사를 연재하면서 붙여진 이름이다. 이제는 수백 개의 세계적 정보통신 기업들, 수천 개의 소규모 벤처창업기업들, 이들에 자금을 공급하는 수백 개의 엔젤투자자와 벤처캐피털회사들, 수십 개의 법률자문회사들이 붐비는 정보통신 산업의 메카가 됐다. 4만여 명을 고용하고 있는 시스코, 2만여 명이 일하는 구글을 비롯 애플, 아도베, 이베이, 인텔, HP, 야후, 오라클, 페이스북, 트위터 등 이름만 들어도 알 수 있는 첨단 정보통신회사들이 즐비하다.

2011년 미국 벤처투자액의 41%가 이 지역에 투자됐다. 전 세계에서 첨단회사, 인재, 자금이 몰려드는 선순환을 이루면서 평균 연봉 15만 달러의 고임금 첨단기술 일자리가 40여만 개 창출됐다. 이 지역 민간부문 일자리의 29%가 첨단기술직이다. 주력산업이 자원다소비형이어서 인건비 벽에 부딪혀 추락하고 있는 한국 경제가 나아가야 할 창조경제의 방향을 여기서 찾을 수 있지 않을까. 실리콘밸리에서 한국의 창조경제에 던지는 몇 가지 시사점을 찾아봤다.

첫째, 대기업 중견기업 소규모 벤처기업이 어울려 있어야 시너지를 발휘할 수 있다. 실리콘밸리에 몰려드는 수천 개의 벤처창업기업은 대부분 2~3년 기한으로 첨단제품을 개발한 뒤 대기업이나 중견기업에 높은 가격으로 기업을 팔아넘겨 이익을 챙기는 것을 목표로 하고 있다고 한다. 그러려면 벤처창업기업들이 대기업 중견기업 가까이 있는 게 가장 효율적이다. 대기업 없이 벤처창업만 추진하면 투자자금 회수가 안 돼 종국에는 투자할 벤처캐피털이 없어지면서 실패할 확률이 높다. 그 경우 정책자금 지원에만 의존하게 돼 국가 부담만 커진다.

둘째, 인수·합병(M&A) 시장 활성화가 중요하다. 대기업의 중소 벤처기업 M&A를 죄악시하거나 벤처기업 창업주들의 자기 기업이라는 인식이 강할 경우 M&A 시장이 활성화되지 않고 따라서 투자자금 회수가 안 되기 때문에 성공확률이 10%에도 못 미치는 모험기업에 투자할 자본은 사라지게 된다. 자연히 정책자금 지원이 아닌 시장베이스 벤처창업은 힘들어진다. 2011년 2,088개 한국의 벤처기업 중 96%가 M&A 경험이 없는 것으로 조사됐다.

대기업이나 중견기업들도 첨단기술을 개발한 벤처기업을 발굴, M&A를 함으로써 기업가치를 높이는 노력이 필요하다. 미국의 대형 정보통신기업들은 예외 없이 M&A를 통해 성장했다. 오라클은 2012년 11개 회사를 인수하는 등 1994년부터 100개 회사를 인수했다. 마이크로소프트나 시스코도 각각 150개 회사를 M&A 했고 구글도 124개 회사를 M&A 하면서 성장했다.

셋째, 벤처기업 창업은 극히 예외적인 경우를 제외하고는 동종업계의 연구나 직장 경험이 있는 전문가들이 창업해야 성공확률이 높다. 페어차일드1 반도체에 근무하던 로버트 노이스와 고든 무어가 인텔을 창업했듯이 성공한 창업자는 동종업계 유경험자가 대부분이다. 사회경험도 없는 청년들을 창업경진대회 등을 통해 선발하고 창업을 지원하는 정책은 글로벌 경쟁시장에서 성공확률이 높지 않다.

넷째, 산학클러스터 형성이 중요하다. 실리콘밸리에는 스탠퍼드,

버클리 등 유명 대학은 물론 세계적인 연구소들이 즐비하다.

다섯째, 엔젤투자자 벤처캐피털회사 등 창업 관련 금융회사는 물론 M&A 법률자문을 할 수 있는 법률회사도 같은 지역에 있는 것이 바람직하다. 말하자면 대학과 연구소, 대기업과 중견·중소기업들은 물론 창업금융회사 법률회사들이 한 지역에 모여 있어야 첨단기술이 개발되고 개발된 기술에 대한 자유로운 정보 교환으로 M&A도 활발해져 실리콘밸리 같은 창조경제 생태계를 만들어 낼 수 있다. 정부 규제나 기업 내 관료주의가 사라진 완전히 자유로운 기업환경이 조성되고 우수인재들이 몰려들도록 생활환경이 개선돼야 함은 두말할 필요가 없다.

5.3 M&A의 유형

(1) 수평형 기업결합(Horizontal integration)

같은 산업에서 생산 활동 단계가 비슷한 기업 간에 이루어지는 경우를 말하며, 시장 점유율이 높거나 판매력 강화 또는 판매를 일원화하기 위해 기업 인수, 합병이 주로 이루어진다.

동종 또는 유사 상품을 공급하는 경쟁기업간의 기업 결합이다. 예를 들면 자동차 제조회사간의 결합, 자동차 판매회사 상호 간의 결합 또는 주스 생산업체 상호간의 결합 등을 말한다. 가장 분명하게 기업결합의 형태를 파악할 수 있는 것으로 동일 시장에서 경쟁관계에 있는 기업 간의 결합으로, 경쟁 제한적인 효과가 가장 명백하게 드러나는 기업결합의 형태이다. 동일 시장에서 동일한 상품이나 서비스를 공급하는 기업들이 결합하면 독점기업은 감소하며, 그만큼

시장 집중도는 높아지고 유효경쟁이 감소한다고 보는 것이 전통적인 시장 구조론의 입장이다.

(2) 수직형 기업결합(Vertical integration)

수직형 기업결합이란 어떤 상품 또는 용역 생산에서 판매에 이르기까지 거래 단계를 달리한 사업자 간의 결합을 말한다. 원자재 공급자와 수요자간의 결합 또는 제품의 생산자와 판매자 간의 결합이다. 예를 들면 정유회사와 유류판매 업체 간의 결합이나, 자동차 부품을 제조 생산하는 기업이 자동차를 조립 판매하는 기업과 결합하는 형태이다. 수직적 결합은 경쟁자 수가 감소되지 않고 경쟁을 촉진시킬 수 있으나, 시장을 폐쇄시키게 되므로 결국 경쟁을 저해하는 결과를 초래한다.

수직적 결합에서는 시장 봉쇄효과와 시장 압박효과가 나타난다. 시장 봉쇄효과란 제조업체가 공급업체와 결합하여 원료시장을 독점하거나 유통업체와 결합하여 유통망을 독점함으로써 경쟁업체를 배제시키며, 기업 결합에 참여하지 않는 독립업체들의 시장 진입을 제약을 통해 경쟁을 더욱 제약하는 경우를 말한다. 가격 압박효과란 수직적 기업 결합으로 경쟁기업보다 원료를 싸게 구입하여 최종재 상품시장에서 경쟁기업에 비하여 경쟁의 우위를 확보하게 되므로 불공정 경쟁이 이루어지는 것을 말한다. 예를 들면, 수직적 기업결합이 원료를 독점생산하면 이를 사용하여 최종재도 생산하게 되고, 최종재만 생산하는 경쟁기업에 대하여 원료를 고가로 판매하는 경우에는 경쟁관계에서 우위를 확보할 수 있다.

(3) 혼합형 기업결합(복합적 결합, Conglomerate integration)

생산이나 판매 면에서 서로 관계가 없는 기업끼리의 결합으로 주로 사업 다각하나 인재확보, 자금조달의 강화나 관리비용의 절감 등을 목적으로 할 때 나타나며, 혼합결합의 종류에는 시장확대형 결합, 상품확대형 결합 및 순수한 결합으로 나누어진다.

시장확대형 결합은 같은 종류 또는 긴밀한 대체관계에 있는 상품이나 서비스를 공급하고 있지만 운송비나 정부규제 등에 의하여 지리적으로 분리되어 있는 시장에서 활동하고 있던 기업들 간의 기업결합을 말한다. 예를 들어 진로소주와 보해소주가 결합하는 경우를 들 수 있다.

상품확대형 결합은 자동차 판매회사가 오토바이 판매회사를 결합하는 경우로 기존의 생산설비나 영업소를 공동으로 사용하거나 공동으로 시장 전략을 강구할 수 있는 수평적 수직적 기업결합과 유사한 형태의 기업결합이다. 순수한 혼합결합은 서로 아무런 관계가 없는 기업 간의 결합형태이다. 건설회사와 김치회사와 같은 형태의 기업결합을 말한다.

혼합결합이 시장에 미치는 효과를 예측하기는 매우 어렵다. 경기변동에 따른 경영위험을 분산하고 경영기법이나 판매량 등의 요소를 고려하여 상호거래나 진입장벽의 문제 등 잠재적 경쟁을 배제하고 경쟁력 집중을 가져올 수 있기 때문이다.

제6절 앱창업

6.1 앱창업의 의의와 현황

(1) 스마트폰과 애플리케이션

한국정보통신산업협회의 정의에 의하면 스마트폰이란 운영체제를 탑재하여 종전보다 유연하게 비즈니스 어플리케이션을 가동할 수 있는 고기능판 다기능 휴대전화를 말한다. 즉 스마트폰은 휴대 가능한 PC로 모바일 전용 운영체제위에서 구동되며 다양한 어플리케이션을 설치 · 제거할 수 있어 종전의 휴대전화의 기능 이외에 다양한 PC기능이 이용가능한 모바일 디바이스이다.

애플리케이션은 어플리케이션 프로그램(application program, 응용 프로그램, 통상 줄여서 '앱')의 약자로 목적에 따른 전용 프로그램을 말하며, 예컨대 게임 프로그램이나 각종 정보제공 프로그램 등이 있다. 우리나라의 전체 휴대전화 가입자 수는 5천4백만 명을 넘어서서 1인당 1개 이상의 보급률을 보이고 있으며, 이러한 보급속도를 감안할 때 애플리케이션 시장은 향후 활발한 성장을 보일 것으로 예상되며 이에 따른 앱창업도 동반성장이 이루어질 것으로 보인다.

(2) 앱창업이란?

앱 창업이란, 애플리케이션을 개발하여 판매하는 기업을 창업하는 것을 말한다. 스마트폰이 일반 휴대폰과 근본적으로 다른 부분은 바로, 용도에 따라 프로그램을 추가 설치해 활용할 수 있다는 점이다. 컴퓨터에서 사용하는 갖가지 다양한 프로그램과 같은 개념이다.

컴퓨터에 단순히 윈도우 등과 같은 운영체제만 설치되어 있다면 컴퓨터의 활용도가 제한되고, 낮은 것처럼, 수십만 개에 달하는 다양한 스마트폰 앱을 활용하지 않는다면 스마트폰의 효용성을 극히 일부만 사용하는 것이라 말할 수 있다. 이러한 스마트폰이 애플에 의해 2008년 아이폰 3GS가 등장한 이래 전 세계적으로 급속히 보급되면서 앱개발과 앱창업도 동시에 활발한 성장세를 나타내고 있다.

(3) 앱스토어

애플리케이션의 시장이라고 할 수 있는 앱스토어(Application Store)는 애플이 운영하고 있는 아이폰 및 아이팟 터치용 응용 소프트웨어를 업로드하고 다운로드하는 서비스를 말한다. 즉, 2008년 최초 론칭된 애플의 아이폰용 소프트웨어 다운로드 플랫폼인 앱스토어에서 비롯되었는데 소프트웨어 개발자가 직접 개발한 SW를 아이폰의 앱스토어에 등록하면 이용자가 비용을 지불하고 다운로드하게 된다. 이때 발생되는 SW판매수익을 앱스토어 운영자인 애플과 SW개발자가 나누어 가지게 된다. 2008년 구글도 애플의 앱스토어와 비슷한 구글 안드로이드 마켓을 오픈해서 운영하고 있으며 2009년에는 마이크로소프트도 윈도마켓플레이스(Window Marketplace)를 등장시켰다.

우리나라의 앱시장과 앱창업도 스마트폰 시장이 급속히 성장함에 따라 새로운 사업 기회가 되고 있다. 2008년 앱스토어에 애플리케이션이 처음 등장한 이후로 계속해서 애플리케이션의 수는 기하급수적으로 증가하고 있다. 또한 구글의 안드로이드 마켓을 탑재한 국산 스마트폰이 보급되면서 안드로이드 마켓의 애플리케이션도 함께 성장하고 있다. 이에 따라 애플리케이션의 창업 열기도 확산되고 있다.

6.2 앱창업의 수익모델

<표 16-11> 앱창업 수익모델

수익모델	개발모델	유통모델	서비스모델
수익방식	개발료	수수료	판매료
사업형태	앱개발, 앱디자인, 앱콘텐츠 개발 등의 대행사업	모바일 커머스, 모바일 광고	모바일 게임, 모바일 방송, m-러닝, e-Book
사업마진	개발료-개발비	중개수수료, 광고수수료-영업비	판매료-구매원가
사업전개	B2B, B2G, B2S	C2C, B2C, B2B	B2C, B2B
사업초점	- 인건비 및 하드웨어비용의 절감을 통한 수익 극대화 - 개발 완료 및 납품 이후 운영서비스의 아웃소싱으로 연결	- 거래 안정화 및 보안 장치 확보 - 판매자와 구매자의 동시만족추구 - 최대 동시접속자수에 대한 네트워크 용량 대안 마련	- 지속적 고객관리 - 지속적 업그레이드 - 신속한 신상품 소싱 - 최대 동시접속자 수에 대한 네트워크 용량 대안 마련

※ C2C는 개인 간 거래, B2C는 기업 대 개인 거래, B2B는 기업 대 기업 거래, B2G는 기업 대 정부 거래, B2S는 기업 대 학교 거래

(1) 개발모델

개발모델은 창업자가 기업, 정부, 학교 등 기관에서 개발을 위탁받아서 애플리케이션을 개발하고 납품하는 사업이다. 수익방식은 개발에 따른 개발료를 받는 개념이다. 여기에는 앱콘텐츠의 개발, 애플리케이션 개발, 앱디자인 등 개발 위탁과 관련된 모든 것이 포함된다.

앱창업자의 마진은 용역비로 받은 개발료에 개발에 따른 인건비, 하드웨어 구입비 등을 제외한 것이다. 일반적으로 앱개발 용역 시 마진율은 30~40%선이며, 기업 운영에 따른 판매 및 일반관리비를 제외하면 10% 이내의 수익이 창출된다. 고부가가치 사업이라 할 수는 없지만 다른 모델에 비해서 투자비가 적게 들어간다는 장점이 있고 인건비를 절감해 안정적인 수익을 창출할 수 있다는 장점이 있다.

개발모델은 주로 기업, 정부, 학교 등 단체를 대상으로 한다. 특히 정부나 지방자치단체와 같은 공공기관은 자체적으로 앱을 개발하는 인력을 두고 있지 않기 때문에 외부의 전문개발업체를 찾게 된다.

앱창업자가 개발모델에 중점을 둘 경우에는 경영에서 가장 중요한 사항이 원가 절감과 운영서비스의 아웃소싱이라 할 수 있다. 이는 애플리케이션 개발업체들이 계속해서 많이 생겨나게 되면서 가격 경쟁력은 떨어지고 개발인력의 인건비는 올라가는 상황에서 아웃소싱으로라도 지속적인 매출을 올려야 하는 이유 때문이다.

(2) 유통모델

유통모델은 중간에서 공급자와 판매자의 니즈를 포착하여 수익을 창출하는 모델, 즉 중개모델이라고 할 수 있다. 도매와 소매의 경우를 보면, 도매는 제조에서 총판권을 획득해 특정 지역이나 시장 영역에 국한되어 있는 소매사업자들을 대상으로 판매를 하는 것이다. 도매사업자는 영업마진율이 낮지만 소배사업자들에게 대량으로 판매하기 때문에 상당한 수익을 올릴 수 있다. 반면에 소매는 도매 사업자에게 제품을 공급받아 일반 소비자를 대상으로 판매를 하기 때문에 적정 마진율이 보장되어야 한다. 일반적으로 소매 마진율은 40%선을 유지해야 한다. 전자상거래에서 기업 간 거래는 도매의 성격을 띠며, 기업 대 개인 거래는 소매의 성격을 갖는다.

유통모델의 대표적인 예로는 '투어자키'라는 항공권 예매 애플리케이션이 될 수 있다. 이 애플리케이션은 모두투어, 하나투어 등 국내 주요 여행사에서 항공권 판매 권한을 부여받아 여행을 하려는 고객들에게 판매하는 전형적인 중개사업을 수익모델로 갖고 있다. 이 애플리케이션은 모바일 커머스의 일종이라고 할 수 있다. 사람들이 이제는 지하철, 버스, 길거리, 침대에 누워서도 상품을 구매할 수 있게 되면서 모바일 커머스라는 용어가 등장하게 된 것이다.

또한 유통모델은 모바일 커머스에 국한되지 않고 무역, 광고, 인력중개 등으로 확산되고 있다. 사업 방식도 기업 간 거래를 통한 개인 판매뿐만 아니라 개인 대 개인의 거래로도 넓혀질 전망이다. 앱 창업자가 유통모델을 수익모델로 선택하려면 무엇보다도 상호 간 거래할 때 돈을 떼이지 않도록 안정적인 교환 시스템을 확보하는 것이 중요하다. 그리고 사용자들이 동시에 접속할 때에도 안정적으로 서비스할 수 있도록 네트워크 용량도 확보해둬야 한다.

(3) 서비스모델

애플리케이션의 최종 수익모델을 서비스모델이라고 할 수 있다. 사람들이 스마트폰과 태블릿 PC, 나아가 스마트 TV에서 기대하는 것은 다양한 서비스이다. 교육, 게임, 방송, 도서 등이 분주해진 이유는 애플리케이션이 새로운 시장 재편의 기회를 제공하기 때문이다. 그러므로 업체들은 다양한 콘텐츠를 담아내는 포탈화 작업과 고객 편의성을 확보하는 작업에 몰두해야 한다.

서비스모델의 대표적인 사업형태로는 모바일 러닝시장과 e-Book 시장이 있다. 서비스모델은 2가지 수익모델을 취하는 것과 마찬가지로, 개인사용자들을 대상으로 한 기업 대 개인거래(B2C)의 서비스 판매료와 기업을 대상으로 한 기업 대 기업거래(B2B)의 중간유통까지 확보하는 것이다. 아웃소싱으로라도 지속적인 매출을 올려야 하는 이유 때문이다.

6.3 앱창업의 지원정책

(1) 앱창작터

앱창업 희망자가 늘어남에 따라 앱스토어 마켓 창업을 위한 교육 과정이 개설되는 등 관련 교육 등도 확대되고 있다. 중소기업청은 2013년도 4월 대학 16개, 민간기관 4개, 특성화고 2개 등 22곳을 '스마트 앱창작터'로 신규 지정했다. 스마트 앱창작터는 창의적인 인재를 발굴해 스마트폰과 태블릿PC 등 모바일 애플리케이션 개발에서부터 창업까지 밀착 지원하는 곳이다. 올해 총 67억 원을 투입해 창작터로 선정된 대학과 민간기관에 최대 3억 5,000만 원, 특성화고는 1억 원을 지원한다. 앱창작터에서 배출한 창업팀 중 우수팀을 별도로 선발해 '앱 특화 누림터' 입주를 지원하고 글로벌 진출 가능성이 높은 앱은 번역, 퍼블리싱 등도 지원한다. 앱창작터는 대학생뿐만 아니라 일반 성인들에게도 문호를 개방하고, 2개월 과정의 애플리케이션 개발교육을 실시하고 있다. 인천에도 스마트폰 117용 앱 창작과 창업 및 사업화를 지원해주는 스마트 앱창작터가 문을 연다. 교육과정은 △앱개발자 일반창업 과정, △안드로이드 앱개발 기본과정, △안드로이드 앱 전문개발자 과정, △안드로이드 게임 앱 Cocos2D-X 과정, △스마트폰 기획/UX180 전문개발자 과정, △안드로이드 실무 프로젝트, △앱개발자 창업 심화과정 등으로 구성했다. 교육은 7월까지 총 280시간 동안 진행한다. 교육생은 과정당 20～30명씩 총 170명이다. 교육을 마친 뒤에는 8월 중에 10개 앱창업팀을 선정하고, 연말까지 팀당 2,000만 원의 사업화 자금을 지원해 육성할 계획이다. 인천정보산업진흥원은 올해 중소기업청 스마트 앱창작터 운영기관에 선정돼 오는 2015년까지 3년간 앱창작터를 운영한다. 앱창작터에서는 3년 100개 앱 개발기업을 창업시키고 앱개발 스타기업 10개사를 발굴·육성하게 된다. 인천정보산업진흥원은 이를 통해 올해 모바일 1인 창조기업에 최적화한 창업환경을 구축하는 데 주력하고, 내년에는 지역 및 전국 혁신네트워크 강화를 통한 지원체계를 구축한다. 3차연도인 2015년에는 모바일 지식·창조산업 생태계 조성에 집중할 계획이다.

성남시와 성남산업진흥재단도 모바일 앱과 콘텐츠 분야 개발자 양성과 앱 창업메카의 역할을 담당할 '스마트 앱창작터'(www.snip-app.kr)의 실전 창업교육을 시작했다. 기본과정, 심화과정, 창업과정 등 2개월에 걸쳐 총 9개 과정, 300명의 전문 인력을 매년 양성하게 될 이번 사업을 통해 성남시는 3년간 30개사 이상의 앱 전문기업을 신규 육성해나갈 계획이다. 이를 위해 필요한 창업자금은 우수팀을 선발해 매년 1억 5천만 원(팀당 최대 5천만 원)을 지원할 예정이다. 스마트 앱은 연평균 40% 이상 고속성장하는 신산업 분야로 국내 스마트폰 가입자 수는 작년 9월 기준 3,088만 명에 육박하고 있다. 세계시장 역시 5년 전 9억 달러에서 올해 159억 달러로 확대될 예정이나, 국내에는 아직 전문 개발인력과 체계적인 창업지원 시스템이 부족한 실정이다. 성남시는 2010년부터 경기도와 함께 '경기모바일 앱센터'를 설립하여 앱 테스트 기반구축, 앱 개발 지원 등에 앞장서 왔으며 현재 IT, 스마트 모바일기기, 소프트웨어 분야 등 벤처기업 수만 1,100개를 넘어서고 있다.

이러한 특화된 산업인프라를 기반으로 성남시와 재단은 실전 교육과 개발 커뮤니티, 창업지원이 연계된 전주기형 스마트 앱 강소기업 육성에 나설 예정이다. 재단은 창업자금 지원과 함께 앱창작터에서 배출한 창업팀 중 우수팀을 별도로 선발하여 성남지역 내 창업보육센터 공간에 입주를 지원(최대 2년)하고 글로벌 진출 가능성이 높은 앱에 대해서는 번역, 현지화 지원, 퍼블리싱 등 해외 진출도 연계 지원할 계획이다.

서울시는 서울산업통상진흥원에 교육을 위탁하여 하이서울창업스쿨을 운영하고 있는데, 앱창업 예정자들을 대상으로 지식서비스창업과를 추가로 개설하였다. 앱창업 과정은 애플리케이션 개발자 및 개발인프라를 갖춘 예비창업자를 대상으로 모바일 마켓에 대한 전반적 이해를 위한 교육과정으로 이루어져 있다.

(2) 창업지원금 활용

앱창업자들은 1인창업 또는 소수의 인원에 의한 동업으로 사업을 시작하는 경우가 많기 때문에 창업자금의 확보는 매우 중요한 사항이다. 다행스럽게도 앱창업자에게는 대규모 시설이나 점포가 필요한 것이 아니어서 커다란 창업자금이 소요되는 것은 아니지만 애플리케이션 개발과 상품화에 필요한 기본자금은 필요하게 된다. 특히 구상이나 계획단계를 지나 본격적인 연구개발이 시작되면 인력과 물자 및 설비 그리고 작업공간 등의 증가에 따른 자금소요가 커지게 되고 이에 따른 필요자금의 확보는 매우 중요한 문제로 등장한다. 이때 창업관련 공공자금은 매우 훌륭한 자금조달원이 될 수 있다. 공공 창업자금은 창업초기의 어려움과 문제점을 감안하여 부동산과 같은 물권담보가 없이 창업자 개인의 신용만으로 차입할 수 있다는 장점이 있으며 특히 기간도 비교적 장기간에 걸쳐 있어서 창업에 필요한 고정자금을 저리로 얻을 수 있다는 장점이 있다. 또한 초기 창업자의 창업자금은 물론 창업 후 경영과정에서의 운영자금이라 할 수 있는 경영개선자금도 지원되고 있기 때문에 매우 유용한 자금이다. 앱창업자들은 자기자본 규모에 따라 3천만 원까지 지원받을 수 있으며, 기술력의 우수성이 입증된다면 기술보증기금을 통해 수억 원의 자금도 신청이 가능하다.

<표 16-12> 앱창업 정책자금 리스트

창업자금	기관명	내역	상담처
소상공인 창업자금	중소기업청	5인 미만 창업자 대상 사업자등록 후, 최대 5천만 원	소상공인지원센터
소상공인 정책자금 우선지원제도		교육 이수자(30시간) 우선지원 사업자등록 후, 최대 5천만 원	소상공인지원센터
서울 소상공인창업자금		사업자등록 후, 최대 8천만 원	서울소상공인 지원센터
경기 소상공인창업자금	서울특별시	사업자등록 후, 최대 5천만 원	경기소상공인 지원센터
청년창업 특례보증	경기도	사업 후 3년 이내, 39세 이하 청년사업자 대상	신용보증기금
1인 창조기업특례보증	중소기업청	상시근로자 없이 1인이 영위하는 신기술창업자 대상, 1인 창조기 업용 평가표 적용	기술보증기금

(3) 앱 개발 창업사관학교

중소기업청이 스마트폰 애플리케이션(앱) 창업을 종합패키지 형태로 지원하는 '앱 창업사관학교'를 만든다. 창조경제 생태계 조성 계획에 발맞춰 청년창업 분야 중 최근 크게 늘고 있는 앱 창업을 직접 육성하겠다는 것이다. 이를 위해 중기청은 올해 중소지식서비스기업육성 예산 75억 원을 '앱 창업지원사업'에 활용키로 내부 방침을 정했다.

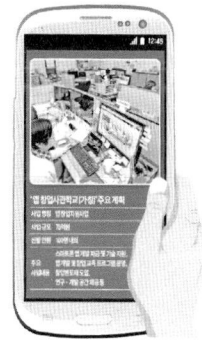

현재 서울 및 수도권 지방자치단체와 앱 사관학교 부지 확보를 위한 협의를 진행 중이다.

중소기업진흥공단의 청년창업사관학교와 유사한 방식으로 운영될 것으로 보이며, 3~4개월 단위로 연간 최소 100명의 창업 희망자를 선발해 지원할 계획이다. 앱 창업사관학교는 앱 관련 창업을 위한 '토털 솔루션'을 지원하는 형태로 운영될 전망이다. 앱 소프트웨어 개발에 필요한 자금과 기술지원은 물론 연구·개발 공간과 앱 개발 교육까지 제공된다.

중기청은 앱 창업사관학교를 창조경제의 구체적인 실행모델로 삼겠다는 방침이다. 이를 위해 그동안 산발적으로 이뤄진 지원기관과 지원방식을 한군데로 통합해 효과를 극대화한다는 것이다. 실제로 청년 벤처기업인의 앱 개발 및 창업이 매년 늘고 있지만 지난 3~4년 동안 앱 개발 지원은 대학을 중심으로 산발적으로 이뤄져 왔다. 중기청은 2010년부터 창업진흥원을 통해 앱 개발 교육과정을 운영하고 있는 전국 25개 대학 및 전문기관을 '앱창작터'로 지정해 관련 예산을 간접 지원해왔으나 효과를 두고는 의견이 분분했다. 앱 창업사관학교는 대학과 대학생에만 한정하지 않고 다양한 앱 개발 아이디어를 가진 창업가를 포괄해 지원할 예정이다.

청년창업사관학교를 운영 중인 중진공도 자체 앱 개발 지원을 축소하는 방식으로 중기청에 힘을 실어주기로 했다. 2014년부터 청년창업사관학교 지원 분야 중 스마트폰 앱 개발 분야 선발인원을 단계적으로 줄여나가는 대신 일반 제조업 분야를 확대 선발할 방침이다.

현재 청년창업사관학교 입교생 300명 중 20%가량은 앱 개발 창업가로 뽑고 있다. 앱 개발 교육 프로그램은 보통 3~4개월 정도면 끝나는데 이들을 1년씩 지원해주는 현 청년창업사관학교 시스템이 다소 비효율적이라는 내부 지적이 많았다. 앞으로는 앱 소프트웨어 개발 분야만 단계적으로 분리하는 것일 뿐 PC에서 쓰는 일반적인 소프트웨어 개발 기업은 그대로 사관학교에서 뽑을 예정이다.

제7절 해외창업

7.1 해외창업을 위한 선행조건

외국인의 국내 창업도 활발해짐에 따라, 내국인의 해외창업도 또 하나의 창업기회가 되고 있다. 해외창업 시에는 무엇보다 창업자의 특성이 중요하다. 창업자의 특성이 해외시장으로 진출하여 창업 기회를 포착하는 데 있어서 가장 중요한 요소이며 특히 창업자가 지니고 있는 창업동기와 그로 인한 행동특성이 그 핵심요소가 될 것이다.

또한 해외창업 시 해외시장조사가 반드시 선행되어야 한다. 창업하려는 해외 시장의 문화적·경제적·정치적·법적·기술적·전략적 요인들을 창업 전에 면밀히 조사해야 창업의 성공 가능성을 높일 수 있다. 직접 방문하여 알아보고 정보를 수집하는 것이 가장 좋은 방법이 될 수 있다.

아무리 좋은 창업아이템을 가지고 있더라도 해외시장 진출 시 사전에는 경쟁상황을 고려해보아야 한다. 경쟁상황에 맞게 해외시장을 선정하고 진출해야 하며, 경쟁사에 대한 자료를 수집하여 파악해 보는 것이 좋다.

마지막으로 해외창업 아이템이 해당 해외시장에서의 소비자의 욕구를 만족시키는지, 고객에게 있어서 창업 아이템이 가지는 이점은 무엇인지, 목표시장에서의 기존 또는 잠재적인 경쟁사에 대한 강점과 약점은 무엇인지를 끊임없이 점검하고 조사해야 한다.

1.2 해외시장의 창업 트렌드

(1) 맞벌이를 위한 어린이 파티 대행업

미국, 유럽 등 선진국 창업시장에는 맞벌이 부부를 위한 키즈산업이 다양하게 발달해 있다. 대표적인 예가 어린이 파티 대행업이다. 이 사업은 자녀의 생일, 크리스마스 등에 특별한 이벤트를 해주고 싶어도 시간적 여유를 내기가 어려운 부모들에게 인기이다.

어린이 파티 대행업은 에어바운스(공기주입 튜브 놀이기구), 요리, 소방학교 등 다양한 테마를 갖추고 어린이 파티를 대행하여 준다. 독자적인 파티 장소와 시설을 갖추고 있기 때문에 좁은 집에서보다 더 다양한 놀이를 제공할 수 있고, 안전사고에도 대비할 수 있다.

대표적인 업체로 미국에 있는 '펌프 잇 업(Pump It Up)'을 들 수 있다. 이 업체는 실내에 미끄럼틀, 기차, 해적선 등 모든 놀이시설을 에어바운스로 만들었다. 고객은 자녀의 생일 등 특정 날짜를 미리 예약한 후 자녀와 그 친구들이 방문해 놀이시설에서 놀 수 있도록 한다. 음식 장만에서부터 파티 진행, 동영상 촬영, 설거지까지 전 과정을 이 업체가 도맡아 해준다.

창업자 브랜다 드론커는 어린이들이 안전하게 놀 수 있는 실내 놀이공간이 부족하다는 점에 착안하여 창업을 하였다. 이 사업은 최소 325m²의 점포를 확보해야 하지만 사전예약을 통해 고객유치를 하기 때문에 A급 상권에 위치할 필요가 없으며, 창업비용은 점포비 제외하고 최소 20만 달러라고 한다.

최근에는 다양한 체험학습 효과까지 주는 파티 대행업도 등장하고 있다. 미국에 있는 '파이어존(The FireZone)'은 소방학교를 테마로 해 실제 소방차와 소방장비 등을 갖춰놓았다. 3~13세 어린이들이 직접 소방관 옷도 입어보고 소방차에서 소방호스로 물을 뿌려보기도 하는 등 실제 소방체험을 해볼 수 있다. 화재예방, 소방안전 교육도 함께 제공한다. 공동 창업자인 크리스 갠츠와 에드 하워드는 어린이들에게 가장 인기 있는 장래 희망직업 중 하나가 소방관이라는 것에 착안, 이를 테마로 하는 파티 대행 사업을 시작했다. 2006년 설립해 미국에 2개 점포를 운영하고 있는 파이어존은 20여 명의 실제 전현직 소방관들이 운영을 돕고 있으며, 현재 프랜차이즈 사업도 준비하고 있다. 이러한 해외창업의 트렌드를 통해 출산율이 낮더라도 키즈산업의 성장가능성은 여전히 높음을 알 수 있으며, 어린이 파티 대행업 창업이 해외창업의 하나의 기회가 될 수 있다.

(2) 재활용사업 창업

미국, 유럽 등 선진국 소비자들은 자원 재활용이 생활화돼 있다. 미국은 매년 11월 15일을 '재활용의 날(America Recycle Day)'로 지정해 재활용의 생활화를 장려하고 있다. 이와 관련하여 재활용품 전문점 창업이 활발하게 이루어지고 있으며 이는 나아가 대기업 형태로 운영되기도 한다.

자원 재활용을 사업화한 대표적인 업체로 영국에 있는 '리버스 벤딩 코퍼레이션(Reverse Vending Corporation)'을 들 수 있다. 이 업체는 기존의 자판기와 반대로 빈 음료 캔이나 병을 수거하는 자판기를 개발했다. 리벤드라는 이름의 이 자판기는 외형은 기존 자판기와 똑같이 생겼다. 고객이 음료수를 다 마신 후 빈 알루미늄 캔이나 PET 병, 유리병 등을 투입구에 넣으면 자판기가 자동으로 식별, 이를 받아들인 후 그 재질과 무게에 따라 환불 금액이 표시된 영수증을 발급해 준다. 고객은 이 영수증을 인근 슈퍼나 편의점에 제출하면 현금으로 교환받을 수 있다.

재활용품 전문점으로는 미국에 있는 생활용품 재활용 전문 프랜차이즈 기업인 '윈마크(Winmark)'가 대표적이다. 이 기업은 어린이 용품 재활용 전문점 브랜드인 '원스어폰어차일드', 10대 패션용품 재활용 전문점 '플라토스 클로젯', 악기 재활용 전문점 '뮤직 고 라운드', 스포츠용품 재활용 전문점 '플레이 잇 어게인 스포츠' 등 4~5개의 브랜드, 총 900여 개의 가맹점을 운영하고 있다.

대표 브랜드 중 하나인 원스어폰어차일드는 미국 최대 어린이용품 재활용 전문점으로, 의류, 신발, 완구, 유모차, 동화책 등 14세까지 어린이의 재활용 가능한 모든 생활용품 수천 가지 품목을 매입, 판매한다. 유명 브랜드 제품 위주로, 일반 소매가격의 50~80% 수준에 판매한다. 특히 이 업체는 자체적으로 안전기준을 마련, 이를 각 가맹점에서 준수하도록 하고 있다. 각 가맹점에서는 안전 교육을 받은 직원들이 모든 물건을 꼼꼼히 살펴본 후 매입을 결정하고, 기준보다 낡은 제품, 사용자가 임의로 개조한 제품, 리콜된 전례가 있는 제품·등은 매입하지 않는다. 창업비용은 280㎡ 기준으로 점포비 포함 15~24만 달러라고 한다.

이와 같이 하이테크 관련 아이템뿐만 아니라 친환경 사업으로 정부에서도 관심을 갖고 있는 재활용품 전문점과 같은 로우테크 분야의 창업 아이템도 해외창업의 기회가 될 수 있다.

7.3 해외시장의 취·창업 활성화대책

정부의 해외 취업 활성화 사업이 제대로 성과를 내지 못해 새 정부에서는 보완책 마련이 시급하다는 지적이 나온다. 전문가들은 정부가 단기 실적에 연연하지 말고 내실 있는 장기 과제로 추진하기 위한 인프라부터 먼저 구축해야 한다고 강조했다.

(1) 문제점

정부가 지난 5년간 국정과제로 추진한 '글로벌 청년리더 10만 명 양성' 사업은 7개 부처 25개 개별사업으로 나뉘어 연간 1,300억 원 규모의 예산으로 운영돼왔다. 목표 인원은 당초 10만 4,957명(2009~2013년)이었으나 절반이 넘는 기간(2009~2011년) 동안 3만 118명(국회예산정책처 집계)에 그쳐 이대로라면 '반토막 달성'이 불가피할 전망이다.

25개 사업 가운데 하나인 모 국책기관의 해외 취업연수 프로그램의 경우 2009~2011년 621억 원을 들여 1만 4,412명을 준비시켰지만 이 가운데 실제 취업자는 8,863명(61.5%)에 그쳤다.

또 정보기술(IT) 업종 인턴이 공장에서 단순노무를 하는 등 취업의 질 측면에서도 취약하다는 지적이 많다. 이 프로그램에 따라 IT

연수생으로 호주에 갔다가 PC방에서 파트타임 근무를 했던 A씨는 "3~6개월짜리 단기 파트 일자리에 취직시켜 놓고 취업자 숫자만 채우는 꼴"이라고 지적했다. 한국해외취업진흥협회 관계자는 "전공과 관계없이 연수생을 모집하고 가장 편하게 들어갈 수 있는 곳으로 단기 취업을 하는 경우도 많다"고 말했다.

국회예산정책처도 최근 발표한 '글로벌 청년리더 양성사업 집행실태 분석' 보고서에서 "사업의 사전·사후 관리가 미흡해 사업 대상자에게 실질적인 도움이 되지 못하고 있다"며 "글로벌 일자리 사업에 대한 총체적인 점검이 필요하다"고 지적했다.

(2) 인프라 대책

박근혜 정부는 대통령 직속 청년위원회에 'K무브(K-MOVE) 추진본부'를 만들어 이런 문제점을 보완해나가겠다는 방침인 것으로 파악됐다. K무브는 박근혜 대통령의 해외 취업 활성화 공약으로 △KOTRA 등과 협력해 해외 취업 정보 데이터베이스(DB) 구축, △해외 취업 멘토 소개 및 맞춤형 교육훈련 제공, △현지 정착을 위한 '해외 취업 장려금' 지급 등이 주요 내용이다. 예를 들어 '공장에서 단순노무를 했다'는 사례가 나온 건 해외 취업 정보의 신뢰도에 문제가 있었기 때문인데 DB 구축을 통해 이를 보완하겠다는 식이다.

효율적인 해외 취업 사업을 위해서는 실적에 연연하기보다 차근차근 인프라를 만드는 데 공들여야 한다는 것이고, 인도가 실리콘밸리를 장악하는 데 매우 오랜 시간이 걸린 것처럼 K무브도 장기 계획을 세워 추진해야 한다.

제8절 사회적 기업의 창업

8.1 사회적 기업의 정의

사회적 기업은 사회적 목적을 추구하고 이를 위해 수익창출 등 영업활동을 수행하는 조직을 말한다. 일반적인 기업은 이윤을 추구하나, 사회적 기업은 취약계층에게 일자리나 사회서비스 제공 등 사회적 목적을 추구하는 기업이다. 사회적 기업은 빵을 팔기 위해 고용하는 것이 아니라 고용을 위해 빵을 파는 기업으로 표현되며, 좋은 일을 하면서도 수익을 창출하는 기업이라고 말할 수 있다. 일반적으로 사회적 기업과 '기업의 사회적 책임(CSR: Corporate Social Responsibility)'을 혼동하는 경우가 많다. '기업의 사회적 책임'은 기업이 사회에서 이윤창출을 거둔 만큼 기업이 속한 조직사회에 이에 상응하는 일정부분 책무를 다해야 한다는 의미로 해석할 수 있다. 따라서 기업이 다양하고도 폭넓은 기부나 자선활동에 나서는 경우가 바로 기업의 사회적 책임에 해당한다. 반면, 사회적 기업은 '사회적 목적을 추구하면서도 이를 위해 수익 창출 등 영업활동을 하는 기업'이다. 한마디로 사회적으로 바람직한 좋은 일을 하면서도 수익을 내는 기업이다.

<표 16-13> 사회적 기업의 정의

주체	형태
Borzaga & Suntuauri	사적부문의 법적형태 및 관리운영 모델을 유지하면서 일정한 사회적 목적을 강조하는 지위와 조직적 형태를 띠고 가치재(merit goods)나 집합체(collective goods)를 생산하는 기업
Campbell	사회목적을 갖는 사업으로서 지역사회에서 필요로 하는 재화 및 서비스를 생산하는 부족한 재원을 지원하는 활동을 통해 이윤을 사회적으로 보편화하는 조직
OECD	재화와 용역의 생산을 통해 사회적 배제 및 실업문제에 대한 혁신적 해결책을 제시하는 기업, 여러 나라들에서 활동을 통해 이윤을 사회적으로 보편화하고자 하는 조직
Cattell	사회적 기업은 법적으로 명확하게 정의된 개념이 아니며, 사실상 이 개념이 보편적으로 사용되기 시작한 전 최근 몇 년의 일이다. 사회적 기업의 광의의 의미는 상업적인 이윤보다 사회적 목적 추구에 초점을 두고 있는 기업으로서 그 생존과 성장에 필수적인 수준의 이윤은 창출해야 하는 조직체
EU	사회적 기업의 조직구조는 모든 구성원이 참여하는 구조로서 모든 구성원들의 관리에 근거하여 협동조합 형태, 사회적 기업의 핵심특징은 사회적 기업과 광범위한 사회 및 지역경제의 다른 조직 간 상호협동적인 활동을 고려함
Defourny	기업적 측면과 사회적 측면의 결합으로 조직적으로 정의. 첫째, 기업적 차원에서 재화생산 및 서비스 판매의 지속적 활동, 높은 자율성의 정도, 유의미한 수준에서의 경제적 위험, 유급노동의 최소화이고, 둘째, 사회적 측면 공동체를 위해 봉사하는 맹목적 목적, 시민단체에 의한 이니셔티브, 자본소유에 바탕을 두지 않는 의사결정 권한, 활동에 관여하는 사람들의 참여적 성격, 제한된 이윤배분 등 을 충족해야 함

출처: 엄형식, 한국의 사회적 기업 현황 비교와 유형화를 위한 접근, 이은애 재분류(2007)

8.2 사회적 기업의 개념

사회적 기업은 비영리조직과 영리기업의 중간 형태로 수익 창출을 위한 영업활동을 수행하면서 사회적 목적을 추구한다. 선진국에서만 국한된 것으로 알려진 사회적 기업이 우리나라에서도 서서히 자리를 잡고 있다. 사회적 기업 육성법에 따라 협의의 개념과 광의의 개념으로 나눠볼 수 있다.

(1) 협의의 개념

사회적 기업 육성법에 의하면 협의의 개념으로는 취약계층에게 사회서비스 또는 일자리를 제공하여 지역주민의 삶을 질을 높이는 등의 사회적 목적을 추구하면서 재화 및 서비스의 생산 판매 등 영업 활동을 수행하는 기업을 말한다.

(2) 광의의 개념

넓은 의미로 사회적 기업은 주주나 소유자를 위한 이윤극대화를 추구하기보다는 우선적으로 사회적 목적을 추구하면서 이를 위해 이윤을 사업 또는 지역공동체에 다시 투자하는 기업을 말한다.

사회적 기업의 범위를 보다 넓게 정의할 경우, 사회적 기업은 삶의 질을 위해 특정 서비스를 제공하거나 환경 문제를 해결하는 등 사회적 목적을 추구하는 단체를 모두 포함하는 개념이라고 할 수 있다. 이 기준에 따르면 특정 공동체의 보편적 이익을 위해 만들어진 단체들이 사회적 기업의 전신이다. 예컨대 협동조합이나 자활공동체, 생산공동체, 장애인보호작업장 등이 이에 속한다.

8.3 사회적 기업의 특징

사회적 기업은 일반기업과 달리 특유의 기업적 특징을 갖추고 있다. 첫째, 사회적으로 취약계층에 있는 사람들에게 일자리를 제공하거나 사회서비스를 제공하는 등 사회적 목적을 추구하는 것이다. 일반기업이 최소의 투자로 최대의 효과를 거두기 위해 생산성향상, 인건비절감, 투자설비의 증대 등 수익성을 높이기 위한 다각도의 노력을 기울이고 있는 반면, 사회적 기업은 보다 많은 사람들에게 보다 많은 일자리를 창출하고 보다 많은 사람들에게 보다 많은 사회적 서비스와 혜택을 제공하는 데 목적을 두고 있는 점에서 확연한 차이를 나타내고 있다.

둘째, 영업활동의 수행 및 수익의 사회적 목적에 대한 재투자 측면에서 살펴보면 일반 영리기업이 기업의 활동과정에서 발생된 이익을 주주, 임직원 및 이해관계자에게 배분하고 일정부분은 사내에 유보시키는 형태를 취하는 반면 사회적 기업은 영업활동 과정에서 창출된 이익은 사업자체나 지역공동체에 재투자하거나 사회적 목적에 사용한다.

셋째, 의사결정 과정상의 민주적 절차측면에서 살펴보면 사회적 기업의 의사결정은 근로자나 서비스 수혜자 및 지역사회 인사 또는 주주 등 이해관계자들이 두루 참여하여 협의와 토론 등을 거쳐 민주적 방식으로 결정하는 반면 일반 기업들은 대표이사, 이사회 및 주주총회 등의 의결기관에서 결정된 의사결정을 상명하달식의 조직구성을 통해 추진되는 점에서 차이가 있다.

8.4 사회적 기업의 육성배경

우리나라 경제의 성장둔화와 산업구조변화에 따라 민간부문의 고용창출능력이 저하됨에 따라 "고용 없는 성장"이 지속되어 실업율의 증가 등으로 인한 고용문제가 심각한 사회불안요소로 작용하게 되었다. 특히 청년실업의 확대와 더불어 평균수명연장에 따른 인구노령화의 급속한 진전으로 인해 고용창출은 국가주요 과제로 등장하게 되었다. 이러한 배경하에 복지국가를 지향하는 정책과정상 부족한 사회서비스에 대한 공급 확대를 통한 고용창출방안 차원에서 사회적 일자리 창출사업이 추진되게 되었고 결국 창출된 수익을 사회적 목적 사업에 재투자하는 사회적 기업으로 발전되게 되었다.

8.5 사회적 기업의 유형

사회적 목적을 추구한다는 공통된 속성을 지니는 사회적 기업은 사회 경제적 목적을 지닌 경제활동 조직으로, 각 나라별 특성에 따라 다양한 형태를 띤다. 그 명칭 또한 다양하다. 각 기업은 그것의 생성 배경, 조건, 운영원리, 구체적으로 추구하는 목표 등에 따라 다음과 같이 분류했다. 첫째, 불이익 자의 일자리 창출을 주도하는 노동통합 기업, 둘째, 불이익자에게 사회적 서비스를 공급하는 기업, 셋째, 앞의 두 형태의 결합형으로 불이익자에게 노동통합의 기회를 제공함과 동시에 사회적 서비스를 필요로 하는 사람들에게 서비스를 공급하는 기업형태가 그것이다.

<표 16-14> 사회적 기업 유형별 분류

구분	형태	기타
법인별 유형	주식회사	상법에 근거
	협동조합	협동조합에 근거
	사회적 기업	상법상에 예외규정 설치 별도법을 제정
	비영리민간단체	비영리민간단체 특별법제정
	공공기관	정부지치 및 자치단체 조례
	자활지원기업 (Insertion enterprise)	정부의 지원 및 규제

기능별 유형	노동자 협동조합 (Worker's Cooperative)	자율적 조직
	소비자협동조합 (Consumers' Cooperative)	자율적 조직
	지역공동체기업 (Community Businesses)	정부의 지원 및 규제받음 자율적 운영사례도 존재
대상집단별 유형	자활적응기업(보호작업장)	장애인 참여기업
	고용연계훈련기업	청, 장년 취업희망자
	자활지원기업(자활공동체)	일반 실직 빈곤계층
	직업자활지원기구(맞춤형 훈련)	저학년, 비숙련 실직 계층

출처: 엄형식, 한국의 사회적 기업 현황 비교와 유형화를 위한 접근, 이은애 재분류(2007)

8.6 우리나라 사회적 기업의 등장

사회적 기업이 미국에서 본격적으로 도입되기 시작한 1990년대 초 우리나라에도 일부 사회적 기업 이념이 전파됐다. 당시 사회적 기업은 사회적 목적을 추구하지만 이윤 창출, 재정 자립 등 기업의 특징이 보다 강조됐다. 그래서 사회적 기업들은 취약계층 고용 창출이나 사회 복지 서비스 지원, 이익의 사회적 환원 등을 목적으로 하면서 동시에 일정 비율 이상의 유급 근로와 지속적인 제품 생산 등 영리적 기업 활동이 반드시 추구해야 할 개념으로 인식됐다. 본격적으로 사회적 기업이 우리나라에 등장한 시기에는 민간 주도로 이루어졌다. 1990년대 후반만 해도 사회적 기업의 개념을 불완전하거나 왜곡된 형태였다. 사회적 기업의 개념조차 생소하던 시기에 박원순 서울시장(전 사회적 기업 상임이사)는 자신을 '소셜 디자이너(Social Designer)'라고 칭하며 사회적 기업의 개념을 심기 위해 각종 강연과 출판 등 홍보 활동을 했다. 2002년 3월에는 아름다운 가게라는 사회적 기업을 만들어 성공적인 사회적 기업이 국내에서도 가능하다는 사실을 직접 입증했다. 이철영 회장은 미국의 발달된 사회적 기업 개념을 국내 학계에 최초로 들여온 인물이다. 2004년 당시 친구 2명과 함께 사재 25만 달러를 털어 미국 컬럼비아대 사회적기업연구소의 연구 성과를 국내 대학에 들여온다. 이 회장은 또한 2006년에는 국내 최초로 소셜벤처대회를 개최한 주역이다. 올해로 6회를 맞는 소셜벤처대회는 특히 대학생들에게 인기를 얻으며 학생층이 사회적 기업을 창업하는 데 큰 공헌을 했다. 이들의 역할에 힘입어 국내 사회적 기업은 수적으로 크게 증가했다.

민간 주도로 사회적 기업수가 증가했지만 사회적 기업이 지속적으로 성장하려면 정부 지원이 절실했다. 이에 우리나라 정부는 2007년 사회적 기업 육성법을 제정하면서 본격적으로 사회적 기업을 지원하기 시작한다. 이어 고용노동부가 사회적 기업 인증제도를 시작하면서 체계적으로 사회적 기업이 육성되고 있다. 사회적 기업 인증제도 도입 이후 지금은 800여 개의 인증된 사회적 기업과 1,500여 개의 예비 사회적 기업이 활동하고 있다. 정부 지원 이후 사회적 기업 도입은 보다 체계적으로 바뀌었다. 기존에는 단기적인 시각에서 사회적 기업이 만들어졌다면, 정부 지원 이후 보다 고차원적이고 체계적인 사회적 기업 지원과 육성이 가능해진 것이다.

8.7 사회적 기업의 발전

사회적 기업이 인증기준을 지속적으로 유지하면서 경제적 성과와 사회적 성과를 달성함으로써 지속가능한 경영을 하기 위해서 설립

초기 정부나 지자체, 외부의 재정적 지원이 성장의 절대적인 요소라 할 수 있다. 사회적 기업에 제공되는 지원의 내용으로는 경영지원 및 시설비 지원, 공공기관 우선구매, 조세감면 및 사회보험료 지원, 재정지원 및 조세감면 등으로 제시되어 있다(사회적 기업 육성법 제10~16조). 이러한 지원에 근거하여 노동부는 사회적 기업에 대해 사회적 일자리 사업을 통한 인건비 지원 및 전문인력 지원, 시설비 지원 등의 사업을 추진하고 있다. 그러나 과거 이러한 사업들을 통해 창출되는 고용의 질이 낮고 재정지원을 받는 기관은 정부의 재정 지원에만 의지하게 되는 문제점이 지적되어 왔다.

사회적 기업은 지역에 기반을 두고 있는 사회적 벤처라 할 수 있다. 따라서 사회적 기업의 성장 토대는 지자체와 매우 밀접한 연관을 가지고 있다. 사회적 기업이 지역사회의 사회적 자본을 개발하여 적극적으로 활용하고 그 결과 창출된 사회적 가치를 다시 사회적 목적을 위해 재투자함으로써 지역경제 활성화로 선순환되기 위해서는 지자체, 나아가 기초 지자체의 역할이 매우 중요하다. 지자체는 조례 제정 등을 통해 지역 내 사회적 기업의 발굴과 지원을 위한 사회적 기업 친환경을 조성할 필요가 있으며 지역 내에 사회적 기업에 대한 인식을 확산시켜 나갈 필요가 있다. 이러한 지원을 위해 사회적기 업의 재무구조는 투명하여야 한다.

사회적 기업의 경우 경제적 목적과 사회적 목적을 동시에 추가함으로써 일반기업과 차별화된 특성을 가지고 있으나 재무구조에 대한 관리는 여전히 불명확한 경우가 많은 것으로 보인다. 이는 사회적 기업의 불투명성 때문이라기보다는 사회적 기업이 비즈니스 마인드로 회계 및 재정 관리를 하는 것에 익숙하지 않음에서 비롯된 것이다. 따라서 일반기업의 회계도구를 기준으로 재무제표를 작성하고 사회적 기업의 재무구조 및 경제적 성과를 표준화된 틀에 따라 관리할 필요가 있다. 투명한 재정구조를 기반으로 경제적 성과와 사회적 성과를 통합하여 성과를 공식화할 필요가 있다.

8.8 사회적 기업의 인증

국내에서 사회적 기업이란 명칭을 쓰려면 고용노동부의 정식 허가를 받아야 한다. 사회적 기업 인증을 받으면 사회적 기업 육성법에 따라 각종 지원을 받을 수 있다. 각종 세제 혜택은 물론 고용노동부 및 지방자치단체에서 시행하는 각종 일자리사업에 참여하여 인력 지원도 받을 수 있으며, 경영컨설팅 등 교육 프로그램의 활용을 통해 전문성을 강화할 수도 있다. 따라서 사회적 기업의 인증은 매우 중요하다. 사회적 기업의 신청은 2011년 출범한 '한국사회적기업진흥원'에서 상시 접수 체제가 구축되고 있다. 사회적 기업은 2013년 4월 말까지 800여 개가 인증을 획득하였으며 사회적 가치 창출의 좋은 수단으로서 사회적 기업에 대한 관심이 커지고 있어 매년 신청기업이 증가하고 있다.

그러나 기업을 세운 즉시 인증을 신청할 수는 없다. 최소한 6개월 이상 기업 혹은 조직을 만들어 유급 근로자를 고용하고, 영업활동을 해야 한다. 영업활동 기간이 1년 이상일 경우에는 최소 1년 이상 사업기간의 재무제표를 제출해야 한다. 또한 그 수입이 총 노무비 30% 이상이어야 한다. 이때 순수한 정부·지자체 보조금, 민간 후원금은 영업활동을 통한 수입에 포함되지 않는다. 다만, 지자체 등과의 서비스 위탁계약에 따라 발생한 수입은 매출액에 포함된다. 단순히 자원봉사자만으로 구성돼 있거나, 실적이 아닌 사업 계획만 있는 경우는 인증 자체가 안 된다는 점에 유의해야 한다.

사회적 기업 인증을 염두에 두고 사업을 벌이다 적자를 보는 경우도 있을 수 있다. 고용노동부에 따르면, 일시적인 적자 등은 제한요건이 아니지만, 심의과정에서 실질적으로 자립경영이 어려운 기관은 인증하지 못한다고 한다. 다만, 일정기간 이후에 개선이 가능하다고 판단되면 인증이 가능한 경우도 있다.

(1) 인증 시 유의사항

기업을 만들 때에 유의사항이 있다. 우선 조직 형태가 독립적이어야 한다. 법인이 대세지만 이외에도 조합, 비영리단체, 상법상 회사 등 조직형태는 다양할 수 있다. 비영리법인·단체 등의 경우 조직의 목적 달성을 위한 수익사업을 수행하는 데 용이하도록 별도의 사업단을 구성해 신청하는 사례가 있다. 이 경우에는 그 사업단이 인사·회계·의사결정 등에 있어 모(母)법인과 실질적으로 독립돼 자율적으로 운영하는 것이 객관적으로 확인되는 경우에 한해 그 사업단도 사회적 기업으로 인증받을 수 있다.

기업을 만든 목적 역시 '사회적 목적'에 부합해야 한다. 여기서 사회적 목적이란 저소득층, 고령자, 장애인 등 사회 취약계층에게 사회서비스 또는 일자리를 제공하거나 지역사회에 공헌함으로써 지역주민의 삶의 질을 높이는 것을 의미한다. 기업마다 중점을 두는 사회적 목적에 따라 일자리 제공형, 사회서비스 제공형, 지역사회 공헌형, 혼합형, 기타형으로 구분된다.

사회서비스에 해당하는 업종은 통상 한국표준산업분류표를 따르는데 다음과 같다. 교육서비스업, 보건 및 사회복지사업, 하수, 폐기물처리, 원료재생 및 환경복원업, 협회 및 단체, 수리 및 기타 개인서비스, 예술, 스포츠 및 여가 관련 서비스업, 가구 내 고용활동 및 달리 분류 되지 않은 자가소비생산활동, 사업시설관리 및 사업지원서비스업 등이 있다.

사회서비스에 부합하는지 불분명한 경우에는 사회적 기업 육성법의 정의 및 한국표준산업분류를 참고하여 심사위원회에서 결정한다. 단순히 취약계층 고용 또는 서비스 제공을 했다고 인정되는 것은 아니다.

경영진을 꾸릴 때도 유념해야 할 점이 있다. 의사결정구조 자체가 민주적이어야 한다는 것이 골자이다. 공증된 정관, 이사회 및 운영위원회를 구성해야 하고 운영현황, 회의록 등 '기업'으로서의 면모를 갖춰야만 인증 통과를 쉽게 할 수 있다.

(2) 이윤이 발생한 경우의 인증

사회적 기업도 잘 경영하면 이윤이 날 수 있다. 이럴 경우 상법상 회사의 당기순이익 발생 시 '3분의 1에 한해 주주 및 질권자에 대한 배당'이 허용된다. 하지만 대표, 임원, 직계존비속에 대한 성과급 지급은 사회적 목적으로 인정되지 않는다. 특정 종교조직에 기부하거나 선교사업에만 사용하는 것도 허용되지 않는다.

그렇다면 나머지에 관련해서는, 사회적 기업 인증을 받으려면 발생한 이윤의 3분의 2 이상을 사회적 목적을 위해 사용한다는 내용을 정관이나 운영규정 등의 수익배분, 재투자, 이익금 처분에 관한 조항에 반드시 명시해야 한다. 이때 지역사회환원, 설비재투자, 기술개발 등을 통한 사업 확장으로 추가 인력 고용, 취약계층에 대한 봉급 인상 등 근로여건 개선(복지강화), 직업훈련 프로그램 개발 등에 써도 무방하다. 이를 위한 적립금도 허용한다. 정관상의 형식적 명기뿐 아니라 주주동의서 작성 여부, 지난 회계연도 이윤 사용, 재투자 내역을 종합적으로 평가해 인증한다.

사회적 기업은 일반 기업과 다르기 때문에 사명감을 갖고 수익구조나 인력 운용을 짜나가야 인증을 받고 또 이어가는 데 효과적일 것이나.

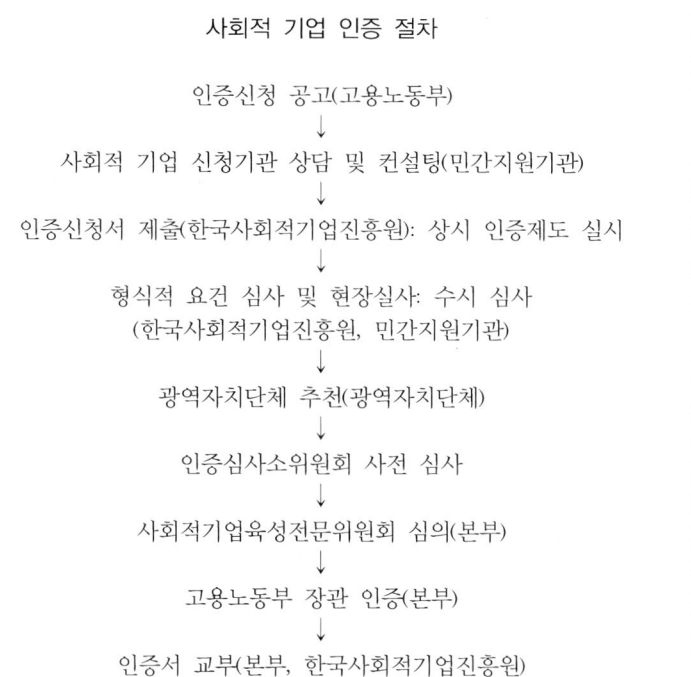

사회적 기업 인증 절차

인증신청 공고(고용노동부)
↓
사회적 기업 신청기관 상담 및 컨설팅(민간지원기관)
↓
인증신청서 제출(한국사회적기업진흥원): 상시 인증제도 실시
↓
형식적 요건 심사 및 현장실사: 수시 심사
(한국사회적기업진흥원, 민간지원기관)
↓
광역자치단체 추천(광역자치단체)
↓
인증심사소위원회 사전 심사
↓
사회적기업육성전문위원회 심의(본부)
↓
고용노동부 장관 인증(본부)
↓
인증서 교부(본부, 한국사회적기업진흥원)

자료: 한국사회적기업진흥원 홈페이지

<표 16-15> 각국의 사회적 기업 평가 기준 비교

	미국 아쇼카 재단	스위스 슈밥 재단	한국 노동부
조직형태	벤처	(영리, 비영리, 혼합형) 벤처	비영리법인, 회사
기본요건	새로운 아이디어, 창의성, 기업가적 자질, 사회적 영향력, 윤리적 기질	혁신성, 지속 가능성, 직접적 영향력, 도달범위, 복제 가능성	유급 근로자 고용, 사회적 목적 실현, 이해관계자 참여, 영업수익 발생, 정관, 규약 명시, 이익의 2/3 환원
평가기준	수혜자 숫자, 구조적 변화 확산범위	지속가능성 사회적 영향력	명시된 것 없음

출처: 사회적 기업의 평가모델에 관한 연구(2010)

참고문헌

김남국(2013), 파괴하고 혁신하라, 한빛비즈.

김범종·박승환·조용한(2012), 마케팅 조사방법, 대경.

김영문(2009), 창업학, 본문사.

김용철·이헌규(2011), 프로세스 중심의 경영혁신, 우용출판사.

김이태·송우용·최승일(2009), 창업과 경영, 현우사.

김중태(2010), 1인창조기업 컨설팅북, e비즈북스.

박두규·박찬황·박상익(2010), 창업실무경영, 에이드북.

박주영·이상호(2011), 창업경영론, 인플로우.

박주영·노기엽·김현순(2009), 프랜차이즈창업론, 학현사.

반성식·서상구(2007), 창업재무관리, 대명.

방용성·주윤황(2010), 창업경영, 학현사.

손동원·김현태(2010), 벤처기업 창업경영론, 경문사.

송경수·류태모·박정기·옥주수·정동섭·최수형(2012), 창업경영의 이해, 대명.

송영수(2011), 지식정보화 시대가 요구하는 기업가정신, 자유기업원.

신현우·윤상환·전상봉·김정수·정용태·김희오(2013), 창업과 경영, 피앤
씨미디어.

이규금·윤덕병·장정근·조준희(2012), 21세기 창업과 경영, 대경.

이상석(2011), 창업론, 청람.

임경수·김항곤(2011), 꼭 알고 싶은 앱스토어 창업의 모든 것, 원앤원북스.

임종원·김재일·홍성태·이유재(1999), 소비자행동론, 경문사.

오홍석(2011), 호모 크리에이티브, K-books.

유동근·이용기(1997), 마케팅수요예측, 예지각.

유재욱·안수진(2012), 소자본 창업경영, 청람.

윤관호·홍상태·이임정(2007), 창업실무, 도서출판 청람.

장재남(2012), 프랜차이즈 가맹점창업, 두남.

정대용·임재석·엄명철(2006), 창업론, 형설출판사.

최무진(2013), e-비즈니스의 이해, 계명대학교 출판부.

최민석·신성철(2011), 스마트창업, 서울경제경영.

한국벤처창업협회(2012), 창업론, 명경사.

한겨례경제연구소(2013), 사회적 기업을 어떻게 혁신할 것인가, 아르케.

Kathleen R. Allen(2010), NEW VENTURE CREATION, south-western.

Roberto Verganti(2009), DESIGN-DRIVEN INNOVATION, 한스미디어.

홈페이지

중소기업청(www.smba.go.kr)

기술보증기금(www.kibo.or.kr)

신용보증기금(www.kodit.co.kr)

한국사회적기업진흥원(www.socialenterprise.or.kr)

서울산업통상진흥원(sba.seoul.kr)

창업진흥원(www.kised.or.kr)

색 인

김흥수

홍익대학교 경제학과 졸업
고려대학교 대학원 경제학석사
홍익대학교 대학원 경제학박사(재무/금융-전공)
기술보증기금 기술평가센터 팀장
한국감정평가연구원 연구실장
충남기업지원단장 역임
현) 광주대학교 경영학과 교수

『무형자산 가치평가론』(2005)
『자산경제론』(2008)
『감정평가론』(2008)
「DCF하에서의 특허가치평가에 관한 연구」(2012. 8, 디지털정책연구)
「A Study on the Valuation for Unlisted Stocks」(2013. 7, ICCT2013)
「산학협력 활성화를 위한 현장밀착형 교과과정 개발에 관한 연구」(2013. 9, 디지털정책연구)
외 다수

START-UP AND BUSINESS

창업과 비즈니스

초 판 인 쇄 | 2013년 9월 30일
초 판 발 행 | 2013년 9월 30일

지 은 이 | 김흥수
펴 낸 이 | 채종준
펴 낸 곳 | 한국학술정보㈜
주 소 | 경기도 파주시 문발동 파주출판문화정보산업단지 513-5
전 화 | 031) 908-3181(대표)
팩 스 | 031) 908-3189
홈 페 이 지 | http://ebook.kstudy.com
E-mail | 출판사업부 publish@kstudy.com
등 록 | 제일산-115호(2000. 6. 19)

ISBN   978-89-268-4664-3 13320 (Paper Book)
        978-89-268-4665-0 15320 (e-Book)